Unnur Sigurðardóttir

Verschiedene Welten

Unnur Sigurðardóttir

Verschiedene Welten

Zwischen geistiger Behinderung, Politik und Therapie
Der Lebensweg einer Mutter mit ihrer Tochter

Sigurðardóttir, Unnur
Verschiedene Welten
Oberding: Reimo-Verlag, 2013

ISBN 978 – 3 – 942867 – 25 – 2

Dr. Valentin Reitmajer
Am Mitterfeld 3, 85445 Oberding
Tel.: 08122 / 47 99 715 oder / 79 90
Fax: 08122 / 47 99 714
eMail: reimo_verlag@gmx.de
www.reitmajer-verlag.de

Covergestaltung: Hans-Joachim Haselbach

ISBN 978 – 3 – 942867 – 25 – 2

In Liebe
für alle Familien

Ständig begegnen uns großartige
Chancen, die sich als scheinbare
Probleme tarnen.

Mark Twain

Inhalt

Teil II

Anhang

Danksagung

Viele haben geholfen, damit dieses Buch entstehen konnte. Manche unterstützten uns eher indirekt, leisteten unserer Familie *Lebenshilfe* im wahrsten Sinne des Wortes, so dass ich dadurch zum Schreiben kam. Euch allen ganz herzlichen Dank, es ist mir aber nicht möglich, Euch alle aufzuzählen. Ich habe viel Hilfe mit Deutschkorrekturen erhalten. Dabei haben mir vor allem meine Schwägerin Heike und Lotte geholfen, außerdem Angelika, Ursula, Sieglinde, Sabine und Julia, Hans-Joachim, mein Mann Alfred, sowie gelegentlich unsere drei Söhne und andere Familienmitglieder. Darüber hinaus danke ich Gisela dafür, dass sie die gemeinsame Arbeit meiner Familie würdigt. Herzlichen Dank Euch allen.

Ich brauchte zwar wegen der deutschen Sprache Hilfe, aber auch, weil es praktisch unmöglich ist, über eine Situation wie die unsere zu schreiben, ohne mit anderen darüber zu reden. Mit Heike und Lotte habe ich viele Gespräche geführt und ich möchte Euch beiden meinen innigsten Dank dafür aussprechen. Ihr habt mir sehr viel geholfen, auch um zu verstehen, wie die Welt außerhalb der unseren ist.

Der Wohnheimleiter hat freundlicherweise auch meine Texte gelesen, was mir in einigen Punkten geholfen hat. Herzlichen Dank.

Aber ich möchte noch mehr Menschen danken. Menschen zum Beispiel, die *nicht* zu mir sagten: „Sie müssen sich dies alles von der Seele schreiben.“ Denn meine Motive sind, Anstöße zur Weiterentwicklung der Behindertenarbeit zu geben.

Ich danke auch allen, die *nicht* sagten: „Nun ist das Kind ja im Heim, nun sind Sie im Ruhestand.“ Diese Vorstellung stimmt so nicht, da viele Eltern von Bewohnern in Wohnstätten noch weiterhin viel Arbeit leisten.

Ich danke sogar allen, die mich enttäuscht haben, indem sie weniger Interesse für Behinderte an den Tag gelegt haben, als ich mir erhofft hatte. Ich habe dadurch gelernt, wie die Welt wirklich ist, und hoffe nur innig, dass manches in einigen Jahrzehnten – vielleicht ja auch früher - für Behinderte und deren Eltern und Angehörige besser aussieht als jetzt.

Allen Lesern danke ich, wenn sie mein Buch – oder eine Information daraus – an Politiker weiterleiten und dadurch Behinderten und ihren Familien helfen.

Würdigung

Wir haben allen Grund, Unnur Sigurðardóttir, ihrem Mann, Dr. Alfred Rohloff und ihrer Tochter Björg zu danken, dass sie mit ihrem bewegenden Lebens- und Überlebenskampf einen neuen Weg aufzeigen, der den individuellen Bedürfnissen betroffener behinderter Menschen in Deutschland gerecht wird und ihnen größere Beweglichkeit, Eigenständigkeit und Gesundheit schenkt, auch unter Nutzung von Möglichkeiten zur Entlastung der Familien, die ihr Kind noch zu Hause betreuen - dies alles auch in Anlehnung an das erprobte Vorbild unserer skandinavischen Nachbarn. Dort erleichtern regenerationsfördernde und gut durchdachte Wohn- und Entlastungsmaßnahmen die schwierige Situation. Die Autorin, Unnur Sigurðardóttir, hat ein abgeschlossenes Hochschulstudium mit der Lehrbefähigung für das Lehramt an Gymnasien. Das kommt ihrem Lebensthema zugute und fördert beim Leser ihrer Tagebücher Verstehen, Verständnis und die Bereitschaft, sich auf ihr Anliegen einzulassen.

Ihr jetzt vorliegendes Buch ist ein Leitfaden, ein Fachbuch für die Praxis aus dem Pflegealltag von über 40 Jahren, lückenlos dokumentiert vor allem die letzten elf Jahre, seitdem ihre Tochter in einer Wohnstätte lebt. Es bietet für fachspezifisch ausgebildetes Personal, für Personal in der beruflichen Aus- und Weiterbildung, Fachverbände, Familien und Angehörige Betroffener und vor allem für die Hand des Gesetzgebers eine überreiche Einsicht in die Fülle der Problemsituationen, aber auch in die Fülle der möglichen Anwendungen aus dem Bereich der gesunden Lebensführung, Naturheilkunde und spirituellen Heilung, die bei einer Hineinnahme in unser Pflege- und Sozialsystem einen erheblichen Kosten senkenden Faktor darstellen würde.

Das Buch ist reflektierter Anschauungsunterricht und bis zum heutigen Tag fortgeschriebene anwendungsorientierte Forschung. Denn diese Mutter war zeitlebens gezwungen, neben der Arbeit für ihre sechsköpfige Familie mit dem geistig behinderten Kind, unter hohem Schlafentzug durch die Pflege, alle erdenklichen Methoden ganzheitlicher Heilung, die ihr auf ihrer Suche zugänglich waren, zu prüfen, zu erlernen und das, was durchführbar war und sich bewährte, anzuwenden und beizubehalten mit dem Rückhalt ihrer Familie. Nur auf diese Weise konnte sie ein Überleben ihres behinderten Kindes erreichen, nur so erleben, dass die lebensgefährlichen Krampfanfälle bis heute trotz Stresssituationen nicht mehr auftreten, erleben, dass dieses Kind sich wohlfühlt, normale Verdauungs- und Nierenfunktionen hat, dass dieses Kind lachen und singen kann, beliebt ist bei Mitbewohnern im Heim und Frohsinn verbreitet. All das ist nur möglich, weil sich diese behinderte Tochter am Wochenende zu Hause bei den Eltern ihren individuellen Bedürfnissen entsprechend regenerieren kann. Dies auch während der Woche zu tun ist insofern problematisch, weil Regelungen durch Gesetze und Verordnungen – selbst bei der bestmöglichen Pflege durch die Eltern, wie wir hier erfahren – dies nicht vorsehen.

Ich wünsche Unnur Sigurðardóttir und ihrem Mann, Alfred Rohloff, dass ihr hochgestecktes Ziel politisch umgesetzt wird, dass

Maßnahmen der vorbeugenden Gesunderhaltung und Gesundheitspflege und -fürsorge für Behinderte höhere Wertschätzung erfahren,

die gesamten Lebens- und Wohnverhältnisse behinderter Menschen der Gesunderhaltung dienen und den Behinderteneinrichtungen dafür vom Gesetzgeber die volle Kostendeckung zuerkannt wird.

Ich wünsche Unnur Sigurðardóttir und ihrem Mann die Unterstützung einer breiten Bevölkerungsmehrheit und Entscheidungsträger, die dieses Thema zu ihrem eigenen Anliegen machen.

Dag Hammerskjöld, Generalsekretär der Vereinigten Nationen 1953 – 1961 zeigt, wie er unmöglich Erscheinendes, weltbedrohende Konfrontationen, einer Leben rettenden, friedvollen Lösung zuführt – durch sein Lebensprinzip, das all seinen Handlungen zugrunde liegt: „Nicht ich, sondern Gott in mir." Das kann Welt verändern und hat Welt verändert. Als tiefgläubiger Mensch setzt er die Worte des Evangeliums, dass alle Menschen Kinder Gottes und damit gleich sind, auch bei seiner hochpolitischen Arbeit um. Genauso möchten unsere Schwestern und Brüder, auch die behinderten, von uns behandelt werden.

Erfahrungswissen ist, dass Menschen, die an einer schweren Krankheit oder Behinderung leiden, das ganze Umfeld von belastenden, schweren Energien reinigen. Vor ihnen haben wir Achtung zu haben. Liebe und

Dankbarkeit. Dank gebührt Björg, der Tochter, die diese schwere Behinderung auf sich genommen hat.

Aus meiner Sicht hat Björg ihre Familie einschließlich der Geschwister zu selbstloser Liebe herangeführt und darin geschult. Sie hat anderen, gleichermaßen betroffenen Eltern und Angehörigen durch die Öffentlichkeitsarbeit ihrer engagierten Mutter Hilfeleistung gegeben. Sie hat den Mitarbeitern in ihrer Behinderteneinrichtung den Vorteil einer naturnahen, ganzheitlichen, den ganzen Menschen umfassenden Pflege vermittelt, wenn Familie und Behinderteneinrichtung zum Wohle des Patienten Hand in Hand arbeiten dürfen.

Möge Björg durch ihr lebenswertes und liebenswertes Leben erreichen, dass die unter größter Anstrengung erreichten Erkenntnisse und Errungenschaften ihr und ihren Weggefährten zugute kommen dürfen, indem wir die Kraft zulassen, die alles beseelt, alles beatmet, diese Kraft mit und in uns wirken lassen: „Nicht ich, sondern Gott in mir."

Danke Björg, danke Unnur, dank der liebevollen Unterstützung ihrer Brüder und Dank dem umsichtigen guten Vater, der sein Familienschiff wie eine Arche Noah lenkt.

Dr. rer. nat. Gisela Hoppe

Vorwort: Der Lebensweg einer Mutter mit ihrer Tochter

Wie *soll* die Lebensgeschichte einer Mutter mit ihrem geistig behinderten Kind aussehen? Oder muss man nicht besser fragen: Wie *kann* solch eine Geschichte aussehen? Ist sie doch in Worte gefasstes Erstaunen, Leid, aber auch *Frohsinn,* in jedem Falle aber *Erkenntnis* über unsere alltägliche *Welt*, mit all ihren Licht- und Schattenseiten, und über ein *Wesen, das ganz zu einem gehört.*

Darum übersteigt dieses Buch auch die Formkriterien, die ein *Sachbuch* setzt, obwohl es zugleich auch ein solches ist. Aber es ist daneben eben viel mehr: Es ist auch *Protokoll,* indem es von einzelnen Tagen erzählt. Es ist auch *Erlebnisbericht,* indem es von Vorfällen spricht, wie sie nur einer Mutter mit ihrem behinderten Kind begegnen können. Wenn man aus dem Leben einer Mutter mit ihrem behinderten Kind berichten will, treffen mit Notwendigkeit diese verschiedenen Momente aufeinander, die sonst in verschiedenen Büchern säuberlich von einander getrennt zu sein pflegen.

Die verschiedenen Welten, von denen das Buch spricht, sind in vielfacher Hinsicht verschieden: Da ist die Welt der *behinderten* Tochter, die nur die unmittelbarsten Bedürfnisse artikulieren kann, gegenüber einer Welt der sogenannten *Gesunden,* die in der Regel wenig Notiz von behinderten Menschen nimmt. Da ist die Welt der *Schulmedizin* gegenüber einer überbordenden Welt *alternativer Medizin und Therapien,* in die man aber hineinzugehen versucht, weil man Hilfe auch von dorther erlangen möchte, wenn man ein behindertes Kind hat. Da ist auf der einen Seite die *kleine Welt der unmittelbaren Hilfe* im Alltag, zum Beispiel durch die Mitarbeiter in den Einrichtungen, da ist auf der anderen Seite die *große Welt der Politik,* die eben auch über Einrichtungen (zum Beispiel Sozialamt, Amtsgericht, Behindertenverbände) in diese kleine Welt eingreift.

All dieses bringt Unnur Sigurðardóttir in ihrem Buch zur Sprache, weil all dies eben auch zu einem solchen Leben gehört, das einem das Schicksal bereitet hat. Und sie tut dies mit einer schonungslosen Offenheit.

Prof. Dr. Alfred Rohloff

Einleitung

Ich bin die Mutter eines geistig behinderten Kindes, das ich nie und nimmer missen möchte und das mein Leben unendlich reich gemacht hat: Björg, die Liebe und Aufgabe meines Lebens.

Wir waren bei Björgs Geburt eine Familie mit zwei Jungen von dreieinhalb und fast sieben Jahren. Ich bin eine gebürtige Isländerin, mein Mann, Alfred, ein Deutscher. Alle hatten wir uns auf Björgs Geburt gefreut. Wir hofften insgeheim auf ein Mädchen. Die beiden Brüder, die immer wieder an meinem dicker werdenden Bauch gehorcht hatten, konnten es kaum erwarten, bis ihre kleine Schwester oder ihr kleiner Bruder da sein würde. Wir dachten überhaupt nicht daran, dass sich bald alles für uns ändern sollte. Als Björg am 8. Dezember 1969 geboren wurde, bekam sie kurz darauf ihren ersten Krampfanfall… (Die Epilepsie war vermutlich die Folge einer Verletzung des Gehirns während der Geburt.). Es begann eine sehr schwierige Zeit für uns. Zwei Jahre später bekamen wir noch ein viertes Kind, unseren dritten Sohn.

Ich werde immer wieder mit Fragen wie dieser konfrontiert: „Wie haben Sie das alles geschafft?“ Dies lässt sich nicht mit kurzen Erklärungen beantworten. Hier nur so viel: Ohne die Unterstützung von Familie und Freunden, sowie später dem sozialen System, hätten wir etwas machen müssen, das sich mit unseren Wünschen und Vorstellungen von Familie und Elternschaft und unserem Wissen um die damalige Betreuung von Behinderten (zum Beispiel Fixieren und/oder hohe Medikamentierung) nicht vereinbaren ließ. Das wäre für uns sehr schmerzlich und zerstörerisch gewesen.

Oder zum Beispiel die Frage nach der Partnerschaft. Die lässt sich kurz beantworten: Nun hat man ein krankes Kind bekommen, und es wird nie gesund werden. Damit muss man lernen zu leben. Aber durch Entlastungsmöglichkeiten, *Pausen* im Alltag, wäre es möglich gewesen, immer wieder Zeit für die Partnerschaft zu haben.

Und dann noch die Frage nach den Geschwistern. Natürlich mussten die Jungen zurückstehen. Es wäre mehr Zeit für sie gewesen, wenn es mehr Pausen von Björg gegeben hätte. Meine Kinder haben mir leidgetan, weil sie in mir eine Mutter hatten, die so wenig für sie tun konnte. Aber ich war genauso hilflos wie sie. Trotzdem kann ich hier nicht von „Zurückstehen“ oder „Zurückstecken“ reden, ohne auf den fördernden Aspekt hinzuweisen. Wir haben gute, begabte und vernünftige Jungen. Durch ihr Leben mit Björg haben sie sich Verantwortungsgefühl und Zuverlässigkeit angeeignet. Dies ist die positive Seite der Situation.

Meine Freundin Lotte lernte ich dadurch kennen, dass sie einmal bei einem Vortrag auf mich zukam und sagte: „Es freut mich, Sie kennenzulernen. Sie haben so nette Jungen. Mein Mann spricht auch so gut von ihnen.“ Ihr Mann war Lateinlehrer auf dem Gymnasium.

Die älteren Jungen passten auf Björg und ihren kleinen Bruder auf, als Alfred und ich manchmal am Sonntag Radtouren machten, um miteinander in Ruhe reden zu können. Dadurch haben die Jungen uns sehr geholfen. Die beiden Älteren fuhren auch mit Björg auf dem Tandem umher. Ich vergesse auch nie, wie Björn, der Älteste, es mir ermöglichte, nachzuschlafen, wenn ich es dringend nötig hatte. Selbst noch ein Kind, kam er und sagte: „Mama, ich nehme dir Björg ab“, ging mit ihr nach oben, wo er und sein Bruder Sigurður, unser zweiter Sohn - ebenfalls ein fürsorgliches Kind - Björg bei sich hatten, während sie Schularbeiten machten. Sie waren auch nie böse auf ihre Schwester. Es kam vor, dass sie ihnen die Schulbücher oder Hefte zerriss, aber sie hatten immer Nachsicht mit ihr. Sie hatten sie einfach lieb.

Als der Jüngste, Steingrímur (Steini) in der ersten Klasse war, gab es dort ein Mädchen, neben dem niemand sitzen wollte, weil es manchmal den Nachbarn mit den Füßen anstieß, seine Hefte bekritzelte und Ähnliches. Es war ein liebes Kind und hatte liebe Eltern, wurde aber leider geneckt, vielleicht weil es leicht lernbehindert war. Die Lehrerin bat Steini, neben diesem Kind zu sitzen. Steini meinte jedoch, dass die Lehrerin nicht wisse, wie schwierig das sei. Er sehe allerdings die Notwendigkeit ein, dass *er* es tue, weil er sich im Gegensatz zu den anderen Mitschülern mit Behinderung auskenne. Ich bat daraufhin die Lehrerin, Steini im Einzelgespräch zu sagen, dass sie sehr wohl zu schätzen wisse, was er da leiste, wenn er so verständnisvoll neben dem Mädchen sitze. Steini kam freudestrahlend nach Hause und erzählte mir das. Er saß danach in der ersten Klasse neben dem Mädchen, ohne sich ein einziges Mal zu beklagen.

Ich fühle mich nicht in der Lage, mehr über die Geschwister zu schreiben. Dieses Thema ist wichtig, aber Geschwister müssen *selbst* über ihre Erfahrungen berichten.

Die ersten Jahre sind aber nicht das Thema dieses Buches. Der interessierte Leser kann über diese Jahre in meinen Büchern *Björg* und *Mein Weg mit dem Sternenkind* lesen. Mir liegt jetzt ein anderes Thema weit mehr am Herzen. Als Insiderin möchte ich meine Erlebnisse und Reflexionen über die Arbeit mit Heimbewohnern[1] darstellen und auf diese Weise versuchen, zu mehr Verständnis und Verbesserungen in der gesamten Behindertenarbeit beizutragen.

„Die Not lehrt eine nackte Frau weben," heißt ein isländisches Sprichwort. Dies trifft auf mich zu, denn durch „selbstbestimmtes Lernen" (wie man das heute ausdrückt) konnte ich unserer Tochter sehr helfen, vor allem durch alternative Heilmethoden, mit denen ich mich zunehmend beschäftigt habe. Natürlich haben mein Mann, und auch unsere ganze Familie, in jeder Hinsicht und zu jeder Zeit geholfen, aber ich sage im Folgenden der Einfachheit halber meistens „ich", wenn ich unseren Lebenslauf und Lernprozess schildere.

Leider stoße ich immer wieder an Grenzen, die meinen Weg, sinnvolle Therapien für meine Tochter einzusetzen, erschweren. Die uns umgebenden Menschen haben oft fantastisch geholfen und unser Familienleben im Rahmen ihrer Möglichkeiten erleichtert. Über die deutsche Bürokratie kann ich leider nicht das Gleiche sagen. Ihre immer weiter perfektionierten Strukturen, in denen sie anscheinend (unfreiwillig?) festsitzt, können letztendlich hinderlich werden für das Gute, das ursprünglich sicherlich erzielt werden sollte.

Ein Regel- und Räderwerk von Formalismus beeinflusst unser Leben – leider nicht immer positiv. Finanz- und Strukturzwänge scheinen zu dominieren, und schwächer gestellte Menschen leben in Abhängigkeit davon.

Glücklicherweise gibt es daneben auch viel Menschlichkeit.

---

[1] Das Buch ist zu einer Zeit geschrieben, als man allgemein den Begriff „Heimbewohner" verwendete. Heute wird angestrebt, eher „Bewohner in Wohnstätten" zu sagen.

Meine Intentionen und Einsichten

Ich möchte einen Beitrag leisten zur Verbesserung der Arbeit mit den schwerer Behinderten.

Im Grunde wollen wir Menschen zurückfinden zur göttlichen Ordnung und zur Natur. Möge unser Weg von Liebe geleitet sein.

Unsere Behinderten und Hilfsbedürftigen sind unsere Wegweiser, um destruktive Strukturen zu verändern. Sie arbeiten in ihrer Weise an einer Bewusstseinserhöhung der Welt. Wir können sie ansehen als *die Letzten, die die Ersten sein werden.*

Manche Menschen sind - auf weltliche Weise betrachtet - begabt, aber sie nutzen manchmal leider ihre Begabung zur „Klugheit“, um anderen Menschen zu schaden.

Schwerbehinderten fehlt die Begabung, absichtlich Böses zu tun. Wer ist behinderter - einer, den wir „nicht-behindert“ nennen, und der doch Betrug im Sinne hat, oder jemand, den wir „behindert“ nennen, und der nichts Böses tun kann?

Schwerbehinderte können unsere Lehrmeister der Liebe sein, unsere Lotsen aus der Gleichgültigkeit, die in vielen Bereichen der heutigen Welt vorherrschend ist.

In der Gesellschaft und in der Politik muss ein Umdenken erfolgen. Es liegt in unserer Verantwortung, Schwerbehinderten humane Lebensbedingungen zu verschaffen.

Es geht nicht ohne Strukturen, aber individuelle Bedürfnisse müssen einen höheren Stellenwert haben.

Die Gesellschaft, die Menschheit, ist im Aufbruch und muss sich neu orientieren

Letztendlich bin ich Mutter und ich teile meine Erfahrungen mit; ich habe sowohl Probleme erlebt wie auch manchmal deren Lösung.

Teil I

1 Mein Leben auf Island und in Deutschland

Meine Herkunft und die Jugendjahre

Mein Vater war das fünfte von sieben Kindern einer isländischen Bauernfamilie. Er wuchs auf dem Hof seiner Eltern auf, den er später übernahm.

Meine Mutter war das fünfte Kind von sechs Geschwistern einer dänisch-isländischen Familie, die in Dänemark lebte. Ihr Vater war ein isländischer Geschäftsmann, ihre Mutter eine dänische Fotografin.

Meine Mutter kam mit 19 Jahren nach Island, lernte meinen Vater kennen und sie heirateten 1934.

Ich wurde als ältestes Kind von sieben Geschwistern geboren. Wir wuchsen alle zusammen auf dem Hof unserer Eltern auf. Für mich war das eine schöne Zeit. Diese Basis ist für mich eine Quelle der Kraft sowohl physischer als auch psychischer Art.

Die ganze Familie war musikalisch: Meine Mutter spielte Orgel und Klavier, beide Eltern hatten gute Singstimmen und sangen im Kirchenchor. Die meisten meiner Geschwister spielten ein Instrument und tun dies immer noch.

Ich hatte eine glückliche, wenn auch manchmal arbeitsreiche Kindheit. Aber das war in dieser Zeit wohl so üblich. Alle Bauernkinder haben gearbeitet - allerdings auch viel gespielt, oft Ballspiele in Gruppen. Ich erinnere mich an viele Glücksmomente, die mit unserer Arbeit sowie mit unseren Spielen verbunden waren. Wir haben oft Spaß gehabt, und während der Jugendzeit haben wir auch viel getanzt, häufig Jitterbug. Wir konnten uns durch unsere glückliche Kindheit zu freien Menschen mit einem freien Geist entfalten, möglicherweise mehr als es manch einem, der auf dem europäischen Kontinent aufwuchs, vergönnt war.

Wir haben ausschließlich mit Pferden gearbeitet, bis ich zehn Jahre alt war. Dann bekam mein Vater den ersten Traktor. Die Zeiten änderten sich. Es wurde aber noch weiterhin gelegentlich mit Pferden gearbeitet, bis ich 14 Jahre alt war. Für diese Erfahrung bin ich dankbar. Ich glaube, dass sich in der Brust meines Vaters die Gefühle der Erwartung und des Nachtrauerns die Waage gehalten haben. Er liebte seine Tiere und die Natur. Er vermisste bestimmt einige Sitten und Gewohnheiten, die der alten Zeit angehörten. Aber das maschinelle Zeitalter hielt seinen Einzug ohne

Rücksicht auf altbewährte und liebe Gewohnheiten. Wir hatten dennoch später immer gute Reitpferde, und jedem Kind wurde ein Pferd geschenkt.

Ich besuchte auf Island die Grundschule, die Realschule, das Gymnasium und die Universität. Ich schloss mit dem B.A. (Bachelor of Arts) für Sprachen ab und absolvierte anschließend ein Zusatzstudium in Pädagogik, so dass ich berechtigt bin, an höheren Schulen zu unterrichten. Ich besuchte die Schulen mit einigen Unterbrechungen. Im Jahr 1948 konnten die Jugendlichen noch die Grundschule im Alter von zwölf Jahren beenden, wenn sie gute Abschlusszeugnisse erzielt hatten. Dies war bei mir der Fall. Ich hätte mit der Schule fortfahren und mit 19 Jahren das Abitur machen können. Aber ich nutzte die Wahlmöglichkeit und ging zwei Jahre nicht zur Schule, obwohl ich die Schule mochte.

Dies waren unvergesslich glückliche Jahre für mich. Ich konnte meinem Vater in der Landwirtschaft helfen und assistierte ihm, als er dabei war, einige Ställe und unser neues Wohnhaus zu bauen. Meine Eltern hatten oben am Hang gewohnt, nun bauten sie sämtliche Gebäude neu und zogen um, um näher an der Landstraße zu wohnen. Trotzdem lernte ich weiter. Ich lernte selbständig durch Kurse im Radio Dänisch und Englisch, wie es damals viele Jugendliche machten.

Mit 15 Jahren kam ich in eine Realschule mit Internat. (Wegen der großen Entfernungen mussten viele Kinder auf dem Lande in Internaten die Realschule besuchen.) Ich bekam einige Privatstunden beim Pastor und übersprang die erste Klasse der dreijährigen Schule, wie es nachfolgend alle meine Geschwister taten. Die älteren Geschwister brachten danach immer den jüngeren den Lernstoff der 1. Klasse bei.

Nach der Realschule arbeitete ich noch ein Jahr in der Landwirtschaft und genoss es. Im Internat hatte ich mit den Jungen Fußball gespielt, weil ich so viel Freude daran hatte, dem Ball hinterherzurennen, und, wieder zu Hause, setzte ich den Sport und das Langlauftraining fort. In meinem späteren Leben mit Björg hat sich die Ausdauer, die ich durch dieses Training erhielt, als äußerst wertvoll erwiesen. Ich musste stark und ausdauernd sein, um mit ihr zurechtzukommen.

Im Jahr 1954 fuhr ich als Austauschschülerin nach Schweden, um dort einen Winter lang an einer Volkshochschule am Unterricht teilzunehmen. Diese Maßnahme wurde durch die Nordische Vereinigung (Norræna félagið) ins Leben gerufen. Die schwedischen Schüler der Volkshochschule waren insgesamt nicht so weit gekommen wie wir in der 3. Klasse der Realschule, so dass ich mich während der Unterrichtsstunden zu Tode langweilte. Während der freien Stunden, als die anderen Schüler ihre Hausaufgaben machten, saß ich oft in meinem Zimmer und strickte, weil ich nichts zu lernen beziehungsweise mich auf nichts vorzubereiten hatte. Es machte mir jedoch Spaß, Schwedisch und Deutsch zu lernen; diese Fächer hatten wir auf der Realschule auf Island nicht gehabt.

Ich war nun 19 Jahre alt geworden, und es wurde mir schmerzlich bewusst, dass einige meiner Mitschüler aus der Realschule schon längst auf dem Gymnasium waren und bald das Abitur machen würden, während bei mir die Zeit ohne einen Abschluss an einer höheren Schule verstrich, obwohl ich gute Zeugnisse gehabt hatte.

Deshalb setzte ich mir das Ziel, auf Island eine weiterführende Schule zu besuchen und begann mich darauf vorzubereiten, indem ich Kurse in Mathematik durch schwedischen Fernunterricht belegte. Die Sprachen Deutsch und Englisch gedachte ich durch Aufenthalte in Deutschland und England zu erlernen.

Die Volkshochschule pflegte enge Kontakte zu einer Volkshochschule in Deutschland und einer weiteren in England (College). So wurde es durch persönliche Kontakte in die Wege geleitet, dass ich mich in diesen beiden Schulen würde aufhalten können, teils um die Sprachen zu erlernen, teils um mitzuarbeiten.

Bevor ich aber Schweden verließ, hatte ich meine Bewunderung für die landesübliche Kochkunst entdeckt und bekam für einige Monate eine Anstellung als Praktikantin bei einer Hauswirtschaftslehrerin und ihrem Mann auf einem großen Gutshof. Nebenher lernte ich den Teil der Mathematik, der den ersten Jahrgängen des Gymnasiums entsprach.

Im August 1955 ging ich nach Deutschland zu einer Einrichtung der Erwachsenenbildung mit Internat. Ich war vom dortigen Rektor zu einem Kursus eingeladen worden, den Teilnehmer aus vielen Ländern besuchten. Ich hatte mich in Schweden seiner Tochter etwas angenommen. Wie mir später bewusst wurde, war es für sie sehr wichtig gewesen, dass sich jemand um sie kümmerte, und das deutsche Mädchen wollte mir im Gegenzug etwas Gutes tun. Nach dem Kursus arbeitete ich in der Küche. Oft lernte ich mit dem herzlichen Einverständnis der anderen Küchenmädchen Deutsch und Mathe an einem kleinen Tisch in einer Ecke der Großküche. Auf diese Weise genoss ich einen denkbar idealen Sprachunterricht. Mein zukünftiger Mann Alfred wurde mein Mathelehrer. Er war damals Praktikant in dieser Einrichtung, und da er in Schweden gewesen war, konnte er meine schwedischen Matheaufgaben verstehen.

Wir hielten den Kontakt aufrecht, auch nachdem ich Deutschland verlassen hatte. Einige Jahre später haben wir geheiratet.

Mein Weg führte nun nach England, wo ich in dem mir empfohlenen College arbeitete und nebenbei Englisch lernte.

Wieder zu Hause, wurde es mir vom Gymnasium in Reykjavík ermöglicht, zwei Klassen zu überspringen, falls ich die Prüfungen der beiden ersten Klassen bestehen würde. Damals dauerte das eigentliche Gymnasium vier Jahre; man musste aber im dritten Jahr der Realschule eine Vorbereitungsklasse für das Gymnasium absolviert haben, was ich getan hatte.

Ich blieb bei meinen Eltern, half in der Landwirtschaft und brachte mir selbst die nötigen Kenntnisse in Latein, Physik und Chemie bei. Meine Mutter sagte immer: „Ich bin ganz sicher, dass du es schaffst.“ In Mathe und Buchhaltung nahm ich Privatstunden, bestand die Prüfungen und ging die nächsten zwei Jahre auf das Gymnasium. Nach dem Abitur hätte ich gerne Medizin oder Biologie studiert, mir fehlte jedoch das Geld für ein langes Studium, und meine Eltern konnten mich nur geringfügig unterstützen. Deshalb wählte ich den Beruf einer Lehrerin und konnte während der Sommermonate Geld für mein Studium als Köchin auf Schiffen verdienen, meistens auf einem kleinen Vermessungsschiff der isländischen Regierung.

Die Jahre in Deutschland - Kurzfassung

Und wie war nun die weitere Entwicklung in Deutschland, nachdem ich einen deutschen Mann geheiratet hatte und hier lebte?

Als Björg geboren wurde, lebten wir seit zweieinhalb Jahren in Deutschland. Die Situation unserer Familie wurde durch das behinderte Kind sehr schwierig. Das Leben hat uns zum Lernen angehalten, aber auch viel Glück gebracht.

Durch unser Leben mit einem behinderten Kind haben sich für uns in der Hauptsache zwei neue Erfahrungsfelder erschlossen: Einmal war es **die Bekanntschaft mit alternativen Heilverfahren** und andererseits **das Fehlen ausreichender Ruhepausen.**

Björgs Zustand hat sich wesentlich durch den Einsatz von alternativen Heilverfahren gebessert. Gemessen an anderen Behinderten, die zu der Zeit immer mehr Medikamente und immer schlimmere Krampfanfälle bekamen, mag es fast unglaublich erscheinen, wie sich ihr Allgemeinzustand verbesserte. Wir verzichteten ab ihrem siebten Lebensjahr auf chemische Medikamente und gingen andere Wege. Medikamente haben auch ihre Nachteile: Sie begünstigen Übersäuerungen, mit denen der Organismus fertig werden muss, was er offensichtlich nicht immer kann. Wir haben dem deutschen Staat sicherlich bedeutende Summen dadurch erspart, dass sich Björgs Krankheitsbild verbesserte und der Umgang mit ihr leichter wurde. Schwere und mehrfache Behinderungen verursachen erhebliche Kosten.

Das andere eher schmerzliche Erfahrungsfeld war dies, dass es permanent an notwendiger Entlastung beziehungsweise an Entlastungsangeboten mangelte. Mir fehlten vor allem Pausen, um hin und wieder schlafen zu können. Den Familienentlastenden Dienst (FeD) gab es noch nicht, für ihn wurde erst 1992 in der Bundesrepublik Geld bewilligt. Ich hatte schon in den 70er Jahren von solchen Diensten in Island und Skandinavien gehört und versuchte, darüber zu informieren. Die Wichtigkeit und Notwendigkeit solcher Entlastungen wurde hier bei uns noch nicht verstanden. Vor etwa 30 Jahren setzten mein Mann und ich uns dafür ein, dass den Eltern eine Entlastung am Wochenende ermöglicht würde. Zuerst war es nur eine Idee, aber Anfang 1978 war es so weit, dass uns Eltern die Kinder über ein Wochenende abgenommen wurden. Es gab vier Elternpaare, die an diesem „Experiment“ teilnahmen. Die Kinder schliefen auf Feldbetten in der Tagesstätte und blieben dort zwei Tage und eine Nacht. Mitarbeiter leisteten die Arbeit, und der Tagesstättenleiter übernahm selbst ehrenamtlich die Nachtwache. Die Eltern bezahlten damals 100 DM pro Kind. Als mein Mann und ich Björg gebracht hatten (mit dem Bus, wir hatten noch kein Auto), gingen wir auf einem Feldweg zur Bushaltestelle zurück. Ich musste die ganze Zeit weinen. Die Ursache war nicht die, dass ich so traurig darüber gewesen wäre, ein behindertes Kind zu haben, auch nicht die, dass ich mich so schlecht von Björg hätte trennen können, sondern weil ich nun die Aussicht auf eine Nacht Schlaf hatte.

Dieses Angebot wurde aber nie wiederholt. Erstens durften die Mitarbeiter, die während der Woche arbeiteten, nicht zusätzlich am Wochenende beschäftigt werden. Niemand schien an die erschöpften Mütter zu denken. Zweitens äußerten Eltern Zweifel wegen der Feldbetten. Ich war auch gegen Feldbetten, aber in diesem Falle ging es nicht anders. Drittens waren 100 DM für die Eltern sehr viel Geld. Diese Idee der Entlastung konnte sich also damals nicht durchsetzen. Heutzutage gibt es zwar den Familienentlastenden Dienst (FeD), die Personalsituation ist aber andererseits eher noch schwieriger geworden. Oft herrscht Personalmangel, und manchmal müssen Mitarbeiter, bei denen eigentlich Urlaub ansteht, als Reserve einspringen, wenn Not am Mann ist. Zudem gibt es oft Personalengpässe wegen Krankheit. So wie ich es beobachte, werden die Menschen auch durch Stress häufiger krank.

Wenn ich zurückdenke, bleibt mir in Erinnerung, dass ich wegen Björgs Behinderung und des Mangels an Entlastungsmöglichkeiten über viele Jahre nie genug Schlaf bekam. Ich glaube, dass dies eine traumatische Erfahrung für mich war. Jetzt, wo nicht mehr chronischer Schlafmangel an mir zehrt, genieße ich es, mich draußen bei gutem Wetter wohl zu fühlen, und ich erinnere mich dann immer sehr deutlich daran, wie ich mit Kopfschmerzen und Schmerzen aufgrund von Schlafmangel herumgegangen bin und mich auch bei gutem Wetter schlecht gefühlt habe. Ich musste immer nur durchhalten. Die meisten Menschen hatten nicht das Hintergrundwissen oder die Intuition, meine Lage zu verstehen. Mein Mann hat geholfen, soviel er konnte. Hut ab vor dem, was er geleistet hat. Aber wie soll ein Ehemann helfen, der selbst voll im Beruf steht? Er war damals Professor für Sozialpädagogik an einer Fachhochschule und am Wochenende selbst erschöpft. Außerdem konnte mein Mann nicht in allen Dingen helfen: Es fällt ihm zum Beispiel schwer, Fahrrad zu fahren, auch kann er nur sehr begrenzt mit Björg spazieren gehen. Wie schon gesagt, haben die Söhne viel geholfen, obwohl sie jung waren.

Ohne die Fahrten nach Island (jedes vierte Jahr für zwei bis drei Wochen) hätte ich nicht durchgehalten. Dort konnten meine Schwestern mir helfen, obwohl sie selbst Kinder und Familien hatten, so dass ich Pausen bekam. Meine Schwägerin Heike in Deutschland hat auch geholfen, und meine Eltern und Geschwister nahmen zweimal die älteren Jungen für einige Wochen während der Sommerferien zu sich nach Island. Dann mussten die Kinder ganz allein fliegen.

Die Einstellung der Leute, wenn man ein behindertes Kind hat, ist oft falsch. Viele glauben, man sei traurig. Die Eltern sind gewiss zuerst traurig, aber ich zum Beispiel lache wesentlich mehr mit Björg zusammen als mit anderen Menschen. Ich beobachte oft, dass Mütter von schwerbehinderten Kindern mit ihnen ausgesprochen fröhlich sind. Es gibt eine andere Art von Glück als Außenstehende vermuten. Man ist *nicht* unglücklich mit dem Kind und man hadert auch nicht mit dem Schicksal, wie viele Menschen es annehmen. Aber man braucht Pausen, wie jeder andere auch, um sich zu regenerieren. So einfach ist das.

Die meisten Menschen unterschätzen die großen körperlichen Anstrengungen, aber überschätzen eine vermeintliche Traurigkeit über das Leben mit dem Kind, die es in Wirklichkeit so nicht gibt. Oft wird davon ausgegangen, es sei ein Unglück, ein behindertes Kind zu bekommen. Viele Eltern betrachten es aber nicht als Unglück, sondern in mancherlei Hinsicht als Bereicherung. Ich sehe meine Aufgabe darin, über diese Situation zu informieren, aber ich kann sie nicht als „unglückliches Schicksal" verstehen. Es herrschen viele Missverständnisse, und diesen Missverständnissen entspringen Probleme, die sich für die Familie oft als schwerwiegender erweisen als das behinderte Kind selbst.

Nun, ich versuchte mir und uns allen in der Familie zu helfen. Wir gingen zu Ärzten. Ein anthroposophischer Arzt sagte uns, dass die Anthroposophen Kinder wie Björg nicht in ihre Heime aufnehmen könnten, denn Björg würde immer einen betreuenden Menschen für sich allein in Anspruch nehmen; das könnten die Anthroposophen nicht leisten. Jahre später wurde uns das Gleiche gesagt: Anthroposophische Heime könnten nur in sehr geringem Umfang Schwerbehinderte aufnehmen. Mit zu vielen schwierigen und schwerbehinderten Personen würden sie ihr Niveau nicht halten können.

Die Anthroposophen beherzigen spirituelle Grundlagen und leisten gute Arbeit. Ich halte es aber nicht für richtungsweisend, dass die Anthroposophen immer nur als „die Besten" in der Behindertenarbeit angesehen werden, denn dies lässt außer Betracht, dass nicht alle behinderten Menschen in anthroposophischen Heimen aufgenommen werden können. Ich bin ohnehin nicht der Meinung, dass es für Behinderte gut ist, in großen Heimen oder Heimbetrieben zu leben. Manchmal leben die Behinderten dann weit entfernt vom Elternhaus, was ich nicht als human ansehe. Ich sehe die Aufgabe der Anthroposophen darin, Vorbild zu sein, was ihnen auch ausgezeichnet gelungen ist. Nun ist aber meines Erachtens die Zeit gekommen, dass *alle* Vereine und Wohlfahrtsverbände die guten und humanitären Ansätze der Anthroposophen übernehmen sollten.

Die Lebenshilfe nahm sich unser an: Björg wird nun seit fast 40 Jahren in Einrichtungen der Lebenshilfe betreut. Wir sind seit dieser Zeit Mitglied und haben diesem Verein viel zu verdanken. Die Lebenshilfe hat enorm viel Gutes geleistet, und sie hat ihre eigenen Vorteile. Ihre Einrichtungen sind meistens auch in der Nähe des Elternhauses. Es darf nicht vergessen werden, dass Eltern, die ihr Kind in eine weit entfernte Einrichtung haben geben müssen, schwere Nöte erleben. Es ist gut und notwendig, dass es Einrichtungen gibt, aber das *Elternhaus eines jeden behinderten Kindes zählt ebenso zur Behindertenarbeit und ist von unschätzbarem Wert.* Und es ist sehr wichtig, dass Eltern sich wohlfühlen, indem ihnen, was die Zukunftsperspektive ihrer Kinder angeht, von der Behindertenpolitik kein Zwang auferlegt wird, und sie sich nicht mit etwas abfinden müssen, was sie nicht wollen.

Was habe ich sonst gemacht? Manche sagen zu mir: „Du hast angefangen zu suchen." Ich finde aber, dass mir viele Hinweise einfach zugeflogen sind. Ich bildete mich gewissenhaft weiter, las Bücher, erfuhr darin über Heilverfahren und Therapien und richtete mich nach dem, was mir als sinnvoll erschien. Die Cayce-Therapie (siehe Anhang A), die ich bei Björg anwandte, steht da an erster Stelle. Es ging ihr durch diese Therapie zunehmend besser. Ich besuchte Kurse, in denen verschiedene alternative Heilverfahren gelehrt wurden. Dadurch lernte ich Menschen kennen, die mir gute Wegbegleiter wurden. Manche der Seminare, die ich besuchte, waren spirituelle Seminare, in denen etwas über Heilung und heilende Hände gelehrt wurde. Diese Seminare waren ausgesprochen gut, geleitet von Personen mit guten Energien. Manchmal gab es dort aber Teilnehmer, die sich ziemlich einseitig über Behinderungen äußerten, womit ich Probleme bekam. (Sie fingen oft gleich an, mich über selbstverschuldetes Karma zu belehren, während ich mit meinem Kind glücklich, aber einfach sehr erschöpft war.)

Deshalb bin ich heute der Ansicht, dass Menschen, wie zum Beispiel Mitarbeiter in den Lebenshilfeeinrichtungen, manchen anderen, die sich spirituelle Erkenntnisse erworben haben, *in nichts nachstehen*, obwohl sie von spirituellen Dingen wenig wissen. Für mich sind diese Menschen – außer den Behinderten selbst – die Letzten, die die Ersten sein werden (siehe Kapitel 8). Sie betreuen die Behinderten reinen Herzens und begegnen den Eltern mit Liebe und Verständnis. Manche dagegen, die sich als spirituell bezeichnen, können es nicht lassen, verletzende Bemerkungen zu machen. Salopp gesagt: Sie spielen Gott, sind es aber nicht. Spiritualität ist wichtig, aber die Interpretation mancher Menschen geschieht auf einem sehr niedrigen Niveau. Ich kann „Ungläubige" verstehen, die schlechte Erfahrungen mit Menschen gemacht haben, die sich auf „Spiritualität" berufen. Sie lassen aus verständlichen Gründen diese „unreifen Philosophien" nicht mehr an sich heran. Weil man sich scheut zu diskutieren und sich mit diesen Themen auseinanderzusetzen, werden Lernen und geistiges Weiterkommen blockiert. Ohne Spiritualität kommen wir aber nicht weiter, die Menschen müssen einfach selbst, jeder für sich, an ihrer spirituellen Entwicklung arbeiten.

Ich begann zu schreiben. Das Buch *Björg* kam 1993 heraus. Ich beschrieb darin die Cayce-Therapie, womit Björg außerordentlich wirksam geholfen wurde. Zwei angehende Sozialpädagogen legten dieses Buch (teilweise) ihrer Diplomarbeit zugrunde. Ich organisierte eine Studienreise nach Dänemark sowie einen Besuch in einer psychiatrischen Einrichtung. Ich übersetzte Artikel aus einer isländischen Behindertenzeitschrift, um Informationen zu vermitteln. Durch meine Schwestern und mich bekamen zwei deutsche Studentinnen die Möglichkeit, sich auf Island aufzuhalten. Eine von ihnen schrieb ihre Diplomarbeit über das isländische Entlastungssystem (siehe die Kapitel 9 und 22). Mein zweites Buch *Mein Weg mit dem Sternenkind* kam 2002 heraus. (In beiden Büchern sind Krankenberichte von Ärzten.) Inzwischen kann man sagen, dass *Björg krampffrei, glücklich und zufrieden ist, wenn alles so läuft, wie sie es benötigt.* Man kann also von Erkenntnissen und Erfolgen sprechen. Aber es scheint schwierig zu sein, Erfahrungsschätze der Eltern in die Behindertenarbeit einzubringen.

Ich lernte eine isländische Sozialpädagogin kennen, die in jungen Jahren nach Deutschland kam, hier studierte und mit Behinderten arbeitete. Sie gab mir wertvolle Informationen, denn sie kennt beide Systeme, das deutsche wie auch das isländische. Island ist ein kleineres Land, und so kommt es wohl, dass alle bürokratischen Wege kürzer sind. Sie sagte mir auch, dass es auf Island ohnehin eine viel direktere Verbindung zum Staat gebe. In Deutschland würden die Wohlfahrtsverbände zuerst kommen, der Staat stehe erst an zweiter Stelle, vielleicht auch als Folge von Machtmissbrauch des Staates im Dritten Reich. Die Menschen in Deutschland scheinen daher etwas ganz anderes mit „Staat" zu meinen als die Menschen auf Island. Auf Island ist der Staat „wir", und er möchte, dass es seinen Menschen, also „uns", gut geht. Als Deutschland nach dem Krieg zur Demokratie gelangte, wurde angestrebt, dass Menschen aus eigener Initiative soziales Engagement entwickelten. So wurden Wohlfahrtsverbände ins Leben gerufen und gestärkt: Das Deutsche Rote Kreuz, die Arbeiterwohlfahrt, die Diakonie (der evangelischen Kirche), der Caritasverband (der katholischen Kirche) und der Deutsche Paritätische Wohlfahrtsverband (wozu auch die Lebenshilfe gehört). Diese Verbände sind sehr groß und haben viele Unterabteilungen. Sie veranstalten Kongresse und beraten sich mit anderen Verbänden. Erst wenn diese sich einig geworden sind, wird mit dem Staat verhandelt, um von ihm finanzielle Unterstützung zu bekommen. Hier handelt es sich offensichtlich um ein schwerfälligeres System als dort, wo die Interessenvertretungen selbst (zum Beispiel Elternverbände) direkte Verhandlungen mit dem Staat führen. Und die Eltern scheinen in diesem „Wohlfahrtsverbände-System" eine geringere Rolle zu spielen als die Eltern auf Island.

Ein weiterer Grund für diese Schwerfälligkeit scheint mir zu sein, dass nicht genug auf die Eltern gehört wird. Die Eltern sind aber eine sehr wichtige Quelle der Erkenntnis. *Es sollte oberstes Gebot sein, die Erfahrungen der Eltern als eine notwendige Basis für die Arbeit miteinzubeziehen.* Warum bezeichnet man die betroffenen Eltern als Laien und Menschen, die zwar theoretisches Wissen, aber keine behinderten Kinder haben, als Fachleute? Die Eltern haben die Erfahrung hautnah gemacht. Das heißt, sie haben vielleicht kein Hochschulstudium, dafür aber das Studium einer langjährigen Erfahrung. Oft kommt es auf wichtige Details an, die nur die Eltern kennen. Die eingebauten Hürden in den Strukturen machen es ihnen aber oft schwer, ihr Wissen weiterzugeben. Deshalb brauchen die Eltern Hilfe von Professionellen, weil diese mehr Zeit und Einfluss haben, das vorhandene Wissen in die Praxis umzusetzen. In Gesprächen bekommen die Eltern jedoch oft den Eindruck, dass etwas anderes wichtiger sei als ihr eigenes Wissen. Sie sollen sich Hilfe suchen bei einem Sachverständigen oder bei einem Therapeuten, dort würden sie von einer Methode hören, die sie weiter bringt. Und wenn Eltern es schaffen, mit jemandem zu sprechen, dann ist dieser oftmals nicht zuständig und verweist auf einen anderen. Und so werden sie weitergereicht. Wie sollen Eltern dies alles in ihrer Situation bewältigen? Die Eltern sind wie das letzte Glied in einer Kette, das nichts zu sagen hat, solange alles (einigermaßen) gut geht, aber wenn alle Stricke reißen, werden sie gebraucht und sollen immer Zeit, Geld und Kraft haben.

Ein typisches Beispiel hierfür: Bis jetzt wurde es nicht gern gesehen, wenn die Eltern ihr behindertes Kind jedes Wochenende aus einem Heim nach Hause holten. „Die Eltern können nicht loslassen", hieß es dann. Jetzt haben sich die Zeiten geändert, es fehlt an Geld und Personal. Nun heißt es häufig, dass Eltern, die ihr Kind nicht jedes Wochenende nach Hause holen, für ihr Kind nichts übrig hätten. Diese Aussage stammt allerdings nicht aus unserem Heim. Eine Mutter, deren Kind in einem anderen Heim lebt, sagte mir das.

2 Direkt aus unserem Leben: Mutter und Kind auf Reisen

Im Dezember 2003 und im Januar 2004 flog ich mit Björg in die Schweiz zur Lichtwässertherapie bei Frau Dr. Enza Maria Ciccolo. (Diese Lichtwässeranwendung ist in Kapitel 18 und Anhang A näher beschrieben, hier folgt ein Bericht über die Fahrten.)

Die Dezemberfahrt in die Schweiz

Vor einigen Jahren war ich mit Björg viermal nach Österreich gefahren, was für mich doch recht anstrengend war. Danach traute ich mich kaum, allein mit ihr zu reisen. Allerdings verzichtete ich nie auf Fahrten nach Island, denn ohne dort hinzukommen, kann ich nicht leben. Doch nun wollte ich die Lichtwässertherapie bei Björg versuchen und war bereit, viel auf mich zu nehmen, um sie in die Schweiz zu bringen. Im Oktober hatten wir einen Termin gehabt, der aber ausfiel. Kurzfristig bekam ich einen Termin im Dezember. Ich musste mit viel Gottvertrauen die Reise antreten. Für Billigflüge in die Schweiz waren zwei Übernachtungen vorgesehen.

Zum Flughafen Hannover konnte ich nicht fahren, ohne vorher mit dem Auto zu üben. Als Mutter, die erst nach der Geburt ihres behinderten Kindes den Führerschein machte, habe ich nicht viel Fahrpraxis auf unbekannten Strecken. Außerdem hatte ich mir in weiser Voraussicht gedacht, dass ich nach einer anstrengenden Fahrt mit Björg gar nicht wieder sicher mit dem Auto würde nach Hause fahren können, auch wenn die Straßen eisfrei wären. Deshalb sprach ich mit einer Bekannten, die auf halber Strecke zwischen uns und dem Flughafen wohnt. Sie war gerne bereit, uns zu fahren und wieder abzuholen. Ich fuhr mit dem Auto zu ihr und ließ es dort stehen. Auf dem Flughafen haben die Leute gelesen und geraucht, und Björg wollte - wie schon oft vorher in ähnlichen Situationen - ihnen weder das eine noch das andere erlauben. Dies ist eines der Merkmale ihrer Behinderung. Björg glaubt anscheinend, dass gegenüber rauchenden und lesenden Personen ihr Benehmen sich so gehört. Ein junger Mann half mir, einfach durch sein freundliches Verhalten. Eine solche Haltung von Mitreisenden besänftigt Björg immer sehr. Wir gingen auch bis zum Abflug viel draußen herum und erst in allerletzter Minute durch das Gate. Das Flughafenpersonal wusste über meine Schwierigkeiten, mit Björg unter vielen Menschen zu sein, Bescheid, und alle waren freundlich.

Ich hatte mich vorher genauestens erkundigt, ob es möglich wäre, in Zürich-Kloten oder grundsätzlich auf Flughäfen und Bahnhöfen, Hilfe zu bekommen. Dabei erfuhr ich: Es gibt zwar solche Hilfen, aber die sind so gedacht, dass zum Beispiel Rollstuhlfahrern geholfen wird, aus einem Flugzeug oder Zug aus- oder in ein Flugzeug oder einen Zug einzusteigen. Eine Dienstleistung, die etwas mehr Zeit erfordert, vielleicht eine halbe Stunde während des Umsteigens aus einem Flugzeug in einen Zug oder umgekehrt, gibt es nicht. Für eine Begleitung, einfach um Björgs eine Hand zu halten - was ich innerhalb der Menschenmenge auf dem Flughafen und dem Bahnhof gebraucht hätte -, sind die angebotenen Hilfen nicht gedacht.

Am Flughafen Zürich-Kloten angekommen, war Björg zuerst brav und ging gut mit. Am Bahnhof, der dem Flughafen angeschlossen ist, musste ich noch Fahrkarten kaufen, weil man uns für die ganze Strecke nach Arbon von Deutschland aus keine hatte verkaufen können. Zwei Amerikaner waren freundlich und hilfsbereit, deshalb ging alles gut. Ich kaufte uns Fahrkarten für die 1. Klasse. (Bevor wir fuhren, hatte ich erfahren, dass die Deutsche Bahn die Schwerbehindertenabteile abgeschafft hat, und in der Schweiz hat es solche wohl nie gegeben.)

Während wir auf dem Bahnhof in Kloten warteten, wurde Björg schwierig. Sie stand inzwischen unter starker Spannung, ich vermute, weil die vielen Menschen irritierend auf sie einwirkten, und wenn sie in diesem Zustand ist, kann sie dazu neigen, nach nahestehenden Personen unsanft zu greifen. Ein solches Verhalten verstehen nicht alle, und das kann dann heikel werden. Es handelt sich bei den Mitreisenden teilweise um ein Verständnisproblem, aber auch um ein Bildungsproblem; die Menschen lernen wahrscheinlich wenig über Behinderungen in der Schule. Mir gelang es aber, Björg von den meisten Menschen wegzuziehen. Wir konnten sogar an einer Stelle für uns allein sitzen und unser Brot essen. Das hat Björg sehr beruhigt.

Als der Zug kam, sah ich, dass ein Raucherabteil ziemlich leer war, und dort rauchte auch niemand. Dort setzten wir uns hin. Es hieß „Ruheabteil", aber obwohl Björg fast eine Stunde lang gesprochen hat, hat sich keiner beschwert. Im Zug zwischen Romanshorn und Arbon wurde es schwierig. Viele wollten lesen, was Björg nicht duldete, aber alle in unserer Nähe hörten auf zu lesen und waren freundlich. Dadurch wurde Björg lieb und ruhig. Ich bekam einen guten Eindruck von den Schweizern. Es ist nur schade, dass die Menschen darauf aufmerksam gemacht werden müssen, dass Björg das Lesen nicht duldet, denn dadurch wird sie in ihren merkwürdigen Ansichten noch bestärkt. Wie sollen sich die Menschen verhalten, werde ich manchmal gefragt. Ja, es hilft immer, wenn sie kein Aufhebens machen und liebenswürdig und tolerant mit der Situation umgehen.

Nachdem wir in Arbon unser Garnihotel gefunden hatten, mussten wir irgendwo essen gehen, denn wir kamen schon hungrig und erschöpft an. Im Hotel Metropol, wo die Behandlungen am nächsten Morgen stattfinden sollten, waren viel zu viele Menschen, um dort mit Björg essen zu können. Ich konnte in einem Supermarkt Rohkostsalat kaufen, und die Verkäuferin wusste von einem Restaurant, in dem man ein wenig separat sitzen könne; dort solle ich es mit Björg versuchen. Dies erwies sich als ein guter Rat. Als wir in diesem Restaurant ankamen, war es schon Nachmittag, und der Koch hatte kein Gemüse mehr, aber er machte für uns blanchierte Kartoffeln mit Petersilie und mit Käse überbackene Tomaten. Wir haben nie eine bessere Mahlzeit bekommen! Das habe ich dem Koch auch gesagt. (Als wir vor einigen Jahren nach Österreich zu einem Arzt gefahren waren, hatte ich uns eine Ferienwohnung angemietet, weil es undenkbar war, mit Björg in einem Restaurant zu essen.) Der Abend und die Nacht verliefen gut, Gott sei Dank, denn wenn Björg schwierig gewesen wäre, hätte ich eine Notsituation zu verkraften gehabt.

Die Heimreise möchte ich auch schildern. Schwierig war es auf dem Bahnhof in Arbon, als wir auf den kleinen Zug warteten. Es war kalt und windig, und drinnen saßen viele Leute, die sowohl lasen als auch rauchten. Björg hat das gesehen und wurde in ihrem „Ordnungssinn“ (dass die Menschen nicht lesen durften) beinahe unerreichbar für mich. Es gelang mir, sie von dem Gebäude wegzubringen. In solchen Situationen ist das gar nicht so einfach. Mir wurde sehr klar, dass ich während der Sommerzeit, wenn die Leute auch draußen lesen und rauchen, überhaupt nicht mit ihr hätte reisen können. Da war es schon besser, im Winter mit ihr unterwegs zu sein. In dem kleinen Zug bis Romanshorn verzichtete eine sehr freundliche Frau auf das Lesen. Zwischen Romanshorn und Kloten war das Raucherabteil der 1. Klasse fast leer, und keiner rauchte. Ein junger Mann arbeitete an seinem Laptop und siedelte freundlicherweise auf einen Platz über, wo Björg ihn nicht sehen konnte. So ging alles gut.

Während dieser Zeit „las ich ihr vor“ beziehungsweise erzählte ihr aus ihren Kleinkind-Bilderbüchern, die sie auf Reisen immer dabei hat.

Auf dem Flughafen in Zürich saßen wir oder spazierten so lange draußen herum, wie es ging. Es war kalt, deshalb hielten sich nur wenige draußen auf. Zuletzt mussten wir in einem Raum warten, in dem viele Menschen versammelt waren. Dort kam mir ein Ire zu Hilfe. Er war fast die ganze Zeit bei uns und beruhigte Björg durch sein freundliches Wesen und weil er genau verstand, worum es hier ging. Die letzte halbe Stunde half uns eine schweizerische Bodenstewardess. Sie erlaubte uns, vorzeitig hinter die Kette zu kommen - was für ein Segen, denn wegen der Kette konnte Björg die lesenden Leute nicht angreifen - und sofort, als der Bus kam, der uns zum Flugzeug bringen sollte, lud sie Björg und mich ein, in den Bus zu steigen. Sie kam sogar noch einmal, um zu fragen, ob ich lieber sofort zum Flugzeug gefahren werden möchte. Aber das war nicht nötig. Gleich als wir allein im Bus saßen, wurde Björg vollkommen ruhig. In den Flugzeugen geht meistens alles gut. Björg sitzt am Fenster, ich schirme sie ab, und die Sitzlehnen sind so hoch, dass sie nicht sieht, ob die anderen Menschen lesen. Oder aber sie akzeptiert es, weil sie sich angewöhnt hat zu dulden, wenn Menschen im Flugzeug lesen. Nur auf den Bahnhöfen und auf den Flughäfen duldet sie es nicht. Dort müsste eigentlich immer eine zweite Begleitperson dabei sein, um ihr eine Hand zu halten. (Wir hätten auf den Bahnhöfen und den Flughäfen vielleicht einen Service von 20 Minuten bis zu einer Stunde gebraucht.)

Auf dem Flughafen Hannover wartete meine Bekannte auf uns. Sie stand da wie ein Engel, und alles war gut. Es war kein Frost, sie fuhr uns zu sich nach Hause, und ich konnte von dort mit unserem Auto nach Hause fahren. Richtig eingeschätzt hatte ich aber: Ich wäre nicht gut im Stande gewesen, ein Auto auf vielbefahrener Strecke zu fahren, weil ich nach der Reise ziemlich erschöpft war. Wir hatten auch, wegen einiger Pampers und der Kleidung zum Wechseln, drei Rucksäcke mitgehabt. Manchmal hatte Björg keinen tragen wollen, so dass ich alle tragen musste.

Die Januarfahrt

Die Reise im Januar war demgegenüber anstrengender. Im Nachhinein kann ich kaum verstehen, wie ich diese beiden Reisen geschafft habe. Björg und ich hatten dennoch viel Glück, nicht zuletzt weil es keinen Schnee und kein Glatteis gab. Ich hatte auch weniger Bedenken wegen der Reise, weil ich im Dezember erfahren hatte, dass die Schweizer Björg gegenüber überwiegend freundlich und tolerant gewesen waren.

Die Lichtwässer-Therapeutin, Frau Dr. Ciccolo, die zu solchen Terminen stets aus Italien anreist, hatte uns nur für den 15. oder 19. Januar einen Termin geben können. Alle anderen Termine waren ausgebucht. Ich wählte den 19., da dieser Tag für mich der einzig mögliche war. Dadurch aber musste die Hinreise auf einen Sonntag fallen. Die Koordination scheint eine ausgesprochene Engelarbeit gewesen zu sein, denn alle Flüge außer Sonntag, dem 18., waren ausgebucht oder wären wesentlich teurer gewesen, so teuer, dass wir kaum hätten fliegen können.

Am frühen Sonntagmorgen fahren von uns aus keine Busse, und meine Bekannte konnte uns an diesem Tag nicht fahren. Ein Taxi zum Flughafen kostet um die 50 Euro. Ich entschied, soviel wie möglich zu sparen, die Reise war ohnehin teuer genug. Es hatte gefroren, aber es lag kein Schnee. Wir fuhren am frühen Morgen mit unserem Auto zum Bahnhof im Nachbarort und nahmen von dort den Zug zum Hauptbahnhof Hannover. Die 1. Klasse war leer, alles verlief problemlos. In Hannover war es so kalt, dass auf dem Bahnsteig niemand gelesen hat. In der 1. Klasse zum Flughafen las die einzige Mitinsassin glücklicherweise nicht. Am Flughafen gingen wir bis zur letzten Minute draußen herum oder saßen dort. Das Personal war freundlich und sagte uns, wann wir spätestens durch das Gate gehen müssten. Es gab keine Probleme - bis auf dem Bahnhof in Zürich-Kloten. Diesmal waren sehr viele Menschen auf dem Bahnsteig, und viele von ihnen rauchten. Ich konnte Björg nicht von ihnen wegbekommen, aber ich konnte verhindern, dass sie diese Menschen angriff. Auf ein mitgebrachtes belegtes Brot reagierte Björg total ablehnend. Als viele in einen anderen Zug stiegen, konnte ich sie doch noch in die Richtung bringen, wo wir direkt in die 1. Klasse würden einsteigen können, und der Zug kam dann auch endlich. Wieder erwies sich ein Raucherabteil als das Günstigste, weil mir die Nichtraucherabteile wesentlich voller erschienen. Im Raucherabteil saß nur - sichtbar - ein Mann, der einen guten Eindruck erweckte und in einer Zeitung las. Ich erklärte ihm Björgs Verhalten auf Englisch, und er war sofort bereit, seine

Zeitung wegzulegen. In solchen Situationen spreche ich manchmal Englisch, in der Hoffnung, dass Björg das nicht versteht. Denn sie versteht anscheinend halbwegs, wenn ich in ihrer Gegenwart anderen etwas über ihre „Macken“ erkläre. Sie fühlt sich dann darin bestätigt, denkt wohl, es sei ganz besonders „toll“, was sie macht. Der Mann sagte, er brauche gar nicht zu lesen. Björg „brabbelte“ lauthals, ich sah gerade, dass wir im „Ruheabteil“ gelandet waren, und nun zündete sich der Mann eine Zigarette an. In dem Moment sah ich, dass neben der Toilette auf dem Gang ein Ledersessel eingebaut war, und Björg würde von dort aus sogar niemanden sehen können. Mir wäre es peinlich gewesen, den Mann auch noch zu bitten, nicht zu rauchen, aber nun war die Rettung in Form eines separaten Sessels da. Dort steuerte ich Björg hin, setzte mich selbst auf unsere Rucksäcke daneben, und wir konnten anfangen, unser mitgebrachtes Brot zu essen.

Als der Mann aufgehört hatte zu rauchen, setzten wir uns ins Abteil, weil auch der Schaffner kam, und unser Gepäck dort war. Björg redete und redete aus voller Kehle, immer dasselbe. Ich bot dem Mann an, wieder auf dem Gang zu sitzen, ich hätte gesehen, dass dies hier ein Ruheabteil sei, und Björg sei doch ziemlich laut. Er lächelte, sagte, dass es ihm nichts ausmache, erstens steige er bald aus, und zweitens könne man „da wohl nicht viel machen“. Ich war unglaublich dankbar für seine freundliche Art und dachte: Wenn sich viele Menschen so benehmen würden wie er, dann wäre manches leichter auf der Welt.

Im Zug zwischen Romanshorn und Arbon musste ich die Leute wirklich bitten, nicht zu lesen, und ihnen auch erklären, warum. Wir erfuhren aber *nur Freundlichkeit* von den Schweizern, keiner war verärgert, und eine Frau sagte, sie hätte volles Verständnis für meine Bitte und Björgs Verhalten.

Nachdem wir unser Gepäck im Garnihotel abgeladen hatten, mussten wir uns auf den Weg machen, um etwas zu essen. Nun stellte sich heraus, dass die meisten Restaurants sonntags geschlossen hatten, so auch die Gaststätte mit unserem guten Koch, der uns im Dezember bewirtet hatte. Der Supermarkt hatte auch zu, es gab nichts zu kaufen. Wir gingen ins Hotel Metropol, dort war alles voll, das sah man schon durch die Fenster, und die Leute schienen alle zu rauchen. Ich bat den jungen Mann an der Rezeption, Björgs Hände für einen Augenblick festzuhalten, ich könne nicht mit ihr in das Restaurant des Hotels gehen, weil dort so viele Menschen seien, aber ich möchte mich erkundigen, ob wir hier auf irgendeinem Platz, wo nicht so viele Leute seien, etwas zu essen bekommen könnten. Der junge Mann tat dies bereitwillig. Ich sprach dann im Speiseraum mit zwei Kellnern, einem Mann und einer Frau. Besser gesagt, ich versuchte, mit ihnen zu sprechen. Erst hörten sie sich ein wenig an, was ich sagte, aber sie verstanden offensichtlich nicht im Geringsten, wo das Problem lag. Ihnen schien mein Anliegen absolut nicht akzeptabel zu sein, und ich erntete „höfliche“ Ablehnung. Danach ignorierten sie mich, antworteten nicht, gingen weg und kamen nicht zurück, um das „Gespräch“ fortzusetzen.

Nun, ich hatte ja noch nicht versucht, ein anderes Restaurant zu finden. Ich bedankte mich bei dem jungen Mann, der auf Björg aufgepasst hatte, und wir gingen los. Die meisten Lokale oder Gastwirtschaften hatten geschlossen oder hatten keine Mahlzeiten anzubieten. Zuletzt fand ich eine Gastwirtschaft, die geöffnet hatte. Es gab vegetarisches Essen, wahrscheinlich Eingefrorenes aus der Gefriertruhe und in der Mikrowelle warmgemacht, aber ich dachte: was soll´s, Björg musste etwas zu essen bekommen – und ich natürlich auch. Zuerst ging alles gut, Björg konnte so sitzen, dass sie die anderen Leute nicht sah. Sie hatte ihren warmen Kräutertee ausgetrunken und etwa ein Drittel gegessen, als eine kleine Gruppe hereinkam, die auch einen kleinen Hund mit sich führte.

Diese Menschen zündeten gleich ihre Zigaretten an. Björg drehte nun vollkommen durch. Zuerst war alles noch freundlich, weil die Leute dachten, sie sei wegen des Hundes so irritiert. Aber der Hund störte Björg nicht, sondern das Rauchen. Ich versuchte das zu erklären, aber ich glaube, dass das keiner verstand. Björg war aufgestanden, schrie herum, wollte die Menschen angreifen, und ich konnte sie kaum zurückhalten. Ich sagte dann, dass ich weggehen müsse und hatte schon wegen Björgs Heftigkeit reichlich Mühe, bezahlen zu können. Gott sei Dank kam die Wirtin mit einer Tüte und schob Björgs Essen, das sie noch auf ihrem Teller übrig hatte, hinein. Ich bat darum, mir dabei zu helfen, Björg nach draußen zu bringen, aber dazu war man sehr ungern bereit. Man sah mich nur an als jemanden, der mit einem sehr ungezogenen Kind gekommen sei. Endlich „half“ ein junger Angestellter der Gastwirtschaft, aber mehr dadurch, dass er einfach groß und männlichen Geschlechts war und sich neben Björg stellte. Anfassen wollte er sie nicht. Björg kam aber Gott sei Dank zu sich und folgte mir zur Außentür. Draußen konnte ich ihr die Jacke anziehen. Sitzend im Bett im Garnihotel, kuschelnd in meinen Armen, konnte ich ihr das Essen aus der Tüte mit einem Plastiklöffel geben, den ich mitgebracht hatte (Metallgegenstände darf man nicht mit ins Flugzeug nehmen).

Nun, Björg schlief ein, alles wurde besser, wir gingen noch am Abend eine Runde vor die Tür, und dann schliefen wir die ganze Nacht, bekamen am nächsten Morgen ein gutes Frühstück und gingen zur Therapie. Diese dauerte den ganzen Vormittag.

Mir blieb nichts anderes übrig, als noch einmal zu versuchen, im Hotel Metropol etwas zu essen zu bekommen. Ich hatte am Vortag gesehen, dass viele Restaurants auch montags einen Ruhetag einhielten, so auch unser guter Koch, und außerdem wollte ich nun ganz konkret mit dem Vorschlag kommen, ob wir draußen auf dem Gang vor der Tür zum Behandlungszimmer im 2. Stock unser Essen einnehmen könnten. Ich bat wieder den jungen Mann an der Rezeption, Björgs Hände festzuhalten und ging in den Speiseraum. Dort traf ich auf ein junges Mädchen, das am Vortag nicht da gewesen war. Diese junge Frau verstand mein Anliegen auf Anhieb, ich musste nicht viel erklären. Sie ging in die Küche und fragte, kam wieder und sagte: „Ja, das können wir machen."

Ich ging noch kurz mit Björg spazieren, aber als wir zurück kamen, saßen schon die nächsten Patienten an dem Tisch vor der Tür des Behandlungsraumes im 2. Stock und warteten. Die junge Frau brachte das Essen, und als ich meinte, dass wir vielleicht besser im 1. Stock unsere Mahlzeit einnehmen sollten, sagte sie: „Ich glaube, es wäre besser in den ruhigeren 3. Stock zu gehen, im 1. Stock gehen meistens so viele Leute herum." Also gingen wir alle in den 3. Stock. Da war ebenfalls ein Marmortisch und ein Ledersofa auf dem Gang, und dort konnten Björg und ich in aller Ruhe zu Mittag essen und einen warmen Kräutertee trinken. Wir genossen es. Björg war zufrieden und gut gelaunt.

Wäre dies nicht möglich gewesen, hätte ich mit Björg große Schwierigkeiten gehabt, aber *weil es ein vernünftiges Mädchen gab, „mit dem Herzen auf dem rechten Fleck", war alles gerettet.*

Der Rest des Tages und die Nacht verliefen gut, und nun mussten wir „nur noch" die Heimreise am 20. Januar durchstehen. Am Bahnhof in Arbon konnte Björg sich offensichtlich daran erinnern, im Dezember bei Wind und Wetter auf dem freien Platz neben dem Gebäude gestanden zu haben, was ihr wohl nicht gefallen hat, denn dieses Mal wollte sie das gar nicht. Die Rettung war, dass wir nicht zu früh losgegangen waren und deshalb nicht so lange auf den Zug warten mussten, und auch, dass nur wenige Menschen draußen warteten, weil das Wetter wirklich schlecht war. In Romanshorn ging ich zum dritten Mal auf unseren Reisen auf die Toilette mit Björg in einem Hotel gegenüber dem Bahnhof, weil Björg nicht gerne auf Toiletten im Zug gehen will. Die Wirtin war zu Björg jedes Mal ausgesprochen freundlich, richtig gütig. So etwas tut immer besonders gut. Vielleicht war Björg auch dank der liebenswerten Frau in Romanshorn die ganze Zeit trocken. Im großen Zug nach Kloten, 1. Klasse, ging alles gut. Zuerst waren wir im großen Raucherabteil allein, danach kamen zwei Fahrgäste hinzu und keiner hat geraucht. Die Menschen arbeiteten am Laptop, und Björg konnte sie wegen der hohen Sitzlehnen kaum sehen. Sie „las“ in ihren Kinderbüchern, und dann fing sie an, über Markus zu reden, was sie die nächsten sechs Stunden fortsetzte. („Markus ist lieb“, „ Markus ärgern“, „Markus nicht ärgern“, „warum“?... und so weiter, worauf ich ihr immer Antworten geben musste.)

Am Flughafen ging es weiter mit „Markus ist lieb“, aber es kam auch etwas anderes hinzu. Das Flugzeug hatte eine Verspätung, und wir mussten warten. Björg konnte die Menschenmassen nicht mehr ertragen. Ich ging zu der Bodenstewardess - was mit Björg eigentlich fast unmöglich geworden war - und erzählte ihr, dass uns das letzte Mal eine Bodenstewardess erlaubt hätte, hinter der Kette zu stehen. Aber das ging zu diesem Zeitpunkt noch nicht. Mir fiel nichts Besseres ein als einen Toilettenraum aufzusuchen, wo Björg vielleicht nicht so viele Leute sehen würde. Aber ich konnte sie nicht vom Fleck wegbekommen. Sie schrie und wollte die Leute, die eine Zeitung in der Hand hielten, angreifen. Ich versuchte, mit zwei Männern zu sprechen, aber sie verstanden nichts. Björg warf sich nun in der großen Halle, die voller Menschen war, zu Boden und schrie. Jemand kam und meinte, dass es auf den Flughäfen für solche Fälle irgendeine Hilfe gebe. Mir war aber auf dem Flughafen Hannover deutlich gesagt worden, dass es keine solche Hilfe gibt. Es kam eine Frau, eine Deutsche auf zwei Krücken gestützt, auf mich zu und bedauerte, dass sie mir leider nicht helfen könne. Sie sah gütig und intelligent aus. Ich sagte ihr, dass gerade sie uns helfen könne. Es helfe immer, wenn eine andere Person dabei sei, das sei ausgleichend. Sie meinte, es brauche niemanden zu stören, wenn Björg auf dem Boden liege, aber das war doch nicht so gut, weil Björg nur schrie und strampelte und die Aufmerksamkeit auf sich lenkte. Ich entdeckte dann einen Platz hinter einer Wand. Zwar kam dort ein Menschenstrom eine große Treppe herunter, aber nicht direkt zu dieser Ecke. Mit Hilfe der Frau, die Björg sanft aufmunterte, stand Björg auf und ließ sich bis hinter diese Wand führen. Dort machte ich ihr auf unseren Rucksäcken einen Sitz. Sie wurde ruhig, blieb dort sitzen, und ich stand neben ihr. Die Frau mit den Krücken ließ uns nicht im Stich. Sie sagte mir, dass sie es besser vertrage, herumzugehen als stehen zu müssen, aber sie werde mich wissen lassen, wenn eine neue Nachricht über den Abflug komme. Von dort, wo ich stand, konnte ich das nicht sehen. Diese Frau war auf dem Heimweg aus der Schweiz, wo sie in Therapie gewesen war. In Bezug auf meine Situation sagte sie: „Es müsste doch auf den Flughäfen in solchen Situationen und mit solchen Kindern eine Hilfe geben." Fast am Ende der Fahrt sagte sie mir, dass ihre Tochter eine Vorgesetzte von vielen Leuten auf dem Flughafen Hannover sei. Vielleicht wird sie ihrer Tochter etwas über Ideen zur Abhilfe in solchen Situationen, wie wir sie in Zürich erlebten, erzählen.

Björg wurde wieder unruhig und wollte eine Frau angreifen, die sich auf die Treppe gesetzt hatte, um in einer Zeitung zu lesen. Auf gut Glück ging ich zu der Frau und erklärte ihr, dass Björg autistisch[2] sei. Darunter konnte sie sich etwas vorstellen. Diese Frau erwies sich als eine sehr nette und gebildete Griechin. Sie half mir gleich, indem sie Björgs eine Hand nahm, und half mir auch später im Zug in Deutschland. Die Stewardess ließ mir durch die Frau mit den Krücken ausrichten, dass ich als Erste mit Björg durchgehen könne. Die Griechin kam mit, wir hatten Björg zwischen uns und warteten alle drei hinter der Kette, bis wir in den Bus einsteigen durften. Björg war nun ruhig und griff niemanden mehr an, aber sie redete unablässig von Markus. Im Flugzeug redete sie auch die ganze Zeit von Markus. Es war ein kleines Flugzeug mit 50 Personen, und wir saßen in den vorderen Reihen. Als wir auf dem Flughafen Hannover durch den Zoll gingen, sagte jemand eher freundlich: „Hier ist die, die uns die ganze Zeit unterhalten hat!" Er hatte im Flugzeug ganz hinten gesessen. Im Zug nach Hannover, in der 1. Klasse, wollte niemand lesen, bis kurz vor dem Hauptbahnhof ein gutgekleideter Mann einstieg. Er zückte seine Zeitung, worauf Björg sehr unwirsch reagierte. Er bestätigte mir, dass er Englisch

---

[2] Auf diese Weise habe ich schnell eine Erklärung gegeben, die die Frau eventuell verstehen würde. Als Björg ein Kleinkind war, gab es diese Einstufung, dass sie eine Autistin sei, hier bei uns nicht, aber auf Island wurde ich oft darauf aufmerksam gemacht, dass Björg doch autistische Züge hätte. Siehe auch die Kapitel 13 und 16.

verstehe, woraufhin ich ihn bat, bis zum Hauptbahnhof doch nicht zu lesen, und ihm erklärte, warum ich dies tat. Der Mann aber faltete seine Zeitung auf und fing an zu lesen, obwohl er mir versprochen hatte, es erst einmal nicht zu tun und sich freundlich gegeben hatte. Dies hatte beinahe fatale Folgen, denn Björg konnte sein Lesen nicht dulden und hätte jederzeit durchdrehen können, so dass ich nicht mit ihr fertig geworden wäre.

Wir trafen dann aber gerade im Hauptbahnhof ein. Ich fragte den Mann, warum er doch lese, wo er mir soeben gesagt habe, er könne bis zum Hauptbahnhof gerne darauf verzichten. Er antwortete: „Ist doch nicht schlimm." Er verstand nicht, worum es ging. Wenn der Mann noch lange gelesen hätte, hätte es bedeuten können, dass ich Björg nicht rechtzeitig von Gleis 2 zu unserem Zug auf Gleis 14 geschafft hätte, denn wir hatten nicht viel Zeit. Die Griechin konnte uns nicht mehr helfen, denn ihre Zeit war auch begrenzt. Björg hat aber Gott sei Dank wieder die Kontrolle über sich bekommen, wir erreichten Gleis 14 und setzten uns in die 1. Klasse des sonst „proppenvollen" Zuges. Es kam eine Frau, die lesen wollte. Björg wollte sie daran hindern, und ich erklärte (auf Deutsch, denn sie verstand kein Englisch), Björg sei autistisch, in der Hoffnung, wenn sie dieses Wort höre, werde sie Verständnis haben. Ich glaube, sie wusste nicht, was Autismus ist. Sie sagte: „Jetzt habe ich Feierabend, und dann darf ich es mir auch gut gehen lassen und im Zug lesen." Sie packte aber das Buch wieder ein, als Björg nur schrie und sie sah, dass ich sie kaum zurückhalten konnte. Sehr zufrieden sah sie aber nicht aus. Im Stillen wünschte ich mir, dass die Menschen nicht immer glauben würden, ich sei nur eine furchtbar schlecht erziehende Mutter.

Ein Mann kam ins Abteil. Er wollte auch lesen. Ich erklärte ihm das Gleiche wie der Frau, aber auf Englisch. Dieser Mann reagierte äußerst verständnisvoll und sagte, er kenne sich mit geistiger Behinderung aus, er brauche gar nicht zu lesen, es sei gar kein Problem. Mehr Menschen kamen nicht ins Abteil. Björg wurde ruhig, sprach aber die ganze Zeit von Markus und sagte oft: „Warum". Ich habe ihr immer geantwortet. Wir stiegen alle an unserem kleinen Bahnhof aus. Ich habe dem Mann herzlich gedankt. „Da wir den Schwerbehindertenausweis haben, wollte ich gerne den Preis für ein Taxi sparen", sagte ich. „Selbstverständlich", war seine Reaktion. Er sagte, er hätte mich die ganze Zeit bewundert. Er würde im Sozialamt arbeiten, sei aber für geistig Behinderte nicht zuständig. Auf diese Weise lernte ich, dass es im Sozialamt durchaus verständnisvolle

Menschen gibt. Der Frau habe ich auch für ihr Verständnis herzlich gedankt. Sie war dann ganz anders geworden, lächelte liebenswürdig und sagte: „Ist schon o.k.“ Ich hatte den Eindruck, dass hier ein Mensch viel über Behinderte gelernt hatte.

Nun hatte ich durch meine Beharrlichkeit 100 Euro gespart, weil ich weder auf der Hin- noch auf der Rückfahrt ein Taxi genommen hatte. Ich wollte sparen, wo es möglich war, denn im Geld schwimmen wir nun wirklich nicht.

So kam im März 2004 die Nachricht, dass Björg dem Sozialamt 200 Euro Bekleidungsgeld zurückzahlen müsse. Im Heim sagte man uns, dass man nicht gewusst habe, dass die Behinderten der Förderstufen seit zwei Jahren um die 100 Euro weniger Bekleidungsgeld bekommen sollen als die Behinderten, die arbeiten (siehe die Kapitel 6 und 17). Dadurch erklärt es sich, dass Björg die Differenz von 200 Euro bezahlen muss - oder wir müssen das tun, wenn ihr Taschengeld nicht ausreicht. Deshalb war es gut, dass wir uns die Kosten für Taxifahrten sparen konnten. Und Fahrdienste für Behinderte sind nicht so schnell in Sicht.

3 Zur Entstehung dieses Buches

Der *Grund* dafür, dass es dieses Buch überhaupt gibt, ist wahrscheinlich der, dass ich so schlecht aufgeben kann, bevor ich mein Bestes gegeben habe. Das *Ziel* ist, Einblick in die Situation von Familien mit Schwerbehinderten zu geben, in der Hoffnung, dass sich dadurch Reformen entwickeln und die Situation tragbarer wird.

Nachdem ich zuvor nur auf Isländisch geschrieben hatte, schrieb ich mein Buch *Björg* auf Deutsch, um weiterzugeben, was unserer Tochter und der Familie am meisten geholfen hatte. Mein Motiv war zugleich zu zeigen, wie schwer behindert Björg gewesen war, und wieviele Erfolge trotzdem zu verzeichnen waren. Dies ist ungewöhnlich, denn bei so schwer behinderten Menschen wie bei Björg wird meistens nicht so viel erreicht. Die Kinder werden dann oft „weggegeben“ und verschwinden von der Bildfläche.

Nach der Veröffentlichung war ich jedoch nicht zufrieden und dachte, ich hätte es besser machen können. Ich wollte ein neues Buch schreiben über neue Entwicklungen und in einem besseren Deutsch. So entstand *Mein Weg mit dem Sternenkind* als Resultat. Es ist ein eher spirituelles Buch. Es gab positive Resonanzen, aber die Reaktionen kamen nur von Menschen, die sich ohnehin mit Spiritualität und alternativen Heilmethoden beschäftigten. Andere lehnten das Buch wegen der darin geäußerten Spiritualität ab oder zeigten Unverständnis über die Kombination von Behinderung und Spiritualität.

Spiritualität war und ist aber sehr wohl mein Thema, ebenso wie die Beschäftigung mit alternativen Heilverfahren, da Spiritualität (Erkenntnisse über geistige Zusammenhänge) auch die Grundlage dafür ist, dass es Björg inzwischen besser geht.

Heute, nachdem Björg in einem Heim wohnt, zeichnet es sich für mich immer deutlicher ab, dass im sozialen System auch ein Hemmschuh verborgen liegt (so gut es in manchen Dingen auch sein mag). Das soziale System und die Bemühungen einzelner Eltern, sich durch alternative Therapien zu helfen, sind oft fast unvereinbar.

Das Hauptziel dieses Buches ist es deshalb, die unvereinbaren Punkte zu benennen. Ich möchte schildern, wie man als Mutter um gute Hilfsmöglichkeiten weiß, sie aber nur schwerlich einsetzen kann. Unser Haus zum Beispiel ist voller Ratgeberbücher - empfohlen, zugeschickt, gekauft, geschenkt -, aber die Tipps darin dürften in vielen Fällen kaum umzusetzen sein, weil die Ausgangsbasis dieser Bücher nicht mit der Situation in den Familien übereinstimmt. Vielleicht sollten wir als Eltern am besten Jura, Medizin und Sozialwissenschaften studieren, um mit dem, was wir wissen, genügend anerkannt zu werden, aber das ist für Menschen in unserer Lage nicht mehr zu realisieren. Und konkret würden wir unserem Kind damit nicht besser helfen können. Aber vielleicht ließe es sich erreichen, dass Fachleute und Politiker sich für Familien mit Schwerbehinderten besser einsetzen könnten. Sie würden es wahrscheinlich tun, wenn sie mehr Einblick in die jeweilige Situation hätten. Auf *unserem* Gebiet sind *wir Eltern* die besten Lehrer. Tatsache ist, dass viele Eltern unter dem jetzigen System leiden.

Die Texte in diesem Buch sind hauptsächlich in den Jahren 2003 und 2004 geschrieben worden, ein Kapitel kurz nachdem Björg ins Heim gezogen war (das war 2000), einige Ergänzungen später. Eine Probeleserin empfand meine Informationen als Vorwürfe. Vorwürfe liegen mir aber fern. Mir liegt daran, ausgleichend zu sein. Aber die „Baumeister“ des sozialen Systems sollten erfahren, wie die Situation ist.

Eine andere Rückmeldung während der Entstehungsphase des Buches war, dass ich nicht systematisch ordne. Nun, ich glaube, dass unsere Lebenssituation mein Vorgehen beeinflusst hat. Es ist schon Wunder genug, wie ich es überhaupt geschafft habe zu schreiben. Ich formulierte und schrieb immer zwischendurch, tagebuchartig, und oft mit langen Zeiträumen zwischen den Schreibphasen. Dadurch entstanden zum Teil Wiederholungen. Mein Mann und ich gehen nun beide auf die Achtzig zu. Ich habe nicht mehr die Kraft, alles anders zu ordnen und zu gliedern, und ich denke, dass es besser ist, dass meine Berichte in dieser Form gedruckt werden, als dass gar nichts damit geschieht.

Im Grunde sind meine Berichte eine Mischform zwischen Autobiographie und Systemkritik. Dies zu trennen ist mir nicht möglich gewesen. Das Gleiche gilt für mein Gemisch aus chronologischer Berichterstattung und mitunter parallel laufender Erläuterung. Ich stelle bewusst Theorie und

Praxis nebeneinander. Theo Peeters war mir mit seinem Buch *Autisme* in diesem Punkt ein Vorbild: Er wechselt zwischen Erlebnisberichten und sachbetonten Passagen. Auch ich erzähle Geschichten und stelle dazwischen Sachverhalte dar. Mein Leben verlief eben auf diese Weise: nachdenken, erinnern und herausfinden, was das Richtige ist, und wie es umgesetzt werden kann. Unser Leben ist eine Mischung aus Alltag, Kenntnissen über Therapiemöglichkeiten, Gefühlen, Sitzungen in der Behindertenarbeit, eigenständigem Lernen über Ernährung, Gesundheit, Sensibilität und vielen anderen Dingen.

Das vorliegende Buch ist in zwei wesentliche Abschnitte geteilt. Im *ersten* größeren Teil mache ich zunächst einmal kurz auf Themen aus unserem Leben aufmerksam, um danach genauer darauf einzugehen. Im *zweiten* Teil bringe ich alles noch einmal in Kurzfassung.

Da ich mich für Heilmethoden interessierte, hatte man mich oft gefragt, ob ich nicht Lust hätte, ein Hand- und Methodenbuch zu schreiben, worin alle Therapien, die ich für gut hielte, erläutert würden. Es wäre aber für mich eine zu umfangreiche Aufgabe gewesen. Außerdem möchte ich nicht zu einem „einseitigen“ Therapiebuch beitragen. Sozialarbeit und alternative Therapien müssen bei einem Thema wie *Behinderung in der Familie* möglichst gleichwertig behandelt werden. Es ist von großer Bedeutung, die Gesamtsituation rund um die Familie zu berücksichtigen. Ein Ratgeberbuch ohne Bezug auf die Realität des Lebens ist weitgehend nutzlos, vor allem auch für die, die eine situationsbedingte Unterstützung brauchen.

So reifte allmählich ein Konzept heran.

Es musste beides in einem sein, ein Methodenbuch, aber auch ein Buch, das die Problematik des „Rahmens“ behandelt. Mit diesem Begriff bezeichne ich das soziale Umfeld.

Beim Schreiben zeigte sich, dass Erklärungen über Rahmenbedingungen viel Platz beanspruchten. Deshalb werden nur einige Heilweisen erwähnt (siehe Kapitel 11 und Anhang A), sowie auch in verschiedenen Zusammenhängen im Text erörtert. Weitere Informationen über Heilmethoden sind in entsprechender Literatur zu finden.

Manchmal können keine Therapien eingesetzt werden, wenn das soziale System es nicht hergibt. Es ist notwendig, auf Bedingungen im sozialen Bereich aufmerksam zu machen, wenn sie vernünftigen Therapien im Wege stehen.

Im *Sternenkind* war Spiritualität, besonders für Leser, die keinen Zugang dazu hatten, wohl zu ungewöhnlich und zu dominierend. Jetzt möchte ich mich mehr sozialen Themen widmen, aber doch nicht ganz auf spirituelle Aussagen verzichten. An dieser Stelle kurz ein Zitat aus dem Buch *Die Alchemie des Herzens - Spiritualität im Alltag* von Reshad Feild (Seite 128):

„Einige Menschen beginnen allmählich, die Gesetze des spirituellen Weges zu verstehen, die nicht etwas vom Leben Abgespaltenes sind. Der spirituelle Weg befasst sich mit nichts als dem Leben. Das Leben ist kostbar und hat uns soviel zu lehren. Studieren Sie das Leben."

Gespräche helfen oft beim Nachdenken über Zusammenhänge in der sozialen Landschaft. Eine mir wohlgesinnte Frau hat mir folgende Gedanken zur Verfügung gestellt, und ich finde, sie trifft den Nagel auf den Kopf: „Unnur, du musst Beispiele bringen, um destruktive Entwicklungen oder Zustände aufzuzeigen, um Behinderungstendenzen deutlich zu machen in der Durchführung der Betreuung und in der Begleitung der Erkrankten. Die Strukturerweichung, die du anstrebst, kannst du nur mit dem untermauern, was im Methodenteil deines Buches vorgegeben wird, so dass du dann, wenn du beides ineinanderschachtelst, eine logische Erklärung für deinen Verbesserungswunsch einbringen kannst. Dies ist nicht nur ein Buch für Menschen, die mit diesen Schwerstbehinderten arbeiten, sondern es soll gleichzeitig ein Buch sein für *alle* Menschen, die diese Strukturen verändern wollen. Hier handelt es sich eindeutig um einen Entwicklungsschritt der Menschheit, und je mehr Aufmerksamkeit man auf Hilfsbedürftige richtet, desto mehr wird dies die Qualität des Menschseins anheben und zu einer Verbesserung der Lebensqualität der Menschheit führen."

Manche Therapien erscheinen vielversprechend und einer Familie mit einem behinderten Kind wird geraten, diese anzuwenden, doch geschieht dies oft ohne Rücksicht darauf, ob diese bestimmte Familie in der Lage ist, die Durchführung zu bewältigen. Denn die Lebensumstände in manchen Familien wirken wie ein Hindernis, sich solche Hilfen zu suchen und/oder selbst zu Hause Therapien anzuwenden. Es muss nicht an den finanziellen Möglichkeiten liegen oder am fehlenden Interesse. In erster Linie muss deshalb verstanden werden, *warum* „machbare Therapien" in manchen Familien nicht umsetzbar sind. Der Prozess des Verstehens ist Voraussetzung dafür, dass die Gründe für die Nichtumsetzung beseitigt werden können.

Wenn über Behinderte gesprochen wird, muss mehr differenziert werden, als es gewöhnlich geschieht. Zwischen leichter und schwerer Behinderten bestehen große Unterschiede. Ein Beispiel: Der Unterschied zwischen Nicht-Behinderten und Kindern mit Down-Syndrom ist oft wesentlich geringer als der zwischen Kindern mit Down-Syndrom und jenen mit Gehirnschäden. *„Es ist ein Unterschied wie zwischen Himmel und Erde"*, bestätigte mir dies im Sommer 2003 auf Island eine Fachfrau, und sie sagte, dass die Dienstleistungen bei den schwerer Behinderten (zum Beispiel bei Autisten) ganz anders sein müssen, als die bei den leichter Behinderten. *Und hiermit sind NICHT die allgemein üblichen Dienstleistungen in Pflegeheimen gemeint,* sondern Leistungen, die sowohl der Behinderung als auch der Wesensart der Behinderten entsprechen, damit diese sich wohl fühlen können. Wohlbefinden für einen sensiblen Menschen kann schon mit einem Leben in einer *kleinen* Wohngemeinschaft oder in der *eigenen* kleinen Wohnung erreicht werden. Er braucht oft nicht in ein Pflegeheim.

Außerdem muss die Einmaligkeit jeder einzelnen Familie mit ihren besonderen Problemen berücksichtigt werden. Lösungen müssen *individuell* sein. Ein wesentliches Anliegen für mich ist, dass *nicht überhört wird, wenn jemand von einem Problem spricht, das er hat.* Niemand teilt ein Problem mit, das er nicht hat. Und wenn der, der es hört oder überhört, dieses Problem selbst nicht hat, dann heißt das noch lange nicht, dass derjenige, der es anspricht, nicht darunter leidet.

Für uns als Familie mit einem behinderten Kind ist es keine Nebensache, dass mein Mann keinen Führerschein hat. Dieses Beispiel zeigt, wo für *uns* individuelle Hilfe nötig wäre, aber nicht in anderen Familien.

Ein weiterer Punkt ist eine verbesserte Rentenregelung für die Mütter. Für Mütter behinderter Kinder ist eine angemessene Rente lebenswichtig. Dieses Thema wird in dem Kapitel „Die feinen Nuancen der (sozialen) Kultur" behandelt werden.

Mir geht es darum, das Gesamtverständnis von *Behinderungen, Umfeld und Sozialsystem* zu erweitern.

Wir brauchen Reformen auf vielen Gebieten, damit kein Aspekt des Lebens ausgelassen wird. Die meisten Menschen, die im Behindertenbereich arbeiten, sind gut, und es gibt nichts Nachteiliges über sie zu sagen. Den Mitarbeitern wird aber unrecht getan, wenn sie - zum Beispiel durch Strukturfehler im System - etwas leisten sollen, was sie als gute, zuverlässige Menschen gar nicht leisten können. Dann leiden sie darunter, dass die Ziele kaum zu erreichen sind. Diese Entmutigung kann ein wesentlicher Grund für den verbreiteten Burnout sein.

Mit dem Begriff „Sozialsystem“ meine ich im Folgenden nicht immer das jetzt bestehende. Vielmehr verstehe ich darunter ein System, das sich positiv entwickelt und neue Informationen und Erkenntnisse akzeptiert und einbaut.

Und: Ich schreibe *nicht nur* für Betroffene (mir wird nämlich oft gesagt: „Das, was du schreibst, ist interessant für Betroffene“), denn was können „Betroffene“ auf sich allein gestellt schon ausrichten. Wieviel mehr könnten sie sich selbst helfen, wenn es genug *unterstützende Mitstreiter* gäbe, die ihre Probleme verstehen und sich engagierten!

Immer wieder höre ich Eltern ihr Empfinden ausdrücken: „Wir können nichts machen“ oder „Wir können nichts ändern.“ Aber auch wenn sie dies so sagen, hoffen sie doch, dass sie mitgestalten und auch etwas ändern können. Alle, die den Eltern den Rücken stärken, leisten eine sehr willkommene Unterstützungsarbeit.

Verwundert erlebe ich, wie wenig manche Menschen über die Angelegenheiten Behinderter wissen.

Manchmal sagt man mir: „Du steckst so in der Materie drin, dass das Verstehen dieser Zusammenhänge für dich selbstverständlich ist. Für andere aber ist es ein unbekanntes Thema, sie bekommen diese Informationen zum ersten Mal.“

Seit Jahren bin ich der Meinung, dass Björg möchte, dass ich über ihre Schwierigkeiten schreibe, auch wenn dazu gehört, dass ich über ihre Intimsphäre (wie Verstopfung) informiere. Ich meine, Björg ist damit einverstanden. Sie möchte helfen, davon bin ich überzeugt. Ich meinerseits berichte gewissenhaft; so sind wir beide ein Team.

„Jedes Problem hat zwei Seiten“, sagt man. In der Behindertenarbeit sehe ich aber mindestens vier Seiten: Es gehören die *Betroffenen* dazu, das *Elternhaus* (oder die Angehörigen), das *Wohnheim* (beziehungsweise die Einrichtungen) und die *Gesellschaft* allgemein.

Wenn eine dieser vier Seiten mächtiger ist als eine andere, schafft das ein Ungleichgewicht. Ich möchte allen vier Seiten gegenüber gerecht werden: den Betroffenen, den Eltern, den Wohnheimen und der Gesellschaft. Ich hoffe, dass mir eine gerechte Darstellung aller Seiten gelungen ist.

In meiner Vision muss **Behindertenarbeit zu einem Zusammenspiel der gesamten Gesellschaft werden.** Die Behindertenperspektive muss die gesamte Gesellschaft durchdringen. Zurzeit leben wir, die wir Behinderte in der Familie haben, wie in einer anderen Welt. Bis zu den Einzelheiten dieser Welt reicht der Blick der allgemeinen Gesellschaft nicht heran, aber das muss sich ändern. Ich sehe in meiner Vision das **soziale System** und **alternative Therapien** als **eine unerlässliche Einheit.**

Zum Aufbau meiner Berichte möchte ich Folgendes anmerken:

Meine Freundin hat mich ermutigt, bei meiner Gliederung zu bleiben, die eher ganzheitlich ist und mehrere Aspekte miteinbezieht: „Vielleicht ist deine Methode die beste Methode, um alles verständlich mitzuteilen“, sagte sie. „Wenn *anders gegliedert* wird, wird *anders zentriert*, und ich bezweifle, ob das gut ist.“

Vor meinem inneren Auge entstand das Bild einer Halskette, deren bunte Steine man auf ein Band aufzieht, um die Mahlzeiten der sieben Tage der Woche darzustellen: Grüne Steine für das Frühstück, rote für das Mittagessen, gelbe für den Nachmittagstee und blaue für das Abendessen. Wer „gut“ gliedert, nimmt wahrscheinlich erst alle grünen Steine, dann alle roten, alle gelben und schließlich alle blauen Steine. So kann man die Kette bilden. Eine solche Vorgehensweise ist sicherlich sehr übersichtlich und für Statistiken geeignet, aber es ist nicht die Reihenfolge, in der die Mahlzeiten eingenommen werden. Anders ausgedrückt, diese Methode hat wenig Bezug zur Realität, zum Leben. Meine Methode wäre eher, die Steine in der Reihenfolge grün, rot, gelb und blau zu nehmen, und dies siebenmal zu wiederholen. Für mich wäre das logischer, weil man die verschiedenen Mahlzeiten auf den Tag verteilt zu sich nimmt, und in ihrer Abfolge sich die wechselseitigen Einflüsse und Abhängigkeiten zeigen.

Auf diese Weise ergab sich allmählich der Aufbau des Buches *Verschiedene Welten* - Stein für Stein.

Nach diesem allgemeinen Blick auf unser Leben und die Behindertenarbeit folgen nun einige Kapitel über die *aktuelle Situation.*

4 Wir sind glücklich, wenn es unserem Kind gut geht

Björg ist jetzt - im Jahr 2004 - in einem bestmöglichen Zustand. Über die Jahre ist viel Positives geschehen, wodurch sich ihr Zustand stabilisiert hat. Im Sommer 2003 fing ich bei ihr auf Island mit der Lichtwässer-Basisanwendung an, was Voraussetzung für den Beginn der Lichtwässertherapie ist (siehe Anhang A). Das war möglich, weil ich sie sieben Wochen bei mir haben durfte, was ohne die Erlaubnis vom Sozialamt (wegen der eigentümlichen Förderung von Behindertenheimen – siehe auch Kapitel 17 und Anhang B) nicht möglich ist. Im Dezember 2003 konnten wir dann mit einer kontinuierlichen Lichtwässerbehandlung starten. Sie hilft Björg hervorragend.

Diese Information schicke ich voraus, denn ich werde noch einige Probleme schildern, die inzwischen nur noch selten vorkommen. Deshalb bitte ich nicht zu vergessen: Alles kann ausgezeichnet gehen, und es braucht gar keine Probleme mit Björg zu geben. Ihr guter Zustand kommt aber nicht ohne Grund, genauso wie es eine Ursache hat, wenn sie aus diesem guten Zustand „herausfällt".

Ich denke, viele könnten *mitfühlen und verstehen,* wenn sie nur informiert würden, welchen Einfluss manche äußeren Faktoren auf Behinderungen haben. Ich sehe es so, dass in Deutschland alles gut ist, worüber man sich Gedanken gemacht und diese in der Praxis verwirklicht hat, aber es gibt *lückenhafte Bereiche,* die sich auf die gesamte Arbeit negativ auswirken. Es ist wie mit einer Blume, die wunderschön ist, der aber einige Blütenblätter fehlen. Oder wie mit einem perfekt gebauten Wassereimer (das soziale System), der ein Loch hat (die Lücken) und deswegen leckt (verringerte Effektivität der Maßnahmen).

Ich betone immer, dass die *Mitarbeiter* von Einrichtungen in der Behindertenarbeit oft unter fast unmöglichen Bedingungen Wunderbares leisten. In diesem Sinne ist ihre Arbeit als *gut* zu bewerten. Das heißt allerdings nicht, dass die *Strukturen,* in denen die Menschen arbeiten, vollkommen wären, denn genau hierin ist der Grund für diese Lücken zu suchen. Nach meinen Schätzungen sind 75 Prozent der Behindertenarbeit als gut zu bewerten, während 25 Prozent gravierende Mängel aufweisen. Diese müssen erkannt und behoben werden. Die Umsetzung der pädagogischen Ideen ist meistens sehr gut. Aber manche öffentlichen Dienstleistungen sind nicht den individuellen Bedürfnissen angepasst. Ich denke, dies ist ein großes Manko.

Björg geht montags froh und munter in ihre Förderstufe der Werkstatt und ins Heim. Beide sind im Rahmen des Möglichen sehr gut, da haben wir Glück. Dort hat sie Spaß und Gesellschaft, und das ist ein wichtiges Blütenblatt der „Lebenshilfeblume“ – so stelle ich mir die Gesamtarbeit mit behinderten Menschen vor. Ein genauso wichtiges Blütenblatt ist aber auch die Ruhe, die Regeneration, die sie am Wochenende bei uns Eltern zu Hause genießt. Wenn wir ihr diese Regeneration nicht ermöglichen könnten, wäre ihr guter Zustand nicht zu halten. Wir investieren in Vorbeugungsarbeit. Fünf Tage Förderstufe und Heim in Folge ist für sie bei ihrer Sensibilität genug. Ich hole sie am Wochenende ab, aber eigentlich sollen die Behinderten wegen der Integration in die Gruppe möglichst jedes zweite Wochenende im Heim verbringen - so die pädagogischen Vorgaben, nach denen gearbeitet wird. In diesem Fall schließt man aber Wichtiges aus. Lebensqualität beruht eben auf mehreren fundamentalen Pfeilern.

Integrationsschwierigkeiten hat Björg von ihrem Charakter her allerdings nicht, jedenfalls nicht, solange es ihr gut geht. Ich werde öfter darauf zurückkommen, worauf außer der Pädagogik noch zu achten ist.

Dies mit Worten zu schildern ist schwierig. Man muss *nachfühlen*, wie es ist, wenn jemand, der von Natur aus äußerst lieb ist und den man auch sehr lieb hat, durch völlig vermeidbare Umstände unter schlechtem Befinden leidet. Die ganze Familie wird dann auch in einen unglücklichen Strudel hineingezogen.

Ich glaube, alle können das Folgende leicht nachempfinden. In Altenheimen kommt es vor, dass Menschen sich wund liegen. Die Verwandten entdecken es manchmal erst, nachdem die alten Menschen gestorben sind, und fühlen sich ohnmächtig, hilflos. Ich finde es entsetzlich, dass die Leute so liegen müssen. Die gesamte Gesellschaft müsste von dem Wunsch und der Mitverantwortung, die Rechte und Interessen wehrloser Menschen zu bewahren, durchdrungen sein. Eventuell liegen Sie einmal selbst bei vollem Bewusstsein mit Wunden im Gitterbett, wenn Sie jetzt nicht Ideen für eine bessere Grundlage auf sozialem Gebiet entwickeln und diese zu realisieren versuchen.

Es geht nicht darum, dass man *ein gutes Heim finden* muss, und dies gilt nicht nur für Altenheime, sondern für alle Heime und Institutionen. *Die gesamte Struktur muss gut sein,* und Gelder sollten nur in humane Heimkonzepte investiert werden.

5 Auf zu neuem Denken und Handeln

Ein Grundsatz vorweg: Es muss mehr in Zusammenhängen gedacht werden!

Es ist wichtig, rechtzeitig zu erkennen, wo Probleme, Not, Hoffnungslosigkeit und Verzweiflung herrschen und dann zu helfen! Im sozialen System muss mehr auf Details geachtet werden, denn mancherorts gibt es Not, obwohl sie auf den ersten Blick unsichtbar ist, und daraus können gravierende Probleme entstehen.

Ich bin zu der Erkenntnis gekommen, dass viele Schwierigkeiten in der Behindertenarbeit dadurch verursacht werden, dass nicht ganzheitlich (holistisch) gedacht wird, sondern einseitig, linear oder auch punktuell. Oft wird nur Negatives bemängelt, ohne auf das schon vorhandene Positive aufmerksam zu machen, oder es wird ein positives Detail sehr stark hervorgehoben, ohne auf die Not, die manche erleiden, einzugehen. Ich nenne das *ganzheitliche Denken* auch gerne „kreisförmiges Denken", also Denken in Kreisläufen, weil es *gleichzeitig* mehrere Gesichtspunkte miteinbezieht, zum Beispiel die Ursache auf der einen und die Auswirkung auf der anderen Seite. Bei einer ganzheitlichen Betrachtung können psychologische Landschaften bewusster wahrgenommen und somit auch zwischenmenschliche Beziehungen besser verstanden werden. Auch auf internationaler Ebene gewinnt ganzheitliches Denken beziehungsweise das Denken in Kreisläufen an Bedeutung, weil nur so die globalen Probleme gelöst werden können.

Mir scheint, im sozialen Bereich werden Zusammenhänge im Leben der Menschen oft ungenügend in Betracht gezogen, und dadurch entstehen Schwierigkeiten. Hat das mit einer zu stark „zergliederten Bildung" zu tun? Wird in dem Bildungssystem unserer Zeit auf die Spezialisierung und Unterteilung der Lerngebiete zu viel Gewicht gelegt, wobei die ganzheitliche Sicht zu kurz kommt?

Eine Art Frühförderung im ganzheitlichen Denken wäre wichtig. Bei den Kindern sollte damit schon angefangen werden, in den Schulen müsste bereits viel Gewicht auf ein solches Denken gelegt und das Gefühl der Zusammengehörigkeit mit Mitmenschen gestärkt werden. Damit würde in ein liebevolles Verständnis investiert, und das würde sich hoffentlich später in der Gesamtgesellschaft tausendfach auszahlen.

Zurzeit wird viel von Streichungen und Kürzungen im Sozialsystem gesprochen, und es hat nicht den Anschein, dass man dabei das Ganze in den Blick nimmt. Wird vielleicht vergessen, dass Investitionen in solide Grundlagen Voraussetzungen für spätere optimale Zukunftsperspektiven sind, dass Versäumnisse in der Grundsteinlegung hingegen zurückschlagen und Zukunftsperspektiven aushöhlen?

Es bestehen Zusammenhänge zwischen einer Investition in eine tragfähige Grundlage und einer positiven Zukunftsperspektive, und das gilt auch für die Behindertenarbeit.

Große Heime für Behinderte sind meines Erachtens eine Fehlinvestition. Sie tragen nicht zum Wohlbefinden der Behinderten und ihres Umfeldes bei. Sparen am Personal bedeutet sowohl für die Behinderten als auch für die in der Behindertenarbeit Beschäftigten eine erhebliche Beeinträchtigung, und die Konsequenzen sind oft vermehrte Schwierigkeiten und größere Kosten.

Würden alle bereits vorhandenen Erkenntnisse darüber, was Behinderte wirklich brauchen, zusammengenommen und umgesetzt (!), wäre damit das Wohlergehen der Betroffenen gesichert, sowohl humanitär als auch finanziell.

Natürlich gibt es viele Menschen, die mit dieser Denkweise vertraut sind und Großartiges leisten, um Denkmodelle in Richtung auf mehr Humanität, soziale Kultur und Mitmenschlichkeit umzusetzen. Sie wünschen sich, dass Menschen durch liebevolle Erziehung selbständiger werden und ihre Angelegenheiten in Freiheit und Liebe gestalten können. *Denn Kontrolle und die Einflößung von Angst bewirken nicht annähernd so viel wie Vertrauen und Liebe.*

Manchmal kann ich kaum nachvollziehen, wie in der Behindertenarbeit offensichtliche Zusammenhänge nicht gesehen werden. Ein Beispiel: Weil unsere Tochter Sozialhilfeempfängerin ist, bekommen wir in regelmäßigen Abständen Briefe vom Sozialamt oder Amtsgericht mit der Aufforderung zu erklären, ob sich die Zahlungsvoraussetzungen geändert haben. Wenn mein Mann dann ausruft: *„Die Politik am Schreibtisch bezieht die Realität nicht mit ein“*, meint er dasselbe wie ich, wenn ich von zusammenhanglosem Denken spreche. An einem Gehirnschaden, wie bei dem unserer Tochter (bei einer festgestellten Behinderung von 100 Prozent), wird sich vermutlich nichts mehr ändern! Die Gesetzgebung müsste näher an die Lebensbedingungen herangeführt werden. Weiterhin würde es dem Ganzen mehr dienen, wenn die zuständigen Ämter mehr über die Zusammenhänge wüssten und das Menschliche mehr im Sinn hätten. Zwar müssen Regeln aufgestellt werden, aber Regeln erfassen nicht alle Situationen im Leben.

Auch wenn die Eltern die „Fremdsprache" (Amtssprache, Fachausdrücke) der Ämter nicht verstehen oder aus Überlastung und Erschöpfung keine Anträge stellen für Leistungen, die ihnen möglicherweise zustehen, geht das in die gleiche Richtung. Die Behörde agiert korrekt gemäß ihren Gesetzen und Anweisungen, aber die betroffenen Menschen empfinden dies nicht als korrekt, weil sie in ihrer *eigenen, besonderen Situation* leben und mehr Verständnis für ihre Bedürfnisse brauchen. Eltern von behinderten Menschen sind der ihnen gegenüberstehenden Bürokratie ebenso wenig gewachsen, wie die Mitarbeiter der Ämter Einblick in die Situation der Familien haben.

Ich würde mir wünschen, dass es zu einem besseren Kennenlernen zwischen den zuständigen Behörden und dem Elternhaus kommt, um so einen Schritt näher zu mehr Vertrauen, Vereinfachung und sinnvollen Einsparungen zu gelangen. Vielleicht wäre alles einfacher, wenn die Kommunen generell die Betreuung von Behinderten übernähmen. Alle Beteiligten würden sich kennen, und es könnte Verständnis und Mitmenschlichkeit entstehen. Die Eltern könnten eher die nötige Unterstützung bekommen, und das Geld, die Zeit und die Kraft, die für Kontrollen und Statistiken aufgewendet werden müssen, könnten für sinnvollere Dinge eingesetzt werden.

Um eine effektive und humane Behindertenarbeit aufzubauen, die Betroffenen, Mitarbeitern von Einrichtungen und Ämtern und nicht zuletzt den Familien der Behinderten Wohlbefinden und Fürsorge ermöglicht, muss man flexibel und lernbereit sein, auch durch einen offenen Geist für Modelle aus dem Ausland. Bei allen eventuellen Unterschieden in den Systemen und Weltanschauungen sollte man voneinander lernen, in Liebe wachsen und Hand in Hand gut koordinierte Arbeitsweisen aufbauen, um das Leben Behinderter menschenwürdig zu gestalten - über alle Grenzen hinweg.

(Geschrieben im September 2004)

6 Behindertenarbeit, wie Eltern sie erleben

Manche Bestimmungen im sozialen Bereich, mit Auswirkungen auf den Alltag der Behinderten und deren Familien, scheinen mir durch Teilwissen Außenstehender zustandegekommen zu sein, da sie das Leben unnötig erschweren. Weder auf der Ebene der Gesetzgebung noch allgemein wird genügend erkannt, wie das eine Geschehen im Leben Betroffener das andere bedingt und beeinflusst. Mir sind deshalb viele Zusammenhänge klar, weil ich sie am eigenen Leibe erfahre. Das Positive weiß ich jederzeit zu würdigen, möchte aber auch auf Verbesserungsbedürftiges hinweisen.

Im Folgenden gehe ich erst einmal *stichwortartig* auf einige in der Behindertenarbeit *üblichen Vokabeln und Begriffe* ein, die wir Eltern mit der Zeit lernen, da wir sehr häufig an Treffen und Sitzungen teilnehmen, Informationen lesen und Gespräche führen. *Meine Auswahl wurde durch das bestimmt, was ich als Elternteil besonders wichtig finde.*

Schweigepflicht: Als Gruppensprecherin der Eltern und Angehörigen von Björgs Gruppe unterliege ich der Schweigepflicht. Auch die Mitarbeiter müssen sich üblicherweise mit einer Unterschrift dazu verpflichten. Unterschreiben musste ich in den ersten Jahren nicht, aber ich wurde sehr deutlich darauf hingewiesen, nichts darüber weiterzugeben, was auf Beiratssitzungen gesagt wird. Schweigepflicht beinhaltet im Grunde genommen aber nur, dass man keine Namen nennt und keine personenbezogenen Details weitergibt. Es ist darüber diskutiert und letztendlich gutgeheißen worden, dass über *Entwicklungsförderndes* nach außen hin doch geredet werden darf. Als ich später unterschrieben habe, wurde dies schriftlich festgehalten.

Ich habe nie erlebt, dass die Schweigepflicht gebrochen wurde, hingegen denke ich, wird manchmal so *wenig* gesagt, dass auch vieles, was man als entwicklungsfördernde Beispiele nach außen bringen könnte (ohne Persönliches preiszugeben), einfach verschwiegen wird. Die Schweigepflicht wirkt daher manchmal wie ein Hemmschuh, der positive Effekte aus den in den Sitzungen vermittelten Informationen verhindert.

Wenn ich mich in die Lage der Mitarbeiter versetze, empfinde ich es oft so, als ob sie mehr zu sagen wünschen als sie es tun. Niemand sagt „zu viel". Dabei habe ich oft das Gefühl, dass sie sich nicht trauen zu sagen, wie sehr sie darunter leiden, meistens mit einer großen Gruppe

Behinderter allein zu sein und aus Zeitmangel nicht das tun zu können, was sie gerne für ihre Schutzbefohlenen tun würden, wäre nur mehr Zeit (mehr Personal) vorhanden.

Auch wir Eltern stecken manchmal genauso wie die Mitarbeiter wegen der Schweigepflicht in einem Dilemma.

Kooperation durch Seminare: Seminare für und mit Eltern setzen voraus, dass ihnen überhaupt die Möglichkeit gegeben wird, daran teilnehmen zu können. Vielleicht ist die fehlende Entlastung der Grund dafür, dass es in der Gegend, wo ich wohne, kaum Seminare für und mit Eltern gegeben hat. Aber wie sollten diese Seminare aussehen? In erster Linie sollten sie nicht vor allem von Fachleuten gehalten werden, um den Eltern etwas beizubringen. Wenn ich gelegentlich angeregt habe, Seminare zu halten, hörte ich meistens „Nein, das geht hier nicht“ oder „Es gibt doch Fortbildungsseminare für Mitarbeiter und Betreuer“. Aber auf solchen Seminaren erreichen die Ansichten der Eltern in der Regel nicht die Diskussionsrunde. Auf Island veranstalten die Eltern die Seminare. Da sie aber so belastet sind, dass sie diese nicht ganz auf eigene Faust bewältigen können, haben sie Fachleute dabei. Auf Seminaren dieser Art geht die Informationsarbeit in beide Richtungen. Eine gleichwertige Zusammenarbeit aller Beteiligten ist selbstverständlich.

Mit Seminaren zu arbeiten, statt der Schweigepflicht zu viel Raum zu geben, ergibt einen völlig anderen Weg. Die Teilnehmer lernen, auf faire und verschwiegene Art mit empfindlichen, persönlichen Angelegenheiten umzugehen, und sie üben, diese in fachliche Themen über Situationen umzuformen, woraus viel gelernt werden kann.

Elternarbeit: Unter sogenannter „Elternarbeit“ kann ich mir einen *Gesprächskreis für Erfahrungsaustausch* vorstellen. Bei uns zeichnen sich erste Anfänge in dieser Richtung ab. Wir, einige Eltern und Angehörige, treffen uns, um gemeinsam zu reden und zu denken. Wir tun dies eigenständig und unabhängig von Einrichtungen. *Alle* sind willkommen, auch wenn sie keinem Gremium oder Vorstand angehören. Bis jetzt wird aber Elternarbeit kaum auf diese Weise verstanden. Sie scheint öfter so gedacht zu sein, dass Eltern helfen sollen, das auszuführen, was die Leitungen von Einrichtungen für das Wichtigste halten. In dem Buch *Das Handbuch der Elternarbeit* von Bernitzke und Schlegel, das zwar hauptsächlich von Kindertagesstätten handelt, aber in Fachschulen für Heil- und Erziehungspflege als Lehrbuch dient, wird Elternarbeit auch eher so gesehen, dass Eltern mithelfen, die Wünsche der Einrichtungen zu erfüllen. Eine gute Eltern- und Angehörigenarbeit sollte aber mehr beinhalten.

Entlastung: Ein Notbett in einem 40-Personen-Heim in Deutschland ist nicht das Gleiche wie die Lösung auf Island. Dort gibt es Einrichtungen zur Kurzzeitentlastung (wobei gleichzeitig fünf bis sieben Personen betreut werden) oder auch Unterstützungsfamilien[3], um den Familien zu helfen. Der Familienentlastende Dienst (FeD) ähnelt dem Service, der auf Island „liðveisla" genannt wird, was man mit „Persönliche Assistenz" übersetzen kann.[4] In Deutschland funktioniert er meistens so, dass ein Mitarbeiter dieses Dienstes kommt, um der Familie *zu Hause* zu helfen. Es ist eher selten so, dass der Mutter geholfen wird, einige Nächte durchzuschlafen, während das Kind auch nachts außer Haus betreut wird.

In den skandinavischen Ländern sind die *Einrichtungen zur Kurzzeitentlastung,* die *Unterstützungsfamilien* und die *Persönliche Assistenz* gesetzlich installierte Maßnahmen, um die Familien mit Behinderten bei Bedarf und auf Wunsch zu entlasten, und die meisten nehmen es dankbar an. Eine Mutter-Kind-Kur in Deutschland - was sicherlich auch eine gute Maßnahme ist - muss hingegen beantragt, vom Arzt befürwortet und schließlich genehmigt werden, was nur in Abständen (jedes vierte Jahr, habe ich gehört) geschehen kann. Was den FeD betrifft, so wissen die Menschen, die darin arbeiten, oft nicht, ob Geld für das nächste Jahr bewilligt wird, was einen lähmenden Effekt auf ihre Arbeit hat. In den skandinavischen Ländern ist es anders. Die kontinuierlichen Entlastungen sind dort fester Bestandteil des Systems.

Erfreulicherweise entwickeln sich zurzeit im Rahmen der „Offenen Hilfen" und des FeD der Lebenshilfe in Deutschland Maßnahmen, die den Kurzzeitentlastungen auf Island ähneln. Wohnungen werden bereitgestellt und Hilfen angeboten. Auf privater Basis hat es solche Hilfen auch früher gegeben, aber nicht überall.

Heimleiter: Hierzulande ist ein Heimleiter oft zuständig für ein oder mehrere Heime mit jeweils 24, 40 oder sogar mit 100 oder mehr Bewohnern. Das ist nicht die gleiche Arbeit, wie sie ein Leiter oder eine Leiterin einer Wohngemeinschaft mit vier bis sechs Personen in einem dafür geeigneten Einfamilienhaus auf Island zu tun hat. Immer öfter werden auch Häuser mit Wohnungen von etwa 40 - 70 Quadratmetern für

---

[3] So eine Familie nimmt ein behindertes Kind für eine gewisse Zeit auf, um den Eltern eine Pause zu ermöglichen.

[4] Die Entlastungsstruktur auf Island wird im Kapitel 22 näher beschrieben.

die Behinderten, die mehr selbständig leben können, gebaut. In einer solchen „Wohnungs-Gemeinschaft“ gibt es oft sechs Wohnungen. Eine dieser Wohnungen bewohnt manchmal ein Student, oft einer der Psychologie, aber das ist keine feste Regel. Die Behinderten wohnen für sich allein oder als Paare. Kleinere Einheiten ergeben Strukturen, die für die Behinderten als vorteilhafter gelten als große.

Heimaufsicht: Eine Heimaufsicht, die kommt, um nach dem Rechten zu sehen, um zu „kontrollieren“, wie es in der Umgangssprache auch heißt, bewirkt oft gar nicht das, was im Ursprung als guter Zweck gedacht wurde. Vielleicht wäre es sinnvoll, die Struktur der Heimaufsicht zu verändern. Auf Island hat man eine dreigeteilte „Wohngemeinschaftsaufsicht“. Dabei ist der Leiter oder die Leiterin einer WG Teil dieser Aufsicht. Die zweite Person nimmt ähnliche Aufgaben wahr wie die Betreuer hier, und die dritte Person ist von jeglicher Einrichtung unabhängig und steht als Ansprechpartner für Eltern und Angehörige zur Verfügung.

„Das Ganze“: Wenn in Deutschland vom „Ganzen“ gesprochen wird, also von der Behindertenarbeit insgesamt, meint man damit oft nur den Betrieb von Einrichtungen. Solche gibt es für vielerlei Zwecke. Dazu zählt auch das Leben in Wohnheimen, in ambulant betreuten WGs, in Wohn- und Tagesstätten für vorgealterte Menschen, sowie auch in Wohnungen für mehr selbständige Personen. Obwohl die Eltern im Leben ihres Kindes eine wichtige Rolle spielen, findet ihre Situation, verglichen mit dem Interesse an Einrichtungen, nicht immer die wünschenswerte Beachtung. Das kann zu Problemen bei den Eltern führen. Ich aber verstehe unter „dem Ganzen“ die *ganze Behindertenarbeit,* auch das, was in den Familien selbst geschieht.

Ich sehe qualitativ keinen Unterschied zwischen isländischen und deutschen Behinderteneinrichtungen. Beide sind gleich gut. Aber unter „dem Ganzen“ scheint man auf Island etwas anderes zu verstehen als hier. Man hat dort eine erweiterte Sicht auf die Gesamtheit. Ein Verständnis für die Familien rückt dort mehr ins Bewusstsein, was den Eltern ein aktives, glücklich machendes, mitgestaltendes Wirken erleichtert.

Meines Erachtens bietet das nordische Gesamtkonzept einen mehr auf die individuellen Bedürfnisse bezogenen Handlungsraum, *auch für die Bedürfnisse der jeweiligen Familien,* was dann auch zu mehr Wohlbefinden beiträgt. Gut wäre es, in Deutschland ähnliche Strukturen aufzubauen.

Andererseits glaube ich, dass Deutschland bei alternativen Heilweisen weiter ist als die skandinavischen Länder, jedenfalls ist man hier weiter als auf Island. Ich möchte das Verständnis und Engagement in Deutschland für naturheilkundliche Methoden und ganzheitliche Therapien nicht mehr missen. Aber ich wünsche mir, dass die deutsche Gesellschaft auf sozialem Gebiet von der skandinavischen lernt. Voneinander zu lernen und das Beste anzuwenden ist ein Gebot der Klugheit zum Wohle unserer behinderten Menschen und der gesamten Gesellschaft.

Wenn das Wort **Platzgeldtage** fällt, wissen die meisten Menschen nicht, was es bedeutet. Und was es für mich bedeuten kann, können sie sich gar nicht vorstellen. Denn eigentlich darf ich für längere Zeit, etwa für sechs bis acht Wochen, nicht mit Björg nach Island fahren, ohne gegen das Prinzip der Platzgeldtage zu verstoßen.[5]

Abgesehen davon, dass wir uns beide auf Island immer gut erholen, möchte ich dort mit einer Heilpraktikerin zusammen an Seminaren mitwirken. Freunde von uns hier in Deutschland möchten auch auf Island Urlaub machen; ich wäre dann gerne ebenfalls dort. Ich möchte die Freiheit haben, mit Björg lange genug dort zu sein, um Dinge, die andere Menschen als ganz normal empfinden, auch machen zu können.

Zum **Bekleidungsgeld** wäre zu sagen, dass die Behinderten der Förderstufe weniger Bekleidungsgeld bekommen als die arbeitenden Behinderten, obwohl sie, wie Björg zeigt, oft mehr Verschleiß an Kleidung haben. Teilnehmer der Förderstufe erhalten 282 Euro im Jahr, Arbeitende 382 Euro (Stand 2004). Den meisten Menschen ist wohl auch nicht bekannt, dass man sich am besten exakt an den vorgeschriebenen Preis für jedes Kleidungsstück zu halten hat, was den Einkauf deutlich erschwert.

Baumaßnahmen: Man spricht davon, dass der Staat es sich nicht mehr leisten kann, Einzelzimmer zur Verfügung zu stellen, sondern dass man wieder Drei- oder Vierbettzimmer für die Behinderten bauen will. Angeblich eine Sparmaßnahme. Ich kann aber nicht verstehen, wie sich diese Maßnahme rechnen soll, denn das Leben in Mehrbettzimmern wird in vielen Fällen die gesundheitlichen und psychischen Probleme verschärfen und erhebliche Mehrkosten verursachen.

---

[5] Von den Platzgeldtagen wird weiter unten des Öfteren die Rede sein. Mein Mann, Alfred Rohloff, hat seine Kritik dazu in einem Aufsatz „Der Behinderte und die Platzgeldtage“ zusammengefasst. Siehe Anhang B.

Befristete Einstellung: Die jüngste Entwicklung geht in die Richtung, Mitarbeiter für Behinderte nicht mehr fest einzustellen, sondern nur für jeweils zwei Jahre, um auf diese Weise Gehaltserhöhungen einzusparen. In der Praxis kann dies also einen Personalwechsel nach zwei Jahren bedeuten, was zu schwerwiegenden Folgen für manche Familien führen kann, so auch für Björg und uns Eltern. Und was für ein Umgang ist es mit den Mitarbeitern und den Behinderten, die sich in der Zwischenzeit kennengelernt und liebgewonnen haben! Im selben Atemzug mit dieser Information hört man dann, dass alles zum Wohle der geistig Behinderten zu geschehen habe, aber *diese stabilisieren sich doch auch wesentlich durch gleichbleibende Umstände!* Die Einrichtungen wiederum stecken fast in einer Zwangslage, weil sie inzwischen nicht genug Geld zugeteilt bekommen, um Gehaltserhöhungen nachkommen zu können.

Wir als Björgs Eltern bekämen hierdurch auch ein ganz besonders schwieriges Problem. Es gibt einige Nahrungsmittel, die Björg absolut nicht verträgt. Derzeit achten wir alle - die Mitarbeiter und wir - auf die Einhaltung ihrer speziellen Ernährungsform, denn auf diese Weise lassen sich viele ihrer Schwierigkeiten ausschalten. Diese Zusammenhänge müsste ich bei Personalwechsel immer wieder neuen Mitarbeitern erklären, und außerdem wäre Björg viel mehr in Gefahr, Krisen zu bekommen, wenn eventuell auf manche vorsorgliche Details nicht genügend geachtet werden könnte, die für ihr Wohlbefinden wichtig sind.

Strukturbedingte **Abhängigkeitsverhältnisse** sind vielleicht nicht das Beste für eine gute Behindertenarbeit: So gibt es einen übergeordneten Bereichsleiter, darunter einen Wohnheimleiter oder jeweils eine Leiterin mit den entsprechenden Mitarbeitern. Es ist für Eltern nicht leicht, Reformen fördernde Ideen in ein solches System einzubringen.

Auf Island sind die Hierarchien flacher. Jede Wohngemeinschaft – üblicherweise mit fünf Bewohnern, die darin leben - hat eine selbständige Leitung, die nur dem Träger untersteht. (Meistens ist das der Staat, manchmal auch ein privater Verein.) Dagegen haben die „Wohnungs-Gemeinschaften“ gleichsam keine „Leitung“ außer dem Träger. An der Gesetzgebung sind Ausschüsse von Eltern, Fachleuten und Politikern beteiligt. Es gibt einen *unabhangigen* Ansprechpartner fur Eltern und Angehorige. Dieser ruft direkt in den Ministerien an oder begleitet die Familie dorthin, wenn er meint, etwas bedürfe der Klärung und das Ministerium solle davon Kenntnis nehmen. Bei diesem Besuch ist das behinderte Kind dabei.

Sehr zu wünschen wäre eine gute **interdisziplinäre Zusammenarbeit.** Da bei einer Behinderung meistens mehrere Spezialisten aufgesucht werden müssen, ist es für den Betroffenen wichtig, dass sich die Fachleute austauschen und voneinander lernen.

Was sich manchmal hinter diesen obengenannten Begriffen und Bereichen verbirgt, deutet auf ungelöste Probleme hin, die uns das Leben erschweren. Durch Einflüsse aus diesen Problembereichen wird leider oft nicht mehr sichtbar, was an *wirklich guten und positiven Entwicklungen* stattgefunden hat.

7 Ein Beispiel für vorbildliche Behindertenarbeit

In der „Lebenshilfe-Zeitung“ (1/2001) erschien unter der Überschrift „Orientierungsrahmen zur Leitbild-Entwicklung in der Lebenshilfe“ ein Artikel, in dem die Leser und Mitglieder der Lebenshilfe um Resonanz und Stellungnahme zu den aufgestellten Diskussionsgrundlagen und Fragen gebeten wurden. Ich fand diese Initiative sehr gut. So sollte Behindertenarbeit sein, dachte ich und schickte im Februar 2002, gerade noch rechtzeitig zum verlängerten Einsendeschluss, meine Antworten ein. Die kursiv gedruckten Abschnitte sind Auszüge aus diesem Artikel.[6]

1. Punkt:

Text der Lebenshilfe:

> *„Einerseits klagen Eltern, die sich in der Lebenshilfe engagieren wollen, über zu wenig Mitwirkungsmöglichkeiten. Andererseits wird es immer schwerer, Eltern zur Mitgliedschaft und zur Mitarbeit zu motivieren.*
>
> *Die Lebenshilfe muss sich fragen: Warum haben wir nicht den Mitgliedernachwuchs gerade aus den Reihen der Eltern, den wir als Solidargemeinschaft brauchen? Wie können wir unsere Arbeitsweise und das Verständnis unserer Aufgaben auf die aktuellen Bedürfnisse insbesondere junger Eltern ausrichten?“*

Weiterhin heißt es dort:

> *„Sollte sich die Lebenshilfe in erster Linie als Anbieter von Dienstleistungen, wenn auch unter Beteiligung geistig behinderter Menschen und ihrer Angehörigen, definieren, wie unterscheidet sie sich dann von anderen, auch gewerblichen Anbietern? Behält sie ihre Legitimation als öffentlich geförderte Institution?“*

---

[6] Dieses Kapitel mit meinen Antworten von damals hat nachträgliche Deutschkorrekturen sowie kleine Kürzungen, Ergänzungen und Umstellungen erfahren. Da es früher geschrieben wurde als der sonstige Text dieses Buches, lassen sich Wiederholungen schwer entfernen, weil dadurch der Kontext dieses Kapitels verloren ginge.

Mein Kommentar:
Die geringe Beteiligung der Eltern hat mehrere Ursachen. Eine Hauptursache ist sicherlich durch die gesamte Struktur gegeben. Im Folgenden werde ich etwas von diesen Ursachen erläutern.

a) Es fehlen *Einrichtungen zur Kurzzeitentlastung.* Vieles, nicht alles, ist zu stark zentralisiert. Manche Behinderte vertragen schlecht große Wohnheime, große Werkstätten und viel Trubel. Diese Struktur hat dann auch eine abschreckende Wirkung auf die Eltern; sie haben das Gefühl, keinen Einfluss zu haben und resignieren. Manches ist zu kompliziert und unüberschaubar, als dass Eltern oder Angehörige die gesamte Struktur verstehen könnten. Eigentlich kann nur derjenige, der sich nicht unentwegt der praktischen Seite von Pflege und Betreuung widmen muss, so viel über Gesetze und die theoretische Seite der Behindertenarbeit lernen, dass er über den Aufbau des sozialen Systems ein kompetentes Wissen hat.

b) Die Eltern haben aus verschiedenen Gründen Wunden, die sich als tiefe *Resignation* auswirken. Wahrscheinlich haben die meisten Eltern zu einem Zeitpunkt, als sie Liebe, Verständnis und Unterstützung dringend brauchten, diese Zuwendung nicht bekommen. Deshalb haben viele von ihnen vielleicht in mancherlei Hinsicht „aufgegeben“, auch wenn sie niemals gänzlich den Mut verloren haben und es auch nicht tun werden; denn die meisten Eltern kümmern sich fabelhaft um ihre Kinder. Die Kinder sind schließlich das Liebste und Teuerste, das sie haben. Sie leben aber in einer Gefühlswelt, die es - wenn sie schon Wunden haben - nicht zulässt, dass sie auch noch viel außerhalb des Hauses unternehmen, mit anderen Worten sich bei der Lebenshilfe engagieren.

Zu b) möchte ich einige beispielhafte Geschichten erzählen, die die Situation in den Familien veranschaulichen:
- Im Jahr 1978 sagte einmal eine Mutter zu mir diesen bemerkenswerten Satz: „Ich habe eingesehen, dass es das Beste ist, den Mund zu halten.“ (Gemeint war: gegenüber all den Menschen den Mund zu halten, die mit uns Eltern von behinderten Kindern zu tun haben.) Vielleicht war sie manchmal in Situationen gewesen, in denen sie nicht angemessen reagieren konnte, weil sie zu viel zu erklären gehabt hätte.

- Unsere behinderte Tochter war fünf Jahre alt, als ihre Brüder zwölf, neun und drei Jahre alt waren. Die Kinder erlebten mit, wie ich neben ihrer hyperaktiven Schwester Kuchen buk (fast unmöglich), um damit und mit Björg zu einer Veranstaltung der Lebenshilfe zu gehen. Ihre Schwester kam dann durch den Trubel „überdreht“ nach Hause, und ich war völlig erschöpft. Früher war ich so brav, dass ich Kuchen buk, wenn darum gebeten wurde. Inzwischen hat die Erfahrung uns gelehrt, Kuchen zu meiden, weil unsere Tochter keinen normalen Kuchen verträgt. Veranstaltungen dieser Art und die Situation in der Familie passen eben nicht immer gut zusammen.

- Vielleicht ist auch das Gemüt der Eltern manchmal wie das Gemüt eines Kindes, das nicht ganz den Überblick hat - nicht haben kann -, obwohl es genau weiß, was es will und was es nicht will, und man auch gut verstehen kann, warum. Hierzu ein Beispiel:

Mein Mann fuhr einige Male mit den beiden älteren Jungen zu der Lebenshilfeeinrichtung, um dort bei praktischen Arbeiten zu helfen. Die Jungen halfen ihm und hatten Spaß daran. Dann sagte einmal der Neunjährige mit fester Entschlossenheit und in seinem kindlichen Bewusstsein von seiner gerechten Wut überzeugt. „Wir müssen *denen* helfen, die müssen dann aber auch *uns* helfen!“ Er war von da an nicht mehr dazu zu bewegen, dorthin zu gehen, um zu helfen. Dafür halfen die Jungen mir. Sie hatten ein Herz für mich, sahen, wenn ich müde und schlafbedürftig war und nahmen mir das behinderte Kind ab. Und später ging ich selbst immer in die Lebenshilfeeinrichtung, um zum Beispiel Zäune zu streichen.

- Ich lud auch einmal aus einem besonderen Anlass elf Mütter behinderter Kinder zu uns nach Hause ein. Hier bei uns verhielten sie sich ganz anders als auf den Elternabenden der Lebenshilfe, denn dort hätte man denken können, dass sie kaum der Sprache fähig wären, saßen sie doch meist nur da und schwiegen. Meistens führten der Tagesstättenleiter und der Elternsprecher Zwiegespräche, und die anderen hörten zu. Ich lud die Frauen zweimal ein, weil sowohl das erste als auch das zweite Mal nicht alle kommen konnten. (So ist die Situation dieser Mütter!) Zu guter Letzt waren aber alle mindestens einmal dagewesen.

Hier bei uns zu Hause redete jede Frau sehr viel. Es waren aufrichtige, ehrliche und emotional geführte Gespräche. Es war sehr laut bei uns im Wohnzimmer. Dabei ging es unter anderem um die Frage, warum so wenige Eltern an den Versammlungen und den Elternabenden teilnehmen. Eine der Mütter rief geradezu aus: „Wozu soll man hingehen, dort redet doch niemand etwas Vernünftiges außer Unnur!“ Das zu hören hat mich einerseits gefreut, andererseits ist es traurig, dass die Situation so ist. Ich hatte auf Versammlungen manchmal über allerlei Begebenheiten und Schwierigkeiten geredet und wusste eigentlich nicht, wie es aufgefasst wurde. In einem eher „öffentlichen Raum“ waren solche Themen wahrscheinlich „Tabuthemen“. Aber zu Hause bei uns redeten *alle* Frauen über solche Themen – über die eigene Situation, das heißt über Dauerbelastung, Erschöpfung und Mangel an Zeit, oft ohne Verständnis anderer für diese Lage, und andererseits über Hilfreiches, das sie herausgefunden hatten. Es war also offensichtlich, dass ein Bedürfnis bestand, sich darüber auszutauschen. Dasselbe habe ich auch oft in Einzelgesprächen erfahren.

Die Frage, warum die Eltern nicht kommen, ist ein empfindliches Thema. Durch Einfühlungsvermögen und hilfreiche Strukturen würden sich sicherlich Wege finden lassen, um die Teilnahme zu erhöhen. Wahrscheinlich ist die Gesamtsituation oft der Grund für manches Verhalten in den Familien, das für Außenstehende schwer nachvollziehbar ist.

Mein Mann und ich gehören nun allmählich der älteren Generation an, aber wir waren auch einmal jung. Manches hat sich geändert und ist heute besser geworden, aber während Björgs Kindheit sah unser Alltag so aus:

Ich hatte es sehr, sehr schwer. Es gab keine Entlastungen, wie es sie auf Island und in Skandinavien gibt. Ich hätte sie aber dringend gebraucht. Als Folge davon, dass diese fehlten, war ich oft abgeschlagen und empfindlich. Das waren meine Wunden. Ich sorgte allerdings immer gut für die Familie. Hin und wieder meinte ich, Vorbehalte von Seiten der Tagesstätte gegen manche Eltern zu spüren. Wenn man empfindlich ist, spürt man die Gedanken der anderen - jedenfalls kommt es einem so vor. Weil ich es in Wirklichkeit so schwer hatte, empfand ich es so, als ob an meiner Realität vorbeigeredet würde, man könnte auch sagen, es gab wenig Resonanz auf meine Realität. Ähnliches hörte ich auch von anderen Müttern. Für mein Gefühl lag es oft in der Luft, dass die Eltern allerhand leisten sollten, was viele von ihnen zeit- und kräftemäßig nicht vermochten. Zu dieser Zeit konnte ich manchmal buchstäblich nicht zu den Elternabenden gehen. Diese wühlten mich innerlich dermaßen auf, dass ich es emotional schlicht und ergreifend nicht konnte. Ich fand das, was dort stattfand, so realitätsfern und hoffnungslos, dass ich mich dem eine Zeitlang nicht aussetzen konnte. Vielleicht hätte ich gehen können, wenn es Kurzzeitentlastungen gegeben hätte, so dass ich ab und zu hätte ausschlafen können. Mein Mann sagte dann: „Du brauchst nicht zu gehen, ich gehe hin“, und übernahm für einige Zeit die Elternabende. Später nahm ich all meinen Mut zusammen und ging wieder regelmäßig hin. Ich wurde dann auch Elternvertreterin. So erging es mir damals, und dabei interessierte ich mich doch *immer* für mein Kind und für die Tagesstätte.

Heute wird oft gesagt: Die Eltern interessieren sich nicht für ihre Kinder, sie werden nicht Lebenshilfemitglieder und besuchen die Zusammenkünfte kaum - weil sie gleichgültig sind. (Dies höre ich jedenfalls.)

Ich könnte mir aber denken, dass diese Eltern, die unsichtbar und unerreichbar geworden sind, ihre Kinder nichtsdestotrotz von ganzem Herzen lieben, und dass sie alles Menschenmögliche für sie tun möchten. Vielleicht haben sie ein brennendes Interesse mitzuwirken, aber ihre Gefühlswelt, in der sie leben, hindert sie daran. Wenn sie für ihr Empfinden viel zu wenig wahre Resonanz auf ihre Situation bekommen, mögen sie sich dem nicht aussetzen. Sie gehen nicht hin, weil es sie belastet und zu viel Überwindung kostet.

Es mag durchaus sein, dass die Eltern mitunter liebevolle Zuwendung bekommen haben. Es scheint aber etwas in ihnen so verletzt worden zu sein, dass sie manches ernstgemeinte Interesse nicht richtig spüren können. Eine Grundvoraussetzung für eine konstruktive Behindertenarbeit ist, dass Eltern sich sicher sein können, man werde ihnen *mit ihren Anliegen und Informationen teilnahmsvoll zuhören.* Die Eltern brauchen auch Unterstützung beim Umsetzen von Vorschlägen, die sie selbst zur Verbesserung ihrer Lebenssituation einbringen. Solch ein Verständnis baut Brücken. Meine Darstellung der Elternseite ist aber auf keinen Fall als Kritik an den Mitarbeitern zu verstehen. Ich habe ausschließlich verständnisvolle und einfühlsame Mitarbeiter kennengelernt.

Ich selbst habe einmal - wohl eher durch einen Zufall - einer Mutter, die unter schweren Konflikten wegen ihres Kindes zu leiden hatte, immer wieder zugehört. Später sagte sie mir, ich hätte ihr dadurch das Leben gerettet. Ich mag das nicht beurteilen. Zu der Zeit aber, als ich ihr „ein Ohr geliehen“ habe, wusste ich nicht, wie wichtig es ihr war, dass ich es tat. Auch hieran kann man erkennen, dass Eltern oft in wirklicher Not sind, auch wenn es von außen nicht richtig erkennbar ist.

Ein verborgener Konflikt, glaube ich, besteht oft darin, dass Eltern, die in großer Not sind, manchmal schwer begreifen können, dass die Lebenshilfe *ihr* Verein ist, wenn in ihrer Wahrnehmung vor allen Dingen die Imagepflege der Einrichtung dieses Vereins im Vordergrund steht. Die Eltern fühlen sich irgendwie „außen vor“, und deswegen verschließen sie sich. Bei den Eltern herrscht der Zustand: **„Wir erleben Not, jetzt brauchen wir Hilfe!“** Sie verstehen ihre Situation unmittelbar und sind schwer zugänglich dafür, wenn Probleme vorwiegend mit dem Kopf analysiert werden. Auch ist es für die Eltern schmerzlich, wenn die Einrichtung immer wieder gelobt wird, die Arbeit der Eltern aber gar nicht erwähnenswert zu sein scheint, obwohl sie doch *immer* für ihr Kind da waren und da sind.

c) Ihren Artikel „Orientierungsrahmen zur Leitbild-Entwicklung in der Lebenshilfe“ finde ich gut geschrieben. Die zur Diskussion gestellten Fragen sind interessant, und durch aufmerksames Lesen und Mitdenken kam ich zu dem Schluss, dass in der Lebenshilfe beides vereint sein sollte: *Interessenvertretung* und *Trägerschaft.* Die Begriffe, um die es geht, sind gut erklärt, und das Leitbild gefällt mir. Aber trotzdem hatte ich oft das Empfinden: Man sieht den Wald vor lauter Bäumen nicht! Der Artikel spiegelt die Komplexität der gesamten Behindertenarbeit in richtiger Weise wider, diese Vielschichtigkeit kann aber auch hinderlich sein. Meines Erachtens wäre es besser, vieles in der gesamten Arbeit zu vereinfachen. *Das Leben wird in einem sehr komplizierten System zu schwierig!* Gut wäre es, wenn möglichst viele der an der Behindertenarbeit Beteiligten an einem Strang ziehen würden, um das System zu vereinfachen, und wenn sie Hilfen bekämen, um sich über Lösungen Gedanken zu machen.

Hierzu gehört auch eine *Informationsarbeit.* Man könnte zum Beispiel ein DIN-A3-Blatt oder ein Plakat in den Einrichtungen der Lebenshilfe aufhängen, auf dem übersichtlich die Aufgabenbereiche der Lebenshilfe genannt werden. Möglicherweise wäre dies ein Schritt auf dem Weg, damit viele Eltern sich in einer Einheit mit der Lebenshilfe sehen könnten.

Während ich den Artikel durcharbeitete, machten mir die vielen, vielen Begriffe zu schaffen, wodurch die Lebenshilfe sich selbst und ihre Arbeit definiert, obwohl ich andererseits weiß, dass dies alles Aspekte der Lebenshilfe sind. Oft gab es mehrere Wörter für das Gleiche (wie Elternselbsthilfe, Selbsthilfevereinigung, Selbsthilfe, Selbsthilfe-Organisation). Ich stellte mir eine Liste von Begriffen, die im Artikel vorkommen, zusammen, und diese Liste füge ich hier bei. Ich habe insofern gekürzt, dass ich jeweils nicht mehr als zwei sinnverwandte Begriffe aufgenommen habe.

Die Liste sieht dann so aus:

Lebenshilfe als Verein

Elternvereinigung

Selbsthilfe-Vereinigung

Solidargemeinschaft

Elterninitiative

Bürgerinitiative

Interessenverband

Soziale Organisation Lebenshilfe

Trägerverein

Interessenvertretung geistig behinderter Menschen und ihrer Familien gegenüber Gesellschaft und Politik

Trägerschaft von Einrichtungen und Diensten

Idealverein

Dienstleistungsunternehmen Lebenshilfe

Unternehmen, dessen mit Wunsch und Wahlrecht ausgestatteter Nutzer und „Kunde" im besten Sinne des Wortes der Mensch mit geistiger Behinderung ist.

Lebenshilfe-Beratungsstelle als Element des „Interessenvertretungsverbands" Lebenshilfe

Verbraucherschutzverband

Verbraucherberatung

Fachverband

Bundesvereinigung

In der Arbeit gibt es Begriffe wie:

Qualitätsstandards

Qualitätskontrolle

Qualitätssicherung
Verbraucherschutz

Hier ein Vorschlag für ein Plakat, auf dem die wichtigsten Begriffe für das Selbstverständnis herausgestellt werden, und das man in den Lebenshilfeeinrichtungen aufhängen könnte, auch mit der Bitte, Ergänzungen vorzunehmen:

Was ist die Lebenshilfe?

Sie ist eine **Interessenvertretung,** weil sie die Interessen geistig behinderter Menschen wie auch ihrer Eltern und Angehörigen vertritt.

Sie ist eine **Solidargemeinschaft,** weil sich in ihr die Angehörigen von Menschen mit geistiger Behinderung zusammenschließen, dadurch einflussreiche Gruppen bilden, die Initiative entwickeln und als Lobby für die Behinderten mitwirken können.

Sie ist ein **Unternehmen,** weil sie zum Beispiel Bücher herausgibt.

Sie ist ein **Trägerverein,** weil sie unter ihrem Namen Einrichtungen betreibt und nach ihrer Philosophie und Konzeption behinderten Menschen hilft.

Sie ist ein **soziales Dienstleistungsunternehmen,** denn sie strebt nach keinem anderen Gewinn, als den geistig Behinderten zu helfen.

Sie ist auch ....

Sie ist auch ....

d) Das Thema des *Mitwirkens* und der *Mitwirkungsmöglichkeiten* muss als sehr wichtig eingestuft werden, wenn es darum geht, Mitglieder zu gewinnen. In meinem Buch *Sternenkind* werden andere Formen der Elternvertretung als hier jetzt üblich, beschrieben, die wahrscheinlich für eine gute und effektive Arbeit wirksamer wären und die Eltern glücklicher machen würden. Ich schreibe darin auch über *Entlastungsmöglichkeiten* der Eltern und Angehörigen, wodurch diese besser in die Lage versetzt werden, nach außen hin zu wirken. Ich halte es für dringend erforderlich, manche Dienstleistungen mehr auf individuelle Bedürfnisse abzustimmen, denn für viele Familien ist dies geradezu existenzwichtig.

Der Familienentlastende Dienst (FeD) ist gottlob im Aufbau. Außer der Maßnahme, dass Helfer ins Haus kommen, müssten aber auch Kurzzeitentlastungen außer Haus ermöglicht werden, einerseits für die behinderten Kinder als Aufenthalt in Einrichtungen zur Kurzzeitentlastung oder in Unterstützungsfamilien und andererseits für die Eltern, um ab und zu ohne das behinderte Kind zu Hause sein zu können. Solche Maßnahmen dürfen für Eltern und Angehörige nicht zu viel kosten, und es muss möglich sein, unbürokratisch in den Genuss einer solchen Entlastung zu kommen. Auch wenn eine Zugehhilfe in vielen Fällen gut ist, so ist es doch manchmal belastend, wenn regelmäßig eine fremde Person in die Wohnung kommt. Durch die Unterbringung des Kindes außer Haus, wird es der Mutter ermöglicht, einige Nächte ungestört durchzuschlafen. Denn oft fehlt ihr weiter nichts als Schlaf. Keine Therapie, keine unterhaltsame Zerstreuung, *nur Schlaf.*

Bei Übernahme dieser Idee durch Träger auch außerhalb der Behindertenarbeit könnte auch Müttern gesunder Kinder in gleicher Weise geholfen werden. Ich beobachte um mich herum, dass viele Mütter kleiner Kinder überfordert sind. Es entsteht manchmal ein unheilvolles Chaos, teilweise mit Trennungen und Scheidungen, und niemand steht als Hilfe zur Verfügung. Bei Mutter-Kind-Kuren kommen die Mütter auch nicht immer zur Ruhe. Jene sind ohne Frage eine gute Einrichtung, aber man könnte diese Maßnahme durch Kurzzeitentlastungen ergänzen. Auch Mütter gesunder Kinder könnten sich dann für einige Tage zu Hause bei sich selbst erholen und dadurch vieles erst mit anderen Augen sehen; das eigene Heim, den Partner, die Kinder.

Es bleibt zu hoffen, dass sich bald Lösungsmöglichkeiten durchsetzen für Menschen, die ab und zu abgelöst werden müssen. Manche Eltern haben keine freien Tage oder Stunden, und ihnen fehlt auch oft die Nachtruhe. Hier bedarf es prinzipieller Lösungen.

Darüber hinaus gilt es, verschiedene Lebenslagen zu berücksichtigen. Individuelle Bedürfnisse sind vielfältig, aber darauf muss entsprechend eingegangen werden. Die Menschen würden dadurch auch freier werden – sowohl situationsbedingt als auch seelisch – und könnten besser mitwirken. Ich nenne einige Beispiele:

In manchen Fällen fehlt einem oder beiden Elternteilen der Führerschein, und es wäre eine besondere Unterstützung nötig, solange am Erwerb des Führerscheins gearbeitet wird. Auch dies könnten Entlastungsmaßnahmen gewährleisten.

In manchen Fällen leben die Eltern nicht mehr, und es sind die Geschwister, die die Sorge tragen (und auch oft das Sorgerecht haben). Irgendwie muss es den Geschwistern im Herzen weh tun, wenn immer nur von den Eltern die Rede ist, jene aber die Verantwortung übernommen haben. Auf solche Lebenslagen sollte im Umgang besondere Rücksicht genommen werden.

Aus meiner Erfahrung als *Ausländerin* mit vier kleinen Kindern, eines davon schwer behindert und sensibel, kann ich ableiten, dass Ausländer oft besondere Schwierigkeiten haben. So hatte ich zum Beispiel nur wenig Verwandtschaft in Deutschland, und Kurzzeitentlastungen hätten mir sehr geholfen.

Auch hätte es mir geholfen, wenn ich meine Erfahrungen, vor allem das Wissen um das, was uns geholfen hat, leichter in die Behindertenarbeit (hier: Lebenshilfe) hätte einbringen können. Wenn Eltern etwas herausgefunden haben, wodurch ihnen ihre Situation erleichtert wird, sei es, sie können ihrem Kind durch alternative Heilmethoden helfen, oder sei es, sie erfahren wohltuende Maßnahmen auf sozialem Gebiet, sollten sie in den Behinderteneinrichtungen einen Ansprechpartner vorfinden (ich meine hiermit keinen Psychologischen Dienst), dem sie davon berichten können, auch wenn es etwas Ungewöhnliches ist. Die Eltern brauchen das Gefühl des Mitwirkens und die Sicherheit, dass andere sich für ihre Erkenntnisse in Bezug auf Hilfen für ihre Kinder und Familien interessieren. Diese Hilfen könnten auch anderen zugute kommen.

Da ich Informationen aus den nordischen Ländern bekam, versuchte ich manchmal diese hier in Deutschland zu vermitteln. Einmal wurde mir darauf folgende Antwort gegeben: *„Das was Sie sagen, lässt sich hier nicht machen. Es ist hier nicht möglich. Das können wir nicht. Es ist nicht übertragbar. Deutschland hat kein Geld. Vielleicht wird es einmal möglich, wenn erst alles in großem Ausmaß zentralisiert worden ist, so dass dann alles zusammenbricht. Dann wird es vielleicht möglich sein, wovon Sie träumen. Ich verstehe schon, was Ihnen vorschwebt, aber ES GEHT HIER NICHT."*

Dabei hatte ich nur von Maßnahmen zur Entlastung erzählt, die in meinem Heimatland seit Jahren hilfreich und erfolgreich praktiziert werden und im Endeffekt kostensparend sind. Denn wenn möglichst viele Faktoren ausgeschaltet werden, die sonst Schwierigkeiten verursachen, senkt das auch die Kosten. Wenn ich Antworten wie diese höre, habe ich manchmal am liebsten verstummen, aufgeben und „nicht mehr hingehen" wollen. Dennoch, ich gehe hin, äußere mich und gebe nicht auf!

Die Wohnsituation Behinderter ist auch ein Punkt, der eine große Rolle spielt bei der Frage der Mitwirkung der Eltern. Es ist davon auszugehen, dass sich die Eltern wünschen, mitzuwirken, aber sie können es aus verschiedenen Gründen manchmal kaum. Wahrscheinlich ist es einer ihrer größten Wünsche, sich mehr daran beteiligen zu können, wie ihre Kinder später wohnen werden.

Folgendes geht mir sehr oft durch den Kopf:

„Ambulant betreutes Wohnen" (das ist die übliche deutsche Bezeichnung) gibt es hierzulande häufig für die „leichteren Fälle". *Dabei haben oft die sehr sensiblen Schwächeren kleine Wohngemeinschaften wesentlich nötiger als die weniger behinderten Menschen.* Aber gerade die Schwächeren bleiben in den großen Heimen.

Es ist der falsche Weg zu zentralisieren und viele Menschen an einem Ort unterzubringen. Natürlich lässt es sich von heute auf morgen nicht ändern, was aufgebaut worden ist, und ein Anbau kann schon eine Übergangslösung sein, denn sonst gäbe es für Ältere und Schwächere bei dringendem Bedarf keine akzeptable Lösung. Aber sensible, behinderte Menschen sollten nicht dem ausgesetzt werden, was sie nicht vertragen können, und dazu gehören eben Situationen, in denen es große Menschenansammlungen oder eine Vielzahl aller möglichen Einflüsse gibt.

Es ist individuell, was die Menschen brauchen, aber niemand verkraftet *zu viele* Einflüsse, weder die Behinderten noch die Eltern – noch andere Menschen. Jeder Mensch muss auch in regelmäßigen Abständen zur Ruhe kommen können.

Gerade die Schwächeren, die oftmals mit Wahrnehmungsfähigkeiten ausgestattet sind, die weit über das Normale hinausgehen, müssen manchmal in Anstalten in Mehrbettzimmern leben. So wie ich höre, wird immer noch in vielen Fällen fixiert. Hoffentlich gehört das inzwischen der Vergangenheit an!

Kleine Wohngemeinschaften oder Einzelwohnungen sind langfristig erforderlich, auch für die Schwächeren. Große Konzentrationen müssen allmählich abgebaut werden.

e) Bei diesem Punkt geht es mir nicht um den Grund, warum die Mitglieder schwinden, sondern ich möchte die Lebenshilfe loben und ihr danken.

Im Jahr 1991 wurde ich einmal gebeten, als Gast an einer Vorstandssitzung dreier Lebenshilfevereine teilzunehmen. Ich traute meinen Ohren kaum, als von einem Vorstandsmitglied die Frage kam: „Kann sich die Lebenshilfe überhaupt um die Schwächeren kümmern? Haben wir nicht mehr als genug mit den Leichteren zu tun? Sind wir nicht damit schon überfordert?" Es waren aber einige da, ich selbst mitgezählt, die einwendeten: „Wer soll die Interessen der Schwächeren vertreten, wenn nicht die Lebenshilfe?" Durch diese Sitzung kam eine Wende zustande, aber diese war knapp! Im Anschluss an eine nächste Sitzung wurde uns in einem Brief mitgeteilt: *„Wir haben eingesehen, dass es nicht angeht, die schwerstbehinderten Mitbürger unter uns auf die Landstriche zu verteilen."* Damit wurde erst einmal abgewendet, dass es auch für unsere Tochter später einmal vielleicht keine andere Möglichkeit gäbe, als in ein Heim für Schwerbehinderte - gegebenenfalls in weiter Entfernung von uns – einzuziehen. Ab jetzt stand das Ziel fest, *allen* Behinderten, auch den Schwächeren, die zu uns gehören, hier in der Nähe ein Zuhause zu geben.

Später tauchte das gleiche Problem noch einmal auf, als Inhabern der Pflegestufe III in Niedersachsen verboten werden sollte, in „normale" Heime einzuziehen. Es gab so viele Proteste, dass dieser Erlass wieder zurückgenommen wurde.

Es waren Mitglieder der Lebenshilfe, die uns vor diesem schweren Schicksal, das uns hätte ereilen können, bewahrt haben.

Dieser erste Punkt ist so wichtig, dass ich es richtig fand, ausführlicher darüber zu schreiben und meine Argumente mit Beispielen aus dem Leben zu belegen. Dafür werde ich die anderen Punkte kürzer fassen.

Das, was die Lebenshilfe als *Verein* und *Interessenvertretung* für Betroffene und ihre Familien tut, muss als ein sehr wichtiges und humanitäres Anliegen gestaltet werden, das alle Lebensbereiche umfasst.

Die *Ratgeberfunktion* der Lebenshilfe könnte erweitert werden, und dieser Aspekt könnte noch klarer und deutlicher zu Tage treten. Dabei darf nicht vergessen werden, dass sie als Verein und öffentliche Einrichtung offen sein muss für Informationen, die von den einzelnen Menschen kommen. Sehr lebensnahe und dringliche Aufgaben wären zum Beispiel

Ernährungsberatungen und Schritte, um das gesetzliche Verbot von Fixierungen zu erreichen.

2. Punkt:

Text der Lebenshilfe:

„Wie werden Konflikte zwischen den Interessen von Eltern und behinderten Menschen in der Lebenshilfe gelöst? Müssen nicht künftig die Interessen geistig behinderter Menschen Vorrang haben gegenüber denen der Eltern und anderer Vereinsmitglieder?"

Mein Kommentar:

Nach meinem Empfinden ist das Wohlergehen der behinderten Menschen das Hauptinteresse der Eltern. Deshalb geht es den Eltern und Angehörigen dann nicht gut, wenn es dem Kind nicht gut geht. Dies ist voneinander nicht zu trennen.

Ich habe wegen dieses Artikels der Lebenshilfe nach Island telefoniert und mit einer Frau gesprochen, die als Ansprechpartnerin für Eltern behinderter Kinder vom Staat angestellt ist. Ich hatte während meiner Islandbesuche schon früher mit ihr gesprochen, und daher kennen wir uns.

Durch die Gesamtstruktur wird es auf Island den Eltern leicht gemacht, ihre Kinder aus den Wohngemeinschaften nach Hause zu holen. (Heime gibt es nicht mehr.) Durch das Erschaffen vieler kleiner, dezentraler Wohngemeinschaften oder Wohnungen entstehen ohnehin in vielerlei Hinsicht andere Strukturen als dort, wo es große zentralisierte Heime gibt. Die Wegstrecken zum Beispiel zwischen Elternhaus und Wohngemeinschaft können oft kürzer sein. Was das „Zu-den-Eltern-holen" angeht, so spielt es in diesem Zusammenhang auch eine Rolle, dass die Bewohner ihre Miete aus ihrer „Rente bei Funktionseinschränkungen" (Pension) selbst bezahlen. Aus diesem Grunde ist es nicht nötig, die Aufenthalte im Elternhaus quantitativ einzuschränken, wie es hier in Deutschland geschieht. (Bei mehr als 42 Tagen Abwesenheit im Jahr sollen die anteiligen Kosten von Betroffenen und nicht vom Sozialamt dem Heim erstattet werden. Mehr dazu in den folgenden Kapiteln. Anm. U.S.)

Ich habe manchmal das Gefühl gehabt, dass es hier in Deutschland als „Eigenliebe" der Eltern interpretiert wird, wenn sie ihre Kinder zu sich nach Hause holen. Deshalb fragte ich besonders danach, ob es auf Island Verbote oder Einschränkungen für die Eltern gibt, die Kinder zu sich nach Hause zu nehmen. Meine Gesprächspartnerin sagte mir, dass in dieser

Hinsicht keine Bedingungen, keine Beschränkungen auferlegt würden. „Es sind einfach alle froh“, sagte sie, „wenn der Kontakt zwischen Eltern, Kind und Mitarbeitern gut ist, die Eltern gesund und in der Lage sind, das Kind in maßvollem Umfang zu sich zu holen.“

Auf Island gibt es eine Regel, die besagt, nach wievielen Abwesenheitstagen der Betreffende aufhören kann, das Essensgeld zu bezahlen, aber die Miete hat er weiter zu zahlen, weil er Teil einer Wohngemeinschaft ist. (Die Miete wird wesentlich niedriger gehalten als eine normale Miete.) Der Staat bezahlt das betreuende Personal.

Die zwischenmenschliche Ebene, die empfindlichen Gefühle, die Kontakte, die Liebe, diese Bestandteile des Lebens haben weniger zu leiden, weil das Leben der Behinderten möglichst nicht zu einer Rechenaufgabe gemacht werden soll. Es handelt sich um das *Leben* der Behinderten und das ihrer Angehörigen, das heißt, um ihr Wohlbefinden und ihre Rechte. Das Leben soll einem sogenannten normalen Leben so ähnlich wie möglich sein. In großen Heimen und Institutionen ist ein Leben wie in einer Familie nicht möglich. Deshalb sollen die Behinderten in einem familienähnlichen Zuhause wohnen, und in diesem Sinne geht es um ihr Wohlergehen. Wenn die Eltern sehen, dass es ihrem Kind gut geht, sind sie ruhig und entspannt und holen es mit der Zeit meistens seltener zu sich nach Hause.

Mir scheint es, dass man auf Island ein besonderes Problem weitestgehend vermeidet, das hier in Deutschland oft große Konflikte heraufbeschwört: nämlich das Problem, dass die Kinder nur ungern oder eingeschränkt zu den Eltern geholt werden dürfen. Dieser Konflikt wiederum verhindert oftmals vernünftiges Miteinanderreden und macht auch die Menschen unglücklich.

3. Punkt:

Text der Lebenshilfe:

> *„Vielmehr kommt es darauf an, die menschliche Beziehung zu ihm* (dem Behinderten - Anm. U.S.) *als gleichberechtigtem Partner mit Herzlichkeit und Wärme so zu gestalten, dass er sich verstanden und angenommen fühlt. Wichtig ist außerdem, zu der Familie, besonders zu den Eltern, einen guten Kontakt herzustellen und zu pflegen.“*

Mein Kommentar:
Ja, dies ist sehr wichtig. Gute Laune und Umgänglichkeit werden aber auch durch unterstützende Wohnstrukturen gefördert.

An menschlicher Wärme fehlt es in Deutschland bestimmt nicht. Aber so weit ich es überblicke, ist manches in dem System so kompliziert und „merkwürdig", dass es schwierig für die Menschen ist, darin vernünftig zu arbeiten.

4. Punkt:
Stichwort der Lebenshilfe:

„Ehrenamtliche Hilfe"

Mein Kommentar:
Ein Beispiel: Ich sagte zu meinen Freundinnen, Frauen aus dem Dorf, die uns oft geholfen haben: „Es wäre schön, wenn meine Tochter in einer kleinen Wohngemeinschaft hier im Dorf wäre. Dann könnte ich ohne viel Umstände öfter mit ihr spazierengehen - und ich würde auch gerne mit anderen spazierengehen."

Antwort: „Dann würde ich auch mitkommen, und ich glaube, es gäbe viele Frauen im Dorf, die das auch gerne tun würden." (Natürlich ehrenamtlich.) Grundvoraussetzungen für das Wohlergehen sind *Bewegung, Spazierengehen, frische Luft* und selbstverständlich auch *gesunde Ernährung.* Dadurch wird auch die Verdauung in Ordnung gehalten, was für das Wohlbefinden von großer Wichtigkeit ist. Aufgrund von Personalmangel, wenn auch nur zeitweilig, kann es manchmal schwierig sein, ausreichend auf solche fundamentalen Bedürfnisse zu achten, was sogleich Probleme nach sich zieht. Ehrenamtliche Helfer sind dann wertvoll. Neben ihrer konkreten Hilfe vermitteln sie auch anderen Kenntnisse über die Arbeit mit behinderten Menschen und tragen so zu einer Verbreitung des Wissens in der Gesellschaft bei.

5. Punkt:
Text der Lebenshilfe:

„In der Lebenshilfe sind die Elemente „Elternvereinigung", „Fachverband" und „Trägerverein" miteinander eine Verbindung eingegangen, die sich bewährt hat. Mehr und mehr kommt als viertes Element die Selbsthilfe geistig behinderter Menschen hinzu. Die

Spannungen, die sich aus dieser vierfachen Aufgabe ergeben, nutzt die Lebenshilfe, um sich weiterzuentwickeln."

Mein Kommentar:
Ich nahm Kontakt mit Fachleuten auf Island auf, weil mir wegen all der Wörter und Bezeichnungen im Artikel „der Kopf rauchte" und ich ein Bedürfnis hatte zu erfahren, wie dort einiges definiert und strukturiert wird.

Auf Island waren zuerst nur Elternvereine vorhanden (der erste wurde 1958 gegründet genauso wie die Lebenshilfe), und zuerst war der Zweck dieser Vereine die Selbsthilfe und die Interessenvertretung. Die Mitglieder dieser Vereine haben ungeheuer viel geleistet, genauso wie es auch in Deutschland der Fall ist. Im Jahr 1978 wurde dann der Dachverband „Þroskahjálp" (þroski = Reife, Entwicklung, hjálp = Hilfe) gegründet. Mitglied in diesem Zusammenschluss, also dem Dachverband „Þroskahjálp", sind mehrere Elternvereine und einige Fachverbände. Zum Beispiel gehört der Verein der Mitarbeiter in Einrichtungen für geistig Behinderte dazu.

Ich erfuhr, dass „Þroskahjálp" sich hauptsächlich als „Ideenschmiede" und Zusammenschluss zur Artikulation von Interessen versteht. Dieser Verband beschäftigt sich mit der Theorie, mit der Philosophie, denkt über Bedürfnisse nach und befasst sich mit Konzepten zur Lösung. Er übt auch eine Ratgeberfunktion in dem Sinne aus, dass er Regierungsmitglieder berät, die an der Gesetzgebung arbeiten.

Die Elternvereine haben eher die Aufgabe übernommen, sich konkret um das Umsetzen neuer Ideen in die Praxis zu kümmern. Darum kann man sagen, dass es die „alten" Elternvereine sind, die heute mehr im Sinne von Trägervereinen arbeiten.

6. Punkt:
Stichwort der Lebenshilfe:
„Ökonomisch denken - ja, kommerziell denken - nein?"

Mein Kommentar:
Das übliche wirtschaftliche Betrachten muss auf eine andere Ebene gehoben werden. Behinderte sind große Lehrmeister, um uns die Liebe zu lehren - und wenn mehr Liebe die Basis der Gesellschaft sein könnte statt Angst und Kontrolle, wäre das Ergebnis sicherlich ein größerer Gewinn,

als ihn jegliches ökonomisches oder kommerzielles Denken erwirtschaften könnte.

Die Konzepte auf Island gelten als gut und human, aber Island hat nicht viel Geld, und das Umsetzen von Lösungskonzepten erfordert oft lange Wartezeiten.

Norwegen dagegen hat gute Konzepte und auch Geld, um diese umzusetzen.

Wahrscheinlich kann man aber gar nicht ausrechnen, ob ein bestimmtes Sozialsystem teurer oder billiger ist als ein anderes, weil jeweils unterschiedliche Maßstäbe und Betrachtungsweisen gelten. Es gibt die Redewendung, etwas sei „mit Gold nicht aufzuwiegen", womit man etwas sehr Wertvolles meint. In der Behindertenarbeit trifft dies bestimmt zu. Es gehört da etwas mehr als nur GELD in die Waagschale, um das Gleichgewicht zu halten, obwohl Geld auch wichtig ist.

Es muss selbstverständlich sein, dass Behinderte unter guten Bedingungen leben. Ich vertrete mit Nachdruck die These, dass die humanste Lösung auch die preiswerteste ist.

7. Punkt:
Stichwort der Lebenshilfe:

„Interessenvertretung"

Mein Kommentar:
„Interessenvertretung" sehe ich als den besten und treffendsten Begriff an. Dieser müsste mit klaren, einfachen Worten erläutert werden. Jungen Eltern könnte damit eine Perspektive der Hoffnung eröffnet werden, eine Aussicht, mit ihrem behinderten Kind Hilfe und Beistand zu erhalten in einem Verein, *in dem sie selbst mitwirken können.*

Zunächst gewinnen sie die Erkenntnis, dass es eine Interessenvertretung gibt. Die Eltern *fühlen*: Ja, da gehören wir hin. In unserem und im Interesse unseres Kindes möchten wir Mitglied werden. Dann folgt, sozusagen im Kielwasser, die weitere Erkenntnis, dass es Dienstleistungsangebote gibt, von denen sie Gebrauch machen können. Die Eltern entdecken *ihren* Platz in diesem System, und es ist wichtig, dass sie sich auf diesem Platz gut aufgehoben fühlen, damit sich ein „Wir-Gefühl" entwickeln kann. Das Gefühl: „Die da - und ich allein zu Hause" könnte auf diese Weise vermieden werden.

Meines Erachtens ist es nicht gut, den Einrichtungen der Lebenshilfe den gleichen Namen wie dem Verein, nämlich „Lebenshilfe" zu geben. Sie sollten einen anderen Namen haben, zum Beispiel „Heilpädagogisches Zentrum". Denn wenn in dieser Einrichtung, die immer nur „Lebenshilfe" genannt wird, Eltern irgendwie vor den Kopf gestoßen werden, oder wenn sie hören, dass über nichtanwesende Eltern in abwertender Weise geredet wird, dann übertragen sie dies auf die gesamte Lebenshilfe, fühlen sich ohnmächtig und denen ausgeliefert, die am längeren Hebel sitzen.

Man muss versuchen, sich vorzustellen, was dann auf der Gefühlsebene abläuft.

Diese Eltern fühlen sich unverstanden und können sich mit der Lebenshilfe nicht identifizieren. „Die Lebenshilfe" - das sind in ihrem Bewusstsein die anderen, irgendwelche „die da", die alles über ihren Kopf hinweg bestimmen und aus ihren Positionen heraus Macht ausüben, auch wenn diese Vorstellungen nicht der Realität entsprechen. Wenn die Eltern über den Aufbau des Systems keinen Überblick haben und nicht durchschauen, dass die Menschen in den angeblichen „Machtpositionen" ihrerseits ihre Bestimmungen haben und die Verwicklungen selbst kaum verstehen, dann bilden sich solche Vorstellungen bei den Eltern, und es dominiert einfach die Gefühlsebene. Diese bestimmt ihr Verhalten und die Folge ist: Sie ziehen sich zurück.

Deshalb wäre es so wichtig, durch liebevollen Umgang auf der emotionalen Ebene frühzeitig einen Grundstein zu einem „Wir-Gefühl" zu legen.

8. Punkt:

Stichwort der Lebenshilfe:

„Unternehmen"

Mein Kommentar:

Mit dem Wort „Unternehmen" kann ich mich versöhnen, wenn es nicht in dem Sinne benutzt wird, als wäre die Lebenshilfe eine Firma in der Geschäftswelt wie andere Unternehmen auch. Man könnte vielleicht sagen: „Unternehmen auf sozialpädagogischem Gebiet" oder „Soziales Dienstleistungsunternehmen". Wenn man die Lebenshilfe so nennt, wäre es vielleicht doch besser, eine Bezeichnung wie „Soziales Dienstleistungsunternehmen mit Interessenvertretung" zu verwenden, weil der Hinweis auf „Interessenvertretung" so wichtig ist.

Durch meine Kontakte nach Island weiß ich, dass das Wort „Unternehmen“ (fyrirtæki) im Zusammenhang mit Þroskahjálp dort nicht gebraucht wird. Andere Wörter, die an die Geschäftswelt denken lassen, werden auch nicht benutzt. Ich wäre eher dafür, keine Wörter aus der Geschäftswelt zu übernehmen.

9. Punkt:
Stichwörter der Lebenshilfe:
„Qualitätsstandards“, „ Qualitätskontrolle“, „ Qualitätssicherung“

Mein Kommentar:
Auch wenn es paradox klingt, finde ich, dass man Wörter, die auf Qualität hindeuten, benutzen kann, obwohl sie aus der Geschäftswelt stammen. Vielleicht könnte man aber Qualitätsentwicklung oder Qualitätsschutz statt „Qualitätskontrolle“ sagen und somit das Wort „Kontrolle“ vermeiden. Der neue Begriff „Qualitätsmanagement“, der immer mehr Anwendung findet, ist leider irreführend. Zwar soll „gemanaget“ werden, aber das „Management“ an sich hat oft eine unzureichende Qualität. Es werden viele Dokumentationen geschrieben, aber weil sich in deren Formblatt-Gestaltung kaum die notwendigsten Erkenntnisse darstellen lassen, können Kostenträger, Führungskräfte und Politiker daraus *nicht* die richtigen Schlüsse zur Verbesserung der Arbeit ziehen.

10. Punkt:
Stichwörter der Lebenshilfe:
„Kunde“, „Nutzer“, „Auftraggeber“, „Verbraucherschutz“, „Verbraucherberatung“

Mein Kommentar:
Der Behinderte wird sowohl Kunde, Nutzer und Verbraucher von Dienstleistungen als auch Auftraggeber für Dienstleistende genannt. Für Auftraggeber finde ich kein besseres Wort, aber für Verbraucher könnte man Nutzer sagen, und daher auch Nutzerschutz statt Verbraucherschutz. Nutzerschutz würde sich auf die sozialen Dienstleistungen beziehen, wogegen das Wort Verbraucherschutz in die Geschäftswelt gehört.

Aber gehören die Wörter „Kunde“, „Verbraucher“ oder auch „Nutzer“ überhaupt in die Behindertenarbeit? Vielleicht wären „Klient“ oder

„Partner“ die besseren Wörter. Die Behindertenarbeit ist doch anders ausgerichtet als die Geschäftswelt.

Schlusswort:
Dies waren die wichtigsten Punkte meiner Kommentare.

Der erste Punkt stellt für mich den allerwichtigsten Aspekt dar. Ich möchte noch einmal betonen, dass ich *nicht* der Meinung bin, dass sich die Eltern nicht für die Lebenshilfe interessieren. Wahrscheinlich hat die geringe Teilnahme etwas mit Resignation und Überforderung zu tun. Das dabei Entscheidende ist, und dieser Umstand wird meistens falsch interpretiert: Die Eltern resignieren nicht wegen der Behinderung ihres Kindes, sondern wegen der oft unglaublich schwierigen Situation und der zeitraubenden Anforderungen, die durch das Zusammenleben mit diesem Kind mitten in der Gesellschaft und abhängig von Richtlinien und Bestimmungen entstehen. Wenn sie ihrem Kind - und natürlich auch sich selbst - Gutes tun wollen um „durchzukommen“, haben sie oft das Empfinden, dass ihnen Steine in den Weg gelegt werden. Ihnen begegnen viel zu oft widersinnige Ansichten und Reaktionen vonseiten der Menschen in dieser Gesellschaft, die einfach, so glaube ich, aus Unkenntnis geschehen.

Ich selbst stand zum Beispiel lange fassungslos vor der Tatsache, wieviel Ignoranz existierte, als ich hervorragende Methoden entdeckte, um meinem Kind zu einem deutlich besseren Allgemeinbefinden zu verhelfen. Ich hätte es gerne leichter gehabt, diese Erkenntnis weiterzugeben. Uns wurde aber trotzdem zur selben Zeit - organisatorisch und systembedingt – geholfen, und wenn dem nicht so gewesen wäre, hätten wir diese Methoden auch nicht erfolgreich anwenden können und wären gescheitert.

Heute möchte ich deshalb die Frage stellen: Dürfen in das System, worin die Lebenshilfe eingegliedert ist, *hilfreiche Methoden und Einsichten hineingenommen werden, die aber gegenwärtig noch etwas Ungewöhnliches darstellen?*

Wenn nicht, so kann man davon ausgehen, dass viele Eltern die Lebenshilfe für die falsche Adresse halten und ihr den Rücken kehren. Wenn ja, dann kann ich mir denken, dass die Herzen vor Freude hüpfen, und die Lebenshilfe als „Annahmestelle“ mit Zulauf rechnen kann.

P.S.: Diesen Artikel, den ich der Lebenshilfe einsandte, schrieb ich im Februar 2002. Er wurde von der Redaktion der *Lebenshilfe-Zeitung* sehr gut aufgenommen.

8 Die Letzten werden die Ersten sein

Behinderte sind eine Randgruppe, bestehend aus Menschen unterschiedlicher Behinderungen. Obwohl diese Menschen oft die Aufmerksamkeit anderer mit ihrem Äußeren und ihrem Verhalten erregen, genießen sie nicht allzu viel Beachtung im sozialen System. Die geistig Behinderten haben es schwer, ihre Interessen zu vertreten, und weil sie wehrlos sind, fällt es leicht, an ihnen zu sparen. Hiermit meine ich jene Art von „Sparen", von der viele Menschen glauben, dass es Sparen sei, wobei es aber kein Sparen ist. Ich gebe mir zwar Mühe, solche einseitigen Denkweisen zu verstehen, aber mir springen immer zuerst Zusammenhänge ins Auge, und ich sehe deutlich die Konsequenzen von „zusammenhanglosem Denken". Randgruppen sind wie Wunden an einem Körper. Jede Wunde beeinträchtigt den Körper in seiner Gesamtheit. Der Körper (die Gesellschaft) steht nicht in einem unabhängigen Verhältnis zu seinen Wunden (zu ihren Randgruppen), diesen potenziellen Störfeldern.

Es gibt heutzutage viele Randgruppen. Es gibt viele Menschen, die hochsensibel geworden sind. So gibt es auch eine Flut von Unverträglichkeiten. Die Menschen leiden unter Nahrungsmittelallergien, Elektrosmog und so weiter. Alle Beeinträchtigungen bedeuten eine Art Behinderung, und die Gesellschaft muss ihre Pflichten wahrnehmen, um den vielen behinderten Menschen ein Leben in Würde zu gewähren. Falls sie dies nicht tut, kommt sie auch nicht zu ihrer eigenen Würde. Und mehr noch: Es könnte sich alles so entwickeln, dass die Schwierigkeiten völlig überhandnehmen. Dann wird es zu einer Existenzfrage, eine Wende herbeizuführen. Denn wie soll es sonst weitergehen?!

Es fehlt am Gleichgewicht. Es ist zurzeit oft nicht möglich, unter natürlichen Bedingungen zu leben. Der am nächsten liegende Entwicklungsschritt wäre, diese Bedingungen zu schaffen, so dass wir im Einklang mit der Natur und unseren eigenen Bedürfnissen leben können. Wir leben nicht in Harmonie mit der Natur, deshalb gibt es so viele Störungen in den Lebensumständen. Wenn die Menschen erst beginnen, besser zu verstehen, worauf es bei Behinderten und Sensiblen ankommt, damit sie sich wohlfühlen, dann stellt sich gleichzeitig auch das Verständnis dafür ein, worauf es bei uns allen ankommt.

Somit werden die Behinderten und Sensiblen wahrscheinlich die Ersten sein, die durch ihr Dasein diese Einsichten fördern und andere Menschen veranlassen, auf allerlei Details in den Lebensumständen zu achten. Es wird sich bewahrheiten, was Jesus sagte: „Die Letzten werden die Ersten sein“ (Matthäus 19,30). Möglicherweise werden dann auch viele Menschen einsehen, dass sie selbst eine lange Zeit „geistig behindert“ waren, indem sie nicht verstehen konnten, was die Disharmonie verursachte, unter der sie zu leiden hatten. Denn Unwichtiges, sogar Schädliches, hatte und hat oft Priorität, während Lebenswichtiges für Menschen, Tiere und Pflanzen vernachlässigt wurde und wird. Wenn besser auf die Reinheit der Nahrung, der Luft, des Wassers und der Gedanken geachtet wird - und dies ist es, was die Behinderten und Sensiblen so dringend brauchen -, werden unser aller Energien besser fließen, und es wird uns allen besser gehen.

Randgruppen könnten der wirkliche Hebel für positive Veränderungen im sozialen Bereich sein.

Möglicherweise sind die Behinderten und Sensiblen unsere wichtigsten Lotsen aus unserem gegenwärtigen Zeitalter, das sich oft durch wenig Humanität auszeichnet. In der indischen Weltanschauung wird dieses Zeitalter Kali-Yuga genannt.

Es gibt kein „Wohlergehen“ und kein „Schlechtergehen“ auf der Erde, das isoliert zu betrachten wäre. Jedes Geschehen wirkt sich auf alle anderen Bereiche aus, weil alles mit allem zusammenhängt. „Und wenn *ein* Glied leidet, so leiden alle Glieder mit, und wenn *ein* Glied wird herrlich gehalten, so freuen sich alle Glieder mit“ (1. Korintherbrief, 12,26).

Die leider oft übliche Denkweise „Das ist nicht mein Problem, ich will mich mit den Problemen anderer nicht belasten“ ist in meinen Augen eine typisch „zusammenhanglose Denkweise“. Denn alles gehört zusammen. Die Probleme anderer, die ohne Unterstützung kaum lösbar sind, machen diese „anderen“ zu Randgruppen. Es ist für die ganze Gesellschaft besser, wenn vermieden wird, dass Probleme mit Randgruppen unheilvolle, ja sogar unheilbare Ausmaße annehmen. Das heißt, es ist besser, wenn eine Gesellschaft die Gabe hat, Wunden heilen zu können. Es handelt sich eben niemals nur um das Problem anderer, sondern auch um mein Problem, weil ich zur Gesellschaft gehöre.

(Geschrieben im September 2004)

9 Die feinen Nuancen der (sozialen) Kultur

Liebe und koordinierte Arbeitsweisen

Sparen durch Streichungen und Kürzungen, wenn es die Schwächsten trifft, harmoniert nicht mit sozialer Kultur. Eine liebevolle Grundeinstellung ist die Basis jeglicher sozialen Arbeit und auch der Behindertenarbeit, aber nur „lieb zu sein" zu den Behinderten genügt nicht. Man braucht auch geeignete Strukturen und sinnvoll koordinierte Arbeitsweisen, um wirklich richtig helfen zu können. Also Arbeitsweisen, bei denen die Anteile der Beteiligten gut aufeinander abgestimmt sind und die sich in erster Linie nach den jeweiligen Bedürfnissen der Behinderten richten. Eine soziale Kultur sollte solche Arbeitsweisen zulassen. Um das möglich zu machen, ist ein vernünftiger bedürfnisorientierter Einsatz des Geldes erstrebenswert. Dadurch könnte eine soziale Kultur entstehen, die auf Liebe basiert.

Heilpädagogik oder Pflege?

Im Rahmen einer sozialen Kultur reicht es nicht aus, wenn sich die Institutionen entweder nur „Heilpädagogik" oder nur „Pflege" auf die Fahnen schreiben. Es muss differenziert werden. Viele Betroffene brauchen sowohl Heilpädagogik als auch Pflege. Darum muss man auch zwischen leichter und schwerer Behinderten unterscheiden, denn ihre Bedürfnisse sind unterschiedlich.

Und es muss noch etwas hinzukommen: Durch veränderte Strukturen, zum Beispiel mit kleinen WGs in dafür geeigneten Einfamilienhäusern oder mit Wohnungen (auch für schwerer Behinderte) in einem dafür vorgesehenen Haus, könnte man vermutlich den Personalschlüssel optimaler gestalten und so den Bedürfnissen der Menschen differenzierter, aber auch insgesamt kostengünstiger gerecht werden.

Mit dem Begriff „Pflege" wird oft an bettlägerige Menschen gedacht und auch an einen entsprechenden - unter Umständen teuren – Personalschlüssel. Aber es gibt auch schwerer behinderte Menschen, die nicht bettlägerig sind aber ebenfalls eine für sie angemessene Betreuung und Pflege brauchen. Es gibt viele verschiedene Arten einer Behinderung, und so wie man sagt, dass jeder Mensch anders sei, muss man auch sagen, dass jeder Behinderte anders ist.

So muss auch eine überdurchschnittliche Sensitivität in Betracht gezogen werden, die das Verhalten vieler Behinderter bestimmt, aber oft von anderen nicht verstanden wird.

Sonnenschein und Schatten

Die Verfassung eines behinderten Kindes oder Erwachsenen kann sehr unterschiedlich sein. Es würde oft genügen, einfach zu verstehen, was der Betroffene gut oder nicht gut verträgt und sich danach zu richten. Einem Behinderten ist es vielleicht zu heiß in der Sonne oder zu kalt im Schatten; es kann ihm zu viel sein, was er aushalten muss, wenn zu viele Menschen um ihn herum sind, zu viele Eindrücke auf ihn einwirken, zu viele verschiedene Schwingungen, zu viel Elektrosmog, zu viel Lärm, Fernseher, Radios und so weiter. Vielleicht schlägt ihm auch etwas aufs Gemüt, und er fühlt sich deshalb nicht gut.

Vom Sozialsystem her werden Behinderte in Pflegestufen eingeteilt, und es gelten gewisse Kriterien, aber man kann diese nur als grobe Richtlinien ansehen. Angesichts des Facettenreichtums der Behinderung und des individuellen Befindens sind auch flexible Strukturen erforderlich. Im Tagesablauf sollte man den Zustand eines geistig Behinderten nie für etwas Absolutes nehmen. Sein Befinden kann durch verschiedene Ursachen unterschiedlich sein, was wiederum die Arbeit beeinflusst. Wenn alle Einstellungen dem Behinderten gegenüber liebevoll und alle Arbeitsweisen, die ihn betreffen, gut koordiniert sind, werden wahrscheinlich die besten Voraussetzungen geschaffen, seine optimale Befindlichkeit zu erreichen. Aber man darf nie vergessen, dass ein zuverlässiges Achten auf Details unverzichtbar ist, um diesen guten Zustand zu erreichen und auch zu halten.

Eltern – Ratgebende oder Ratsuchende?

Ich mache die Erfahrung, dass Eltern oft sehr geeignet für eine Ratgeberfunktion sind, trotzdem aber nicht als Gebende, Wissende registriert werden, sondern das Image haben, Suchende und Unwissende zu sein. Aber die Eltern kennen ihr eigenes Umfeld am besten, sie bekommen viele Informationen und können in vielen Fällen anderen helfen mit dem, was sie wissen. Sie werden jedoch lieber als potenzielle Kunden betrachtet, als Kunden, um Informationen abzunehmen oder auch als Kunden, um etwas zu kaufen, was angeblich ihrem Kind helfen kann. Aber selbst wenn etwas Vorgeschlagenes hilft, können sie es oft aufgrund ihrer Situation nicht zu dem Zeitpunkt kaufen oder sich näher damit befassen, wenn es ihnen angeboten wird. Das wird dann oft missinterpretiert, und sie werden als gleichgültig eingestuft!

Seminare und Informationsabende

Neulich habe ich auf einem Info-Abend einen typischen Fall erlebt: Jemand nahm mich beiseite, als er erfuhr, dass ich ein behindertes Kind habe. Er erhoffte sich, dass ich seinen Rat befolge und seine Waren kaufe. Außerdem wollte er mir den Kontakt zu einer Frau herstellen, die mir „stundenlang viel erzählen können" würde. Aber: Interessierte er sich für *meine* Lage? Wusste er, dass ich, genauso wie die „wichtigen" Geschäftsleute, wenig Zeit habe? Schätzte er richtig ein, was ich *selbst* weiß? Wusste er etwas über unsere Belastung und über das soziale Entlastungssystem? Wollte er hören, was ich zu sagen gehabt hätte? Ich glaube nicht.

Wenn man auf Treffen oder Kursen ist und mitteilt, dass man ein behindertes Kind habe, hat man oft das Gefühl, man werde für manche Teilnehmer eine Art Objekt für irgendwelche Angebote. Sie haben einen riesigen Drang zu helfen, wobei dann aber der ganze Einsatz von den Eltern selbst auszugehen hat. Dabei haben sie keine Ahnung: Weder vom tatsächlichen Einsatz der Eltern, der bereits geleistet wurde, noch von deren Lebenswirklichkeit, die bei aller Liebe zum Kind doch auch Grenzen setzt für das, was man leisten kann.

Ich kann vieles von dem, was mir geraten wird zu tun, nicht allein durchführen. Ich habe nicht die nötige Zeit, nicht die nötigen Mittel, nicht den nötigen Rahmen. Es muss durch Entlastungen ein Rahmen von verfügbarer Zeit geschaffen werden, um zusätzlich etwas tun zu können, wie zum Beispiel Therapien einzusetzen. *Das zu realisieren ist auch Aufgabe der Politik.*

Außerdem wäre es von großer Bedeutung für das Selbstwertgefühl der Eltern, so einen Rahmen zu haben, in dem sie mehr Freiräume hätten, sich als Fachkundige zu betätigen. Sie würden mehr respektiert, weil andere besser verstehen könnten, welch konstruktive Arbeit sie leisten.

Der Zeitfaktor

Oft erlebe ich, dass nicht registriert wird, wie wenig Zeit die Eltern haben. Das, was man machen möchte oder soll, ist oft zeitlich kaum zu schaffen. Ich erinnere mich an ein Gespräch, das ich mit einer Mutter eines schwerbehinderten Kindes führte, um ein Treffen zu vereinbaren. Sie sagte: „Ja, wenn ich es zeitlich unterbringen kann, bei dir vorbeizuschauen.“ Eine andere meinte: „Man muss alles darauf abklopfen, wie man sich Zeit verschaffen kann.“ So ergeht es betroffenen Müttern.

Ich würde mir sehr wünschen, dass Menschen uns unterstützen, das soziale System so zu verändern, dass wir mehr Freiräume hätten.

Entlastungen

Durch Entlastungen kann vieles für Familien mit Schwerbehinderten möglich gemacht werden, was sonst nicht möglich ist. Dadurch könnten auch naturheilkundliche Therapien besser eingesetzt werden, diese wiederum würden dank der Heilerfolge weitere Entlastung bringen.

Wie schon gesagt, gibt es in den nordischen Ländern Kurzzeitentlastungssysteme, die den Familien helfen, Zeit für etwas Wichtiges außerhalb ihrer täglichen Routine zu haben. Sich von solchen Beispielen inspirieren zu lassen, wäre sicherlich lohnend. Josefine Jagusch, eine deutsche Studentin, die uns als Mitarbeiterin des Familienentlastenden Dienstes half, hat eine beachtenswerte Diplomarbeit über das isländische Entlastungssystem geschrieben. Ich gebe diese Information mit Erlaubnis der Verfasserin weiter und kann vermitteln, wenn jemand Interesse hat, die Arbeit zu lesen.

Rente für die Mütter

Mit einem gut funktionierenden Entlastungssystem könnte man eine ausreichende Rente für Mütter von behinderten Kindern viel besser sichern. Während einer Studienreise nach Dänemark erzählte uns unser dänischer Begleiter, wie mit Hilfe des guten dänischen Entlastungssystems seiner Frau geholfen werden konnte, als Krankenschwester in einer halben Stelle zu arbeiten. Ihr wird aber eine ganze Stelle für die Rente berechnet, weil sie auch ihre schwerbehinderte Tochter pflegt. Sie wird deshalb einmal eine volle Rente bekommen.

Wenn ich in dieser Beziehung an unsere behinderte Tochter und mich selbst denke, kann ich nur sagen, dass es mich schwer trifft, im Alter nur eine sehr kleine Rente zu beziehen, weil ich dem Arbeitsmarkt nicht zur Verfügung stehen konnte. Außerdem ist es seelisch gar nicht so einfach, sich eine abgeschlossene Hochschulausbildung erworben zu haben und nichts davon nutzen zu können, um in einem Beruf zu arbeiten, Geld zu verdienen und sich eine Rente zu sichern. Mein Studium ist mir allerdings in manch anderer Weise von Nutzen gewesen.

Damit es uns gut geht, muss es auch Björg gut gehen, und die Einnahme von Nahrungsergänzungsmitteln unterstützt ihr Wohlbefinden. Ich bin glücklich, wenn meine kleine Rente dazu beitragen kann, ihr diese essenziellen Stoffe zu kaufen. Björgs Befinden ist deutlich davon abhängig, dass für bestimmte Extras Geld vorhanden ist. Es darf nicht zu einem Einbruch in der individuellen Versorgung kommen und alles aufhören, was aufgebaut worden ist, wenn die Eltern ins Rentenalter kommen!

Das Pflegegeld für die Pflegestufe III - wenn es dies auch erst ab Björgs 28. Lebensjahr gab - hat uns sehr geholfen, die Nahrungsergänzungsmittel, die Björg dringend braucht, kaufen zu können. Sie ist in einem weitaus besseren Zustand, seitdem wir ihr diese aufbauenden Stoffe geben, und das hilft allen, die mit ihr zu tun haben. Ihre Lebenshaltung ist auf diese Weise kostengünstiger geworden, und ihr Leben verläuft glücklicher als früher.

Wir kaufen diese wertvollen Stoffe immer noch, obwohl wir inzwischen weniger Geld haben, seitdem unsere Tochter im Heim lebt und der größte Teil des Pflegegeldes für uns wegfällt. Wir bekommen aber seit 2001 glücklicherweise einen Teil des Pflegegeldes, weil wir sie meistens am Wochenende bei uns zu Hause haben. Das ist die Auswirkung eines neuen Gesetzes. Vorher waren die Eltern von Heimbewohnern wirklich „arm dran" - man denke zum Beispiel an die Fahrtkosten. Möglicherweise hatten manche Eltern kein Geld, um die Kinder zu sich nach Hause zu holen, so wie sie sich das wünschten.

Sind alle Sozialhilfeempfänger gleich?

Manche Probleme entstehen im Grunde durch zu wenig Differenzierung in den gesetzlichen Grundlagen. Sozialhilfeempfänger und geistig Behinderte werden zu oft zusammengefasst. *Geistig Behinderte brauchen ein Gesetz für sich!*

Fixierungen

Inhumanes Festbinden muss gesetzlich verboten werden. So weit ich weiß, wurden Fixierungen im Jahr 1900, also vor einem Jahrhundert, auf Island gesetzlich verboten. Wenn heute dennoch eine Person fixiert werden *muss*, ist vorgeschrieben, dass jemand die ganze Nacht bei ihr sitzt. Um dieses Thema müssen noch viele Diskussionen geführt werden. In Deutschland strebt man an, so weit ich informiert bin, „nur noch in Ausnahmefällen" zu fixieren.

Schweigepflicht

Die Schweigepflicht für die Mitglieder des Angehörigenbeirats und für Mitarbeiter ist eine zweischneidige Maßnahme. Es muss sorgfältig abgewogen werden, wie man sie einsetzt. Unter Umständen kann sie von großem Nutzen sein, unter anderen Umständen jedoch gar nicht. Wenn man die Mitarbeiter als sehr gute Charaktere kennenlernt, die wahrhaft Heldenhaftes leisten, warum braucht man dann eine Schweigepflicht? Wenn ein Wohnheimleiter vorbildliche Arbeit leistet (wie der unsere) und wirklich nichts zu verbergen hat, warum braucht man dann eine Schweigepflicht? Warum sollte man nicht über Vorkommnisse reden dürfen, die nichts mit den Menschen zu tun haben, sondern nur mit dem System, in dem die Menschen unter schlechten Bedingungen arbeiten? An und für sich ist es erlaubt, dass man einen „Fall" anonym als Beispiel bringt. Das wird aber kaum gemacht; die Menschen scheinen Angst zu haben, überhaupt etwas zu sagen. Die Schweigepflicht sollte daher neu überdacht und diskutiert werden, denn es wäre besser, schwierige Situationen durch Beispiele schildern zu dürfen, die dazu beitragen können, ein unzulängliches System zu reformieren. Die Schweigepflicht darf nicht in der Weise pervertiert werden, dass sie Entwicklungen hemmt. Es wären auch Kurse nötig, um zu lernen, sinnvoll mit der Schweigepflicht umzugehen. (Mit Schweigepflicht meine ich allerdings *nicht* den Datenschutz, den ich für richtig und wichtig halte.)

(Geschrieben im Sommer 2003 auf Island)

Schlussbemerkung

Das bisher Beschriebene sollte als eine Einstimmung auf die folgenden vier Kapitel angesehen werden, in denen es um *Heilmethoden* geht. Es mussten hier aber zuvor die Ausgangssituation und die Umstände skizziert werden, unter denen die Familien versuchen müssen, Heilverfahren anzuwenden. Die Rahmenbedingungen lassen leider oft keine Bilderbuchtherapie zu. Im Kern geht es eben um diesen Widerspruch: *Die Familie weiß um die Heilmethoden, aber die Durchführung gestaltet sich oft sehr schwierig. Unterstützung wäre dringend nötig.*

10 Sparen durch Heilen

Ganzheitlich denken und sparen

Vieles von dem, was uns allen teuer zu stehen kommt, ist eine direkte und logische Folge von Auffassungen in der Sozialpolitik, die auf unzureichenden Kenntnissen gegründet sind. Es mangelt an Weitblick. So entstehen Probleme, die nicht sein müssten. Wenn man mehr darauf achten würde, was der *Einzelne* braucht, anstatt sich zu bemühen - koste es, was es wolle - sich dem System anzupassen, ließen sich sicherlich manche Lebensumstände humaner, glücklicher und preiswerter gestalten, als dies oft geschieht. Ich denke, dass man die besten Ergebnisse erzielt, wenn man von individuellen Bedürfnissen ausgeht und sich nach gewonnenen Erkenntnissen richtet. Es wird vom Sparen geredet, obwohl in vielen Fällen das, was Sparen genannt wird, gar kein Sparen ist, eher das Gegenteil. Es hat sich eine Spar-Philosophie etabliert, die oft den falschen Weg einschlägt. Die Zusammenhänge zwischen Ursache und Wirkung werden nicht genügend erkannt und berücksichtigt, der Kreislauf wird nicht zu Ende gedacht. Wenn später die Lebensumstände in die „löchrigen" Bereiche geraten, dort, wo der Kreis nicht geschlossen ist, kann nichts mehr gespart werden. Dann wird alles erst recht teuer.

In der Behindertenarbeit hört man jetzt oft Sätze wie „Die Kassen sind leer", „Die Gemeinden sind verschuldet", „Es muss gespart werden". Das Letztere hört sich gut an (für diejenigen, die glauben, jetzt habe man wirklich angefangen zu sparen), aber mit den Zielen des Sparens scheint man doch oft vorwiegend bauliche Maßnahmen von großen Institutionen zu meinen, wie auch das Planen von relativ großen Behindertengruppen, wobei aus Sparsamkeitsgründen so wenig Personal wie möglich eingestellt werden soll. Was da aber der Idee nach als „möglich" betrachtet wird, ist das auch in der Realität möglich? Und ist es billiger? Ich sage: Nein. Es wäre billiger, alles rundherum - die ganze Umgebung, die ganze Struktur - passend für die Bedürfnisse zu gestalten. Wahrscheinlich weiß die allgemeine Bevölkerung nicht, dass eine angemessene Betreuung manch eines geistig behinderten Heimbewohners nur durch einen erheblichen ehrenamtlichen Einsatz der Eltern - oder anderer Angehöriger - überhaupt erst möglich ist. Und was wird, wenn die Eltern nicht mehr da sind? Dann wird doch alles um das Mehrfache teurer, weil das „Haus auf Sand gebaut“ wurde, weil die Planungen von nicht haltbaren Voraussetzungen ausgegangen sind. Kostspielige Schwierigkeiten sind sozusagen vorprogrammiert, wenn anfangs die Grundlage nicht richtig gelegt wurde. In vielen Fällen würden Sparmaßnahmen nur eine ganze Palette von Verschlechterungen nach sich ziehen, und damit auch Kosten: Es gäbe vermehrten Bedarf an Windeln (weil das Einnässen durch Stress häufiger vorkäme) und an pharmazeutischen Medikamenten; wegen der Medikamente käme es zu Schlafstörungen, das Befinden des Behinderten wäre schlecht, die Laune schwierig, die Mitarbeiter wären in hohem Maße strapaziert, und es könnte wegen körperlicher und seelischer Strapazen zu Streitigkeiten kommen, die wiederum zwangsläufig zu mangelnder Kooperation zwischen allen Beteiligten führen. Ist es dies, was man erreichen will mit „Streichen“ und „Kürzen“?

Es gibt sinnvollere Wege um zu sparen. Alles, was zu glücklichen, friedlichen und gesunden Behinderten führt, bedeutet eine Entlastung für Eltern, Behinderte und Mitarbeiter. *Diesen Zustand* zu erreichen, müsste die Zielsetzung sein. Es muss in neue Strukturen investiert, und es müssen zusätzliche Mitarbeiter eingestellt werden. Wenn Heimbewohner weniger einnässen, brauchen sie weniger gewaschen zu werden. Bettwäsche und Kleidung müssen dann nicht so oft gewechselt werden, und es werden weniger Waschmittel gebraucht. Das verringert Ausgaben. Wenn die Arbeit im Heim durch schwierige Verhaltensweisen seltener durcheinandergebracht wird, gibt es weniger Überlastung und einen geringeren Krankenstand beim Personal.

Und jetzt im Jahr 2002? Wenn man hört, dass in Erwägung gezogen wird, wieder große Anstalten mit Mehrbettzimmern zu bauen - um zu sparen! -, kann man das denn noch als positiv zu bewertende Ziele und ein zukunftsorientiertes Denken nennen?!

Innerhalb des jetzigen festgefahrenen Denkens lassen sich anscheinend Probleme nicht gut lösen. Es wäre besser, dieses am System festgemachte Denken zu verlassen und stattdessen mehr auf ganzheitliche Denkweisen zu setzen. Es *ist* wirtschaftlicher, die menschliche Seite in der Behindertenarbeit realistischer einzuschätzen und folgerichtig danach zu handeln, als dies jetzt oft bei Kostenargumentationen geschieht.

Nach diesen allgemeinen Aussagen komme ich nun zu einem persönlichen Bericht darüber, was uns in unserer Familie geholfen hat und was uns heute noch hilft.

Unsere Tochter Björg

Björg hat Fortschritte gemacht, die man anfangs nicht für möglich gehalten hätte. Rückschritte und Schwierigkeiten gab es auch, aber uns wird immer deutlicher bewusst, dass dann Probleme auftreten, wenn das Kind etwas ertragen muss, das es nicht vertragen kann. Inzwischen haben wir herausgefunden, was das ist.

Wie schon im Kapitel 1 gesagt, denke ich, dass mein Mann und ich dem deutschen Staat sehr hohe Kosten dadurch erspart haben, dass wir uns nach besten Kräften informierten und Heilmethoden anwandten, die unserer Tochter wirklich halfen. Unsere Bemühungen haben uns zwar Geld gekostet, aber die Besserungen im Zustand des Kindes haben bewirkt, dass insgesamt alle Kosten reduziert wurden, die das Kind betrafen oder hätten betreffen können. Sowohl innerhalb der Familie als auch innerhalb des Sozialsystems. Das, was wir getan haben, ist echtes Sparen gewesen. Hier spreche ich nur von der reinen Kostenseite.

Auf einem anderen Blatt steht, was uns Eltern durch Björgs Besserung an niederschmetternden Gefühlen erspart worden ist, an seelischem Schmerz, an trauriger Lebensperspektive.

Björg hat einen guten Charakter und eine liebenswerte Wesensart, und sie ist mit einer hochgradigen Sensibilität sowie einer nur blockierten Intelligenz ausgestattet. Es wäre für uns alle eine unerträgliche Situation gewesen, wenn sie in einer Einrichtung oder in einem Heim unter Drogen gesetzt und eventuell fixiert worden wäre. Und was eine derartige Betreuung an Geldsummen verschlungen hätte - abgesehen von allen anderen Faktoren - das sollte einmal ein unabhängiger und kompetenter Finanzexperte ausrechnen.

Hier nenne ich nun *einige Maßnahmen und Therapien,* die zur Verbesserung von Björgs Allgemeinzustand geführt haben:

- Wir setzten die chemischen Medikamente - nach vorheriger Reduzierung im Laufe von drei Jahren - ab, als Björg zehn Jahre alt war. Björg konnte sie offensichtlich nicht vertragen, und sie trugen zu ihren Schlafstörungen bei. *Björg schlief wesentlich besser, nachdem sie die Medikamente nicht mehr bekam.*

Gleichzeitig setzten wir alternative Therapien ein, hauptsächlich die Cayce-Therapie, denn sonst wäre es vielleicht nicht gutgegangen, die Medikamente abzusetzen. Björg wurde dadurch auch lernfähiger. Diese Änderungen bedeuteten einfach die Rettung für unsere Familie.

- Es ging ihr auch zunehmend besser, nachdem sie als Sechsjährige – zusätzlich zum Wochenende - einen Tag in der Woche, mittwochs, zu Hause bleiben konnte. Sie brauchte diese Pause dringend. In Kombination mit dieser Pause mitten in der Woche machte ihr dann auch die Tagesstätte Spaß.
- Die Cayce-Gold- und Silber-Therapie hat Björg sehr geholfen (siehe Kapitel 11 und Anhang A). Ich wandte sie von 1980 - Björg war damals zehn Jahre alt - bis 1990 an. Ich behandelte sie jeweils zwölf Tage, und anschließend gab es vier Tage Pause. In den späteren Jahren verlängerten sich die Pausen manchmal. Ich musste diese Therapie abends durchführen, und es kam die Zeit, in der ich nicht mehr die Kraft hatte, abends länger aufzubleiben. Nach zehn Jahren hatte diese Therapie Björg allerdings schon entscheidend geholfen.
- Mit der AKUPUNKT-MASSAGE nach Penzel (kurz APM nach Penzel oder APM, siehe auch Anhang A) fing ich erst 1986 an, zuerst jede zweite Woche, aber seit 1992 wende ich sie regelmäßig einmal in der Woche bei Björg an. Beide Therapien, die Cayce-Therapie und die APM, sind Energieausgleichstherapien. Die APM kann ich nicht allein zur Anwendung bringen, weil ich die Mutter bin. Es muss uns jemand assistieren, der für Björg eine Respektsperson darstellt. Glücklicherweise sind Frauen aus dem Dorf regelmäßig gekommen, um uns durch ihre Anwesenheit zu unterstützen, und seitdem Björg im Heim lebt und ich die Therapie dort durchführe, sitzen die Mitarbeiter dankenswerterweise abwechselnd dabei. Diese Ausgleichstherapie ist außerordentlich wichtig für Björg.

Ich lernte einige Therapien anzuwenden, andere Heilverfahren lernte ich mehr oder weniger kennen. Allein ihre Prinzipien zu kennen ist hilfreich. Therapien, die man allgemein Polaritäts- oder Ausgleichstherapien nennt, gehören meines Erachtens zu dem Nützlichsten und Wichtigsten, das man für behinderte Menschen tun kann.

Ernährung

Vielen Menschen wird jetzt zunehmend bewusst, wie wichtig die Ernährung ist. Unsere Tochter verträgt manche Stoffe in industriell aufbereiteter Nahrung gar nicht. Man muss deshalb sehr genau darauf achten, was sie zu essen bekommt. Von anderen höre ich, dass ihre Kinder Zitrusfrüchte, speziell Apfelsinen, nicht vertragen. Das kann daran liegen, dass die Schalen gespritzt sind. Björg verträgt Apfelsinen. Dagegen gibt es anderes, was sie nicht verträgt, und offensichtlich gehören allerlei Zusatzstoffe in Fertignahrungsmitteln dazu. Ich halte alle industriell aufbereitete Nahrung von meiner Tochter fern und fahre gut damit. Wenn Björg keine Nahrung mit Zucker und/oder Konservierungsstoffen und keine kohlensäurehaltigen Getränke bekommt, kann ihr Zustand ausgezeichnet sein.

Auch Stress-Situationen spielen eine große Rolle, wenn es darum geht, ob manche Nahrung vertragen wird oder nicht. Eine größere Menschenansammlung, vor allem bei einer Feier, ist für Björg oft das Allerschlimmste, dann verträgt sie selbst das Essen nicht, das ihr sonst bekommt.

Von Seiten der Ärzte oder sonstiger „Experten" wurde uns niemals angeraten, auf die Ernährung zu achten. Wir fanden das allmählich selbst heraus, und Heiler, die wir mit Björg aufgesucht haben, haben uns ebenfalls wertvolle Informationen gegeben.

Bei Symptomen der Unverträglichkeit fällt in diesem Zusammenhang häufig das Wort „Allergie". Ich möchte das Wort „Allergie" jedoch vermeiden, weil ich oft den Eindruck habe, dass bei Verwendung dieses Wortes die Leute gleich denken: Aha, dann weiß ich Bescheid! Ganz so einfach ist es aber nicht, deshalb ist es mir lieber, die Symptome und Probleme detailliert zu schildern als nur zu sagen: Es handelt sich um eine Allergie.

Zur Information füge ich ein kleines Zitat aus dem Buch *Wasser & Salz* von Dr. med. Barbara Hendel und dem Biophysiker Peter Ferreira bei, das die allgemeine Verwendung des Begriffs deutlich macht (Seite 180):

„Allergien haben in den letzten Jahren sprunghaft zugenommen – Tendenz steigend. In Deutschland leidet heute bereits jeder Dritte an einer Allergie. Als Ursache dieser Erkrankung werden Störungen des Immunsystems, Vererbung, Umweltverschmutzung, falsche Ernährung, vermehrte Aufnahme von Chemikalien und Medikamenten, erhöhte Elektrosmog-

und Ozonbelastung sowie Impfschäden und zunehmende Konflikt- und Stresssituationen diskutiert."

Ich erfuhr von den Forschungen des norwegischen Arztes Dr. Karl Ludwig Reichelt. Er hat schon vor vielen Jahren entdeckt, dass einige Menschen manche Stoffe, die sie durch die Nahrung zu sich nehmen, nicht verstoffwechseln können. Diese Stoffe stauen sich dann oder lagern sich als störende Substanzen im Zentralnervensystem ab, wodurch wiederum große psychische Störungen wie Panikzustände, Schlafstörungen, Unruhe und Krämpfe hervorgerufen werden. Sobald die betroffenen Menschen die unverträglichen Nahrungsbestandteile nicht mehr bekamen, hörten die Störungen auf.

In dem Buch *Tony* (Tony war ein Autist) von Mary Callahan las ich den Begriff *Zerebralallergien*. Bestimmte Nahrungsmittel scheinen sich nach ihren Erfahrungen so auszuwirken, dass das Gehirn anschwillt und der Betreffende, der sonst ganz normal ist, sich nicht mehr normal benehmen kann. In meinem Buch *Sternenkind* ist einiges über ähnliche Erfahrungen mit Björg dokumentiert; das heißt, Björg kann sich völlig unterschiedlich benehmen, und ihr Zustand hängt offensichtlich oft mit der Ernährung zusammen. Durch persönliche Gespräche habe ich auch von einem Kind erfahren, bei dem Krämpfe und Panikanfälle verschwanden, nachdem die Ernährung umgestellt wurde.

Manche der Betroffenen sind wie gefesselt von gewissen Gegenständen oder Handlungen und können sich dann mit nichts anderem mehr beschäftigen; sie sind für andere unerreichbar. Björg legt dieses Verhalten an den Tag, wenn andere Menschen lesen, und sie es ihnen nicht erlauben will. Wahrscheinlich knistert die Zeitung zu laut, denn Björg hört extrem gut, wenn sie gestresst ist. Aber manchmal ist sie gar nicht auf Zeitungen „fixiert", die Menschen dürfen in aller Ruhe lesen. Dann merkt kein Mensch, dass sie behindert ist, denn sie sieht fast „normal" aus. Wenn sie aber ihre Krisen bekommt, glauben wahrscheinlich viele, sie sei schlecht erzogen. **Dabei können all diese Verhaltensauffälligkeiten ernährungsbedingt sein.**

Im Jahr 2002 nahm ich an einer Mitgliederversammlung der Lebenshilfe teil, die in Marburg stattfand. In der Arbeitsgruppe mit dem Thema „Schwerbehinderte" wollte ich gerne von den oben erwähnten Zusammenhängen berichten und begann, davon zu erzählen. Da aber dieses Thema nicht zu der vorgeschriebenen Tagesordnung gehörte, wurde mir gesagt, man hätte für diese Fragen jetzt nicht die Zeit. Dafür hatte ich Verständnis und sagte nichts weiter dazu. Einige Teilnehmer hatten schon zur Sprache gebracht, dass es immer mehr psychisch kranke Menschen gibt, die in den Werkstätten arbeiten, und dass diese Tendenz schon zu einem großen Problem eskaliere. Am Ende der Sitzung habe ich dann doch angemerkt, dass es sinnvoll wäre, der Ernährung mehr Beachtung zu schenken. Es gäbe gute Aussichten, mit einer Ernährungsumstellung psychische Schwierigkeiten, die sonst endlos dauern würden, in den Griff zu bekommen oder zumindest etwas besser als sonst zu bewältigen. Vielleicht sind meine Worte bei jemandem auf Resonanz gestoßen, aber ich hatte eher den Eindruck, dass sich die Mitarbeiter der Werkstätten lieber mit anderen Dingen beschäftigten als mit Ernährungsfragen. Wahrscheinlich sind den meisten Menschen diese Zusammenhänge noch nicht richtig bewusst geworden.

Nahrungsergänzungsmittel

Das Folgende meine ich nicht als Produktwerbung, sondern als Information darüber, was Björg hilft – und sicher vielen anderen helfen könnte.

Noni: Björg bekommt jeden Morgen ein kleines Schnapsglas Nonisaft (Morinda citrifolia), der ihr sehr gut hilft. Noni soll wie ein Enzymschlüssel wirken und hilft daher der Verdauung. Es werden viele Enzyme aufgeschlüsselt, die sonst wahrscheinlich nicht oder nur mangelhaft aktiv wären. Björgs schwierige Phasen machen sich seltener bemerkbar, seitdem sie Noni zu sich nimmt. Wir möchten es nicht missen, obwohl es etwas teuer ist. Aber was ist eigentlich teuer? Es ist auch sehr teuer, ihre schwierigen Phasen durchzustehen. *Teuer ist in vielen Fällen letztlich preiswerter.*

Cat's Claw: Jeden Morgen bekommt sie im Heim den Inhalt einer Kapsel Cat's Claw (die Hülle geben wir ihr nicht). Dabei handelt es sich um ein altes peruanisches Heilmittel, das unter anderem das Immunsystem stärkt und besonders gut helfen soll, zu viele verschiedene Einflüsse zu verkraften. Ich habe den Eindruck, dass sie dieses Mittel nicht braucht, wenn sie bei uns zu Hause ist, und dass es ihr gut bekommt, es in Abständen einzunehmen. Dieses Naturheilmittel scheint viel dazu beigetragen zu haben, dass sie stabiler wurde.

Peking Royal Jelly: Peking Royal Jelly (Bienenköniginnenfuttersaft) geben wir ihr zweimal in der Woche. Die Dosierung ist eigentlich so gedacht, es 30 Tage in Folge einzunehmen und danach eine Pause zu machen. Da es aber weniger kostet, es ihr nur zweimal in der Woche zu geben, machen wir es in dieser Weise, und ich finde, dass es ihr nach diesem Verfahren gut bekommt. Peking Royal Jelly macht Björg ruhig, entspannt und stabilisiert sie.

Matricell Königinnentrank: Manchmal bekommt sie auch den Matricell Königinnentrank (Nahrung der Bienenkönigin). Dieser scheint eher zu stärken und Kraft zu geben, aber vor dem Schlafengehen hat sich Peking Royal Jelly als besser geeignet erwiesen.

Blaugrüne Algen: Björg bekommt tachyonisierte blaugrüne Algen aus dem Klamath-See in Amerika ein- bis zweimal in der Woche. Sie sollen eine gute Wirkung auf das Gehirn haben. Es gibt Berichte von Ärzten darüber, wie diese Algen geholfen haben, und ich selbst habe die Erfahrung gemacht, dass sie Björg gut tun. Es ist offensichtlich geworden, dass Björgs Gehirn besser arbeitet als früher, wahrscheinlich tragen Nahrungsergänzungsmittel sehr dazu bei.

Green Kamut: Ein- oder zweimal in der Woche bekommt sie das Green Kamutgras-Pulver von der Firma Green Power (Dr. Hittich) als Getränk.

OPC Plus: Außerdem bekommt Björg zweimal in der Woche das OPC Plus (natürliches Vitamin C) von Dr. Hittich. (Eine Zeitlang bekam sie Revenol von Neways, das auch natürliches Vitamin C und E enthält.)

Maximol, Lecithin, Ingenious: Sie bekommt etwa zwei Mal in der Woche Maximol von Neways. Maximol enthält bioverfügbare (verstoffwechselbare) Mineralien in einer kolloidalen Lösung, die der Körper zu 98 Prozent aufnehmen kann. Sie hat Lecithin von der gleichen Firma eingenommen, und seitdem Neways Ingenious anbieten konnte, nimmt sie es auch ein. Man hat in Italien bei geistig Behinderten gute Erfahrungen damit gemacht. Björg bekommen diese Nahrungsergänzungsmittel gut. Sie nimmt aber nicht alles auf einmal ein, sondern in langfristigen Abständen zeitlich versetzt.

Callitee: Zu Hause bei uns bekommt Björg an den Wochenenden meistens den Callitee von der Firma Sunrider. Dieses ist ein chinesischer Kräutertee alter Tradition, der entgiftet und zur Entsäuerung beiträgt. Oder sie bekommt Tee aus frischen Kräutern aus unserem Garten.

Cellagon: Seit 2003 bekommt Björg Cellagon aurum, das sie zuerst morgens als Getränk zu sich nahm. Jetzt gebe ich ihr Cellagon aurum meistens an den Wochenenden mit geschrotetem biologischem Roggen und Dinkel, was sie gut verträgt. Ein wenig Sahne und Milch kommt hinzu. Es ist besser, ihr diesen Brei morgens zu geben, weil er abends wach halten könnte. Dieser Getreidebrei hilft Björg sehr, indem er ihrer Tendenz zur Verstopfung entgegenwirkt.

Das Weglassen von Unverträglichem ist eine wichtige Maßnahme zum Wohlbefinden, und umgekehrt hilft es Björg definitiv, wertvolle Stoffe aufzunehmen. Sie darf nur nicht zu viele Nahrungsergänzungsmittel auf einmal einnehmen, das scheint zu viel für sie zu werden. Wenn sie aber gar keine bekommt, verschlechtert sich ihr Zustand.

Milch

In einer maßvollen Menge verträgt Björg Milch. Sie bekommt sie manchmal mit dem Kochwasser von Gemüse gemischt, das wir ihr statt Soßen über das Essen gießen.

Zucker, Salz und Zusatzstoffe

Björg isst seit Jahren *keinen industriell gefertigten Zucker.* Wir halten gekauftes Gebäck von ihr fern. Statt Kuchen geben wir ihr oft Knäckebrot mit Butter und Datteln. Das möchte sie auch lieber essen. Wir süßen mit Honig. Bei Festlichkeiten trinkt sie Callitee oder auch, wenn andere Kinder Apfelsaft trinken, Sanddornsaft mit Wasser gemischt. Sonst trinkt sie Wasser. Apfelsaft oder überhaupt Säfte und Limonaden aus dem Supermarkt kaufen wir nicht, da Björg dies nicht verträgt.

Ab 2003 hörten wir auf, *raffiniertes Speisesalz* zu benutzen - also das, was man im Supermarkt bekommt, Natriumchlorid. Stattdessen verwenden wir Lichtkraft-Kristall-Speisesalz, genau dieses Salz. Aus Emiko-Salz machen wir meistens eine Sole.

Eine Geschichte zu den *Zusatzstoffen:* Während der Weihnachtszeit aß Björg einmal versehentlich Rotkohl, den wir in einem Glas im Supermarkt gekauft hatten, statt des verträglichen selbstgekochten Rotkohls aus einem anderen Topf. Danach bekam sie eine Krise, mit Grantigkeit, Einnässen und anderen Schwierigkeiten. Bis dahin war sie vollständig trocken und in einem guten Zustand gewesen. Wir vermuten, dass der Rotkohl mit Konservierungsstoffen die Ursache war.

Die Kopfhautreinigung

Die Ausscheidungen auf der Kopfhaut unserer Tochter müssen mit Unverträglichkeiten zu tun haben, mit Stoffen, die sie nicht verdauen kann, aber andere Faktoren spielen auch eine Rolle. Bewegung ist sehr wichtig, aber Spaziergänge sind vom Sozialsystem her oft nicht zu leisten. Dafür gibt es nicht genug Personal. Es scheint trotz vieler Hinweise von den Menschen, die in diesem Bereich arbeiten, in der Politik noch nicht angekommen zu sein, dass die Mitarbeiter nur ein wenig Hilfe zu den arbeitsintensivsten Zeiten brauchen, um optimal arbeiten zu können. Die Mitarbeiter müssen leisten, was man eigentlich keinem Menschen abverlangen kann. Für manche Behinderte fehlt deshalb genügend Bewegung in frischer Luft mit viel Sauerstoff. Die Verdauung wird durch fehlende Bewegung träge, und Gifte können sich eher ansammeln. Dies alles bedeutet für den Behinderten Stress und Übersäuerung.

Als mir klar wurde, dass sich vermehrt „Ausscheidungen" auf Björgs Kopf zeigten, wenn sie gestresst war oder etwas gegessen hatte, das sie nicht vertrug, fing ich an, ihre Kopfhaut regelmäßig zu reinigen. Ich begann damit 1996. Dies tat ich und tue es immer noch mit Ölen, aber seit 2001 wasche ich ihr auch den Kopf mit dem Kandesn-Shampoo von Sunrider, einem Shampoo auf Kräuterbasis ohne Schadstoffe. („Normale" Shampoos und andere Körperpflegemittel enthalten oft mehr Schadstoffe, als den Menschen allgemein bekannt ist.) Zurzeit reinige ich Björgs Kopfhaut auf folgende Weise:

Am Abend reibe ich lauwarmes Sesamöl mit Olivenöl gemischt (manchmal auch Rizinusöl) und mit einigen Tropfen tachyonisiertem Panther Juice Hautöl angereichert auf ihren Kopf. Björg lässt es sich gut gefallen, wahrscheinlich merkt sie, wie gut es ihr tut. Am nächsten Morgen, wenn sie in der Badewanne sitzt, wasche ich ihr zuerst den Kopf, um das Öl herauszuspülen. Ich benutze dafür das auch völlig schadstofffreie Ultimate-Shampoo von Neways, weil dieses einfach weniger kostet als das Kandesn-Shampoo. Danach wasche ich ihr die Haare mit dem Kandesn-Shampoo, dem ich zwei bis drei Tropfen Sun Breeze-Öl beifüge.

Björg fühlt sich nach dieser Kopfhautreinigung deutlich besser als vorher. Sie fühlt sich *wohl* und ist oft für den Rest des Tages in einem völlig anderen Zustand, ausgeglichen, mit warmen Händen und Füßen. Wie viele Jahre hat sie diese Kopfhautreinigung entbehrt! Ich denke, dass sie sich viel früher hätte besser fühlen können, wenn ich früher verstanden hätte, ihren Kopf auf diese Weise zu reinigen. Aber ich musste erst selbst darauf kommen. Wenn ich wenig Zeit habe, wasche ich ihr die Haare nur mit dem Kandesn-Shampoo. Das ist auch ohne Öle hilfreich.

Auf einem Info-Treffen über die Sunrider-Produkte erklärte der Berater, dass das Kandesn-Shampoo, mit zwei Tropfen Sun Breeze-Öl gemischt, Schlacken aus den tieferen Schichten der Kopfhaut entfernen würde, und einige Teilnehmer bestätigten das sogleich. Nach der Benutzung wurden bei ihnen zunächst vermehrt Unreinheiten über die Kopfhaut ausgeschieden, danach wurde diese sehr rein. Die gleiche Erfahrung machten wir bei Björg. Ich möchte dieses Shampoo für Björg nicht mehr missen. Es ist etwas teuer in der Anschaffung, aber sehr ergiebig.

Früher reinigte ich ihr meistens alle zwei Wochen die Kopfhaut mit den Ölen, jetzt reicht es jede dritte Woche. Natürlich wasche ich ihr öfter die Haare.

Wegen der Reinigung mit Ölen ist es gut, wenn Björgs Haare nicht zu lang sind, und Björg lässt sich auch das Haareschneiden leichter gefallen, seitdem sie sich durch diese Kopfhautreinigung besser fühlt. Vermutlich hat sie seltener Kopfschmerzen.

Björgs Schädeldecke war früher voller Hügel und Dellen. Nach Gerda Boyesen (siehe Biodynamische Massagen im Anhang A) ist das ein Zeichen dafür, dass sich die betreffende Person nicht normal entwickelt. Björgs Schädeldecke hat sich inzwischen verändert. Erstaunlicherweise ist sie jetzt glatt!

Basische Bäder

Björg bekommt ab und zu ein Bad mit dem Badesalz „Meine Base“ von der Firma Jentschura. Es tut ihr gut, auch wenn sie nicht lange in der Badewanne sitzen mag.

Die Zahnpflege

Björg benutzt inzwischen nur Zahncreme, die ohne schädliche Substanzen hergestellt wird. Zum Beispiel die Zahncreme von Neways oder auch die EM-Zahncreme.

Das Kopfkissen

Björgs Schlaf hat sich durch vielerlei Maßnahmen gebessert. Es hat sich als vorteilhaft für sie erwiesen, auf einem Dinkelspelzen-Kissen zu schlafen - wenn sie denn überhaupt ein Kissen haben will. Björg schläft nun die meiste Zeit sehr gut.

Seriöse Hersteller
Alle Firmen, die ich erwähnt habe, stellen chemie- und konservierungsmittelfreie (also giftfreie) Produkte auf natürlicher Basis her, und manche dieser Produkte kosten daher auch etwas mehr. Manche Menschen lassen sich von den Preisen abschrecken. Aber „teuer" ist relativ. Ergiebige Produkte, die zum Wohlbefinden beitragen, sind letztendlich nicht teuer. Was die meisten Produkte angeht, so ist Sunrider konkret betrachtet teurer als Neways, aber manche der Sunrider-Produkte sind so ergiebig, wie etwa das Kandesn-Shampoo und der Callitee, dass der Preisunterschied nicht ins Gewicht fällt. Man muss nur sparsam mit diesen wertvollen gesundheits- und umweltfreundlichen Produkten umgehen. Später schließt sich der Kreis, und wenn alles gesünder geworden ist - Mensch, Tier und Umwelt -, zeigt es sich, dass man auf dem richtigen Weg war.

Wie im Großen, so im Kleinen - und umgekehrt
Die verborgenen Quellen der Heilung (so lautet auch der Titel eines Buches von Dora Kunz) sind gleichzeitig die verborgenen Quellen des Sparens. Meines Erachtens sollten diese Quellen - sprich: all diese Informationen, die ich hier zu Papier bringe - offensichtliche Quellen des Sparens sein. Um den Behinderten und ihren Familien zu helfen, sollte man hier mit Nachdruck ansetzen.

Unsere Familie ist wie eine kleine Welt in einer Nussschale, wir müssen sparen, genauso wie die große Welt, aber wir leisten uns diese Ausgaben, weil sie uns helfen, ein Leben in Würde zu führen. Wir geben Björg manche Nahrungsergänzungsmittel nur ein- oder zweimal in der Woche und *sparen auf diese Weise ein wenig an den Kosten.* Nichtsdestoweniger haben diese Mittel eine ausgesprochen gute Wirkung auf Björg, sie halten sie stabil, und ihr Zustand hat sich zunehmend gebessert. Ich finde, dass es ihr besser bekommt, die aufbauenden Stoffe nicht jeden Tag einzunehmen. Unsere Körper müssen ja auch verkraften, was ihnen zugeführt wird. Edgar Cayce (siehe Anhang A) riet übrigens dazu, bei der Einnahme von Heilmitteln Pausen einzulegen. Durch den Einsatz dieser Mittel *leisten wir uns aber auch etwas,* wir investieren in Dinge, die uns und allen, die mit Björg zu tun haben, helfen, besser mit ihr zurechtzukommen. Das zahlt sich aus, sowohl vom finanziellen Einsatz als auch vom Gefühlswert her. Auf diese Weise könnten auch Gesellschaft und Politik verfahren, und der Output wäre mit Sicherheit größer als der Input.

(Im Februar 2002 und 2003 geschrieben)

11 Anregungen zu einsetzbaren Therapien und Hilfen in der Familie

Einige Therapien in kurzer Übersicht

Die folgende Zusammenfassung können Sie überspringen, wenn Sie sich gleich ausführlich mit diesen Therapien beschäftigen wollen. Sie werden im Anhang A eingehender behandelt. Dort finden Sie auch Quellenangaben dazu.

Die **Cayce-Therapie** (sie beinhaltet aber mehr als das, was ich Björg zukommen ließ), ist sowohl eine aufbauende als auch eine ausgleichende Therapie. Ich habe überwiegend mit zwei Geräten gearbeitet, die ich einfachheitshalber die „Cayce-Geräte" nenne, aber auch Massagen nach Cayce bei Björg durchgeführt. (Cayce-Therapie, benannt nach dem im Jahr 1945 verstorbenen Amerikaner Edgar Cayce.)

Osteopathie ist eine Heilmethode, die sich mit dem Zusammen- und Wechselspiel aller Körpersysteme und -strukturen beschäftigt.

Die **Cranio-Sacral-Therapie** ist ein Teil der Osteopathie, dem sich manche Therapeuten besonders widmen. Es ist eine energetische und emotionale Ausgleichs- und Lösungstherapie, die zugleich korrigierend auf der körperlichen Ebene wirkt.

Die **AKUPUNKT-MASSAGE nach Penzel** beinhaltet: a) das Ziehen der Meridiane, b) das Punkte geben, c) eine Therapie der Wirbelsäule und d) eine Behandlung gemäß der Lehre der Fünf Elemente. Die drei Letzteren mache ich kaum bei Björg, einerseits, weil sie das nicht so gerne mit sich machen lässt wie das Ziehen der Meridiane, was sie ausgesprochen genießt, und andererseits weil ich nicht für alles Zeit habe.

Die **Lichtwässertherapie:** An vielen Orten der Erde entspringen heilkräftige Quellen (zum Beispiel Lourdes, Fatima, San Damiano). Da das Wasser dieser Quellen mit den sieben Frequenzen des Lichts in Resonanz tritt, stellt es für den Menschen und seine Umwelt ein wertvolles therapeutisches Mittel dar. Nicht jedes Wasser hilft jedem Menschen bei jeder Krankheit, aber wo die Frequenzen zusammenpassen, hilft es.

Die **Homöopathie** arbeitet nach dem Prinzip: Ähnliches werde mit Ähnlichem behandelt. Die Heilwirkung dieser *Regulationstherapie* beruht auf der Schwingung eines sorgfältig gewählten Heilmittels. Um den Grund einer Erkrankung zu finden, wird von der leiblichen und seelischen Ganzheit des Menschen ausgegangen.

Die **Neue Homöopathie nach Erich Körbler** ist eine ganzheitliche Selbstheilungsmethode und kann auch als Informationsmedizin bezeichnet werden. Der Mensch ist von einem feinstofflichen elektromagnetischen Feld durchdrungen, welches die Lebensvorgänge steuert. Geometrische Formen können als Antennen mit dem kosmischen Hintergrundfeld in Resonanz treten. Auf diese Weise können Energieblockaden aufgelöst und der Körper wieder in Harmonie gebracht werden.

Die **Metamorphose nach Robert St. John,** auch **Pränatale Therapie** genannt, geht von einer energiegeladenen Linie an Füßen, Händen, Ohren und Kopf aus. Entlang dieser Linie gibt ein Hilfegebender einem Hilfenehmenden eine leichte Massage. Es wird davon ausgegangen - und dies hat sich bestätigt -, dass sich dadurch vorgeburtliche Blockaden auflösen und so die weitere Entwicklung des Betreffenden erleichtert wird. Dieses Hilfegeben muss gelernt werden, aber die Hilfe reiht sich eigentlich weder unter „Therapie“ noch „Heilung“ im üblichen Sinne ein. Es findet eine *Metamorphose* statt, ein Prozess zur Verbesserung in manchmal schwierigen Lebensverläufen. Dadurch, dass Blockaden verschwinden, geschieht eine grundlegende, wohltuende Veränderung.

Jin Shin Jyutsu ist eine alte japanische Heilkunst und als Vorläufer der Akupunktur anzusehen. Diese Heilmethode wird nur mit den Händen ausgeführt; die Hände werden über sogenannte „Energiesicherheitsschlösser“ auf den Körper gelegt. Dadurch werden die eigenen Selbstheilungskräfte in die Lage versetzt, das Energiesystem wieder in Ordnung zu bringen.

Die **Biodynamischen Massagen,** auch Biodynamische Körperpsychotherapie genannt, helfen, die Selbstregulation des Körpers zu gewährleisten. In Stress-Situationen reagiert der Körper mit Spannungen, die er über Jahre speichert. Durch die Stimulation der Psychoperistaltik, der körperlichen und seelischen Verdauung, kommt die Lebensenergie wieder zum Fließen. Es können Verspannungen gelöst, energiearme Körperteile wieder belebt, psychische Belastungen aufgearbeitet und psychosomatische Störungen geheilt werden.

Die **Klangschalenmassage nach Peter Hess** ist eine sanfte und wirkungsvolle Entspannungsmethode. Durch das Anschlagen der Klangschalen, die auf verschiedene Bereiche des Körpers gesetzt werden, wird jede Zelle des Körpers in wohltuende Schwingungen versetzt. Der Klang löst Verspannungen und Blockaden auf, aktiviert die Selbstheilungskräfte und setzt schöpferische Energien frei. Menschen mit einer Hörschädigung können den Klang ebenso erfahren wie hörende Menschen.

Sensorische Integration meint einerseits die Koordination aller Sinneseindrücke, andererseits ein Programm (eine ganzheitliche Behandlung) mit regelmäßig wiederholten Übungen, wodurch Bildung und Wachstum von Synapsen (den Nerven-Kontaktstellen) angeregt werden. Gestörte Sinnesbahnen können dadurch wieder in Ordnung kommen und Sinneseindrücke zusammengeführt werden.

Heilwirkung haben auch die **Probiotics.** Das sind Mikroorganismenprodukte, die sich positiv auf die Verdauung auswirken und helfen, dass der Darm gesund bleibt. Mit unserer Nahrungsaufnahme können wir unseren Gesundheitszustand beeinflussen. Mikroorganismen nehmen alle Mineralien und Spurenelemente, die wir benötigen, auf und stellen sie uns dann im Darm in lebenden Verbindungen zur Verfügung. So werden sie von den Körperzellen leicht aufgenommen. Der Darm ist das Tor des Körpers zur Außenwelt und folglich die wichtigste Drehscheibe für unsere Gesundheit. Er ist mit vielen wichtigen Funktionen für den Körper ausgestattet. Außer der so wichtigen Aufnahme der richtigen Stoffe für den Stoffwechsel und den Körperaufbau ist dort auch der größte Teil unseres Immunsystems angesiedelt.

Was sonst alles heilen kann

Nachfolgend zähle ich einige weitere Therapien nur kurz auf. Je nach Behinderung des Kindes und der Situation in der Familie können verschiedene Therapien und Methoden hilfreich sein. Letztendlich muss sich jeder selbst informieren und über die Wahl seiner Methoden entscheiden.

Neben Büchern und dem Internet bietet das Institut Family Care Hilfe an. Wer sucht, der findet. So gibt es Farbtherapien in vielen Variationen. Man spricht von Farb- und Lichttherapien. Aura Soma ist eine Heilmethode mit farbigen Ölen, die durch die Schwingungen der Farben wirkt. Sie soll aber auch noch einen zusätzlichen Heilfaktor haben. Das Gleiche gilt für Therapien mit Steinen und Kristallen; ihre Farben haben bestimmte Schwingungsfrequenzen, aber sie wirken auch noch auf andere Weise. Des Weiteren bieten sich die Tomatis-Therapie und verschiedene andere Klang- und Musiktherapien an, Fußreflexzonen-Massage, Shiatsu, Akupunktur und Akupressur und herkömmliche Massage. Außerdem gibt es Therapien nach der Fünf-Elementenlehre, kinesiologische Balancearbeiten, Atemtherapie, Aromatherapie und Ayurveda, daneben Bachblütentherapie, Sensorische Integrationsbehandlungen und die Delphintherapie. Das therapeutische Reiten und Schwimmen wird bereits vielfach in der Behindertenarbeit angewandt. Für spastisch Gelähmte gibt es die Petömethode und für Autisten die Doman-Delacato-Methode, auch TEACCH. Ein Boardmaker-Programm kann bei der Arbeit am TEACCH-System nützlich sein. Die Anthroposophen entwickelten die Eurythmie. Erkannt wurde auch die positive Wirkung langkettiger Omega-3-Fettsäuren bei Hyperaktivität. Die Kräuterheilkunde und die anthroposophische Medizin bieten allerlei Hilfreiches. Auch die Meridiantherapie nach Christel Heidemann hat schon vielen geholfen. Der Schlafplatz kann auf unverträgliche Schwingungen (Elektrosmog, Erdstrahlen) getestet, Nahrungsmittel können ausgetestet werden und so weiter.

In der Behindertenarbeit müsste viel mehr über alternative Therapien gelernt und diskutiert werden. Wer ein krankes Kind hat, dem durch alternative Therapien geholfen wurde, hat Schwierigkeiten, von anderen Menschen verstanden zu werden, weil die Menschen oft kaum wissen, worüber geredet wird. Die übliche Schulmedizin in allen Ehren, sie hilft auch – aber nicht nur sie!

**All You Need Is Love –
meine Erfahrungen mit den Therapien**

Alles, was du brauchst, ist Liebe - dieser Text aus einem bekannten Beatles-Song kam mir in den Sinn, als ich diese Informationen über Behandlungsformen zusammenstellte. Denn natürlich gilt: Wo eine liebevolle Atmosphäre herrscht, wirkt eine Therapie besser. Hilfreich ist es auch, für und mit dem Kind zu beten und Heilmeditationen durchzuführen.

Ich konnte nicht alle oben beschriebenen Therapien bei Björg durchführen. (Alles machen zu wollen, ist auch nicht sinnvoll!) Was aber bei Björg nicht durchführbar ist, kann bei anderen behinderten Kindern sehr wohl im Bereich des Möglichen liegen und ihnen helfen. Wichtig ist, sich zu erkundigen und herauszufinden, was hilfreich ist. Die Therapien sind oft in greifbarer Nähe und werden auch vielfach angewandt.

Bei der sehr hilfreichen Cayce-Gold- und Silber-Therapie (siehe Anhang A) handelt es sich um eine reine Schwingungstherapie. Möglicherweise haben viele Menschen in der Schule gelernt, dass Gold und Silber als Metalle giftig sind und dass diese Metalle im Körper toxisch wirken. Aber als Schwingung durch die Cayce-Geräte wirken sie höchst positiv.

Die Cayce-Therapie (hauptsächlich ist hier die Gold- und Silber-Therapie mit den dazugehörigen Geräten gemeint), die Chiropraktik als Alternative zur Osteopathie, für die kein Behandler verfügbar war, die APM nach Penzel, die Lichtwässertherapie und die Neue Homöopathie nach Körbler haben wir Björg angedeihen lassen.

Die Cayce-Therapie machte ich bei Björg abends, weil sich diese Behandlung zu anderer Tageszeit nicht konsequent durchführen ließ. Als ich nach einem Jahrzehnt dieser Therapie nicht mehr bis spät in den Abend hinein aufbleiben konnte, was öfter geschah, ersetzte ich die Cayce-Therapie durch die APM. Seit 1992 bekommt Björg die APM jede Woche einmal, aber diese Therapie machen wir am Tage.

Die Hilfe durch die Lichtwässer gehört seit 2003 zu unserem Leben. Außerdem brachte die Neue Homöopathie nach Körbler für Björg eine deutliche Verbesserung in ihrem Befinden. Die Neue Homöopathie verträgt sich gut mit der Lichtwässertherapie, wogegen die klassische Homöopathie nicht gleichzeitig mit ihr eingesetzt werden sollte.

Die Metamorphose nach Robert St. John, Jin Shin Jyutsu und die Biodynamische Massage konnten wir Björg weniger zukommen lassen, weil sie oft so unruhig war. Trotzdem geschah und geschieht immer noch Hilfe für Björg dank der Metamorphose. Uns Eltern ist damit auch geholfen worden. Ich lernte die Metamorphose 1986 auf zwei Seminaren kennen, arbeitete bei Björg im Energiefeld ohne körperliche Berührung, aber sie spürte das dennoch und bewegte sich viel zu stark. Ich wusste damals nicht, dass man in solchen Fällen einen Fuß sanft festhalten darf. Das habe ich nachträglich gelernt und gebe ihr nun wieder diese Hilfe. Natürlich ist es leichter, ruhigeren Kindern die Metamorphose zu geben, aber man hat festgestellt, dass es auch dem Kind hilft, wenn die Eltern diese Hilfe bekommen.

Über die Anwendung von Jin Shin Jyutsu kann ich Ähnliches berichten. Ich konnte bei Björg Jin Shin Jyutsu nur abends anwenden, nachdem sie eingeschlafen war, und ihr meistens nur die Mittellinie geben (die Anfangsschritte dieser Therapie), war dann aber selbst sehr müde geworden. Aber ich liebe es, etwas Hilfreiches zu lernen, und aus eigener Erfahrung weiß ich, wie gut diese Therapie tut.

Mit der Biodynamischen Massage waren die Erfahrungen ähnlich. Ich lernte 1995 das Basiswissen auf drei Kursen, habe diese Methode seitdem auch mit anderen geübt, aber bei Björg konnte ich sie ihrer Unruhe wegen kaum einsetzen. Inzwischen widme ich mich der APM nach Penzel, die

Björg sehr gut hilft. Vielleicht hätte ich Jin Shin Jyutsu oder die Biodynamische Massage durchführen können, wenn ich Unterstützung gehabt hätte, so wie bei der APM, aber andererseits hatten alle Beteiligten genug zu tun, damit Björg einmal in der Woche ihre APM-Behandlung bekommen konnte.

In letzter Zeit hat auch eine liebevolle Cranio-Sacral-Therapeutin Björg Behandlungen gegeben, aber manchmal wollte Björg die Behandlung nicht länger annehmen und sich nicht entspannen. Gegenwärtig bekommt sie Behandlungen in Abständen von drei Monaten. Dies scheint sich für sie besser auszuwirken.

Die Homöopathie wurde nicht oft bei Björg eingesetzt, aber es gibt eine interessante Geschichte dazu in meinem Buch *Sternenkind.* Ich weiß, dass mit der Homöopathie beachtliche Erfolge zu verzeichnen sind (vergleiche auch die Bücher von den amerikanischen Ärzten Judyth Reichenberg-Ullman und Robert Ullman).

Im Zusammenhang mit Probiotics möchte ich wieder zu der Cayce-Therapie kommen. Im Anhang A kann man darüber nachlesen, dass Cayce Hilfesuchenden sogenannte Readings gab. In fast *allen* Fällen, die in den Readings vorkamen, war die Rede davon, dass die *Ausscheidung in Ordnung* sein müsse. Mangelhafte Ausscheidung bringt toxische Zustände mit sich - alles wird schlimmer. Bei Björg hat sich dies trotz aller sonst noch angewandten Therapien immer wieder bestätigt.

Mit den Klangschalen habe ich keine Erfahrung, habe aber nur Gutes darüber gehört. Hier bei uns wurden keine sensorischen Integrationsübungen gemacht, aber siehe Anhang A. Es gibt bemerkenswerte Erfolge.

Nun könnte die Frage auftauchen, ob es denn leicht möglich sei, über Methoden, wie die oben beschriebenen, in der Behindertenarbeit zu berichten? Ja und Nein. Nach meiner Erfahrung ist es schwierig, Informationen über wenig bekannte Methoden und ihre Erfolge an die obersten Entscheidungsträger von Institutionen heranzutragen. Das liegt weniger an den Menschen als an der oft „strammgestrickten“ Struktur. Eltern haben da einfach wenig Chancen, etwas einzubringen, so dass es mit allen Hintergründen und Zusammenhängen verstanden wird. Es gibt jede Menge vorgefasster Fragen, die die Eltern beantworten sollen, aber diejenigen, die diese Fragen konzipieren, sind nicht den gleichen Weg gegangen wie die Eltern und haben deshalb nicht die richtige Vorstellung, wonach sie eigentlich fragen sollten. Die Kenntnisnahme von wichtigen

Zusammenhängen wird somit blockiert. Partnerschaftlicher Kontakt und gegenseitiger Austausch wären geeignete Lösungen dafür. Die Weitergabe von Fortschritten und Heilerfolgen auch durch neue Methoden ist sehr wichtig, aber für die Eltern gestaltet sich diese Weitergabe oft leichter bei den Mitarbeitern an der Basis als bei den Verantwortlichen in höheren Positionen. Wer heilt hat recht. Wenn der Tag kommt, dass Entscheidungsträger die Heilergebnisse bei den Behinderten auch als Pionierarbeit der Eltern mit Wertschätzung und Dankbarkeit entgegennehmen, werden sich sicherlich viele Eltern freuen, und es würde zu ihrer Zufriedenheit beitragen.

(Nachtrag: Seitdem ich 2003 den Anhang A schrieb, habe ich mich mit der Reconnection (Rückverbindung) nach Eric Pearl beschäftigt und wende die Reconnection-Methode inzwischen auch an, so wie es mir meine Zeit erlaubt. Björg bekommt es gut, trotzdem darf nicht vergessen werden, dass alles andere, was sie braucht, so richtig und gut wie möglich gemacht werden muss. Obwohl das Thema hochinteressant ist, gehe ich hier nicht näher auf die Reconnection ein, auch nicht auf die Quantenheilung, die zunehmend beachtet wird. Siehe auch im Literaturverzeichnis bei Eric Pearl: *Heilung durch Rückverbindung - The Reconnection,* Frank Kinslow: *Quantenheilung* und Bodo Köhler: *Biophysikalische Informations-Therapie.)*

Die vorstehende Zusammenstellung soll nicht bedeuten, dass es ratsam wäre, alle möglichen Methoden gleichzeitig anzuwenden. Das geht natürlich nicht. Nicht für alle Menschen ist das Gleiche gut. **Aber indem man lernt, erkennt man Zusammenhänge und das Prinzip.** Dann kann man sich Hilfe suchen und selbst tun, was einem möglich ist.

(Geschrieben 2004)

12 Basisches Milieu, saures Milieu und natürliche Mittel

Olivenblatt-Extrakt

Von dem Olivenblatt-Extrakt erfuhr ich 1996. Meine Schwestern schickten mir Artikel von Ævar Jóhannesson, einem Wissenschaftler und Naturheilkundler an der Universität Islands, der darüber in der Zeitschrift *Heilsuhringurinn* (Der Gesundheitsring) geschrieben hatte.

Als ich 1998 nach Island kam, hatte ich eine Unterleibsentzündung. Wahrscheinlich war Stress die Ursache; er erzeugt ein saures Milieu im Körper und damit die Voraussetzung für Entzündungen. Mit dem Olivenblatt-Extrakt verschwanden die Beschwerden in wenigen Tagen. Es war sehr hilfreich, von diesem Extrakt zu wissen. (Nebenbei gesagt: Wir haben eine fantastische Heilungsgeschichte einer Frau miterlebt, die bei Hepatitis C, einer Krankheit, die als sehr schwer gilt, Olivenblatt-Extrakt statt Antibiotika eingenommen hat.)

Wahrscheinlich wird man die Heilwirkung des Olivenblatt-Extraktes allmählich ernst nehmen. Bis heute setzt man aber immer noch auf Antibiotika. Nähere Informationen sind zu finden bei Dr. Josef Pies: *Olivenblatt-Extrakt*, VAK Verlag.

Kolloidales Silber

Im Jahr 2001 bekam ich von einem Engländer Silberstäbchen mit 99 Prozent reinem Silbergehalt und der Anleitung, kolloidales Silber herzustellen. Ein Elektriker half mir, einen Transistor zusammenzubauen, und durch die richtige Anwendung und sehr geringe Mengen konnte ich uns in einer damals sehr schwierigen Zeit helfen. Von Dr. Josef Pies gibt es auch ein Buch: *Kolloidales Silber*. Darin gibt es viele Informationen über Anwendungsmöglichkeiten, aber auch über unsachgemäße Anwendung, die absolut zu vermeiden ist (siehe Pies, Seite 56 f). Unter kolloidaler Flüssigkeit ist hier besonders gut destilliertes Wasser mit extrem winzigen Silberpartikeln zu verstehen. Man trinkt einen Schluck davon, und durch das Silberkolloid wird sehr vielen Bakterien, Viren und Pilzen, die der Gesundheit nicht dienlich sind, die Lebensgrundlage entzogen. Diese Methode ist frei von Nebenwirkungen, aber die Hinweise zur Anwendung müssen natürlich eingehalten werden. Dann ist auch eine Schwermetallvergiftung (Silberüberdosierung) ausgeschlossen.

Bevor ich das kolloidale Silber kennenlernte, gab ich Björg den Olivenblatt-Extrakt, wenn sie zum Beispiel einnässte, möglicherweise aufgrund einer Unausgeglichenheit, die zu einer Schwächung der Blase führte. Das hat auch zuverlässig geholfen. Er kostete damals aber etwas mehr als heute das kolloidale Silber.

Neulich schien Björg eine Scheidenentzündung zu haben. Ich gab ihr das selbst hergestellte kolloidale Silber, und es half sofort, ohne die geringsten Nebenwirkungen. Björg hat das kolloidale Silber ansonsten kaum gebraucht, aber es ist für mich ein gutes Gefühl, bei einem geistig behinderten Mädchen von diesen natürlichen Alternativen zu Antibiotika zu wissen.

Wie ich hörte, heilt kolloidales Silber - entweder aufgeträufelt oder oral eingenommen - auch Wunden. Spitzwegerich ist ebenfalls ein guter Wundheiler. Eine Geschichte, die von der Heilwirkung dieser Pflanze handelt, lasse ich im Kapitel 14 folgen, weil sie dort im Zusammenhang mit unserer Alltagssituation steht.

Hochaktuelle Hilfen aus der Schatztruhe der Großmutter

Früher, als ich weder den Olivenblatt-Extrakt noch das kolloidale Silber kannte, habe ich Björg manchmal mit einem Zapper geholfen, wenn sie infektionsbedrohlich verschleimt war. Ein Zapper ist ein kleines Gerät, das Frequenzen aussendet, die Krankheitserreger zerstören. Ich steckte den Zapper in einen Waschhandschuh, den ich um Björgs Taille band und saß neben ihr in der Zeit, die sie mit dem Zapper still sitzen musste. (Den Zapper bekam ich 1996; ich las darüber in den Büchern von Dr. Hulda Regehr Clark. Inzwischen würde ich diesen Zapper nicht mehr benutzen, sondern mich nach Methoden richten, die im Kapitel 10 des Buches *Bioresonanz nach Paul Schmidt* von Dietmar Heimes geschildert werden. Siehe Literaturverzeichnis.)

Harnwegs- und Scheidenentzündungen können zu einem schwierigen Problem bei geistig behinderten Mädchen werden, vor allem wenn diese sensibel und dazu noch hyperaktiv sind, wie Björg es manchmal früher war. Deshalb ist es gut, wenn man geistig behinderten Mädchen bei Beschwerden im Genitalbereich durch einfache Maßnahmen helfen kann.

Eine altbewährte Methode, um manche Pilze, Geißeltierchen (Trichomonaden) und schädliche Bakterien in der Scheide zu beseitigen, ist der Einsatz von Knoblauch. Man knotet oder wickelt eine - nicht angeschnittene! – Knoblauchzehe in eine Mullbinde ein, tränkt das Ende mit der eingewickelten Zehe mit Öl (es kann Speiseöl sein) und führt dieses Gazetampon in die Scheide ein. In früheren Jahrhunderten werden Frauen dies gewusst haben. Vielleicht ist dies keine geeignete Methode bei geistig behinderten Mädchen, aber es ist gut, von der Methode zu wissen.

Manchmal, wenn Björg Beschwerden zu haben schien, habe ich eine Knoblauchzehe, in einer Mullbinde eingeknotet, an der Schrittstelle im Schlüpfer mit Leukopor festgeklebt, und sie schlief damit. Das hat bei Disharmonien und leichten Entzündungen im Genitalbereich geholfen. Meistens waren ihre Beschwerden am nächsten Morgen verschwunden. (Schon die Dämpfe von Knoblauch sollen bakterizid sein.)

Inzwischen hat man nun das kolloidale Silber wiederentdeckt. Ich weiß, es gibt darüber verschiedene Meinungen, und man nimmt an, dass der Körper kolloidale Flüssigkeiten nicht so gut verwertet, wie es in manchen Büchern geschrieben steht. Aber kolloidales Silber hilft sehr gut und ist absolut ungefährlich, wenn Anleitungen befolgt werden und es nicht zu viel und nicht zu oft eingenommen wird.

Antibiotika können manchmal das Milieu aus dem Gleichgewicht bringen und daher Scheidenpilze begünstigen, die wiederum zu Harnwegs- und Scheidenentzündungen führen können. Björg würde möglicherweise bei einer Anwendung von Antibiotika wieder anfangen einzunässen. Dagegen hat es ihr bei Störungen im Harnwegsbereich immer wieder und ohne Nebenwirkungen geholfen, wenn sie entweder Olivenblatt-Extrakt oder kolloidales Silber eingenommen hat. Weitere bekannte Heilmittel bei solchen Beschwerden sind Grapefruitkern-Extrakt und Preiselbeeren.

Wir leben gewiss nicht in ständiger Angst vor Krankheiten, und wir sind auch meistens gesund. Aber mit Björg in der Familie ist es sehr erleichternd, auf natürliche Heilmittel zurückgreifen zu können, wenn sonst nur Antibiotika zur Verfügung stünden.

Gesundheit durch Entschlackung

Gesundheit durch Entschlackung ist der Titel eines Buches von Peter Jentschura und Josef Lohkämper. Darin wird deutlich gemacht, dass ein basisches Milieu im Körper gut für die Gesundheit ist. Bei zu saurem Milieu kann die Gesundheit nicht erhalten bleiben. (Ein übermäßig basisches Milieu ist allerdings auch nicht vorteilhaft.) Bakterien, Viren, Pilze und allerlei Parasiten, für die unser Körper der Wirt ist, ohne dass wir es wissen, brauchen meistens ein saures Milieu, um gedeihen zu können. Für schädliche Parasiten sind denaturierte Nahrung und Zucker der ideale Nährboden, richtige „Feinkost“. In dem genannten Buch von Jentschura und Lohkämper wird von Pilzgeflechten berichtet, die sich bis ins Gehirn erstrecken können. In einer Zeitschrift habe ich Bilder von solchen Pilzgeflechten gesehen, die überall im Körper waren, selbst im Blut. Nun möchte ich nicht behaupten, dass Björg irgendwo Pilze gehabt hat, aber ausgeschlossen ist dies nicht, bei den vielen Medikamentengaben, die sie seit ihrer Geburt bis zu ihrem zehnten Lebensjahr bekommen hat. *Denn Medikamente schaffen ein saures Milieu.* Natürlich darf man auch nicht vergessen: Viele Bakterien und Kleinstlebewesen sind aber auch freundlich und der Gesundheit sehr nützlich.

Ich glaube, dass sich Björgs Allgemeinzustand jetzt zum Besseren wendet, weil ihr Körpermilieu nicht mehr so sauer ist. Björg hat jetzt weitaus seltener ihre Krisen. Sie dürfte jetzt weniger unter Säureschlacken leiden, seitdem sie Noni einnimmt und den Callitee oder Kräutertees aus dem Garten trinkt, seit ihre Kopfhaut gereinigt wird und sie basische Bäder und Körperpflegemittel ohne Schadstoffe genießt. All dies unterstützt ein basisches Milieu.

Neulich nahm Björg recht viel ab, und ich spürte die Erwartung von anderen, dass sie besser wieder zunehmen sollte. Noni soll unter anderem ein Fettverbrenner sein. Intuitiv wusste ich aber: Björg wird durch diesen Gewichtsverlust nur Schlacken los, was positiv zu bewerten ist. Björg nimmt jetzt wieder zu. Nun soll sie wiederum nicht zu dick werden, aber sie ist einfach in einem guten Zustand. Wahrscheinlich ist sie durch das Abnehmen Gifte losgeworden, die sich in ihrem Körper abgelagert hatten. Es war wohltuend für mich, die Freiheit zu haben, dieses in Ruhe herauszufinden.

Verstopfung

Verstopfungen sind generell zu vermeiden. Der Körper muss innerhalb vernünftiger Zeitgrenzen Gift- und Schlackenstoffe ausscheiden können. Bei Verstopfung wird dieser Prozess verzögert oder verhindert. Das saure Milieu kann dann leicht überhandnehmen. (Wir lernten später, dass bei Björgs Tendenz zur Verstopfung homöopathisches Silber sehr gut hilft.)

Manchmal ist Björg aus einer Ferienmaßnahme mit einer Verstopfung nach Hause gekommen. Nach der ersten Nacht, die oft unruhig verlief, weil sie sehr viel und harten Stuhl loswerden musste, gelangte sie in einen entspannten Zustand und schlief danach lange und ruhig.

Wir können heilfroh sein, dass sie in solchen Situationen bei uns sein darf. Wir können ihr die Umgebung bieten, in der sie sich erholen kann.

Auf der anderen Seite müssen Ferienmaßnahmen sein; die behinderten Menschen haben große Freude an der Abwechslung, die auch pädagogisch wertvoll ist.

Es ist von großem Wert, auf Details zu achten

Details bezüglich der Ernährungsfragen sind sehr wichtig. Ich lernte aus Büchern von Ärzten sowie auf Info-Abenden, dass Butter und Sahne *die* Tierprodukte sind, die als gut und verträglich gelten. Margarine dagegen gehöre in den Müll. Das wird von vielen Ärzten bestätigt. Margarine ist degeneriertes Fett, das zudem noch chemische Zusätze enthält, die für den menschlichen Körper schädlich sind. Manche Ärzte meinen auch, so zum Beispiel Dr. med. Braun von Gladiß, dass stark bearbeitete Milch (darunter H-Milch) ungesund sei.

In Björgs Heim hingegen hängt eine Liste mit Nahrungsmitteln an der Wand, in der das Gegenteil behauptet wird. Es wird sowohl dort als auch in der Förderstufe immer noch Margarine und H-Milch gekauft. Anscheinend gibt es Firmen und Nahrungsmittelexperten, die H-Milch und Margarine für unbedenklich halten. Sind Margarine und H-Milch wirklich gesund? Ich habe den Eindruck, dass die Verwendung eher eine Sparmaßnahme ist. Aber wenn dadurch Gesundheitsprobleme und Verdauungsstörungen entstehen, ist das dann billiger? Wie so oft können Kleinigkeiten von großer ökonomischer Bedeutung sein.

Die Qualität des Trinkwassers ist auch wichtig. In dem oben erwähnten Buch *Gesundheit durch Entschlackung* werden ernsthafte Bedenken gegen das Trinken von kohlensäurehaltigem Wasser geäußert. Das Wasser soll *kohlensäurefrei* sein.

Kohlensäure- und zuckerhaltige Getränke sollten zur Grundernährung nicht verwendet werden, denn viele sensible Menschen vertragen sie einfach nicht.

Nachtrag: Inzwischen darf ich Björg Butter bringen und neuerdings wird auch Butter für sie gekauft. Seit ich ihr kohlensäurefreies Wasser bringe und auch Wasser der Lichtwässertherapie, trinkt sie fast nur noch wirklich gutes Wasser. Ich kaufe dieses Wasser aus so guten Quellen und in so sauberen Gefäßen wie möglich. Es hat sich gezeigt, dass ihr dies zu einer regelmäßigen Verdauung sehr hilft.

(Im Sommer 2003 auf Island geschrieben)

13 Sensibilität, Hellsichtigkeit und Wahrnehmungsstörungen mancher Behinderter

Vielen geistig Behinderten kann kaum effektiv geholfen werden, bevor man nicht ihre Sensibilität - und in vielen Fällen auch ihre Sensitivität - besser versteht. Sensibilität ist ein allgemeiner Begriff für Empfindlichkeit. Sensitivität hingegen bedeutet eher ausgeprägte Entwicklung der Hellsinne, also Hellsichtigkeit, Hellhörigkeit und Hellfühligkeit sowie die Fähigkeit für Vorahnungen und Intuition. Diese Bedeutung ist allgemein nicht so sehr bekannt.

Es ist möglich, dass viele geistig Behinderte sensitiv sind; wir wissen es nur nicht, weil sie es uns nicht sagen können. Oder besser: Wir ahnen es, aber wir können es nicht genau wissen. Sicherlich würden wir verständnisvoller mit geistig Behinderten umgehen, wenn wir mehr über ihre oft besonderen Begabungen wüssten, diese respektierten und davon ausgehen würden, dass ihre Sensitivität erhöht ist. Denn gerade die erhöhte Sensitivität bestimmt in vielerlei Weise ihr Verhalten.

Ich bin mir sicher, dass Björg als Kleinkind hellsichtig war - sogar sehr -, aber möglicherweise hat sich ihre Sensitivität mit der Zeit verringert. Ich bin froh darüber, dass ich schon seit ihrer frühesten Kindheit für diese Eigenart Verständnis hatte und wusste, dass sie von Licht und guten Gedanken umgeben sein musste, um sich wohl zu fühlen.

In Autistenvereinen wird das Wort „Wahrnehmungsstörung" als Beschreibung für bestimmte Symptome benutzt. Man spricht auch von visueller Wahrnehmungsstörung. Möglicherweise handelt es sich bei den Phänomenen, die mit dem Fachausdruck „Wahrnehmungsstörung" bezeichnet werden, manchmal um Hellsichtigkeit. Nicht immer muss das der Fall sein, aber es ist traurig, wenn Hellsichtigkeit geleugnet wird, nur weil viele Menschen sich nicht auf ein Gebiet begeben wollen, das sich mit dem Vorhandensein übersinnlicher Wahrnehmung beschäftigt. Manche Menschen sind hellsichtig, dem ist nicht zu widersprechen. Es gehört zur Spiritualität, sich mit Hellsichtigkeit zu beschäftigen. Es geht darum, das tatsächliche Vorhandensein von übersinnlichen Wahrnehmungen zu akzeptieren, nicht darum, dass alle Menschen übersinnliche Fähigkeiten entwickeln sollen. Es geht nur um Toleranz gegenüber diesem Denkansatz.

Manchmal bleibt Hellsichtigkeit unentdeckt und unverstanden, und es entstehen große Schwierigkeiten, weil die Umgebung zu wenig über eine erweiterte Wahrnehmung weiß. Vielleicht ist diese Situation ganz besonders traurig, wenn es um Kinder und Jugendliche geht, denn sie können sich nicht selbst helfen, und ihre Familien sind meistens ratlos. Integere Charaktere und Sensitive, die auf diesem Gebiet eine Ausbildung haben, können hier in aufrichtiger Gottverbundenheit grundlegend helfen.

Ein isländisches Buch, das im Jahr 1992 herauskam, behandelt dieses Thema. Die Autorin ist Guðný Þ. Magnúsdóttir, und das Buch trägt den Titel: *Miðilsstörf og vitnisburðir - Þroski og þjálfun dulrænna hæfileika ásamt vitnisburði valinkunnra Íslendinga* (auf Deutsch: Mediale Arbeit und Zeugnisse - Die Entwicklung und das Training übersinnlicher Fähigkeiten samt Zeugnissen vieler wohlbekannter Isländer). Das Buch berichtet von Þórunn Maggý, einer außergewöhnlichen Heilerin und einem Medium auf Island (im Buch oft nur Þórunn genannt). Þórunn lebte lange Zeit in Amerika und hat sowohl dort als auch auf Island Tausenden von Menschen geholfen. Sie hält auch Vorträge und erreicht auf diese Weise viele Menschen.

Þórunn Maggý hat mir ausdrücklich erlaubt, einige Artikel dieses Buches Menschen auf Island und in Deutschland (in meiner Übersetzung) zur Verfügung zu stellen, um Sensiblen und Sensitiven zu helfen, vor allem durch ein besseres Verständnis für die besonderen Schwierigkeiten, denen diese empfindlichen Menschen manchmal ausgesetzt sind.

Aus diesem Buch folgen hier drei Beispiele von Wahrnehmungen durch Hellsinne, wie sie mit all ihren Schwierigkeiten bei Betroffenen zutage treten können.

1. Bericht eines jungen Mannes (Seite 116 ff):

In psychiatrischer Klinik wegen übersinnlicher Fähigkeiten

„Ich war seit meiner Kindheit hellsichtig, aber es war mir nicht bewusst, dass andere nicht das Gleiche sahen wie ich. Erst als ich etwa 14 Jahre alt war, wurde mir klar, dass ich mit dieser Erfahrung allein stand. Während der Teenagerjahre begann ich Alkohol zu probieren, wie viele andere Gleichaltrige. Ich wusste damals nicht, dass Alkohol und übersinnliche Fähigkeiten sich nicht vertragen. Die Zeit, die jetzt anfing, bereitete mir solch qualvolle Erfahrungen, dass ich Schwierigkeiten habe, sie mir wieder ins Gedächtnis zu rufen. Meine Visionen und übersinnlichen Erfahrungen verstärkten sich sehr, und ich musste sehr große Ängste ausstehen. Mein ganzes Leben geriet aus den Fugen, und ich konnte in keinerlei Weise kontrollieren, was mir begegnete. Ich litt unter Mangel an Schlaf, war ständig von Angst erfüllt und befand mich durch das, was ich erlebte, in Panikzuständen. Ich wusste, dass ich übersinnliche Fähigkeiten hatte, aber weder konnte noch wollte ich mich damit versöhnen. Ich kann nicht verstehen, dass Menschen nach solchen Fähigkeiten trachten oder dass sie glauben, dass das Leben eines medial begabten Menschen erstrebenswert sei. Das Leben derer, die große übersinnliche Fähigkeiten haben, ist nie leicht, und solche Menschen müssen oft wesentlich schwerere Bürden tragen, als sie es sich selbst wünschen. Ich habe mich unwahrscheinlich schlecht gefühlt und bekam ständig psychische Angriffe (das sind Angriffe von niederen Wesenheiten der Astralebene - Anm. U.S.), welche meine Möglichkeiten einer Bewältigung überschritten. Ich wurde zum Arzt geschickt, und dieser diagnostizierte mich schnell als schizophren und verordnete mir Medikamente gegen diese Krankheit. Insgesamt ein halbes Jahr habe ich in einer psychiatrischen Klinik gelegen, war durch Medikamente betäubt, und mein Befinden war fürchterlich. Meine übersinnliche Wahrnehmung verminderte sich nicht, jedoch wurde sie, wie alles andere, durch die Medikamente betäubt.

Manchmal wundert es mich, wie ich diese Zeit überstand. Mein Befinden war derart, dass ich keinen Sinn mehr in meinem Leben sah. Tief in meinem Inneren gab es doch noch immer eine kleine Stimme, die mir leise sagte, dass ich diese Schwierigkeiten überwinden und wieder einmal normal würde leben können. Mein ganzes Leben hing davon ab, dass das gelingen würde, denn so konnte ich nicht weitermachen.

An diesem Meilenstein in meinem Leben war es Svana Þórisdóttir von der Seelenforschungsgesellschaft in Akureyri, die gesehen hat, wie es um mich stand. Sie hat später gesagt, dass es die schwierigste Entscheidung ihres Lebens gewesen sei, zu verlangen, dass bei mir alle Medikamente abgesetzt würden. Das Einzige, was mir helfen könnte, sagte sie, wäre, meine übersinnlichen Fähigkeiten zu verschließen. Ich sei nicht psychisch krank, sondern hätte große Fähigkeiten, die ich aber nicht meistern könne. Endlich erblickte ich einen Weg aus meinen Schwierigkeiten, hörte auf, die Medikamente einzunehmen und fing an, mich aufzubauen, körperlich und geistig. Ich war schon aufgedunsen und hatte wegen der Medikamente mehrere Kilo an Gewicht zugenommen, und nun fing ein Kampf an, mich von beiden zu befreien, von den Medikamenten und der Gewichtszunahme. Meine übersinnlichen Wahrnehmungen waren immer noch ziemlich stark, aber mit Svanas Hilfe hatte ich nicht mehr wie früher solch eine große Angst vor dem, was ich sah und erfuhr.

Als Þórunn Maggý Guðmundsdóttir einige Zeit später nach Akureyri kam, 'verschloss' sie mich, wie es genannt wird. Das gelang so gut, dass sich mein Leben grundlegend änderte, und ich wurde meine übersinnlichen Fähigkeiten los.

Heute bin ich wie jeder andere junge Mann und lebe das Leben, das ich mir selbst wünsche. Ich empfinde oft Bitterkeit, wenn ich an die Behandlung zurückdenke, die ich bekam, aber ich bin fest entschlossen, diese Erfahrung zu überwinden und auch die Bitterkeit, die damit einhergeht, dafür aber diese Erfahrung auf eine positive Weise zu nutzen. Das tue ich in erster Linie dadurch, dass ich andere verstehe, die mit den gleichen Schwierigkeiten zu tun haben, und auch dadurch, dass ich für sie da sein kann. Es ist sehr viel wert, sich klar zu machen, dass es so vieles gibt, was Menschen im Allgemeinen weder sehen noch wahrnehmen, und dass diese Möglichkeit in Betracht gezogen wird, wenn Menschen diagnostiziert werden. Ich bin fest davon überzeugt, dass es viele Menschen gibt, die ähnliche Erfahrungen gemacht haben wie ich, aber leider nicht das Glück hatten, dass ihre Umgebung entdeckte, dass es sich hier um übersinnliche Erfahrungen und nicht um eine psychische Krankheit handelte."

2. Bericht der Eltern eines zehnjährigen Mädchens auf Nord-Island (Seite 113 ff):

Übersinnliche Fähigkeiten werden verschlossen

„Im Januar letzten Jahres fing unsere Tochter an, nach ein bis zwei Stunden Schlaf aufzuwachen, sehr angsterfüllt. Ihr Zustand äußerte sich so, dass sie schreiend aufwachte, durch das Haus lief und alle Lichter anmachte, und auch darin, dass wir eine lange Zeit keinen Kontakt zu ihr bekamen. Danach konnte sie sich nicht erinnern, was passiert war, und fiel kurz darauf in einen außerordentlich tiefen Schlaf. Wir bekamen natürlich sehr große Angst und konnten uns nicht erklären, was mit ihr los war. Keiner von uns beiden hatte sich auf nennenswerte Weise mit übersinnlichen Themen befasst. Einige Jahre zuvor waren wir allerdings von einem hellsichtigen Mann in Akureyri darauf aufmerksam gemacht worden, dass unsere Tochter sehr viel Licht mit sich trüge, was darauf hindeuten würde, dass sie sehr sensitiv sei. Deshalb konnten wir uns denken, worum es sich hier handeln könnte, aber wir wussten nicht, was wir in dieser Hinsicht tun sollten.

Wir brachten unsere Tochter zu einem Arzt, der sie sorgfältig untersuchte, aber er fand nichts, was nicht in Ordnung wäre. Er gab uns den Hinweis, ihr nicht zu erlauben, sich Gewaltfilme im Fernsehen anzusehen, und empfahl uns auch, ihr jeden Abend etwas vorzulesen, bevor sie schlafen ginge. Obwohl wir genauestens die Ratschläge des Arztes befolgten, besserte sich das Befinden des Kindes nicht.

Wir beschlossen deshalb, mit zwei Vertretern der Seelenforschungsgesellschaft in Akureyri, dem Vorsitzenden Skúli V. Lórenzson und Svana Þórisdóttir, zu sprechen, und wir bekamen auch einen Termin. Skúli und Svana war es gleich klar, dass unsere Tochter sehr große übersinnliche Fähigkeiten hatte und dass man diese schließen müsse. Sie fingen sofort damit an, und dem Kind ging es dann gleich besser. Außerdem begann unsere Tochter über ihre Fähigkeiten und Visionen auf eine andere Weise zu sprechen, als sie es vorher getan hatte. Sie erzählte Skúli unter anderem von einem Indianer, den sie bei ihm (Skúli) sah. Auch andere hellsichtige Menschen hatten Skúli berichtet, dass ihn dieser Indianer begleiten würde. Skúli und Svana konnten bei unserer Tochter bewirken, dass sie zu Gott auf eine andere Weise als vorher zu beten anfing, und sie schien im Glauben Ruhe und Stärke zu finden.

Als Þórunn Maggý Guðmundsdóttir nach Akureyri kam, brachten wir unsere Tochter zu ihr. Das Befinden des Kindes änderte sich in bemerkenswerter Weise zum Besseren dadurch, dass Þórunn seine Fähigkeiten verschloss. Uns wurde während dieser Zeit sehr viel Verständnis entgegengebracht. Wir Eheleute beschlossen, diese guten Menschen aufzusuchen und hatten dabei keine Zweifel. Wir wünschten eine Heilung für das Kind. Und auch wenn wir Menschen mit medialen Begabungen aufsuchen mussten, um diese Heilung zu bekommen, so taten wir das. Denn dorthin, woher das Gute kommt, kann man auch gehen. Þórunn schärfte uns ein, dass es wichtig sei, geistige Themen mit dem Kind zu besprechen, da es auf diesem Gebiet Fähigkeiten hätte.

Jetzt betrachtet unsere Tochter ihre Fähigkeiten mit ganz anderen Augen als früher. Und sie weiß, dass sie nicht die Einzige ist, die übersinnliche Erfahrungen macht. Es ist von großer Bedeutung, wenn Eltern ein Augenmerk darauf richten, ob sich geistige Fähigkeiten bei ihrem Kind bemerkbar machen - und auf der Hut sind, diese richtig zu behandeln -, denn auf diese Weise kann einem sehr schlechten Befinden vorgebeugt werden.“

3. Der Fall Jóhanna S. Kristjánsdóttir auf Nord-Island (Seite 97 ff):

Bericht des Vaters

„Hier in unserem kleinen Land, wo jeder jeden kennt, gehört es zu den Ausnahmen, dass Berichte wie der nachfolgende veröffentlicht werden. Ich meine aber, dass es an der Zeit ist, dies zu ändern, und hoffe, dass es für diejenigen hilfreich sein kann, die Erfahrungen machen, die jenen ähnlich sind, von denen hier berichtet wird. Außerdem, und nicht zuletzt, soll es Eltern helfen, die übersinnliche Begabungen bei ihrem Kind entdecken, aber nicht wissen, wie sie damit umgehen sollen.

Meine Tochter Jóhanna war als kleines Kind ausgesprochen sanft und lieb, und wir beide hatten ein gutes Verhältnis zueinander. Sie wartete darauf, dass ich abends nach Hause käme und empfing mich dann sehr liebevoll. Früh machte sich jedoch bei ihr ein eigenartiges Benehmen bemerkbar. Es äußerte sich darin, dass sie öfters in Rage geriet, und sie schien diese Ausbrüche nicht unter Kontrolle halten zu können. Dies wurde so erklärt, dass sie temperamentvoll sei und dass sich dies mit den Jahren und mit grösserer Reife legen würde. Jóhanna war körperlich gesund und war als Kind vollkommen normal, aber als sie zwölf Jahre alt war, wurde ich einmal bei der Arbeit angerufen, und es wurde mir mitgeteilt, dass sie in Ohnmacht gefallen sei, als sie dabei war, mit ihrer Freundin draußen Müll zu verbrennen. (Auf Island ist das auf dem Lande nicht verboten - Anm. U.S.) Man hatte sie ins Haus getragen, und dort kam sie wieder zu sich, beklagte sich aber über ‘Qualen im Kopf’. (Hier wird nicht das übliche Wort für Kopfschmerzen benutzt - Anm. U.S.) Ein Arzt wurde konsultiert, und auf seine Empfehlung hin brachte ich Jóhanna nach Húsavík ins Krankenhaus; das ist eine Wegstrecke von etwa 70 km. Dort wartete man auf sie, und sie wurde einer umfassenden Untersuchung unterzogen. Nach dieser Untersuchung teilte man mir mit, dass man sie dort nicht gründlich genug untersuchen könne, und deshalb wurde sie nach Akureyri zu weiteren Untersuchungen gebracht. Diese erbrachten aber nichts Außergewöhnliches. Der Arzt wollte sie ein oder zwei Tage weiterhin im Krankenhaus behalten, um sie näher untersuchen zu können. Ich bin an diesem Abend nach Hause gefahren und fand wenig Schlaf, denn in solchen Augenblicken denkt man an vieles.

Nach zwei Tagen bin ich nach Akureyri gefahren, um Jóhanna abzuholen. Sie hatte sich erholt, und alles schien normal zu sein. Die Kopfschmerzen ließen nach, doch die Ärzte fanden keine Erklärung. Sie wurde entlassen und bekam Medikamente mit auf den Weg, um sich besser entspannen zu können und um etwas zu haben, das die Schmerzen lindern könnte, sollten sich diese wieder einstellen.

Ja, man kann sich fragen, ob hier das Richtige getan wurde. Gleich am Anfang wurden ihr Medikamente verabreicht, und man macht sich Gedanken, ob das getan wurde, um den Eltern und einem kranken Kind die Ängste zu nehmen. Eine falsche Sicherheit.

In der folgenden Zeit stellten sich die Schmerzen im Kopf wieder ein, doch sie kamen in verschiedenen Intervallen und waren von unterschiedlicher Stärke bis zu beinahe unerträglichen Qualen, die einige Stunden anhielten. Während der schlimmsten Zustände machten sich Krämpfe bemerkbar, und Jóhanna schien dann halbwegs bewusstlos zu sein. Jetzt wurde mit allerlei Untersuchungen bei verschiedenen Ärzten begonnen. Es wurde ein EEG gemacht, ein Schlaf-EEG und Computertomographien. Außerdem wurde sie überwiesen, um einen Psychiater und einen Psychologen zu konsultieren. Gleichzeitig wurden ihr starke Medikamente verordnet, welche sie entweder träge oder auch aufbrausend und negativ gestimmt machten, vor allem Ärzten gegenüber. Die Untersuchungen brachten nichts anderes zutage, als dass bei ihr alles normal sei, und der Psychiater fand bei ihr keine Anzeichen psychischer Störungen. Ich möchte hier nicht schildern, welchen Einfluss dies alles auf die Familie hatte, aber eines ist sicher: Dieser Zustand brachte mancherlei Schwierigkeiten mit sich.

Im Herbst 1989 wurde Jóhanna 15 Jahre alt, und ihr stand ein Schulaufenthalt im Internat in Laugar bevor. (Auf Island sind Internate keinesfalls als etwas Negatives anzusehen. Es sind Realschulen auf dem Lande, und sie sind vielerorts eine absolute Notwendigkeit, weil die Wegstrecken zwischen den Ansiedlungen sehr weit sind - Anm. U.S.) Wir Eltern spürten Angst und waren unsicher, wie es ihr ergehen würde, wenn sie nun zum ersten Mal von zu Hause für eine längere Zeit wegginge. Sie selbst freute sich auf den Schulaufenthalt und äußerte keine Befürchtung. Während des Sommers hatte sie eine schlimme Krise bekommen. Sie hatte sich in der Nähe unseres Wohnhauses befunden und wurde ins Bett getragen, wo sie dann mit Krämpfen, vor allem in der einen Hand, lag. Eine Krankenschwester wurde gerufen, die aber nicht helfen konnte. Sie empfahl jedoch, Jóhanna ins Krankenhaus nach Akureyri zu bringen. (Es wurde wahrscheinlich deswegen eine Krankenschwester gerufen, weil sie am Ort war, denn bei den weiten Entfernungen auf Island ist manchmal kein Arzt in der Nähe. In Notfällen wird viel von Hubschraubern

Gebrauch gemacht - Anm. U.S.) Jóhanna wurde dorthin mit dem Krankenwagen gebracht. Ich begleitete sie und gewährte ihr alle Zuwendung, die möglich war. Als wir etwa 15 Minuten gefahren waren, schienen sich die Qualen ganz erheblich zu verschlimmern, sie fing an, sehr stark zu zittern und unregelmäßig zu atmen. Im Auto gab es Sauerstoff, und den gaben wir ihr über Mund und Nase, worauf es ihr besser zu gehen schien. Wir waren schon die längste Strecke nach Akureyri gefahren, als ich endlich etwas Kontakt zu ihr bekam. Sie kam wieder zu sich. Gerade als wir in das Krankenhausgelände einfuhren, war sie bei vollem Bewusstsein. Sie konnte sich nicht an die Fahrt nach Akureyri erinnern. Sie wurde an diesem Abend und während der Nacht eingehend untersucht. Am nächsten Tag habe ich sie abgeholt, und wir fuhren nach Hause. Sie war sehr geschwächt und brauchte einige Tage, um sich zu erholen.

Da wir dieses Ereignis im Gedächnis hatten, fiel es uns Eltern noch schwerer, sie in ein Internat schicken zu müssen. Uns war jedoch klar, dass wir es versuchen mussten, denn sie sollte ein so normales Leben wie möglich haben.

Jóhanna bekam als Zimmergenossin ein gleichaltriges Mädchen, das auch über ihre Krankheit Bescheid wusste. Außerdem bin ich hingefahren, um mit dem Schulleiter zu sprechen, und ich schilderte ihm Jóhannas Krankheit so gut ich konnte. Ich äußerte den Wunsch, der mir auch gewährt wurde, Jóhanna besuchen zu dürfen, wenn sie ihre Krisen bekäme, egal zu welcher Tageszeit.

Ihren ersten Anfall bekam Jóhanna zwei Wochen nachdem die Schule angefangen hatte. Er war nicht sehr schlimm, aber ich bin zu ihr gefahren und blieb bei ihr bis nach Mitternacht, bis das Schlimmste überstanden war. Sie war nach den Anfällen immer sehr schwach und brauchte zwei bis vier Tage, um sich wieder zu erholen.

Ende Oktober kam ich aus Reykjavík und hatte ein Telefon bei mir im Auto. Da rief meine Frau Sigrún an und erzählte mir, dass der Schulleiter in Laugar angerufen und berichtet habe, dass Jóhanna bewusstlos im Umkleideraum der Turnhalle liege. Ich bat meine Frau, nach Laugar zu fahren und, wenn sie am Ort sei, mich wissen zu lassen, wie Jóhannas Zustand sei. Es fällt mir schwer, meine Gefühle in dieser Stunde zu schildern, doch kann ich mich gut erinnern, dass ich überall kalt und steif war. Ich erzählte dem Fahrer, der einer meiner besten Freunde ist, dass Jóhanna einen schlimmen Anfall bekommen habe und dass er gerne das

Tempo beschleunigen dürfe. Das hat er auch ohne Wenn und Aber getan, denn er wusste schon, welcherart ihre Anfälle waren. Ich glaube, über meine Lippen kam kein einziges Wort während der zwei Stunden, die wir noch bis nach Laugar zu fahren hatten. Als wir dort ankamen, hatte man Jóhanna auf ihr Zimmer im zweiten Stock gebracht. Sie war inzwischen zu sich gekommen, war aber sehr schwach. Als meine Frau in Laugar angekommen war, hatte Jóhanna schon 30 bis 40 Minuten auf dem Fußboden gelegen. Eine Krankenschwester, die am Ort war, schien ängstlich und ratlos zu sein, aber sie empfahl, Jóhanna auf ihr Zimmer zu bringen. Bei dieser Maßnahme, wobei sie bewegt wurde, konnte man ein wenig Kontakt zu ihr bekommen.

Nach diesem Ereignis und bis zu den Weihnachtsferien ging es ihr sehr schlecht, und sie bekam mehrere Anfälle, wovon jedoch keiner so schlimm war wie dieser. Die Weihnachtsferien fingen am 19. Dezember an, und Jóhanna war immer noch äußerst schwach. Ihre Augen äußerten keinen Lebenswillen mehr, alles erschien ihr hoffnungslos, und sie hatte angefangen, sich wie eine Patientin zu betrachten, die man nicht retten könne.

Man kann nicht sagen, dass Weihnachten gut angefangen hätte: Am Heiligabend ging es ihr schlecht, aber sie feierte mit uns mehr durch den Einsatz ihrer Willensstärke, als dass sie die Kraft dazu gehabt hätte. Am ersten Feiertag fühlte sie sich nicht in der Lage, zum Gottesdienst zu gehen, sondern verbrachte die Zeit im Liegen. Ihr älterer Bruder ist zum Gottesdienst gegangen, und als er wieder zurückkam, sagte er, dass ihm etwas in der Kirche passiert sei. Er sagte, dass er Schmerzen im Kopf bekommen hätte, die denen ähnlich seien, die Jóhanna schilderte; danach sei ihm nichts mehr bewusst gewesen, und er könne sich nicht an das erinnern, was während der zweiten Hälfte des Gottesdienstes geschah. Wir, die wir zu Hause geblieben waren, konnten aber beobachten, dass Jóhanna zur gleichen Zeit aufstand und plötzlich die Qualen im Kopf los war. Sie kamen aber wieder, und an diesem Abend bekam Jóhanna den schlimmsten Anfall, den sie bis dahin jemals bekommen hatte. Sie schrie vor Schmerzen und schlug um sich. In einem Haus in der Nachbarschaft war zu dieser Zeit zufällig ein Arzt zugegen, und er willigte ein zu kommen, um sich Jóhanna anzusehen. Er konnte aber nur wiederholen, was andere Ärzte schon vorher gesagt hatten.

Abends gegen 23 Uhr verschlimmerte sich Jóhannas Zustand noch mehr. Als ich bei ihr saß und ihre Hand hielt, zitterte sie so stark, wie es beispielsweise Athleten tun, wenn sie sich furchtbar anstrengen. Ihr Körper wand sich vor Qualen, und der Kopf zitterte. Sie redete nur Unsinn, und ich versuchte hinzuhören, was sie sagte. Allmählich wurde mir klar, dass sie mit jemand anderem sprach als mit mir. Sie hatte Angst, aber gleichzeitig war sie wütend auf denjenigen, mit dem sie sprach. Ich konnte in dem Dialog keinen Zusammenhang erkennen. Plötzlich verschlimmerten sich ihre Qualen, so dass der Kopf noch stärker zitterte als zuvor. Dieser Zustand währte ein bis zwei Minuten, dann war es, als ob man sie 'abgeschaltet' hätte. (Hier wird das gleiche Verb benutzt wie beim 'Licht ausschalten', eine ungewöhnliche Redensart - Anm. U.S.) Ich bekam Herzschmerzen vor Furcht, beugte mich über ihr Gesicht und stellte fest, dass sie nicht mehr atmete. Kein Herzschlag, kein Puls. Mich überkam eine Verzweiflung, dabei sollte ich eigentlich mit der Herzmassage vertraut sein. Ich versuchte es, hatte aber damit Schwierigkeiten. Ich wollte das Rettungsatmen versuchen, aber in dem Moment zuckte sie ein wenig. Ich sprach sie an, und sie gab mir ein Zeichen, dass sie mich höre. Nach und nach wurde ihre Atmung besser, und sie fiel in einen tiefen Schlaf. Diese Nacht hat man bei ihr gewacht, und am nächsten Morgen wachte sie auf, völlig erschöpft.

Nun folgten schwierige Tage, in denen alles hoffnungslos erschien. Eines war uns jedoch neu: Jóhanna schien mit anderen Wesen als mit menschlichen in Kontakt zu sein. Wir fingen an, Lehren über übersinnliche Themen miteinander aufzufrischen und uns zu überlegen, mit welchen Menschen wir am besten darüber sprechen könnten. Einar auf Einarstaðir war gestorben, ihn hatten wir aufgesucht, als Jóhannas Krankheit anfing. (Einar war ein bekannter Heiler - Anm. U.S.) Wir wussten, dass der Pastor Sigurður Haukur ein guter Freund von Einar war, und deshalb versuchten wir, ihn zu erreichen. Das gelang uns aber nicht, weil er gerade in Urlaub war.

Als die Weihnachtsferien zu Ende waren, fing Jóhanna wieder in ihrer Schule an. Gleich in der ersten Woche bekam sie einen schlimmen Anfall, und nun schien eine vollkommene Hoffnungslosigkeit sie übermannt zu haben. Sie erzählte ihrer Freundin, die sich ihr gegenüber außerordentlich gut verhalten hatte, dass sie sich nun verabschiede, denn sie werde diese Erde binnen kurzem verlassen.

Jetzt mussten wir versuchen, Hilfe von medial begabten Menschen zu bekommen, um eine Erklärung dafür zu finden, was hier geschah. Erst jetzt waren wir darauf gekommen, dass es sich hier mit Sicherheit um etwas handelte, das Ärzte und gewöhnliche Menschen überforderte. Dann erinnerten wir uns daran, dass die Eheleute Ása Jörgensdóttir und Einar Guðmundsson Weihnachten bei uns hereingeschaut und mit uns Kaffee getrunken hatten. Als sie kamen, lag ein Buch über übersinnliche Erfahrungen auf dem Küchentisch, das ich meiner Frau zu Weihnachten geschenkt hatte. Ása nahm das Buch in die Hand und fragte, ob wir solche Literatur lesen würden. Ich gab zur Antwort, dass das nicht viel sei, aber wir würden uns gerne mehr mit solchen Themen befassen. Dass Jóhanna wieder einen Anfall hatte, war der Anlass, dass wir beschlossen, Ása anzurufen und sie zu fragen, ob sie jemanden wüsste, der übersinnliche Fähigkeiten hätte und Jóhanna helfen könnte.

Ich bin der Meinung, dass uns in diesem Augenblick höhere Mächte beigestanden haben, denn es war genau Ása, die uns helfen konnte. Ihre Reaktion war, als sie unser Anliegen gehört hatte, dass es sich hier um eine ernste Angelegenheit handele, und dass sie sofort das Medium Þórunn Maggý Guðmundsdóttir anrufen werde. Es verging keine lange Zeit, bis Ása wieder anrief. Sie hatte Þórunn erreicht, die wie gewöhnlich sehr viel zu tun hatte. Þórunn hatte aber gesagt, dass sie sich die Umgebung ansehen werde (das tut sie hellsichtig während einer Meditation - Anm. U.S.). Sie wollte wissen, wo in dem Haus Jóhannas Zimmer sei, und bat darum, dass Jóhanna sich zu einem bestimmten Zeitpunkt an diesem Abend dort aufhalte. Außerdem gab sie einige Ratschläge, die vorübergehend helfen könnten. Am nächsten Tag rief Þórunn an, und ihr Urteil war klar: Jóhanna war, wie sie sagte, sehr offen, und Verstorbene konnten sie nutzen, um Kontakt zu bekommen, und leider sind es diejenigen, die in Schwierigkeiten sind, die diese Schwäche für sich ausnutzen. Þórunn fragte, ob Jóhanna einmal einen Schlag auf den Kopf bekommen habe, ob sie gefallen sei oder sich verletzt habe. Das war der Fall gewesen. Jóhanna war vom Pferd gefallen, kurz bevor die Krankheit sich bemerkbar machte.

Þórunn erklärte, dass der Unfall ein Loch in der Aura verursacht habe, und dass man dies wieder in Ordnung bringen müsse. Außerdem befürwortete sie, dass Jóhanna in Laugar aufhören und nach Hause kommen sollte. Jóhanna würde dann nach Reykjavík zu Þórunn kommen, damit sie ihre Aura schließen könne. Þórunn gab uns auch neue hilfreiche Ratschläge für die Tage, an denen Jóhanna noch zu Hause bliebe, bevor sie nach Reykjavík fahren würde.

Wir richteten uns nach Þórunns Empfehlungen, und Jóhannas Befinden änderte sich gleich zum Besseren. Sie erblickte auch eine neue Hoffnung auf ein besseres Leben, und in ihr erwachte wieder ein Lebenswille. Wir beschlossen, dass meine Frau Sigrún mit ihr nach Reykjavík fahren sollte, denn gleichzeitig konnten wir beide nicht von zu Hause weg.

Was in Reykjavík geschah, schildert Sigrún wie folgt: Als Þórunn Maggý zum ersten Mal Jóhanna begegnete, umarmte sie sie, als ob sie sich schon lange gekannt hätten. Dies war schon etwas Ungewöhnliches, weil sie sich vorher nie gesehen hatten. Danach gingen wir in ein Zimmer, das besonders für Begegnungen dieser Art ausgestattet war. Þórunn Maggý hat Gebete gesprochen, so dass aus dieser Stunde eine großartige ‘heilige’ Stunde wurde. Danach fing sie an, Jóhanna zu untersuchen, und wollte mit den Händen ihren Kopf umfassen, wobei Jóhanna stark zuckte. Sie war so offen, dass dies wie ein Schlag auf den Kopf wirkte. Es war eine großartige Erfahrung, bei diesem Geschehen dabei zu sein, sagte Sigrún.

Als Jóhanna und ihre Mutter an diesem Abend in ihrem Zimmer waren, fing Jóhanna an, darüber zu sprechen, wie gut es die Menschen hätten, die keine übersinnlichen Begabungen haben und deshalb nicht das Gleiche erfahren müssen wie sie. Þórunn Maggý behandelte Jóhanna einige Male, sie hatte auch gesagt, dass es einige Zeit dauern würde, sie zu verschließen, es sei nicht möglich, alles auf einmal zu tun. Am nächsten Wochenende bin ich nach Reykjavík gefahren, und als ich Jóhanna sah, wurde mir klar, dass sich in ihr große Veränderungen vollzogen hatten. Nun kannte ich meine Tochter wieder, wie sie früher gewesen war, und jetzt leuchteten ihre Augen wieder vor Lebensfreude.

Jetzt fing eine neue Periode in unser aller Leben an. Jóhanna war ihre Qualen im Kopf noch nicht ganz los, und jetzt im August 1992 hat sie diese noch nicht ganz überwunden, obwohl sie beinahe 19 Jahre alt geworden ist. Sie hat noch einige Male die Unterstützung von Þórunn Maggý in Anspruch nehmen müssen und hat einige sehr schlimme Anfälle bekommen, aber das hat sich vor allem dann ereignet, wenn sie sich nicht nach den Ratschlägen richtete, die sie bekam. Dies geschieht am ehesten, wenn sie zu viel von ihrer Energie verbraucht hat, wenn sie sich energetisch geleert hat, wie man sagt. Þórunn ist immer bereit und in der Lage gewesen, ihr zu helfen, wenn es nur möglich war, sie zu erreichen.

Für uns Eltern ist es eine große Erfahrung gewesen zu sehen, was zu tun möglich ist, und wir haben wirklich einen neuen Ausblick bekommen, was das Leben und die Existenz betrifft. Dies hat uns die Sicherheit gegeben, dass unsere Existenz auf dieser Erde kein Zufall ist, und dass sie nur eine Zeitspanne innerhalb eines langen Entwicklungsweges ist. Diese Erfahrung hat unseren Willen gestärkt, auf eine neue Weise zu leben.

Es ist eine interessante Feststellung, dass in dem Bildungssystem, mit dem wir Isländer leben, nicht über solche Dinge unterrichtet wird. Es scheint sich um Tabuthemen oder um Vorurteile zu handeln. Ich bin der Meinung, dass es für die isländische Jugend und die isländische Gesellschaft von Wichtigkeit wäre, wenn Menschen mit übersinnlichen Fähigkeiten gebeten würden, in die Realschulen zu kommen, um davon zu berichten, was sie wissen, und andere an ihren Erfahrungen teilhaben zu lassen. Ich glaube, dass das einen guten Einfluss auf die Gesellschaft hätte, und wir dadurch ein besseres menschliches Leben erreichen würden.

Þórunn Maggý hat uns gefragt, ob sie Jóhannas Beispiel für solche Vorlesungen gebrauchen dürfe. Es ist schwierig für uns, das zu erlauben, außer dass Jóhanna selbst dazu bereit ist, aber es wäre außerordentlich wichtig und es würde vielen helfen, wenn solches getan würde."

Bericht der Betroffenen (Seite 107 f):

Jóhannas Bericht

„Als ich Þórunn Maggý das erste Mal traf, wusste ich beinahe nichts über geistige Themen. Ich hatte keine Ahnung, was mich erwartete; außerdem bin ich von Natur aus eher dem Irdischen zugewandt. In meinem Zustand nahm ich jede Hilfe an, die mir angeboten wurde. Gleich, als Þórunn Maggý mich sah, sagte sie, dass sie wisse, was mir fehle. Mein Kopfchakra sei offen und meine Aura weise so viele Löcher auf, dass ich schlimme Stürze gehabt haben müsse. Das stimmt auch, denn ich bin vom Pferd gefallen, als ich elf Jahre alt war. Ich fand Þórunns Erklärungen sehr merkwürdig und unglaublich, aber es zeigte sich, dass alles, was sie sagte, richtig war. Sie hat mir auch einige nützliche Methoden beigebracht, um mein Befinden zu verbessern und um den bereits erreichten Erfolg aufrechtzuerhalten.

Gleich nach dem ersten Treffen fühlte ich mich sehr gut, und ich fand es unglaublich, dass sich Leute im täglichen Leben überhaupt so gut fühlen. Vorher sah ich alles aus dem eigenen Blickwinkel und dachte deshalb, alle anderen seien so wie ich. Aber es zeigte sich, dass es sich damit anders verhielt.

Nach diesem ersten Treffen habe ich nach bestem Vermögen versucht, Þórunns Empfehlungen zu befolgen. Manchmal, wenn es viel zu tun gibt, und die Energie auf einem niedrigen Stand ist, kann ich mich nicht genügend konzentrieren, um mich geschlossen zu halten, und dann gerate ich wieder in dieselbe Situation wie früher, werde offen und 'falle heraus'. Mit Þórunns Hilfe schließt sich meine Aura wieder, und das Befinden wird wieder gut. Allmählich lerne ich meine Grenzen kennen und weiß, wie weit ich gehen kann. Ich bin der Meinung, dass diese Fähigkeiten, mit denen ich ausgestattet bin, durch das Verschließen vorübergehend unwirksam gemacht wurden. Wenn ich älter werde und reifer geworden bin, kann ich mich wieder dafür öffnen, wenn ich es mir wünsche. Gegenwärtig habe ich keinen Wunsch, übersinnliche Fähigkeiten zu haben, denn die Schule und die Freizeit nehmen meine ganze Zeit in Anspruch. Ich möchte aber gerne alle die, die eine entsprechende Erfahrung gemacht haben, auffordern, sich Hilfe zu suchen. Mein Leben hat sich grundlegend dadurch geändert, dass ich das getan habe."

Ein zweites Buch, woraus ich zitiere, heißt *Autismus and Sensing - The Unlost Instinct* von Donna Williams, einer in Australien geborenen Autorin.

Erst nachdem ich im Februar 2003 auf Island war (siehe Kapitel 16), habe ich Bücher von Donna Williams gelesen. Das sind Bücher einer Frau mit „hochfunktionalem Autismus" (das ist ein Fachausdruck über eine besondere Form von Autismus). Sie berichtet darin über ihre eigenen Erfahrungen mit dem Autismus und befasst sich mit den gleichen Themen wie Þórunn Maggý, aber auf eine etwas andere Weise. Donna wird dadurch eher eine andere Gruppe von Menschen erreichen, wohl vornehmlich Betroffene, Angehörige und Betreuer von Autisten.

Nach all meinem Erleben, Lesen und Lernen schätze ich es so ein, dass sehr viele Behinderte und ihre Familien in hohem Maße davon profitieren könnten, wenn Erkenntnisse, ähnlich jenen, wie sie Þórunn Maggý und Donna Williams präsentieren, auf viele Behinderte ausgedehnt würden, auch auf solche, die nicht als „autistisch" gelten.

Und nun Zitate aus dem Buch von Donna Williams (eigene Übersetzung aus dem Englischen):

Seite 36 f: „Ich war sehr jung, als mein Wille lernte, meinem Körper zu entkommen; das war mit Sicherheit, bevor ich drei Jahre alt war. Er blieb dort, wo ich ihn zurückgelassen hatte, wie ein Zombie, und 'ich' floss (strömte) aus ihm heraus, aber doch nicht zu weit weg. (...) Es war, als ob ein Teil von mir ohne meine Augen sehen, ohne meine Ohren hören, ohne meine Hände fühlen und körperlich spüren könnte, und zwar ohne jeden körperlichen Kontakt. Es war, als ob ‘ich’ zwei Arten von Wahrnehmungsfähigkeiten hätte, die physischen Sinne und die nicht-physischen Sinne, welche manchmal auch als die ‘Schatten-Sinne’ bezeichnet werden.“

Seite 59: „Das *Zusammenfließen* (Hervorhebung U. S.), das ich mit Gegenständen erlebte, erfuhr ich auch mit bestimmten Menschen. Ich würde dies als ein intensives, unkontrollierbares Einfühlungsvermögen bezeichnen. (...) Als ich durch den Supermarkt ging, fühlte ich körperlich einen Schmerz, wenn sich jemand gerade weh tat. Wenn ich mich in der Nähe von jemandem mit einem gebrochenen Bein befand, spürte ich dessen Schmerz in meinem Bein. Die ‘prickles or shivers’ (die belastenden Empfindungen, Erinnerungen und Gefühle, die Menschen mit sich herumtragen - Anm. U.S.) erreichten mich, wenn ich zu nahe bei jemandem stand, ohne dass dazwischen (unsichtbare - Anm. U.S.) Schutzmauern gewesen wären, so als ob seine Energie auf mich einwirkte. Ich konnte fühlen, wenn Menschen tatsächlich schmerzliche Gefühle empfanden, egal, ob sie dies zeigten oder nicht. (...) Wenn ich ihren Schmerz fühlte, fühlte ich ihn in mir, und meine Verbindung zu meinen eigenen Gefühlen wurde gleichzeitig einfach abgeschaltet, als ob irgendeine Frequenz mit meinen Antennen in Berührung gekommen wäre. Auf die gleiche Weise kann man den Schmerz eines Tieres oder sogar das Leiden eines Baumes wahrnehmen, sei es körperlicher oder geistig-gefühlsmäßiger Art. (...)

Zusammenfließen gibt es in vielerlei Formen. Die magnetische Anziehung des ‘Verliebtseins’ ist nur eine dieser Formen, aber eine, die viele Menschen suchen.

Manche Menschen flossen mit mir auf eine ganz andere Art und Weise zusammen. Es gab auch solche, die wie hinter unsichtbaren Wänden herumgingen; ich konnte ihre Wände spüren, ungeachtet dessen, wie höflich, lächelnd und liebenswürdig sie zu erscheinen versuchten (und es innerlich auch zu sein wünschten). Die Resonanz, die zwischen ihnen und mir zustandekam, betraf nicht das, was oberflächlich zum Vorschein kam, sondern die Wirklichkeit, und ich nahm ihre Wände auf mich, als ob es meine eigenen wären. Je mehr sie versuchten, ihre Wände zu verbergen, desto deutlicher nahm ich diese wahr.

Andere wiederum konnten mich wie von selbst emotional ergreifen. Indem sie mich nur berührten oder ansahen, überwältigte es mich gefühlsmäßig, und mein eigenes Ich (selfhood) war so mühelos weggefegt wie ein Spinngewebe durch einen Staublappen.“

Seite 60: „Als ich noch ein kleines Kind war, kam es manchmal vor, dass jemand in mein Zimmer hereinkam; und ohne überhaupt richtig hinzusehen, floss ich mit ihm zusammen, und mein Gefühl von dem Wesen (‘entity’), das ich war - möglicherweise die Energie, die ich als ‘die meine’ identifizierte -, verließ das Zimmer mit ihm, als er wieder wegging. Als mein Körper mich zurückrief, war es, als ob ich einen plötzlichen Wahrnehmungswechsel erlebte und mich zu meinem Erstaunen in meinem eigenen Körper wiederfand.“

Seite 61: „Genauso wie ich durch die ‘prickles and shivers’ in Resonanz mit manchen Menschen trat, so trat ich dadurch manchmal auch in Resonanz mit bestimmten Plätzen. Möglicherweise ist es so, dass genau in der gleichen Weise, wie Menschen die Eindrücke von Erfahrungen in sich aufnehmen, es auch Plätze tun; dass sie die sich immer wieder verändernde Energie von den Ereignissen, die an diesen Stellen stattfinden, in sich aufsaugen. (...) Dies war die Wahrnehmung von Plätzen, wie ich sie in meiner frühen Kindheit kannte; also eine Wahrnehmung, die auf nicht-physischen Sinnen beruhte. Erst später fing ich an, mich auf die Wahrnehmung zu verlassen, die auf physischen Sinnen gegründet ist. (...) Hunde, Katzen und Pferde besitzen diese Wahrnehmungsfähigkeit und können oft wahrnehmen, wie sich eine Person oder ein Platz anfühlt. Diese natürliche Fähigkeit ist den Menschen verloren gegangen, so dass sie diese Sinne, wie die Tiere sie immer noch haben, nicht mehr besitzen. Man muss sich fragen: Ist es in Ordnung, dass Menschen eine solche natürliche Fähigkeit verlieren? Auf der anderen Seite ergibt sich die Frage: Welchen Nutzen würde es bringen, in einer Gesellschaft, in der so viel Wert auf Macht und Status gelegt wird, solche Fähigkeiten zu fördern? Sie könnten von Menschen genutzt werden, die Macht missbrauchen, um anderen zu schaden.“

Seite 121 f: „Jemand brachte dies (diese besondere Sensitivität - Anm. U.S.) auf den Punkt, indem er sagte: ‘Du brauchst Donna gar nicht anzurufen, du musst nur laut an sie denken’ (dann ruft sie an - Anm. U.S.). Ich würde sagen, es handelte sich nicht darum, laut zu denken, sondern darum, stark zu fühlen. Damals waren meine ‘Türen’ offen, *zu offen* und *zu oft offen* (Hervorhebung U.S.). Zum Glück habe ich gelernt, diese Türen zu schließen und sie wenigstens mehr meiner eigenen Wahl entsprechend zu nutzen, anstatt ausschließlich dadurch, dass ich mit etwas in Resonanz trat.“

Seite 123: „Auch das, was als ‘das Böse’ bezeichnet wird, ist nur eine Form von Energie, sei diese im feststofflichen Körper verankert oder nicht. Es handelt sich nur um eine ungesunde, negative, abstoßende, stagnierende und oft zerstörerische Energie. Diese Form von Energie kann von jemandem, dessen Grenzen der Energiefelder durchlässig sind, gespürt werden, genauso wie eine ‘gute’ (gesunde, positive, anziehende, fließende und konstruktive) Energie von ihm wahrgenommen werden kann.“

Donna berichtet auch über Unverträglichkeiten, die sensitiven Menschen oft das Leben schwer machen:

Seite 57: „Kinder und Erwachsene mit der Entwicklungsstörung Aufmerksamkeits-Defizit-Syndrom (ADD - was oft in Zusammenhang gebracht wird mit Nahrungsmittelunverträglichkeiten durch Salicylate und Phenol, die insbesondere in Zusatzstoffen in der Ernährung und im Zucker zu finden sind) haben oft kaum eine Wahl, wenn ihre Sinne durch ‘andere’ bombardiert werden. Da sie nicht fähig sind, ungebetene oder unnötige Informationen angemessen zu filtern, werden Menschen mit ADD durch Sinneserlebnisse richtig ‘geschnappt’, regelrecht überwältigt, ohne dass sie sich diese Erlebnisse selbst aussuchen können. Wahrscheinlich ist es kein Zufall, dass Menschen mit ADD oft erhebliche Schwierigkeiten haben, einen Gedanken festzuhalten oder eine umfassende, zielgerichtete und bewusste Handlung durchzuführen.“

Soweit die Zitate aus den Büchern *Miðilsstörf og vitnisburðir* und *Autism and Sensing - The Unlost Instinct.*

Ich halte diese hier dargelegten Erkenntnisse deshalb für so wichtig, weil sie belegen, dass man im Falle von behinderten Menschen sich immer die Frage stellen muss, inwieweit eine angeborene Sensitivität ihr Verhalten mitbestimmt.

Im Folgenden wenden wir uns nun näher den *Lebenslagen Betroffener im konkreten Alltag* zu.

14 Unser Alltag – die erste Zeit im Heim und neue Lernprozesse

Dieses Kapitel schrieb ich zu einem Zeitpunkt, als Björg noch nicht lange im Heim war. Erfreulicherweise hat sich seitdem vieles gebessert, und man könnte auf den Gedanken kommen, dieser Text sei schon überholt. Ich möchte wirklich nichts „schlecht" machen, was das Heim betrifft. Ich lasse dieses Kapitel trotzdem so stehen, weil es manchmal „auf des Messers Schneide" stand, ob während der ersten Zeit alles glimpflich verlaufen würde. Wenn ich den Anfang im Heim nicht durchgestanden hätte, was wäre dann mit Björg geworden? Ich berichte von meinen Erfahrungen und beleuchte dabei ***Schwachpunkte im System****; für die* ***Leistung der Menschen*** *bin ich nur dankbar und voller Lob.*

Der Umzug ins Heim

Björg zog im Herbst 2000 ins Heim. Wir Eltern waren damals 69 und 64 Jahre, und Björg war 31 Jahre alt. Bis dahin hatten wir sie mit Hilfe einer Tagesstätte und später der Förderstufe der Behindertenwerkstatt bei uns zu Hause gehabt. Als sie uns verließ und dort einzog, war sie in einem guten Zustand. Damit meine ich: *Ihre Energieverhältnisse waren in Ordnung, sie fühlte sich sowohl körperlich als auch seelisch wohl, sah blendend aus und war sauber und trocken.*

Anfang September war sie erholt von einem siebenwöchigen Aufenthalt mit mir aus Island zurückgekommen. Sie war seit 20 Jahren völlig sauber und - abgesehen von Ausnahmezuständen - trocken gewesen. Zunächst ging alles gut.

Das Haus war neu erbaut, und Björg konnte von dort aus ihre gewohnte Förderstufe im Werkstattgebäude besuchen. Von zu Hause aus fahre ich mit dem Auto etwa 20 Minuten bis zum Heim. Dass Björg in der Nähe wohnt, ist für uns außerordentlich positiv. Das Heim hat 24 Bewohner, die in drei Gruppen zu je acht Personen eingeteilt sind. Jeder Bewohner hat ein Einzelzimmer, das ist fortschrittlich und als gut zu bewerten. Für jede Gruppe wurden zweieinhalb Stellen eingerichtet. Bei Schichtarbeit bedeutet das, dass immer eine Person acht Behinderte betreut. Die meisten Bewohner sind nicht so schwer behindert wie Björg, aber auch einige andere recht schwer behinderte Personen wurden aufgenommen. Für uns

Eltern von Schwerbehinderten ist dies sehr dankenswert, weil für unsere Kinder sonst vielleicht auf weit entfernte Einrichtungen zurückgegriffen werden müsste.

Kein Problem mit der Integration

Björg scheint vom Wesen her leicht zu integrieren und selbst ein guter „Integrationsfaktor" zu sein. Sie schweißt die Gruppe zusammen und ist beliebt. Man sagt von ihr, keiner könne so schön lachen und singen wie sie. Diese Qualität kommt zum Beispiel beim Küchendienst zur Geltung. Weil Björg es nicht kann, beteiligt sie sich kaum daran, und das wird akzeptiert. Sie ist so wie sie ist, das wissen alle. Aber sie ist dabei, und wenn die anderen in der Küche arbeiten, fängt sie an zu lachen, wobei die anderen auch zu lachen anfangen, und es kommt eine fröhliche Stimmung auf. Oft stimmt sie auch ein Lied an, und alle singen gemeinsam.

Freizeit

Björg wäre überfordert, wenn sie an zu vielen Freizeitangeboten teilnehmen müsste. Deshalb besucht sie nur zweimal in der Woche die Musikgruppe. Dort wird rhythmisch gearbeitet, und es werden Lieder gesungen. Von der Förderstufe aus hat sie jede zweite Woche Reiten und Schwimmen, und nach Möglichkeit werden kleine Spaziergänge unternommen. Wie schon angedeutet, können vom Heim aus Spaziergänge nur in geringem Umfang geleistet werden. Dafür hat das Personal keine Zeit - ein folgenschwerer Missstand, wie ich finde. Wenn ich als Mutter nicht verfügbar wäre, würde Björg viel zu wenig nach draußen kommen können, um spazieren zu gehen. Ohne Spaziergänge und frische Luft verschlechtert sich ihr Zustand. Dann ist es oft nicht leicht, sie da wieder „herauszuholen", wie ich es zu nennen pflege. Spaziergänge müssten als notwendige Dienstleistungen eingestuft werden - und außerdem sind sie eine Freizeitaktivität, die jedem Menschen zusteht.

Gute Energien

Im *Sternenkind* berichtete ich über einen Engel-Energie-Akkumulator, der hier bei uns im Hause gute Dienste leistet. Er verhilft zu guten Energien und hält negative Schwingungen fern. Wir haben noch einen zweiten Akkumulator gekauft, als Björg ins Heim zog. Dort steht er in ihrem Zimmer, und ich glaube, dass er für sehr viel Schutz sorgt. (Näheres bei J. Fischer: *Der Engel-Energie-Akkumulator.*)

Wir möchten, dass sie bleibt
Ich möchte hervorheben, dass alle Mitarbeiter hervorragende Menschen sind. Die Schwachpunkte liegen im System, nicht bei den Mitarbeitern. Eher ist in hohem Maße bewundernswert, was diese Menschen leisten. Zwischen uns, dem Heimleiter und den Mitarbeitern gibt es eine gute Kooperation. *Wir Eltern möchten, dass Björg in diesem Heim bleibt, weil es in vielerlei Hinsicht gut für sie ist.*

Diese Tatsachen schicke ich voraus, bevor ich auf weniger erfreuliche Themen eingehe.

Das Einmaleins der grundsätzlich wichtigen Dinge
Björg hat ihre Eigenarten wie andere Menschen auch. Wir Eltern stellten schnell fest, dass Björg das Ausruhen, die Pausen am Wochenende bei uns, dringend brauchte. Wir wissen, wie leicht sie in eine schwere Krise geraten und wie schwierig es sein kann, sie wieder in Balance zu bringen, wenn die Grenze des für sie Erträglichen überschritten wird. Ihre Aufenthalte bei uns dienen vor allem ihrem Stressabbau und ihrer Stuhlregulierung. Deshalb ist es wichtig, dass sie in unserer Nähe wohnt; dann ist es für uns einfacher, sie zu holen. In unserem System ist es aber so gedacht, dass Heimbewohner nur etwa jedes zweite Wochenende zu den Eltern oder Angehörigen fahren. Sie sollen an den jeweils anderen Wochenenden Integrations- und Familiengefühl im Heim entwickeln und erleben. Dies mag für einige wichtig und passend sein. Aber für Björg ist es eben nicht das Optimale. Es geht hier um etwas mehr als das, was man gemeinhin „Ablösungsprobleme“ nennt. Das Heim sollte schon Björgs Zuhause sein (so sollen wir Eltern es auch nennen), aber für sie ist es wichtig, jedes Wochenende zu uns nach Hause zu dürfen. Die Gründe hierfür sind ihre individuellen Bedürfnisse und Eigenarten. Sie ist offen und sensibel, mischt sich aber gerne unter Menschen, geht gerne dort hin, wo etwas los ist und wird dabei dann leicht gestresst. Zum Beispiel nimmt sie gerne an Feiern teil, verträgt sie aber nur eine begrenzte Zeit. Wird eine solche Feier für sie zu lang, kann sie „überdrehen“ und auch „aggressiv“ werden. Dieses Wort benutze ich ungern, weil ihre „Aggressionen“ immer Reaktionen auf etwas sind, das sie nicht verträgt. Sie selbst kann von sich aus nur schwer ihr Verhalten steuern und den Rückzug antreten. Wenn sie neben dem Heimaufenthalt die meisten Wochenenden bei uns verbringen kann, bekommt ihr das sehr gut. Sie *braucht* die Pausen, und obwohl sie die Möglichkeit hat, sich in ihr

Zimmer zurückzuziehen, ist dies nicht das Gleiche (zumindest nicht in der ersten Phase des Heimaufenthalts), wie wenn sie sich hier bei uns Eltern zurückziehen kann. Ich hole sie zu uns nach Hause, damit sie stabil bleibt. Man kann deshalb auch sagen: Ich hole sie ab, damit sie in diesem Heim überhaupt bleiben kann! *Björg hat beinahe zwei Jahre gebraucht, um zu lernen, ihr Zimmer und ihr Bett in der Wohnstätte als Refugium anzusehen.* Das Haus ist groß und die meisten Bewohner haben einen Fernseher (Björg allerdings nicht); vielleicht spielt auch irgendwo ein Radio. Björg hört überdurchschnittlich gut und wird durch die zahlreichen Geräusche manchmal überfordert - obwohl dies erst beim Überschreiten einer Grenze zum Ausdruck kommt. Es gibt eben viele verschiedene Schwingungen im Heim, und Björg ist „offen" dafür, das heißt: sie nimmt alles auf. Warum sollten die Kinder nicht zu den Eltern nach Hause dürfen, solange es die Eltern gibt? Was spricht dagegen? Normalerweise kann man keine Familie künstlich erschaffen; die Heimbewohner und die - womöglich wechselnden - Mitarbeiter sollten nicht als Familienersatz betrachtet werden, solange die eigene Familie vorhanden ist, und niemand sollte ein Problem darin sehen, wenn die Kinder am Wochenende zu den Eltern nach Hause fahren. Familie bleibt Familie, dort sind die Wurzeln, die sollte man nicht außer Acht lassen.

Ich weiß von einem Jungen, der allerdings nicht so behindert ist wie Björg, dass er Orgelmusik in der Kirche über alles liebt. Seine Eltern holen ihn am Wochenende ab, um ihm diesen seinen innigsten Wunsch zu erfüllen. Das Heim kann einfach nicht in ausreichendem Maße darauf eingehen. Was spricht dagegen, dass die Eltern ihn jedes Wochenende abholen, so lange sie es können?

Theo Peeters spricht in seinem Buch *Autisme* (siehe Literaturverzeichnis) einen Gedanken aus, den ich auch oft gehabt habe, und er hat eine Bezeichnung gefunden, die mir sehr hilft, mich zu diesem Thema zu äußern. Er spricht von „naiver Integration" und „naiver Normalisierung", das heißt einer Integration beziehungsweise Normalisierung, die nach einem starren Schema vollzogen wird. Was unsere Familie betrifft, könnte man auch von „naiver Ablösung" und „naiver Gründung einer Heimfamilie" sprechen. Es wäre nicht richtig, Björg um jeden Preis an den Wochenenden im Heim zu lassen, nur um sich an die Regel „Ablösung muss sein" zu halten. Solch ein Programm würde Björgs Bedürfnissen nicht gerecht werden; sie wäre viel eher in Gefahr, sich nicht regenerieren zu können, und sie könnte eine Krise bekommen. Doch jetzt ist sie schon eine längere Zeit ohne kritische Phasen gewesen; das Zusammenleben mit ihr ist dadurch besser und auch billiger. Es ist überfällig, durch Rahmenbedingungen, die besser an den Bedürfnissen der Behinderten orientiert sind, sowie durch wahrheitsgetreue Öffentlichkeitsarbeit, durch mehr Verständnis, bessere Gesetze und besser koordinierte Arbeitsweisen die Probleme der Behinderten und ihrer Familien zu lösen.

Damit es nicht zu einer Katastrophe kommt, wenn die Eltern nicht mehr da sind, müssen die Gesamtstrukturen rechtzeitig günstiger aufgebaut werden. Ideen und Lösungswege gibt es in Hülle und Fülle. Sie müssen nur wahrgenommen werden.

Ein stabiles gutes Befinden ist sehr viel wert

Björg hatte als Kleinkind epileptische Anfälle, die inzwischen verschwunden sind. Für Björg hat es sich als besser erwiesen, keine Krampfmittel einzunehmen. Dass sie keine Krämpfe mehr bekam und sauber und trocken wurde, *und es auch blieb,* ist meines Erachtens ganz wesentlich ihrem guten Energiehaushalt zu verdanken, den wir durch verschiedene Maßnahmen haben aufrechterhalten können. Sie erkältet sich fast nie, und daher ist es auch, energetisch gedacht, erklärlich, dass sie sich trocken halten kann, denn eine Erkältung, eine Blockade in der oberen Körperhälfte, bewirkt wahrscheinlich auch eine Blockade in der unteren Körperhälfte. Wenn Björg Verstopfung hat, wird diese oft von leichter bis mittelschwerer Inkontinenz begleitet. Wenn also die energetischen Verhältnisse nicht optimal sind, kann eine erhöhte Krampfgefährdung eintreten, und Krämpfe wiederum verursachen Inkontinenz. Ich habe mich sehr bemüht, Björg in einem harmonischen energetischen Zustand zu halten, und trotz einiger Ausnahmefälle haben wir auch - sogar reichlich - Erfolg gehabt. Solche Mühen helfen übrigens auch sparen.

Nachdem Björg eine Heimbewohnerin geworden war, machten wir bald die Erfahrung, dass sie am Wochenende fast immer mit einer Verstopfung oder einer Tendenz zur Verstopfung nach Hause kam. Ihr Stuhl bestand aus kleinen, runden steinharten Kugeln („Schafskot"). Wenn sie unter Verstopfung leidet, ist ihr Verhalten völlig anders als sonst, sie ist bei weitem schwieriger und fühlt sich selbst schlechter. Sie bekommt dann meistens Schorf auf ihrem Kopf und scheidet auf diese Weise Stoffwechselprodukte über die Kopfhaut aus. Die Schlacken entstehen, wenn sie gestresst ist oder etwas gegessen hat, das sie in diesem Moment nicht verträgt. Nach Jentschura und Lohkämper, den Autoren des Buches

Gesundheit durch Entschlackung, ist der Haarboden ein besonderes Stoffwechselorgan (die Haut insgesamt gilt, medizinisch gesehen, als Ausscheidungsorgan). Die Verstopfung stellt eine durchgreifende Störung dar - übrigens bei allen Menschen. Wenn die Verdauung nicht in Ordnung ist, verursacht das toxische Zustände im Darm, es entstehen dadurch *Nervengifte*, die wiederum einen ungünstigen Einfluss auf das Verhalten haben. Abführmittel sollten am besten nur selten eingesetzt werden. Sie sind auf Dauer nicht unbedenklich; die Verdauung sollte einfach auf natürliche Weise in Ordnung sein.

Wegen der unregelmäßigen Verdauung wurde bald im Heim ein sorgfältiger Plan über die nötige Trinkmenge aufgestellt, und diese wurde genauestens dokumentiert. Björg hat aber trotzdem mitunter „Schafskot“ ausgeschieden, und sie nässte auch des Öfteren ein. Ich bin der Auffassung, dass Björgs Probleme auch noch mit etwas anderem zusammenhängen als mit der Trinkmenge. Wenn sie sich körperlich wohl fühlt, also ihre energetischen Verhältnisse in Ordnung sind - und sicherlich gehört auch die Seele dazu -, dann ist ihre Verdauung normal, auch wenn sie nicht so viel trinkt, wie es zum Beispiel einige Autoren von Wassertherapie-Büchern empfehlen. Sie verlangt aber auch selbst inzwischen oft nach Wasser.

Spaziergänge - Privatsache oder nicht?

Ich entdeckte bald, dass ich Björgs Abholen mit Spaziergängen verbinden musste, um ihrer Verdauung nachzuhelfen. Ich kam auf die Idee, das Auto am Stadtrand zu parken und mit Björg durch die Felder zum Auto zu gehen. Ich musste das so machen, denn Björg ahnte oder wusste immer - darin zeigt sich eben ihre Sensitivität -, wo ich das Auto abgestellt hatte, auch wenn sie es nicht sehen konnte. Wenn ich in der Nähe parkte und mit ihr einen Umweg zum Auto gehen wollte, wollte sie nur schnurstracks zum Auto gehen (das vom Heim aus nicht sichtbar war) und keinen Schritt weiter. Unterwegs wollte sie auf gar keinen Fall aus dem Auto steigen, und zu Hause war sie zu keinem Spaziergang mehr bereit. Dann litt sie oft unter einer beginnenden Verstopfung, was schwierige Konsequenzen nach sich hätte ziehen können.

Nach diesen Spaziergängen hat sie meistens zu Hause Stuhlgang gehabt, sie wurde die kleinen und großen harten Kugeln los, und ihre Verdauung normalisierte sich. Ihr Zustand verbesserte sich dadurch sehr, sie schlief gut und war ruhig. Ansonsten habe ich gut auf ihre Ernährung geachtet.

Diese einfache Maßnahme hat ausgesprochen gut auf Björgs Verdauung gewirkt und infolgedessen auf ihr gesamtes Wohlbefinden.

Während der ersten Zeit durfte ich die APM (AKUPUNKT-MASSAGE nach Penzel, eine Energiebahnen-Massage) noch zu Hause machen. Ich holte Björg am Dienstagabend ab, machte mittwochs die Therapie, brachte sie am Nachmittag zurück und verband das Abholen und Bringen mit Spaziergängen. Jetzt darf ich die Therapie im Heim durchführen, was auch einfacher ist. Dazu gehört auch immer, so wie wir es zu Hause gehalten haben, ein Gebet vorher und nachher, was Björg gut gefällt. Als wir die Therapie noch bei uns machten, ruhte sie sich danach erst einmal aus, und ich kochte ein Gemüsegericht, manchmal mit verdauungsfördernden Ingwerstücken. Im Heim und in der Förderstufe bekommt sie seit 1996 ein speziell für sie abgestimmtes Essen. Seit ich die Therapie im Heim mache, fallen die Spaziergänge manchmal aus, weil Björg so kurz nach der Therapie nicht gerne gehen möchte. Dank der Liebenswürdigkeit der Mitarbeiter bekommt sie mittwochs doch manchmal die nötige Bewegung. Die Freitagsspaziergänge beim Abholen und unsere gemeinsamen Spaziergänge am Sonntag (wir Eltern und Björg) bleiben aber durchweg bestehen. Björg erlebt sie als die reinste Wonne. Neuerdings willigt Björg ein, freitags unterwegs aus dem Auto zu steigen, so dass wir eine Runde auf einem Feldweg gehen können. Das ist für mich eine spürbare Erleichterung, weil ich dann ganz bis zum Heim fahren kann und nicht extra vom Stadtrand aus dorthin gehen muss.

Durch Heime ist nicht alles gelöst

Als Björg ins Heim gezogen war, glaubten alle, jetzt sei eine gute und endgültige Lösung gefunden. Es hat sich aber herausgestellt, dass vieles nicht leichter für mich geworden ist. Einiges ist *anders* geworden, manches leichter, manches aber schwieriger. Dies ist meine persönliche Erfahrung, doch bestätigt wurde ich darin auch von Eltern, die ebenfalls feststellten: „Es ist nicht einfach, ein Kind im Heim zu haben!“ Einige komplexe Aspekte der Behindertenarbeit zeigen sich erst nach und nach klarer. Einerseits ist ein Heim, ein zukünftiges Zuhause für das behinderte Kind, absolut notwendig, andererseits können wir Eltern bis jetzt nur wenig Einfluss auf die Inhalte der Behindertenarbeit ausüben, wozu auch die Mitgestaltung von Heimstrukturen gehört, was wiederum die Zukunft unserer Kinder bestimmt. Man lebt mit einem Heimkind auch gewissermaßen unter mehr Druck, man ist weniger selbständig, muss oft machen, was das System vorschreibt, obwohl man selbst weiß, dass es auf Dauer in dieser Weise nicht gut gehen kann.

Bevor Björg ins Heim kam, war für mich vor allem schwierig, dass es keine Entlastungen gab, so dass ich oft zu wenig Schlaf hatte. Ich bekomme jetzt mehr Schlaf als früher, und das ist ein Segen. Richtig ausgeschlafen fällt es mir viel leichter, Informationen aufzunehmen. Wenn ich aber auf die Frage antworten sollte, welche Zeit besser war, früher oder jetzt, würde ich doch sagen, die Zeit früher war für uns alle (vor allem während der letzten Jahre, nachdem Björg wesentlich einfacher geworden war) insofern leichter, als ich damals besser dazu kam, etwas im Haushalt zu tun. Ich konnte mehr zu Hause sein, weil Björg zur Förderstufe abgeholt und wieder zurückgebracht wurde. Aber der Schlafmangel setzte mir dafür manchmal sehr zu. Es haben damals immer nur Kurzzeitentlastungen, Pausen zum Schlafen, gefehlt.

Während der ersten Zeit im Heim kam Björg oft mit schwierigen Verhaltensweisen nach Hause. Sie räumte Schubladen aus, die sie vorher nie beachtet hatte. Dadurch hatte ich viel zusätzliche Arbeit. Es ist sehr anstrengend für mich, wenn sie Zustände durchlebt, in denen sie schwierig ist. Trotz des Heimes habe ich nicht mehr Zeit als früher. Meine Zeit ist jetzt mehr zerstückelt. Ich bin viel unterwegs, denn das Abholen und Bringen ist notwendig, aber zeitaufwendig. Die meisten Menschen scheinen zu glauben, ich hätte jetzt mehr Zeit und könnte wie jeder normale Mensch mehr Kontakte pflegen, aber das ist mir bisher nicht möglich gewesen. Vielleicht wird sich das aber noch ändern. Björg bekommt jetzt Nahrungsergänzungsmittel, die einen guten Einfluss auf ihr Befinden haben. Das verschafft mir mehr freie Zeit.

Die Auseinandersetzung mit den Gesetzen

Ab Herbst 2000 war ich zuerst ziemlich überfordert, mich mit Gesetzen und Paragraphen vertraut zu machen. Ich hatte mich nie wirklich damit auseinandergesetzt, und vieles darin war mir neu und fremd. Ich musste aber darüber unbedingt etwas erfahren, um etliche Bedingungen und Grundsätze im sozialen System besser verstehen zu können, nachdem wir nun ein Kind im Heim hatten. Eltern müssen sich informieren, aber es ist unrealistisch, von ihnen zu erwarten, dass sie alles wissen können, was praktisch ein juristisches Studium erfordern würde.

Weniger Geld
Durch den Heimaufenthalt fiel der größte Teil des Pflegegeldes für uns Eltern weg. Das machte sich bemerkbar, denn die Bedürfnisse waren gleich geblieben. Manches war auch durch die veränderte Lage für uns teurer geworden, so zum Beispiel durch Benzinkosten oder durch vermehrten Verschleiß an Kleidung. Wir können dankbar sein, dass Eltern inzwischen einen Teil des Pflegegeldes bekommen für die Zeit, wenn sie das Kind am Wochenende zu Hause pflegen. Durch ein Gesetz vom 01.07.2001 steht den Eltern ein Teil des Pflegegeldes zu.

Die individuelle Konstellation in der Familie muss berücksichtigt werden
Familien brauchen bei den verschiedenen Problemen geeignete Hilfen. Manche haben keinen Führerschein, andere haben andere Probleme. Es gibt kein allgemeines, fertiges Schema, das in jedem Falle als Hilfsmaßnahme passt. Das Wesentliche ist, bei Lösungen darauf zu achten, was die jeweilige Familie braucht.

Schwierigkeiten müssen oft gar nicht sein
Wenn schwierige Phasen bei einem empfindlichen Kind auftreten, müssen sie nicht von bleibender Dauer sein!

Im *Sternenkind* habe ich über meine Reise mit Björg nach Island im Winter 1998/1999 berichtet. Mein Mann und ich wollten gerne ausprobieren, wie es sich auf Björg auswirken würde, sie völlig aus ihrer individuellen Stress-Situation herauszuholen. Das Ergebnis war fantastisch gut. Vorher hatte sich bei Björg eine Blasenschwäche entwickelt. Wahrscheinlich hatte sie eine Art Harnwegsentzündung durch Stress, aber keine Schmerzen. Ihr Leben war in Stress - oder das, was sie als Stress empfand - ausgeartet. Als wir zurückflogen, war sie schon längst wieder vollkommen trocken. Bei der Zwischenlandung in Kopenhagen, wo wir warten mussten, dürfte niemand bemerkt haben, dass sie behindert ist, denn sie war völlig ruhig. Man muss Björgs Befinden abschätzen und kann darauf vertrauen, dass sie trocken bleibt, wenn sie in einem guten Zustand ist. Dann kann sie auch im Flugzeug oder sonstwo ohne Unterlage sitzen. Sie bleibt trocken! Fazit: Die Alltagsstruktur ist möglichst so zu planen, dass Stress vermieden wird, und dass der Mensch - behindert oder nicht - zur Ruhe kommen kann.

Vermeidbare Beeinträchtigungen

Vieles, was Björg erheblich beeinträchtigt hat und worunter auch andere Menschen leiden würden, wäre vermeidbar gewesen. Ich bin der Meinung, Björgs Einverständnis zu haben, das Folgende zu sagen, denn es ist im Sinne der Behinderten.

Björg bekam zu Anfang im Heim ziemlich schnell einen Klumpen zwischen den Schamlippen. Solche Klümpchen hängen an Haaren fest, was sie sehr irritiert. Ich glaube nicht, dass dieses Problem so schnell entdeckt worden wäre, wenn es mich nicht gegeben hätte. Das Gleiche ist auch einige wenige Male in den Ferienmaßnahmen passiert. Diese Klümpchen können durch Stücke von Binden verursacht worden sein oder durch Kotkleckse, wenn Björg sich vielleicht selbst den Po wischte – vielleicht auch, als man ihr anfangs dies beizubringen versuchte, weil man sie noch nicht so gut kannte. Ich mache niemandem Vorwürfe. Während der Anfangszeit war manches bestimmt nicht leicht für die Mitarbeiter, und sie mussten die Behinderungen und Eigenarten vieler Behinderter erst kennenlernen.

Ich besprach dies freundlich mit den Mitarbeitern und dem Wohnheimleiter, und alle bedauerten es; Björg bekam aber trotzdem wieder innerhalb weniger Monate einige Male Klumpen zwischen den Schamlippen, und wieder war es so, dass ich es entdeckte. Der Gedanke drängte sich auf: Würde dies überhaupt jemand bemerken, wenn ich nicht da wäre? Es ist ein unbeschreiblich bedrückendes Gefühl, mit dem Gedanken zu leben: Was wird, wenn ich nicht mehr da bin?

Björg bekam auch öfter Wunden am Gesäß oberhalb des Afters. Dies war bisher nicht vorgekommen. Ich habe sie während der letzten Jahre immer am frühen Morgen kurz gebadet (mit nicht sehr viel Wasser, aber doch ordentlich), bevor sie zur Förderstufe abgeholt wurde. Im Heim konnte man die Heimbewohner morgens nicht baden. Die Spätschicht, ein Mitarbeiter oder eine Mitarbeiterin je Gruppe, sollte alle acht Bewohner baden oder duschen oder diejenigen beaufsichtigen, die es selbst konnten. Björgs Wunden blieben aber oder kamen immer wieder. Später erfuhr ich, dass Björg auch nicht regelmäßig nachmittags gebadet wurde. Es sei manchmal für die Spätschicht nicht zu leisten gewesen. Das hatte ich schon geahnt. Genauso war es mit dem Spazierengehen. Es wurde gesagt „Wir machen auch Spaziergänge“, aber dann wurde später doch eingeräumt, dass das meistens nicht zu leisten sei. Ich sage es noch einmal: Es liegt *nicht an den Menschen,* es liegt an der *Sozialpolitik*, die es nicht zulässt, hinreichend Mitarbeiter zur Verfügung zu stellen. „An Fachkräften ist kein Mangel, aber sie werden nicht eingestellt", hört man oft.

Salben auf Björgs Wunden halfen nicht. Ich habe nie Salben benutzt, sondern Björg einfach nur mit Wasser gewaschen.

Unsere Erfahrung mit Wundheilung

Die Wunden heilten schließlich, aber erst im August nach den Sommerferien 2002, als Björg schon 22 Monate im Heim lebte. Während dieser Monate hatte Björg immer wieder Wunden bekommen, die zeitweilig verschwanden. Die endgültige Heilung aber verlief wie folgt:

Im Juli war Björg während der Sommerferien bei uns zu Hause. Es war sehr heiß, aber sie hatte keine Wunden, obwohl diese bei Hitze eher entstehen. Am Montag, dem 29. Juli, brachte ich sie nach den Ferien zur Förderstufe. Glücklicherweise kam es so, dass ich sie gleich am Dienstagabend wieder abholte, weil am nächsten Tag kein Mitarbeiter bei der Therapie dabei sein konnte, und ich diese deshalb zu Hause durchführen musste. Björg hatte dann in diesen zwei Tagen drei Wunden oberhalb des Afters bekommen, wobei sich die Haut ganz abgelöst hatte. Wenn sie wund war, sagte sie beim Abholen oft als Erstes: „Mama, aua" und zeigte mit der Hand auf diese Stelle. Sobald wir dieses Mal im Auto saßen, sagte sie wiederholt: „Mama, baden." Viel mehr kann sie nicht sagen, ihre Sätze sind kurz. Zu Hause angekommen bekam sie gleich ein Bad, weil sie es unbedingt wollte. Ich pflückte Spitzwegerich, tauchte ihn in heißes Wasser, legte ihn über die Wunden und befestigte seine Ränder mit Leukopor, einem leichten Pflaster, das sich sanft entfernen lässt. Ich weiß aus Erfahrung, dass Spitzwegerich sehr schnell Schmerzen lindert und Wunden heilt. Als ich Björg am Mittwoch zurückbrachte, noch mit Wunden im Heilungsprozess, brachte ich Spitzwegerich und Leukopor mit und bat darum, dass man ihr Spitzwegerich über die Wunden legt und diesen mit Leukopor festklebt. Diese Pflanze wächst auch dicht vor der Haustür des Heimes. Als ich Björg am nächsten Samstag, dem 3. August, abholte, hatte sie nur ein kleines Stück Spitzwegerich, dafür aber einige Streifen Leukopor am Po (ohne Spitzwegerich also). Und unter diesen Leukoporstreifen hatte sich eine tellergroße Stelle über beide Pobacken gebildet, die rot und wund war. Die drei kleinen Wunden waren inzwischen abgeheilt mit Hilfe des Spitzwegerichs.

An diesem Wochenende tat ich keinen Spitzwegerich auf die Pobacken, weil ich kein Leukopor mehr auf Björgs empfindliche Haut kleben wollte, dafür aber ließ ich sie in der Hitze mit nur einer weiten kurzen Hose ohne Schlüpfer gehen. Björg fühlte sich dadurch besser. Und gebadet habe ich sie natürlich auch.

Bei uns zu Hause heilte dann die Haut. Kurz darauf traf ich im Heim eine der Mitarbeiterinnen. Sie sagte mir, sie sei völlig erschrocken gewesen, als sie diese Wunden gesehen habe. Sie fragte sich, ob eventuell Pilze die Ursache seien; wenn dem so sei, müsse Björg Antibiotika bekommen. Das wäre allerdings das Allerverkehrteste gewesen. Ich konnte ihr erklären, wodurch diese großen wunden Stellen auf den Pobacken gekommen waren: einmal durch die Hitze, zum anderen, weil Björg wahrscheinlich kein Bad bekommen hatte, und drittens durch das viele Leukopor (weil die Mitarbeiter vermutlich nicht verstanden hatten, dass es auf den Spitzwegerich ankam, nicht auf das Leukopor). Dieser Vorfall wird wohl eine drastische Wende in der Ansicht bewirkt haben, dass es unmöglich sei, den Heimbewohnern morgens ein Bad zu gewähren. Denn genau zu dieser Zeit wurde beschlossen, dass die Frühschicht um 6 Uhr beginnen sollte (statt um 7 Uhr) und alle Heimbewohner ein Bad oder eine Dusche bekommen sollten. Das bedeutet, dass der Mitarbeiter, der Dienst hat, sehr früh aufstehen muss. Für Björg bedeutete es jedoch, dass ihre Wunden heilen konnten und sie seitdem kaum noch Wunden bekommen hat. (Inzwischen habe ich gelernt, dass mit EM - das sind Effektive Mikroorganismen - Wunden oft schnell und gut heilen.)

Eine Mutter, die jahrzehntelang ihre behinderte Tochter pflegte, sagte mir, dass ihre Tochter nie Wunden gehabt habe, solange sie sie selbst pflegte. Als eine Zeitlang ein Pflegedienst gekommen sei, um ihre Tochter zu baden, bekam sie jedoch Wunden. Der Pflegedienst begann daraufhin mit Salben zu arbeiten, aber die Stellen heilten nicht. Die Mutter empfahl dann eine Behandlung mit Wasser ohne Salben, und siehe da, die Wunden heilten! Diese Mutter hat mir ausdrücklich erlaubt, hiervon zu berichten, und war dankbar, dass ich versuchen wollte, solche Erfahrungen weiterzuvermitteln.

Substanzen, die reizen - Säureschlacken

Björg ist „feinenergetisch“, ihr ganzes Wesen ist zart, sie hat eine feine, weiche Haut, aber normalerweise keine Hautprobleme. Ihre Nieren haben womöglich manchmal Bewältigungsprobleme mit schwer zu verstoffwechselnden Stoffen. Sie könnte in solchen Fällen zu einer Übersäuerung neigen und ihr Körper dann die anfallenden Säureschlacken nicht bewältigen. Vielleicht wurde Björgs Po nicht immer sofort gesäubert, so dass es zu Hautirritationen und Wunden oberhalb des Afters kommen konnte. Derartige Wunden sind äußerst belastend, und es ist wichtig, sie zu verhindern. Ich möchte noch einmal betonen, dass ich den Mitarbeitern keine Vorwürfe mache. Wie könnte ich diesen wunderbaren Menschen Vorwürfe machen! Sie leisten schon das Doppelte und Dreifache des Normalen.

Björg wird gegenwärtig mit einer guten basischen Seife gewaschen. Das hilft, Verschlackungen vermehrt durch die Haut auszuscheiden. Das gesamte Körpermilieu wird basischer, und wunde Stellen können sich nicht so leicht bilden.

Die „Halbmonde“ - auch ein schlechtes Zeichen

Seit längerem beobachte ich, dass Stoffe, die für Björg nicht zu verstoffwechseln sind, wahrscheinlich unter anderem ihre Krisen verursachen. Dann leidet sie unter Inkontinenz, ihr Urin bekommt einen starken Geruch und enthält wohl auch hautreizende Substanzen, so dass Björg „rote Halbmonde“ auf der Innenseite der Oberschenkel bekommt. Dies hat nichts mit mangelnder Hygiene zu tun, diese Merkmale zeigen sich, wenn sie ihre Krisen durchlebt. Solche „Halbmonde“ tauchten auch auf, nachdem sie bei uns zu Hause, von uns unbeabsichtigt, Rotkohl aus einem Glas aus dem Supermarkt gegessen hatte, dem wahrscheinlich Konservierungsstoffe beigemengt waren.

Ich halte diese „Halbmonde“ nicht für einen „Wolf“ (Intertrigo), wie er beim Aneinanderreiben der Oberschenkel beim Laufen entstehen kann. *Björg verträgt einfach manche Nahrung nicht.* Wenn sie ausnahmsweise industriell hergestellte Kekse oder Kuchen gegessen hat, bekommt sie häufig kurz darauf ihre typischen Merkmale des Unwohlseins. Ich glaube, es ist viel zu simpel, dies nur als ein medizinisches Problem anzusehen. Es handelt sich zumindest genauso um ein Problem, das durch soziale Faktoren verursacht wird. Mit sozialen Faktoren meine ich manche Erscheinungen in der heutigen Gesellschaft, die man als fast normal ansieht, wie zum Beispiel die Angebote von minderwertiger Nahrung, sowie auch das häufige Vorkommen von negativ wirkendem Stress.

Wieviele andere leiden konstant unter ähnlichen Beschwerden wie Björg, werden aber vielleicht nur gepudert, während sie weiter unverträgliche Nahrungsmittel essen, die für sie wie ein Gift wirken?

Personalengpässe und Gratwanderungen

Björg wohnte seit zweieinhalb Monaten im Heim, als sie das erste Mal an einer Feier teilnahm. Es war die Silvesterfeier 2000/2001. Ich informierte die Mitarbeiter darüber, dass Björg nicht alles essen dürfe, was auf solchen Feiern üblich ist, denn ich wusste um die möglichen Konsequenzen. Ich glaube aber, dass man solche Erkenntnisse, wie ich sie durch die Jahre gewonnen hatte, dort während der ersten Zeit nicht so recht umsetzen konnte. Ich vermute, dass Björg sich etwas „geschnappt" hat, das sie nicht vertrug, denn sie geriet nach dieser Feier in eine Krise. Immerhin zog diese Krise eine positive Entwicklung nach sich, denn *inzwischen achten die Mitarbeiter und ich in großer Einmütigkeit darauf, dass Björg möglichst keine Nahrungsmittel bekommt, die sie nicht verträgt.* Manchmal bekommt sie doch noch Margarine, H-Milch und zucker- und kohlensäurehaltige Getränke, was mir nicht gefällt, aber die geplanten Veränderungen werden sich hoffentlich nach und nach einstellen. Es war aber nicht nur die Feier, die Björg aus der Balance brachte: Am Neujahrstag (Montag) blieb sie im Heim, und am 2. Januar fing sie wieder in der Förderstufe der Werkstatt an. Es war bitterer Frost. An diesem Tag war nur eine Mitarbeiterin mit 16 Bewohnern da, die sie alle für die Werkstatt fertig machen musste, und diese Mitarbeiterin war aus einer anderen Gruppe; sie kannte Björgs Bedürfnisse nicht so gut. Als ich Björg an diesem Dienstagnachmittag zur Therapie abholte, hatte sie in diesem bitteren Frost nur eine dünne Sommerhose an und keine Wolljacke. Ihr ganzer Körper war völlig kalt.

Eine solche Kälte, von der ich jetzt spreche, ist etwas anderes als eine „normale", von außen bedingte Kälte. Es herrscht Energiemangel in Björgs unterer Körperhälfte, und bei diesem Befinden leidet sie unweigerlich unter Inkontinenz und Verstopfung. Ein Mensch, der weniger stark und gesund ist als Björg, hätte vielleicht eine Lungenentzündung bekommen. Zu Hause gab ich ihr Heilung und wärmte sie auf.

Sie hatte Verstopfung, und als ihr endlich der Stuhlgang gelang, kamen nur kleine, harte Kugeln. Und sie nässte immer wieder ein. Dies war eine sehr schwierige und anstrengende Zeit, denn Björg reagiert in solchen Situationen grantig und ist schwierig. Ich war außerordentlich traurig, dass sie nun so aus dem Gleichgewicht geraten war. Alles wird dann auch trauriger, schwieriger, teurer und schwerer durchzuführen als es sein müsste. Dabei bräuchten sich diese Zustände gar nicht erst bis zu einem solchen Grad zu entwickeln. In einem guten Zustand ist Björg überhaupt nicht schwierig, sie ist lieb und angenehm im Umgang.

Nun kann man zwar mit der APM- und auch mit der Cayce-Therapie (siehe Anhang A) einen derartigen Energiemangel beheben, aber Björg ist während solcher Krisen meistens so schlecht gelaunt und abweisend, dass man ihr keine Therapie geben kann. Oft sind Therapiemaßnahmen erst durchzuführen, wenn sie durch Ausruhen ausgeglichener und ruhiger geworden ist.

Zeitweise hat sie sogar eingekotet, was nur auftritt, wenn sie unwahrscheinlich erschöpft ist. (Björg war seit ihrem siebzehnten Lebensjahr fast immer trocken, und seit ihrem dreizehnten Lebensjahr *vollkommen* sauber gewesen, und *blieb sauber* bis zum Heimaufenthalt.)

Daunenbetten - Kunststoffbetten

Björg verträgt Daunenoberbetten weitaus besser als solche mit Kunststofffüllung. Mit Daunenbetten ist ihr Energiehaushalt in Ordnung, und sie bleibt trocken. Als sie einmal angefangen hatte einzunässen, machten wir, die Mitarbeiter und ich, den Versuch, ihr im Heim aus praktischen Gründen ein Oberbett aus Kunstfasern zu geben. Dadurch fühlte sie sich schlechter und nässte noch häufiger ein. Ich habe ihr sogar selbst ein besonders hochwertiges Kunstfaserbett gekauft, von dem ich dachte, dass es günstiger für sie sei als die üblichen Kunststoffbetten. Aber selbst dieses Bett war nicht besser. Wir haben insgesamt die Erfahrung gemacht, dass Björg viel eher einnässt, wenn sie ein Kunststoffbett hat. In letzter Zeit ist sie wieder über längere Zeiträume sauber und trocken geblieben. Gott sei Dank lässt man sie im Heim unter ihrem Daunenbett schlafen. Manche Menschen brauchen Betten aus Naturstoffen.

Zivilcourage - Hut ab!

Für mich bedeutet es eine wesentliche Unterstützung, dass die Mitarbeiterin der Förderstufe der Werkstatt es ablehnt, Björg Pampers zu geben. Sie sagt, es wäre einerseits ein großer Rückschritt, und außerdem geschehe Björgs Einnässen nur phasenweise. Damit hat sie vollkommen recht, und diese Phasen kommen mittlerweile seltener vor als früher. Manchmal scheinen Björgs Krisen wie aus heiterem Himmel ohne eine zu bemerkende Ursache einzutreten. Meistens kann man sich aber den Grund denken.

Gesunde Lebensführung ist zugleich ein achtsamer Umgang mit Geld

Als Björg bei uns lebte, wurde sie äußerst selten krank. Sie konnte schwierige Phasen durchleben, aber sie wurde nicht krank. Sie wurde seit dem Einzug ins Heim ab und zu krank und nässte ein. In solchen Fällen hielt ich es für besser, sie abzuholen, denn so konnte sie sich bei uns auskurieren. Die Mitarbeiter wechselten natürlich ihre Wäsche und kümmerten sich um Björg, aber selbstverständlich macht es einen enormen Unterschied, ob ein geistig behinderter Mensch trocken ist oder nicht. Es ist doch humaner, dass Behinderte, *die trocken sein können,* nicht einnässen müssen; es ist finanziell nicht so kostspielig und macht weniger Arbeit. Björg hatte keine Harnwegsentzündung mit Schmerzen, sondern sie litt in dieser Zeit unter einer sehr großen energetischen Unausgeglichenheit. Wenn solche Störungen im Energiesystem, daher auch im Harnwegsbereich, vorherrschen und alles durcheinandergerät, muss man einfach abwarten, bis sich das Gleichgewicht wieder einstellt. Dieser Zustand kann einige Tage andauern, und ich halte es für das Vernünftigste, Björg während dieser Zeit bei uns zu Hause zu behalten. Wenn Björg ruhig genug ist, kann eventuell eine APM-Behandlung eingesetzt werden (siehe Kapitel 11 und Anhang A).

Die Energie muss immer ausgeglichen sein. Ist dies nicht der Fall, kann Björg Kopfschmerzen bekommen, unter einer gravierenden Verdauungsstörung leiden, das Einnässen kann wieder auftreten, und sie wird möglicherweise wieder wund. Wünscht sich jemand einen solchen Zustand, im Wissen, dass er vermeidbar ist?

Platzgeldtage

Es sind 42 Abwesenheitstage vom Heim (genannt „Platzgeldtage“) im Jahr erlaubt, mehr nicht. Abwesenheitstage gehen, sofern sie drei Tage übersteigen, in die Zählung der Platzgeldtage ein. Das heißt also, drei zusammenhängende Tage werden nicht gezählt, aber sind es vier Tage, so werden alle vier Tage gezählt. Kuren, Krankenhausaufenthalte und Ferienmaßnahmen des Heimes werden nicht gezählt, aber Ferienmaßnahmen mit der Förderstufe. (Kurze Reisen mit der Förderstufe - jedes zweite Jahr - haben Björg immer gut getan, und sie kennt sich dort auch bestens aus, aber solche Ferienmaßnahmen sollen jetzt leider abgeschafft werden.)

Wir bekamen, als Björg etwa ein Jahr im Heim war, einen Brief vom Sozialamt, in dem uns mitgeteilt wurde, dass wir die Platzgeldtage bei weitem überschritten hätten und Björgs Aufenthalt im Heim bedroht sei, wenn wir diese im nächsten Jahr auch um so viele überschreiten würden. Man würde uns jetzt mit Nachsicht behandeln, aber wir dürften Björg in Zukunft auch im Krankheitsfall nicht bei uns zu Hause behalten, wenn dadurch die Platzgeldtage überschritten würden.

Um die Jahreswende 2001/2002 bekam Björg eine Krise und wurde krank, weswegen wir sie (trotz dieses Briefes) gleich am Anfang des Jahres 14 Tage zu Hause behielten.

So blieben nur 28 Platzgeldtage übrig, die für das ganze Jahr, für Ostern, Sommerferien, Weihnachtsferien und so weiter ausreichen sollten. Ich stand nun unter dem Druck, diese Tage einzuhalten.

Die Information aus dem Brief des Sozialamtes führte dazu, dass ich Björg nicht nach Hause holte, als sie Ende Februar 2002 erneut krank wurde. Wenn ich mir aber der weitreichenden Konsequenzen bewusst gewesen wäre, hätte ich sie abgeholt, auch auf die Gefahr einer Überschreitung der Platzgeldtage hin!

Sie war um diese Zeit - Ende Februar/Anfang März - zehn Tage mehr oder weniger krank. Ich sah sie nicht, weil ich auch krank wurde und ihre Therapie ausfallen lassen musste. Wegen der Platzgeldtage traute ich mich nicht, sie nach Hause zu holen. Mir wurde telefonisch mitgeteilt, sie sei nicht ernsthaft krank, und ich konnte nur das Beste hoffen. Ich erfuhr jedoch später, dass Björg die ganze Woche eingenässt hatte.

Am Donnerstag, dem 7. März, gab es einen Elternabend. Bei dieser Gelegenheit las der Wohnheimleiter den Brief vor, den wir vom Sozialamt bekommen hatten, aber ohne zu sagen, an wen er gerichtet sei. Ich aber sagte, dass der Brief uns beträfe. Eine Mutter sagte daraufhin, dies sei doch unmöglich und unmenschlich. Andere drückten sich vorsichtiger aus, ich glaube, dass alle Angst hatten, es könnte sich für ihr Kind nachteilig auswirken, wenn sie etwas sagten.

Am Freitag (8. März) holte ich Björg ab. Am Wochenende nässte sie bei uns wieder dauernd ein und war sehr schwierig. Während dieser Zeit waren ihre Beine und Füße eiskalt. *Die beste und effektivste Maßnahme wäre gewesen, Björg während ihrer Krankheit hier bei uns zu Hause im Bett zu behalten.* Erst Ostern (31. März 2002) erholte sie sich, als sie fünf

Tage in Folge bei uns sein konnte. Sie hatte auch Kopfschmerzen und Schmerzen in den Augen und ertrug es nicht lange, wenn ich meine Hände zur Heilung an ihren Kopf hielt. Normalerweise ist die Energie meiner Hände für sie wohltuend, und sie genießt das Handauflegen, aber wenn ihre eigenen Energien so chaotisch sind, scheint die Energie meiner Hände ihr manchmal zunächst Schmerzen zu bereiten. Aufenthalt an der frischen Luft ist für Björg während solcher „Zustände" sehr wichtig, das hat sich mehrfach erwiesen. *Spaziergänge sind therapeutisch wichtig.* Während der Spaziergänge kann Björg meistens trocken bleiben. Durch ihre ausgleichende Wirkung bringen sie häufig die Wende. Wir gingen auch jedesmal an den Sonntagen spazieren. Aber ich selbst war von der ganzen Arbeit so erschöpft, dass ich am Anfang der Spaziergänge gar nicht mit meinem Mann reden konnte, sondern erst auf dem Rückweg. An solchen Tagen gab es nur Arbeit und keine Pause für mich.

Dies alles auch, weil es „Platzgeldtage" gibt - die es am besten nicht geben sollte!

Die Gesetze und Regeln müssten so sein, dass es Eltern von vornherein erlaubt wäre, ihr Kind zu sich zu holen, wenn es ihm hilfreich ist.

Mir geht es auch deshalb so nahe, Björg im Heim krank zu wissen, weil ihre energetischen Verhältnisse nicht mehr harmonisch sein können, wenn sie Verstopfung hat oder einnässt. **Sie könnte dann auch krampfgefährdet sein. Nun haben wir so viel erreicht, und Björg bekommt auch keine Krämpfe mehr. Für mich wäre es ganz schrecklich, wenn wir so viel Errungenes wieder verlieren würden.**

In dieser konkreten Situation hätte es uns sehr geholfen, wenn uns jemand Björg nach Hause gebracht hätte, denn ich hätte mich um sie kümmern können, auch wenn ich krankheitsbedingt nicht Auto fahren konnte. Sie wäre wahrscheinlich warm gewesen und hätte nicht dauernd eingenässt. Mein Mann war schließlich auch da und hätte helfen können.

Hilfe muss individuell sein. Vor allem in Krisensituationen ist das außerordentlich wichtig. Ein Familienentlastender Dienst hätte vielleicht mit Spaziergängen helfen können, auch wenn Björg nun als stationär untergebracht gilt.

Heikle Aussage - heikles Weiterleben

Auf der nächsten Sitzung des Angehörigenbeirats, dem ich angehöre, habe ich über die vorangegangenen Erlebnisse zusammengefasst berichtet:

Ich legte dar, dass Björg zuerst im Heim trocken und sauber, und dass sie auch vorher keine Bettnässerin gewesen sei, dass sie dann aber eingenässt habe und auch wund am After geworden sei. Durch ihren Aufenthalt bei uns hätten sich alle diese Probleme beseitigen lassen. Aber ebenso sei durch diese Aufenthalte, die als Regenerationspausen anzusehen seien, auch die Anzahl der erlaubten Platzgeldtage überschritten, worauf wir eine ernste Verwarnung vom Sozialamt bekommen hätten.[7]

Nach meinem Bericht wurde mir gesagt, dass ich einen Brief an die Region Hannover schreiben sollte. Aber – und das wurde besonders betont - wir müssten dann damit rechnen, dass uns gesagt werde, dies sei nicht das richtige Heim für Björg. Und wohin käme sie dann? Ich wurde auch daran erinnert, dass es noch vor zwei Jahren nicht üblich war, Personen mit der Pflegestufe III in gewöhnlichen Heimen aufzunehmen.

Einer der Elternvertreter sagte, dass das Heim das volle Pflegegeld erhalten *müsse* - was auch richtig ist -, man könne das Heim sonst nicht mit genügend Personal ausstatten. Wenn man die Kinder so oft nach Hause holen würde, dass der „Platzgeldtage-Geldhahn" zugedreht würde, müsste man das Personal reduzieren. Das hätte zur Folge, dass die Betreuung nicht angemessen sein könnte. (Im Kapitel 22 wird berichtet, wie dies in den nordischen Ländern gelöst wird.)

Mir wurde auch gesagt, dass es nicht gehe, die Kinder an zwei Orten zu haben. Darüber hatten wir, mein Mann und ich, viel nachgedacht, und wir finden, dass die Lösung bei diesen empfindlichen Kindern gerade die ist, ihnen **ein Zuhause an zwei Stellen** anbieten zu können, **in dem Heim,** in dem sie wohnen, **und bei den Eltern,** sofern diese in der Lage sind, helfen zu können und es auch wollen. Es handelt sich neben der menschlichen Seite doch gleichzeitig um eine Kostenersparnis und um eine Entlastung des Personals. Ich glaube, dass dies die preiswerteste Lösung ist. Ich finde es unsinnig, dass das Heim Einbußen erleiden soll, wenn die Eltern ihre Kinder gelegentlich zu sich holen. Wie paradox das Ganze eigentlich ist: Die Sparmaßnahmen sind wahnsinnig teuer, weil sie so viel Unver-

---

[7] Normalerweise darf man aus solchen Sitzungen nicht berichten, um nicht Informationen über andere preiszugeben. Entwicklungsförderndes aber und in Beispiele umgeformte Informationen dürfen ohne Nennung von Namen weitergegeben werden. Da es sich hier um Informationen *über uns* handelt, die auch einen entwicklungsfördernden Charakter haben, halte ich es für gestattet und sogar für notwendig, hierüber zu informieren.

nünftiges beinhalten, das zu Teuerungen führt. Aber hinter all diesen Problemen, die wir und das Heim auszubaden haben, steckt eben die Verordnung über die Platzgeldtage, die weder von den Heimen noch von den Eltern erfunden wurde.

Ein Heiler auf Island

Nur meine Verwandten auf Island und die Verwandten in Deutschland wussten, dass ich in dieser Situation einen Brief an einen Heiler auf Island schrieb und ihn um Hilfe bat. Eine isländische Heilerin, die ich gut kannte, war gestorben, aber ich hatte diesen Heiler durch sie kennengelernt. Hier in Deutschland fragten uns einige Menschen, ob sie für uns beten dürften, und wir nahmen es dankbar an. Und tatsächlich, Björg ging es besser, sie erholte sich und ist seitdem in einem wesentlich besseren Zustand. Ich halte auch solche Hilfen nicht nur für eine Privatsache, denn es entlastet die Gesellschaft, uns alle, wenn sich etwas verbessert.

Björg gehört nicht in ein Pflegeheim!

Björg ist grundsätzlich in dem Heim, in dem sie lebt, gut aufgehoben. Dies ist ein Heim auf der Basis der Eingliederungshilfe, mit dem Ziel, den Bewohnern die Unterstützung und Begleitung zu gewähren, die sie benötigen - nicht mehr, aber auch nicht weniger. Die pädagogischen Leistungen sind umfangreicher als in Pflegeheimen. Abgesehen davon, dass Björg manchmal Krisen hat und wir alle dann diese Krisen, die weitgehend zu vermeiden sind, mit ihr durchleben, geht es ihr in diesem Heim gut. *Sie ist kein Fall für ein Pflegeheim!* Es wäre für uns alle eine Katastrophe, sie in ein Pflegeheim geben zu müssen. Es müsste nur möglich sein, noch mehr auf die individuellen Grundbedürfnisse der Betreuten einzugehen. Es müsste zu der grundlegenden Philosophie in der Behindertenarbeit gehören, dass für die Menschen *alles* getan wird, was sie brauchen.

Ab jetzt bekam Björg Noni regelmäßig

Mehreres trug dazu bei, dass es Björg besser ging. Ich hatte ihr aus finanziellen Gründen eine Zeitlang weniger Noni, den Saft des indischen Maulbeerbaumes, gegeben. Jetzt erhält Björg wieder Noni und auch Peking Royal Jelly. Von dem Taschengeld, das Björg bekommt (87,90 Euro monatlich), hilft sie mit, den Nonisaft zu bezahlen, was auch mit dem Einverständnis der Mitarbeiter geschieht. Da aber das Taschengeld auch für all ihre Unterwäsche, Socken, Zahnpasta, Seifen, Musikkurse und kleine Ausflüge verwendet werden soll (wofür es oft nicht reicht), haben wir Eltern bisher vieles von diesen Dingen bezahlt. Darum könnte man ebenso gut sagen, dass wir den Nonisaft bezahlen. (P.S.: Einige Jahre später durften auch Socken und Unterwäsche mit dem Bekleidungsgeld bezahlt werden.)

Ernährung oder Ritalin?

Es ist schade, wie wenig Möglichkeiten es gibt, gezielt über Erkenntnisse zu sprechen, die vielen Behinderten allgemein zugute kommen könnten. Gut wäre es, wenn es ein Forum gäbe, in dem Diskussionen gepflegt und Erfahrungsschätze und Ideen in Gesprächen zwischen Eltern, Fachleuten und Behinderten ausgetauscht werden könnten. Wenn diese Ideen und Erkenntnisse in die Gesetze eingingen, würden sie deutlich praxisnäher sein.

Ich versuchte hin und wieder zu sagen, dass gesunde Ernährung für Björg sehr wichtig sei, aber es gab wenig Gelegenheit, solche Erkenntnisse, wie auch immer, weiterzugeben. Auf einer Mitgliederversammlung der Lebenshilfe in unserer Kleinstadt im November 2001 hielt ein Psychologe einen Vortrag über Kinder mit Aufmerksamkeitsdefizits-Hyperaktivitäts-Syndrom (ADHS). Er meinte, dass etwa 90.000 Menschen in Deutschland betroffen seien, und dass die Betroffenen, Kinder, Jugendliche und Erwachsene, eine Behandlung mit Ritalin oder Medikinet bräuchten. Ich hatte aber auch andere Meinungen darüber gelesen, wonach Ritalin als äußerst bedenklich eingeschätzt wurde.

In dem Vortrag wurde nicht auf gesunde Ernährung eingegangen. Mein Mann und ich engagierten daraufhin eine staatlich geprüfte Ernährungsberaterin, die im Mai 2002 einen Vortrag hielt: *Was hat Ernährung mit Lebensqualität zu tun? Was hilft - was schadet?* Wir hatten den Wunsch, betroffene Eltern und Betreuer, Mitarbeiter und den Wohnheimleiter über gesunde Ernährung zu informieren. Die Kosten trugen wir selbst. Insgesamt kamen etwa dreißig Personen. Ich empfand es als einen Meilenstein, dass dieser Vortrag gehalten wurde. Er regte doch zu Diskussionen an.

Wer möchte die Verantwortung eines Mitarbeiters übernehmen?

Manchmal sind nur wenige Mitarbeiter im Heim. Als Mutter habe ich dann oft still für mich gedacht, ich *muss* Björg abholen, damit ein Mitarbeiter es überhaupt schafft, der Betreuung aller gerecht zu werden.

Wenn es notwendig ist, betreuen die Mitarbeiter auch die Bewohner anderer Gruppen mit. Das ist schon bei Personalengpässen gut, aber es hat auch Nachteile und dürfte nicht zu oft vorkommen. Da Überstunden mit Freistunden ausgeglichen werden, muss in solchen Situationen oft ein anderer Mitarbeiter zwei Gruppen übernehmen. Manchmal müssen die Mitarbeiter auch Heimbewohner zum Arzt oder zum Zahnarzt begleiten und können daher nicht in der Gruppe sein. Es ist auch vorgekommen, dass Mitarbeiter wegen Rückenschmerzen entweder der Arbeit fernbleiben mussten oder mit Schmerzen weitergearbeitet haben.

Außerdem hat es einige Grippewellen mit Durchfall und Erbrechen gegeben, die auch die Mitarbeiter erfasst haben, aber sie haben trotzdem weitergearbeitet. Eine abrufbare Reserve hat sich in diesen Strukturen noch nicht entwickelt.

Als ich im Sommer 2002 die Bilder der „Jahrhundertflut“ sah und die etwa so lautenden Texte in den Zeitungen las: „Völlig erschöpfte Menschen, die sich bis an die Grenzen ihrer Leistungsfähigkeit eingesetzt haben“, musste ich denken: Ja, hier hat man dafür Verständnis. Was die Mütter behinderter Kinder und die Mitarbeiter betrifft, die häufig in einer ähnlichen Lage stecken, fehlt dieses Verständnis oft, und es gibt keine Öffentlichkeit, die davon erfährt.

Grundpflege

Manche Mitarbeiter sprechen davon, wie traurig es für sie sei, gar nichts mit den Behinderten machen zu können. Sie hätten alle Hände voll zu tun, nur um das Allerwichtigste zu leisten. „Es ist nur eine Rennerei“, hörte ich einmal, „aber die Grundpflege wird gewährleistet.“

Man kann aber auch die Frage stellen: Ist da wirklich die Grundpflege gewährleistet? Was wäre, wenn die Eltern nicht im Hintergrund bereitstünden?

Weltmeister des Wüstenmarathons?

Und wie sieht es zu Hause aus? Wir Eltern sind in gewissem Sinne auch Mitarbeiter. Natürlich bin ich für alles, was uns Gutes getan wird, dankbar, aber es häuft sich doch manchmal sehr an, was eine Mutter alles verkraften muss. Sie muss sich mit Dingen verschiedenster Art auseinandersetzen und oft in Zeitnot alles Mögliche auf die Reihe bringen. Ich glaube, dass die Mütter oft missverstanden werden, weil andere sich gar nicht vorstellen können, womit sie andauernd konfrontiert sind. Ich denke manchmal, ich mache einen Marathonlauf in der Wüste.

Wenn das zu Bewältigende zu viel wird, kann es überwältigend werden

Ende Oktober 2002 war ich einmal mitten in der Woche vormittags im Heim. Ich hatte für Björg eine Hose gekauft und gab eine Quittung ab, die dem Sozialamt vor Anfang November überreicht werden sollte. Eine Hose darf 40 Euro kosten. Ich hatte jedoch für Björg eine Baumwollhose für 52,50 Euro gekauft und hoffte, dass diese Rechnung vom Sozialamt akzeptiert würde, wenn wir Eltern selbst 12,50 Euro dazulegten. Mir wurde gesagt, es könne genauso gut passieren, dass das Sozialamt diese Rechnung ablehne. Um es gleich zu sagen, die Rechnung wurde akzeptiert, aber ich hörte, dass das nicht selbstverständlich sei. Man soll sich an die Preise halten, die in einer Bekleidungsliste aufgeführt sind, obwohl diese den Preisen der heutigen Zeit keinesfalls entsprechen. Alles ist in Wirklichkeit viel teurer. Wenn Eltern sich nicht an die unrealistischen Preise halten, ist es so gedacht, dass sie selbst den *ganzen Preis* bezahlen sollen. Ob alle Eltern das nötige Geld dazu haben? (Siehe Näheres zu diesem leidigen Thema im Kapitel 17.)

Im Laufe des Tages wurde ich irgendwie sehr nachdenklich, weil mir manche Bestimmungen, die unser Leben beeinflussen, hauptsächlich wohl aber die der Platzgeldtage und des Bekleidungsgeldes, so verquer und unsinnig vorkamen.

Am Abend wurde ich unerwartet vom Heim angerufen. Mir wurde mitgeteilt, dass eine Grippewelle umginge und dass in Björgs Gruppe einige krank seien, drei davon hätten Erbrechen und Durchfall, Björg sei auch betroffen. Wenn ich den Wunsch hätte, sie nach Hause zu holen, dürfte ich es schon, man wolle mich nur informieren. Ich war sehr dankbar für die Information, denn ich war nicht begeistert von dem Gedanken, Björg noch einmal krank im Heim zu wissen. Vielleicht würde sie dann wieder einnässen und einkoten wie im Februar und März. Ich konnte mich zu Hause gut um sie kümmern, während es für die Mitarbeiter im Heim schwierig sein würde, bei einem Personalschlüssel von eins zu acht.

Ich holte Björg sofort ab und habe mich noch einmal herzlich dafür bedankt, dass ich das durfte. Mir kam in den Sinn, dass von den Platzgeldtagen gerade noch so viele übrig waren, um für die Weihnachtsferien auszureichen. Auf dem Heimweg wurde ich so überwältigt davon, wie *schlimm* diese Bestimmungen sind, sowohl die des Bekleidungsgeldes als auch die der Platzgeldtage, und wie miserabel unsere Lage ist, dass mir die Augen immer wieder voller Tränen waren. Ich konnte nichts sehen, fuhr sehr vorsichtig und musste mir die ganze Zeit die Tränen aus den Augen wischen. Wenn ich einen Unfall gebaut hätte, wäre das für die Gesellschaft billiger gewesen? Was wäre gespart, wenn ich nicht funktionieren würde, wenn ich nicht intuitiv wäre und im Voraus vieles durchdenken würde, wenn ich nicht bemüht wäre, dass meine Familie heil durchkommt und ständig daran arbeiten würde, dass alles reibungslos abläuft? Dann würde alles, sowohl für uns als auch für den Staat, wesentlich teurer werden.

Als ich mit Björg zu Hause war, musste sie noch einmal erbrechen, aber sie hatte keinen Durchfall mehr. Sie schlief schnell ein, und ich ließ sie die Pampers anbehalten, die ihr schon angezogen worden waren. Am nächsten Morgen war sie trocken und sauber geblieben. Sie wollte nur weiter im Bett liegen. Um die Mittagszeit bereitete ich ihr gerade ein Bad vor, als das Telefon klingelte: Die Mitarbeiterin der Förderstufe wollte wissen, ob ich Björg am Freitag schicken würde oder nicht, damit das Personal, das gerade sehr knapp war, rechtzeitig eingeteilt werden könnte. Ich sagte, ich würde sie wohl wegen der Platzgeldtage schicken müssen. Ich würde sie viel lieber zu Hause behalten, es sei eigentlich verrückt, sie zu schicken, denn sie sei noch nicht voll genesen. Es hat mir gut getan, als die Mitarbeiterin sagte: „*Wenn man krank ist, ist man krank!*", aber es blieb offen, was morgen sein würde. Anschließend wollte ich Björg baden. Das Wasser hatte eine normale Temperatur, aber dieses Mal fühlte es sich für Björg zu warm an. Als sie sich hinsetzen wollte, stand sie sofort wieder auf und war nicht dazu zu bewegen, sich ins Wasser zu setzen. Ich sah dann, dass ihr After sehr rot war. Es wäre nicht zu verantworten gewesen, sie mit dieser Entzündung zu schicken. Diese extrem rote Hautstelle musste erst ausheilen. Ich rief an und sagte, dass ich Björg *nicht* schicken würde, Platzgeldtage hin, Platzgeldtage her. Es hätte auch nicht gut gehen können, Björg zu schicken. Im Heim war absolut nicht genügend Personal da, um sich um solch eine wunde Stelle zu kümmern. Am Freitag war die Haut noch nicht ausreichend ausgeheilt, erst am Montag war alles wieder in Ordnung und Björg war gesund. Aber vier Platzgeldtage wurden uns auf der Minusseite gebucht! Man muss doch denken: Wie soll sich überhaupt ein einziger Mitarbeiter oder eine Mitarbeiterin um eine Achtergruppe von Behinderten kümmern können, von denen einige unter

Erbrechen und Durchfall leiden? Die Menschen sollen Unmögliches leisten, und das, was sie leisten, ist bewundernswert. Es wäre gut gewesen, auf Aushilfskräfte zurückgreifen zu können und diese vielleicht zu bitten, mir das Kind nach Hause zu bringen.

Nachtrag: Die Fördergruppe fuhr im Frühjahr 2003 in eine Ferienmaßnahme von fünf Tagen. Dankenswerterweise konnte Björg mitfahren. (Wie gesagt, zählten Fahrten mit der Fördergruppe, die inzwischen leider abgeschafft worden sind, als Platzgeldtage.) Björg sollte an einem Samstag zurückkommen, und es war abgemacht, dass ich sie abholte. Die Mitarbeiterin sagte mir, dass es gut wäre, wenn ich Björg am darauffolgenden Montag zu Hause behalten könnte. Diese Mitarbeiterin kennt Björg und weiß, was sie braucht. *An diesem Beispiel sieht man, wie die Leute denken, die die Probleme und die Eigenarten der Behinderten kennen.* Der Druck wegen der Platzgeldtage ist ihr jedoch wahrscheinlich nicht bewusst gewesen, weil sie keine Mutter von einem behinderten Heimbewohner ist.

Die Lebenshilfe - vielen hilft sie vortrefflich, aber nicht allen zufriedenstellend

Anfang des Jahres wollte ich gerne Antworten zu dem Artikel „Orientierungsrahmen zur Leitbild-Entwicklung in der Lebenshilfe“ (siehe Kapitel 7) schreiben und abschicken. Ich musste um einen kleinen Aufschub bitten und erzählte am Telefon, dass ich dabei sei, ein Buch herauszugeben. Einen Tag, nachdem ich die Antworten abgeschickt hatte, rief mich eine Redaktionsmitarbeiterin an und sagte: „Sie können aber gut schreiben.“ Sie habe vor, etwas von meinen Beiträgen in der *Lebenshilfe-Zeitung* drucken zu lassen, denn ich habe sehr gute Ideen. Ich müsse unbedingt zur Mitgliederversammlung im November nach Marburg kommen und solle ihr mein Buch bitte sofort schicken, wenn es erschienen sei. Mein Mann und ebenfalls die Elternvertreter hatten den Beitrag mit meinen Antworten zum Artikel der *Lebenshilfe-Zeitung* schon als sehr gut bewertet.

Nun begann ich, mich für eine Fahrt nach Marburg vorzubereiten. Als das Buch erschienen war, schickte ich es dieser Redaktionsmitarbeiterin als Geschenk. Aber dann hörte ich nichts mehr von dieser Frau und rief sie deshalb einmal an. Sie sagte, man werde wegen des esoterischen Inhalts das Buch in der *Lebenshilfe-Zeitung* nicht besprechen können, ich könne aber eine bezahlte Annonce zur Bekanntmachung des Buches aufgeben. „Es ist so schade - Sie haben ganz tolle Ideen“, sagte sie. Ende September kam das Buch zurück, es lag ein Brief bei mit der Mitteilung, dass die Redaktion der *Lebenshilfe-Zeitung* mein Buch abgelehnt hätte. Ich war darüber sehr unglücklich, wollte nicht nach Marburg fahren und fragte mich, was ich dort eigentlich solle. Ich kümmerte mich nicht um das Erscheinen einer Annonce. Mein Mann aber sagte: „Wir bezahlen eine Annonce“, und schließlich erschien im Dezemberheft diese Annonce (für 161 Euro). Meine Schwägerin Heike überzeugte mich, trotz aller Ablehnung doch nach Marburg zu fahren. Zum Glück, denn im Nachhinein erkannte ich, dass das wichtig war.

So nahm ich im November 2002 als vollwertige Kreisverbandsvertreterin an der Mitgliederversammlung in Marburg teil. Am ersten Tag gab es viele Lobreden. Wir erfuhren, dass es nicht viel Mitgliederzuwachs bei der Lebenshilfe gibt und dadurch finanzielle Schwierigkeiten entstünden. Ich hatte fünf Exemplare des Buches *Sternenkind* auf gut Glück mitgenommen, und tatsächlich konnte ich mit einer Ärztin darüber sprechen, die am gleichen Tisch saß wie ich. Sie interessierte sich aufrichtig für das, was ich ihr erzählte, kaufte sogar zwei Bücher und berichtete anderen davon. Sie meinte, ich könne vielleicht die anderen Exemplare auf einem Stand auslegen. Auf der letzten Mitgliederversammlung in Marburg hätte sie gesehen, wie eine Mutter ihr Buch an einem Stand verkaufte. Als ich daraufhin am Bücherstand fragte, ob ich mein Buch dazulegen dürfe, wurde dies mit dem Satz *„Da kann ja jeder kommen“* abgelehnt. Nicht sehr einladend für jemanden, der gerne mitwirken möchte. Die Idee, ich könnte einen eigenen Stand errichten, war mir nicht gekommen.

Ich war schon traurig. Ich hatte einen beachtlichen Einsatz hinter mir, um ein Buch herauszugeben, in einer Sprache, die nicht meine Muttersprache ist. Außerdem gibt es in dem Buch viele Hinweise darauf, wie es möglich ist, Schwerbehinderten zu helfen.

Keine meiner Antworten, die ich eingeschickt hatte, ist in der *Lebenshilfe-Zeitung* erschienen. Zwar veröffentlichte sie einige Artikel über ausländische Behinderte und ihre Familien. Aber wenn nichts über die Lösungen, die ich vorgeschlagen hatte, gedruckt werden durfte, nur weil die Redaktion der *Lebenshilfe-Zeitung* mein Buch als zu esoterisch bewertete, finde ich das bedauerlich.

Inzwischen teilten mir einige Mütter mit, es habe für sie eine große Hilfe bedeutet, *Sternenkind* zu lesen. Das Buch sei eine wahre Fundgrube, um zu verstehen und Lösungen zu finden. Es sollte eine Pflichtlektüre in den Schulen für Mitarbeiter und Betreuer sein.

Ich dachte damals: Warum ändert die Lebenshilfe nicht einfach ihre Haltung und gibt ihre Ablehnung gegenüber dem Spirituellen auf?

Das Positive in Marburg: Das Thema „Schwerbehinderte"

Diese Versammlung hatte das Schwerpunktthema „Schwerbehinderte". Deswegen war ich auch dort, denn schwere Behinderung ist das Thema, das mir am meisten am Herzen liegt.

Am ersten Tag wurden vorwiegend allgemeine Themen behandelt. Der zweite Tag war ausschließlich dem Thema „Schwerbehinderte" gewidmet. In den ersten Reden wurde so vieles von dem vorgetragen, was ich so gut durch unsere Erfahrungen mit Björg kannte, dass ich immer wieder fast weinen musste. Mehrmals sagte ich aufgeregt zu der Ärztin, die mir gegenüber saß: „Ich kenne dies alles so gut." Ich wollte selbst ans Mikrofon gehen, und sei es nur, um auf drei wichtige Themen aufmerksam zu machen: *den Familienentlastenden Dienst, die Platzgeldtage und die Liste für das Bekleidungsgeld,* aber ich glaubte wegen des Kloßes im Hals nicht sprechen zu können. Anderen ging es nicht anders als mir. Zwei Frauen sagten am Mikrofon, dass sie sehr gerührt seien, und eine der Frauen konnte offensichtlich kaum ein Wort herausbringen. Ich konnte dann den Impuls zum Weinen unterdrücken und ging doch ans Mikrofon. Aber als ich dort stand kamen die Gedanken alle auf einmal: Du kennst dies alles, diese Erfahrungen hast du alle gehabt! Du weißt, wovon du sprichst, du kannst das jetzt sagen! Du kannst einen Beitrag dazu leisten, dass man endlich anfängt, etwas Vernünftigeres für die Schwerbehinderten und ihre Familien zu tun! Du hast jetzt die Gelegenheit, die Leute hören dir zu! Aber das Weinen kam wieder, ich konnte kaum sprechen. Ich sagte dann einfach, wie die Frau vor mir, dass ich so gerührt sei, dass ich kaum sprechen könne - aber schließlich konnte ich doch etwas sagen. Die Ärztin sagte „super", als ich zurückkam, und es tat mir gut, dass sie da war. Sie gab mir Rückhalt. Aber nun kamen auch andere, und sie sagten einiges, was man sonst selten hört. Zum Beispiel sagte eine Mutter, dass **die Eltern dabei sein müssten,** wenn man anfängt, mehr für die Schwerbehinderten zu tun, denn **sie seien die Einzigen, die um die Details wüssten.** Und es kamen mehr Beiträge, in denen doch etwas anderes gesagt wurde, als das sonst meistens der Fall ist. Ich hatte - bewusst und wohl überlegt - das Wort „anstrengend“ benutzt, aber in dem Zusammenhang, dass viel Liebe und auch Glücksgefühle da seien, dass es aber auch oft sehr anstrengend und zeitaufwendig sei, sich um diese Kinder zu kümmern. Kurz darauf ging eine Frau ans Mikrofon und benutzte das gleiche Wort, sprach von „anstrengenden“ Kindern. Wie gut es mir tat, das zu hören! Es ist, als ob es ein Tabu gewesen sei, zu sagen, dass es auch anstrengend sein könne, sich um diese Kinder zu kümmern, die man sehr liebt und für die man alles tun möchte, damit es ihnen gut geht. Irgendeinmal muss das einfach begriffen werden und auch, dass die gesamte Familie manchmal Entlastungen braucht - das Kind von den Eltern und die Eltern vom Kind.

Zwischenwände in Wohngemeinschaften

Als ich zurückkam, war Björg mehr Tage als gewöhnlich hintereinander im Heim gewesen. Ein behinderter Heimbewohner kam auf mich zu und sagte: „Björg redet nachts. Nachts redet man doch nicht, man soll schlafen!“ Normalerweise schläft Björg, und ihre nächtlichen Unruhezustände liegen lange zurück. Aber ungewöhnliche Verhaltensweisen sind bei ihr eben immer wieder zu befürchten, wenn sie durch etwas Außergewöhnliches gestresst wird, und jetzt war sie länger als gewöhnlich im Heim gewesen. Die nächste Nacht bei uns zu Hause redete sie auch die halbe Nacht - aber danach nicht mehr. In anschließenden Gesprächen im Heim erzählte ich, dass in den skandinavischen Ländern kleine Wohnungen oder Einzelzimmer mit angrenzenden sanitären Anlagen gebaut werden. Wenn man so bauen würde, wäre noch ein Raum dazwischen, wenn jemand nachts redete, und es wäre für die anderen nicht so störend. Aber wie schon so oft lautete die Antwort darauf nur: *„Ja, in den nordischen Ländern, aber hier kann man das nicht machen.“* Meiner Meinung nach wäre es aber eine Sparmaßnahme, schalldicht zu bauen - weil dadurch Schwierigkeiten ausgeschaltet würden.

Störungen der Nachtruhe kann man nicht bagatellisieren. Unfälle können passieren, wenn Menschen nicht genug Schlaf bekommen, abgesehen davon, dass ein Mensch mit zu wenig Schlaf nur ein halber Mensch ist. Unerwünschte Vorkommnisse werden sich wiederholen, bis die verursachenden Strukturen geändert worden sind. Um mit Albert Einstein zu sprechen: Probleme kann man niemals mit derselben Denkweise lösen, durch die sie entstanden sind.

Es muss einfach künftig anders gebaut werden: Häuser mit einzelnen Wohnungen oder zweckmäßig gebaute Einfamilienhäuser für kleinere WGs, solide Wände und eventuell sanitäre Anlagen zwischen den Zimmern, die auch isolierend wirken.

Mal schwierig, mal nicht - aber man kann verstehen, warum

Björg ist durchaus nicht immer schwierig. Es muss gar kein Problem sein, sich mit ihr bei anderen in ordentlichen und gut gepflegten Wohnungen aufzuhalten, wenn sie nicht gestresst ist. Sie ist dann völlig sauber und trocken - und auch ruhig. Meine Schwestern wissen das. Sie sagen mir, dass es eine radikale Änderung zum Besseren bedeuten könnte, wenn man sich mehr danach richten würde, was ich sage - was ja, Gott sei Dank, allmählich auch geschieht. Meine Schwestern haben selbst die Erfahrung gemacht, dass Björg nicht die geringsten Probleme bereitet, wenn man sich danach richtet. Sie ist auch lieb zu kleinen Kindern. Meine Schwiegertochter weiß das schon aus Erfahrung und hat keine Bedenken, Björg mit ihren kleinen Töchtern allein zu lassen. Die Mädchen mögen Björg auch gerne.

Doch plötzlich können auch unvorhersehbare schwierige Dinge passieren, vor allem, wenn sie unterwegs ist. Wenn Björg gestresst ist, duldet sie manchmal nicht, dass Leute lesen. Deshalb kann es unglaublich anstrengend für mich sein, mit ihr im Bus oder mit der Bahn zu reisen. Ich musste Björg neulich am Wochenende mit dem Bus abholen, weil ich bei Schnee und Glatteis nicht mit dem Auto fahren konnte, und saß mit ihr auf dem Behindertensitz hinter dem Fahrer. Sie sah oder hörte dann im Bus eine Frau lesen, sie hört ja auch das Knistern der Zeitungen, und das verträgt sie manchmal nicht. Björg wurde immer unruhiger und gab ab und zu Schreie von sich. Der Busfahrer hielt an und bat mich, doch in Zukunft weiter hinten zu sitzen, wenn ich mit meiner Tochter im Bus fahre. Er bekomme einen Schreck, wenn sie so schreie, und könne den Bus nicht fahren. Ich sagte zu ihm: „Es ist auch schwierig für mich. Meine Tochter ist aber nicht immer so, und wenn ich hinten mit ihr sitze, sieht sie die Leute besser und wird dadurch noch unruhiger.“ Der Fahrer fuhr uns aber weiter, weil ich ihm sagte, dass wir bald aussteigen würden. Dieser Busfahrer ist ein sensibler Typ, und eigentlich war er freundlich, ich glaube tatsächlich, dass Björgs jähe Schreie ihn erschreckten. Aber ich konnte sie nicht beruhigen und ihr Schreien nicht abstellen. Als wir aussteigen wollten, war Björg so wütend auf die Frau, die gelesen hatte, dass sie ihr zuerst die Zeitung wegnehmen wollte, sich dann aber auf den Boden legte. Als ich versuchte, sie aus dem Bus zu bekommen, kratzte sie mich beiläufig an der Oberlippe, so dass ich in großen Tropfen blutete. Mit äußerstem Krafteinsatz schaffte ich es, Björg aus dem Bus hinauszubringen, keiner der Fahrgäste half mir. Ich war völlig erschöpft und sehr traurig.

Mir wird gesagt, ich müsse ein Taxi nehmen, wenn ich mit dem Auto nicht fahren kann. Aber in meinen Augen sind das Ausgaben, die ich als ungerecht empfinde. Mein Lösungsvorschlag ist, dass in solchen Fällen individuell geholfen wird. Vielleicht könnte man uns ein Taxi bezahlen, oder Björg könnte irgendwie vom Heim aus zu uns gebracht werden. Es geht doch nur um die wenigen Tage, wenn ich nicht fahren kann. Ich habe den Wohnheimleiter gefragt, ob man uns unter Umständen vom Heim aus Hilfe gewähren könnte, die Kinder abzuholen, aber er verneinte das. Doch inzwischen weiß ich: Einige Male im Jahr werden wohl Taxifahrten offiziell finanziert. Allerdings, so denke ich, muss das im Vorfeld geregelt sein.[8] Für Björg muss es doch eine äußerst schlechte Erfahrung sein, so außer sich zu geraten, wie ihr das schon in Bussen passiert ist, und sich dann nachher schämen zu müssen, *weil dies gar nicht ihr normaler Zustand ist.* Sie sollte solchen Situationen gar nicht ausgesetzt werden. Am Montag nach diesem Wochenende, als ich sie zur Förderstufe brachte, konnte ich wegen des Glatteises auf keinen Fall mit dem Auto fahren. Ich wollte auch kein Geld für ein Taxi ausgeben, wir brauchen das Geld für viele andere und auch wichtigere Dinge. In den frühen Morgenstunden hatte ich bereits Angst wegen der bevorstehenden Busfahrt. Ich raffte mich dennoch auf und brachte Björg mit dem Bus zur Förderstufe, denn die Erfahrung hat gezeigt, dass sie morgens nach dem Ausruhen am Wochenende brav ist. Es ist aber nicht gut, wenn sie sich das „Ausflippen“ im Bus antrainiert. Sie könnte auf die Idee kommen, dies sei das angemessene Benehmen im Bus. An diesem Montagmorgen war Björg jedoch ganz brav. Sie sah einen Mann lesen, hörte sicherlich auch seine Zeitung knistern, aber das störte sie nicht. Sie hatte eben eine Pause am Wochenende hinter sich, aber nicht wie am Freitag ihren Stress der Woche in den Knochen. So kann man verstehen, dass sich manchmal Schwierigkeiten zeigen und manchmal nicht.

(Geschrieben im Januar 2003)

[8] Siehe hierzu aber auch Kapitel 16

15 Alltag und Therapie - Zusammenhänge

Björg kann in einem guten Zustand sein, das hat die Erfahrung gezeigt. Sie braucht dann keine Probleme zu machen, was für alle leichter und auch preiswerter ist. Sie ist auch frei von der Epilepsie. Dagegen höre ich von vielen, die ständig Medikamente bekommen haben und bekommen, dass sie unter immer stärker werdenden Krampfanfällen leiden.

Ich bin der Meinung, dass Epilepsie oft mit der Verdauung zu tun hat. Die Lehrmeinung war (und ist es vielleicht immer noch), dass Epilepsie in erster Linie mit dem Gehirn zu tun hat. Aber die Verdauung beeinflusst doch auch das Gehirn. Björg hat keine Anfälle mehr, aber wir beugen dem ja auch immer vor.

Wenn Björg mit mir auf Island ist, hat sie meistens keine Verdauungsstörungen, alles ist in Ordnung, ohne dass etwas Besonderes getan wird. Weil unser Aufenthalt dort normalerweise einige Wochen dauert, haben wir diese Erfahrung machen können.

Björg *kann* eine geregelte Verdauung haben, dafür gibt es Beweise genug, und sie hat auch keinen „kranken Magen", wie manche mir sagten. Auch muss es sich nicht um eine „Magen-Darm-Grippe" handeln, wenn sie Verstopfung und eventuell auch Durchfall hat. Im Grunde braucht es bei richtiger Ernährung überhaupt keine Verstopfung zu geben. Sie isst auch genug Äpfel und Möhren. (Mir ist nämlich oft geraten worden, ihr Äpfel und Möhren zu geben.) Die Ursache könnte sein, dass sie manchmal etwas isst, das sie nicht gut verdauen kann, aber *manchmal wirkt sicherlich etwas, das für sie Stress ist, störend auf ihre Verdauung ein.*

Wenn Björg sich nicht gut fühlt, gibt es dafür verschiedene Anzeichen. Ich habe sie seit vielen Jahren beobachtet. Wenn Björg in einem schlechten Zustand und erholungsbedürftig ist, kommen nur winzige oder kaum Schweißflocken in ihr Badewasser. Das Wasser sieht dann fast so aus, als ob niemand darin gebadet hätte. Wenn sie aber in eine Erholungsphase gelangt ist, kommt Schweiß - also Stoffe, die durch die Haut ausgeschieden werden - ins Badewasser, und die Schweißflocken sind viel größer als diejenigen während ihrer Stresszustände. Ein Bad kann Björg manchmal aus einem „unmöglichen" Zustand herausholen und zu einem besseren Befinden verhelfen. Sie bekommt jeden Tag ein Bad.

Ich habe den Eindruck, dass Björg leichter als manch anderer in einen Zustand der Übersäuerung gerät, obwohl wir ihr säure- und basenbildende Nahrung in möglichst ausgewogenem Verhältnis geben, und sie auch basische Bäder bekommt. Auch macht ihr manchmal das prämenstruelle Syndrom zu schaffen, das auch mit Übersäuerung zusammenhängt und eine Krisenphase ist. Wenn ich Björg kurz vor ihrer Menstruation bade, sieht das Wasser nach dem Bad oft fast sauber aus. Björg aber fühlt sich schlecht. Ein solches Befinden kurz vor der Menstruation ist auch allgemein bekannt. Wenn ihre Menstruation zu Ende geht, geht es ihr viel besser. Ihr Badewasser ist dann dunkel und gleichsam dreckig, dazu noch voller Schweißflocken, auch wenn das Bad nur von kurzer Dauer war. Björg fühlt sich nun sehr wohl und ist wie neugeboren. Warme Hände, warme Füße, alles ist in Ordnung. Björgs Befinden scheint von ihrem spezifischen biologischen System stark beeinflusst zu sein. Wenn man nun weiß, was sie braucht, um sich gut zu fühlen, wäre es einfach, sie in einem möglichst guten Zustand zu halten und dies ohne Medikamente, die ja ihrerseits immer ein saures Milieu begünstigen.

Ich gebe Björg am Freitag nichts Abführendes, der Körper soll erst die Gelegenheit haben, die Verdauung von sich aus in Ordnung zu bringen. Dies geschieht auch oft, und ihr geht es wieder gut. In Ausnahmefällen, beispielsweise wenn Björg mit einer schweren Verstopfung aus einer Ferienmaßnahme nach Hause gekommen ist, habe ich ihr manchmal sogenannte „abführende Mittel“ gegeben. Sonst tue ich es nicht.

Aber samstags essen wir, seit Jahren schon, immer viel Salat. Eine volle Schüssel mit Äpfeln, Zwiebeln, Knoblauch, grünem Salat, Tomaten und Paprika zusammen mit Reformhaus-Öl. Die Ballaststoffe, Vitamine und Mineralien tun ihr gut.

Es gibt Methoden, um herauszufinden, welche Nahrungsmittel verträglich sind und welche nicht. Eine davon ist der Nahrungsmittelunverträglichkeits-Test. Vielleicht lassen wir diesen Test einmal machen, wenn wir dafür Geld haben. Er kostet allerdings um die 400 Euro und ist, wie ich höre, nur zeitlich begrenzt gültig. Wenn Menschen aufgrund dieses Tests nicht mehr das aßen, was sich für sie als unverträglich herausstellte, haben sich gute Resultate ergeben. Manche Menschen benutzen auch einen Biotensor (Einhandrute) und finden damit Nahrungsmittelunverträglichkeiten und die richtige Dosis von Heilmitteln heraus.

Wie bei uns Wochenenden verlaufen

Ich holte Björg einmal an einem Freitag von der Wohnstätte ab, und wir machten unterwegs einen Spaziergang. Ich habe gleich geahnt, dass sie Verstopfung hatte, konnte es auch aus ihrem Mund riechen. Sie versuchte immer wieder Stuhl zu haben, aber am Samstag kamen nur einige kleine, harte Kugeln. Erst am Sonntag war die Verstopfung gelöst. Am Freitagabend hatte Björg eiskalte Füße. Aus Erfahrung weiß ich, dass sie mit eiskalten Füßen nicht einschlafen kann und hielt deshalb meine Hände an ihre Füße, bis sie warm wurden. Man kann die Verdauung in Gang bringen, indem man auf Punkte hinten an der Wade seitlich der Achillessehne drückt. Bei einer Stuhlverstopfung ist diese Stelle sehr kalt. Es hat Björg schon oft geholfen, wenn ich ein wenig darauf drückte. Natürlich bleibt trotzdem die Ernährung wichtig.

Wenn Björg aber Verstopfung hat, muss ich zusehen, dass sie auch nachts auf die Toilette geht, um zu urinieren, denn bei Verstopfung nässt sie fast immer ein. Auch hat sie schon oft im Heim eingenässt, wenn ich sie erst am Samstag abhole.

Nach dem Buch *Homöopathischer Hausschatz* von Dr. med. Norbert Enders können schwarze, knollige Stuhlbrocken bei Kindern und Greisen durch erlittenen Schreck und Schock ausgelöst werden.

An einem anderen Wochenende, am Samstag nach dem Mittagessen (Salat), zog Björg an mir und wollte kuscheln. Sie hatte eiskalte Finger und Zehen. Ich lag lange bei ihr und wärmte sie mit meinem Körper auf, aber hauptsächlich hielt ich meine Hände an ihren Kopf, weil sie das so wollte. Als wir beide auf diese Weise zur Ruhe kamen, spürte ich, dass aus ihrer Wirbelsäule hoch in ihren Kopf hinein immer wieder drei kleine Stromstöße in einem bestimmten Rhythmus gingen. Das wird erst fühlbar, nachdem man in einen gewissen meditativen Zustand gekommen ist. Ich glaube, dass Björg mich geholt hat, weil sie sich von mir Linderung erhoffte. Und immer, wenn ich „durchfühle", wie in solchen Situationen ihr Befinden im Kopf ist, wird mir klar, wie lebensnotwendig Pausen für sie sind. Es ist ganz schlimm, diese Erholungsphasen durch allerlei andere Programme „wegzuorganisieren".

Nach einem „lahmen" Spaziergang war sie wärmer geworden, aber sie war immer noch nicht in Ordnung. Am Abend hatte sie Schwierigkeiten mit dem Einschlafen.

Seitdem ich das Buch *Wasser - die gesunde Lösung* von Dr. med. Batmanghelidj gelesen habe, habe ich Björg manchmal durch einen Rat aus diesem Buch helfen können. Ich gebe ihr dann abends ein wenig Wasser zum Trinken und danach eine kleine Prise von hochwertigem Natursalz auf die Zunge. (Normales Speisesalz - was schlicht nur Natriumchlorid ist, das wir ohnehin nicht im Hause haben - würde brennen.) So tat ich es auch jetzt. Björg schlief rasch ein, und am nächsten Morgen hatte sie reichlich Stuhl.

Danach war wirklich alles anders und besser. Am Sonntagnachmittag ging Björg mit uns leichten Schrittes fröhlich spazieren. Immer, wenn sie sich wohlfühlt, weiß ich, dass jetzt keine Krampfgefährdung besteht. Latent könnte diese immer noch bestehen, wenn vieles zusammenkommt, was sie nicht verträgt. Sie schläft auch viel besser und schläft durch, wenn sie so „in Ordnung" gekommen ist.

An diesem Sonntag spürte ich deutlich, ohne Körperkontakt zu haben, wie von ihrem Körper Wärme und Lebendigkeit ausging - alles war anders geworden. In der Nacht zum Montag schlief sie auch durch und sehr gut. Mein Mann und ich kennen diese Unterschiede, und wir wissen, wie solche kleinen „Wunder" zustandekommen.

Noch ein Beispiel:

Einmal an einem Freitag, als ich Björg abholte, aß sie gerade einen Apfel. Das letzte Mal, als ich im Heim war, hatte ich etwas über ihre Verstopfung gesagt. Vielleicht bekam sie jetzt deswegen diesen Apfel. Zu Hause angekommen, gab ich ihr Cellagon aurum zu trinken. Dies war in der Zeit, als wir selbst anfingen, es einzunehmen. Ich achtete nicht darauf, dass man es am besten nur morgens trinkt, und gab ihr ein halbes Glas Wasser mit 5 Milliliter Cellagon aurum; das ist etwa eine halbe Dosis. In der folgenden Nacht wachte Björg gegen 3.30 Uhr auf und hatte Power, Power, Power. Wirkte das Cellagon so stark auf sie? Gab es jetzt besondere kosmische Einflüsse, die auf sie wirkten? Was war es? Sie redete unablässig bis zum Morgen. Sie gab Szenen aus dem Heim und der Fördergruppe vollkommen wieder; sie „spulte sie ab". Gegen Morgen am Samstag schlummerte ich etwas, und während dieser Zeit bekam sie Durchfall. Sie war anscheinend unterwegs zur Toilette, hatte es aber nicht ganz geschafft. In diesem Durchfall waren lauter kleine Kugeln, also handelte es sich um eine Verstopfung, die sich mit dem Durchfall löste. Dieser Durchfall war *keine* Magen-Darm-Grippe. Er hatte ganz andere Ursachen. Mir ging ein Licht auf, dass für Björg andere Regeln gelten müssen als für viele andere. Sie hat ohnehin viel Kraft, und sie ist keinesfalls schlecht ernährt. Wahrscheinlich wird Cellagon aurum ihr gut tun, aber sie muss weniger davon bekommen als empfohlen und auch nur morgens.

Am Sonntag wiederum war Björg vollkommen in Ordnung. In der Nacht zum Montag war sie entspannt und ruhig und schlief durch.

Nun fiel mir ein, dass Björg jahrelang fast täglich einen Apfel gegessen hat, aber sie hat immer nur einen halben vormittags und einen halben nachmittags verzehrt oder in Stücken über den Tag verteilt. Wenn sie einen ganzen Apfel auf einmal aß, neigte sie zu Durchfall. Wir wussten das, sowohl wir hier zu Hause als auch die Mitarbeiter der Fördergruppe, und wir kamen überein, ihr weniger auf einmal zu geben. Ihre Verdauung war völlig in Ordnung, wenn sie einen Apfel stückchenweise aß. Diese alten Einsichten hatte ich nun erneut mit den Mitarbeitern im Heim zu besprechen, denn Björg bekam und bekommt immer noch Äpfel in der Fördergruppe. Anscheinend verträgt sie nicht viel mehr als einen Apfel am Tag. Aber dieser eine Apfel bekommt ihr gut.

Manche Probleme sind „Mehrkernprobleme“

Wenn Björg Durchfall oder Verstopfung hat, leidet sie darunter. Dies bedeutet auch viel zusätzliche Arbeit für mich. Außerdem ist es schwierig, wenn sie die halbe Nacht redet. Um alles bestmöglich zu verstehen und auch sich selbst zu helfen, muss immer mehreres in Betracht gezogen werden. Vieles ist sicherlich hilfreich und empfehlenswert, aber ich muss auch selbst die „Geschehnisse“ verkraften können. Wenn Menschen mich über wertvolle Stoffe, wie zum Beispiel über Cellagon aurum, informieren, erhoffen sie sich vielleicht, dass mit Björg ein Wunder geschieht, wenn sie nur das Mittel bekommt, das sie empfehlen. Aber die Situation ist nicht so einfach. Menschen, die Björg nicht kennen, können nicht wissen, dass sie nicht an einem Energiemangel leidet und auch gut ernährt ist. Wertvolle Stoffe sind ein Segen und verhelfen ihr zu einem guten Allgemeinzustand, aber es ist weniger zu erwarten, dass irgendein Wundermittel sie von ihrer Behinderung, die ja auf einem Gehirnschaden beruht, völlig befreit. (Doch will ich nicht vergessen, was manchmal mit der Homöopathie möglich ist, zum Beispiel, was in dem Buch *Es geht auch ohne Ritalin* steht, denn darin wird von deutlichen Besserungen berichtet.) Man muss herausfinden, was Björg gut tut. Cellagon aurum ist definitiv für sie ein gutes Mittel, aber das Gleiche gilt auch für andere wertvolle Stoffe, die sie bekommt.

Ich weiß immer noch nicht, warum Björg, seitdem sie in einem Heim lebt, häufig Probleme mit Verstopfung hat, was sie nicht hatte, als sie bei uns wohnte. Was setzt ihr zu? Ich vermute mehreres. Bekommt sie manchmal ausnahmsweise etwas aus der Mikrowelle? Das verändert die molekulare Struktur der Nahrung. Ist es irgendein Stress, der Björg anders reagieren lässt? Werden vielleicht gesüßte Joghurts und ähnliche industriell zubereitete Milchprodukte im Heim gegessen? So etwas habe ich seit zehn Jahren nicht im Hause. Sonst kann ich an der Ernährung im Heim kaum etwas bemängeln. Die Ernährung dort ist gut. Hier bei uns und auch auf Island vertrug Björg eigentlich alles, auch natürliche unveränderte Milchprodukte.

Das „Reden während der Nacht" ist auch etwas, das nicht sein muss. Ich glaube, auch hier darf man nicht nur nach *einer* Ursache suchen, sondern nach einer Vielzahl. Wenn Cellagon aurum sie so kraftvoll macht, dass sie die halbe Nacht redet, dann kann man das nicht gutheißen. Allerdings soll sie im Heim ab und zu nachts geredet haben, als wir noch gar nicht begonnen hatten, ihr dieses Nahrungsergänzungsmittel zu geben. Wertvolle Stoffe helfen, aber viel Reden während der Nacht kann in einer Gemeinschaft sehr störend sein. - *Jetzt* verträgt sie Cellagon in der für sie richtigen Dosierung gut, und zum Glück redet sie auch nicht mehr während der Nacht. Erkenntnisse müssen ja auch einmal Früchte tragen.

Mit einer neuen Erfahrung wurde ich konfrontiert, als mir - sanft – nahegelegt wurde, Björg öfter über das Wochenende im Heim zu lassen. Ich habe nichts dagegen, sie bei den Mitarbeitern zu lassen. Sie sind gute Menschen, sie haben Björg lieb und haben sie „gerne um sich", wie sie sagen. Das kann ich gut verstehen, denn wenn Björg in einem guten Zustand ist, ist das so. Meine Schwestern haben das auch so empfunden. Björgs Energien sind Liebe, und Liebe hat man immer gerne um sich. Björg fühlt sich aber nicht immer wohl, und so können Schwierigkeiten entstehen.

Als Björg einmal zwölf Tage ohne Unterbrechung im Heim bleiben musste, stellte sich deutlich heraus, dass das für sie zu viel war. Dadurch entstanden für alle Beteiligten Probleme; vielleicht aber doch am meisten für Björg und mich. Ich brachte geschrotetes Getreide, Cellagon aurum und Sahne für die Wochenenden im Heim mit, und die Mitarbeiter haben Björg diesen Brei auch bereitwillig und liebevoll gegeben. Bei der Verdauung am Wochenende hat es sicherlich geholfen. Zwölf Tage am

Stück scheinen aber bei ihrem sensiblen Wesen zu viele Tage auf einmal zu sein. Sie scheint dann mitunter Kopfschmerzen zu haben. Am Samstag darf ich ihr den Kopf überhaupt nicht waschen, sie schreit und wehrt mich heftig ab. Ich „wasche“ ihr trotzdem die Haare, aber auf die Weise, dass ich Wasser über das Kandesn-Shampoo gieße und gar nicht massiere. Am Montagmorgen lässt sie sich dagegen gern den Kopf waschen, auch mit Massieren der Kopfhaut. Ein anderes Phänomen: Sie wacht früh auf, hört die Vögel singen, ist sehr nervös, ruft: „Musik ausmachen, Musik ausmachen.“ Ich sage ihr, dass die Vögel singen - draußen. „Vögel ausmachen, Vögel ausmachen“, schreit sie. Sie hat eiskalte Füße und Flecken auf dem Kopf. So muss ich ihr die Kopfhaut reinigen, bevor sie wieder zur Tagesstätte geht. Sie macht sich nass, bis sich ein harter Stuhl gelöst hat. Sie ruft: „Ich bin böse“ (wo hat sie das gelernt?), und ahmt diesen Zustand nach, bis sie sich besser fühlt - was dauern kann. Sie hat Ängste und scheint hellsichtig zu sein. Dann muss ich bei ihr sein. Sie zeigt auf etwas, das ich nicht sehen kann. Wenn sie sich gut fühlt, hat sie aber keine Ängste. Auch wenn sie vielleicht immer noch hellsichtig ist, scheint dies kein Störfaktor mehr zu sein. Sie sieht dann wahrscheinlich nur Gutes. Sie hat rote Striche auf der Haut, die nicht konform mit den Meridianlinien in Erscheinung treten, beispielsweise hat sie manchmal einen Strich in der Nähe des Magenmeridians, wenn sie sich schlecht fühlt, aber nicht dort, wo dieser verläuft. Dies ist *immer* ein schlechtes Zeichen, und sie ist dabei *immer* grantig. Sie ist rot um die Genitalien herum; das ist, wie gesagt, keine Frage einer mangelnden Hygiene, sondern hat mit Stress und Übersäuerung zu tun. Hierdurch wird wiederum weiterer Stress verursacht, weil Björg sich mit diesen „Halbmonden“ nicht wohl fühlt. Sie hatte auch wieder offene Wunden oberhalb des Afters. Das war nicht nach einem Wochenendaufenthalt im Heim, sondern als einmal arger Personalmangel herrschte. Was wäre gewesen, wenn ich sie nicht hätte abholen dürfen oder können?

Ein Dankeschön

Nun möchte ich aber auch von Anerkennung und Dankbarkeit sprechen. Wir sind dankbar, dass die Menschen im Heim gut sind, dass Björg ein Einzelzimmer hat, dass ich ihr die Therapie mit Hilfe der Mitarbeiter geben darf, dass uns der Heimleiter und die Mitarbeiter unterstützen, dass sich diese Menschen nach bestem Vermögen nach Björgs Nahrungsbedürfnissen richten und dass das Heim ihr Freizeitbeschäftigungen anbieten kann, wozu wir nicht in der Lage wären. *Von den Mitarbeitern wird für Björg alles Menschenmögliche getan. Dafür sind wir dankbar!*

(Geschrieben im März 2004)

16 Kontakte ins Ausland – und wieder zu Hause

Erneute Frage nach Hilfe - Antwort wie immer

Ich nehme den Faden dort auf, wo ich von den Schwierigkeiten mit Björg im Bus berichtet habe. Das war am 10. Januar 2003. Wenige Tage später ist dann unerwartet meine Mutter gestorben. Ich buchte einen Flug nach Island. Unmittelbar vor der Reise berichtete ich dem Wohnheimleiter von dem Vorfall im Bus und fragte erneut, ob man mir in Notfällen beim Transport helfen könne. Die Antwort war wieder: *„Nein, das können wir nicht machen."* Der Wohnheimleiter sagte, er habe gar keine Möglichkeit, mir zu helfen. Manchmal sei zwar ein Kleinbus frei, aber man könne sich darauf nicht verlassen. Eine solche Hilfe sei im Rahmen der Wohnheimarbeit nicht vorgesehen. Der Wohnheimleiter ist sehr nett, und dies war keine unfreundliche Geste. Es ist einfach so. Eine solche Hilfe steht einfach nicht zur Verfügung.

Eine Woche auf Island - völlig andere Denkmodelle

Am nächsten Morgen bin ich nach Island geflogen. Dort wohnte ich der Beerdigung meiner Mutter bei und traf meine Geschwister und Verwandten. Ich erzählte meiner Cousine, die auch ein behindertes Kind hat, von meinen Schwierigkeiten, Björg mit dem Bus zu bringen. *„So etwas löst man hier wie nichts",* war ihre Reaktion. Man hat einen speziellen Fahrdienst für Behinderte eingerichtet: Eine Fahrt mit dem Taxi kostet so viel wie eine Fahrkarte für die öffentlichen Verkehrsmittel, sofern ein Behinderter aus irgendeinem Grunde nicht mit dem gewöhnlichen Fahrdienst für Behinderte befördert werden kann. Der Taxifahrer kann einen Beleg einreichen und bekommt die Differenz erstattet. Meine Cousine und auch alle meine Geschwister und ihre Familien waren einhellig der Meinung, dass es weder Björg noch mir zuzumuten sei, unter den gegebenen Umständen mit dem Bus zu fahren.

Gespräche mit Hrefna und Jarþrúður

Die letzten Tage, bevor ich wieder nach Deutschland flog, konnte ich dazu nutzen, mit zwei Frauen zu sprechen. Die eine kannte ich schon von früher; das ist Hrefna, eine „Entwicklungstrainerin". So werden Menschen genannt, die dreieinhalb Jahre lang lernen, geistig Behinderte zu betreuen.

Sie ist vom Staat angestellt, um mit Eltern behinderter Kinder zu sprechen. Hrefna hat gründliche Kenntnisse von den verschiedenen Gesetzen und dem sozialen System.

Die andere ist Jarþrúður, eine Krankengymnastin und Mutter eines autistischen Kindes, die als Ratgeberin für Eltern autistischer Kinder arbeitet. Jarþrúður hatte ein Interview gegeben, das ich gelesen hatte, und deswegen suchte ich sie auf. (Ich habe von beiden die Erlaubnis, ihre Namen zu nennen.)

Bei dem Gespräch mit Hrefna war auch eine junge Entwicklungstrainerin zugegen.

Wir sprachen über Heime und Wohngemeinschaften. Ich berichtete, dass das Heim, in dem Björg lebt und das im Jahr 2000 für 24 Bewohner gebaut wurde, nun als zu klein gilt. Dieses Heim ist für uns ein Segen, eben weil es *kein großes Heim* ist. Aber nun diskutiert man darüber, in Zukunft lieber größere Heime zu bauen. Eventuell sollen auch Mehrbettzimmer wieder eingeführt werden - um zu sparen (!).

Hrefna sagte mir, dass man auf Island während der letzten Jahre darum gekämpft habe, die Wohngemeinschaften kleiner zu machen. Es sei seit 1992 gesetzlich verboten, dass mehr als sechs Personen in einer Wohngemeinschaft unter einem Dach zusammen leben. Man finde sogar schon WGs mit sechs Personen zu groß und möchte nicht mehr als fünf Bewohner in einer WG haben, was auch bald das Übliche sein werde. Es gebe auch WGs mit lediglich vier Bewohnern. Außerdem bestehe für Behinderte die Möglichkeit, sozusagen selbständig in separaten Wohnungen zu leben.

Ich erzählte von meiner schlimmen Erfahrung im Bus und dass keine Hilfe in Aussicht sei. Beide Frauen berichteten mir spontan vom Behindertenfahrdienst, von dem ich schon durch meine Cousine wusste. Sie sagten auch, dass sie es unzumutbar fänden, sowohl für Björg als auch für mich, mit öffentlichen Bussen zu fahren. Außerdem wäre das überhaupt nicht gut für Björg. Dies entspricht genau meinen Erfahrungen und meiner Meinung. Björg trainiert sich doch nur Verhaltensstörungen an, wenn sie mit öffentlichen Bussen fahren muss, vor allem, wenn sie gestresst ist. Sie fanden das, was ich ihnen sagte, schockierend.

Zuletzt sagte Hrefna zu mir: „Sprich doch mit der Gemeinde. Vielleicht wissen die einen Weg, um dir zu helfen.“ Das tat ich dann auch, als ich zurück in Deutschland war. Ich werde weiter unten davon berichten.

Als ich bei Jarþrúður war, fragte sie mich einiges über Björg und ihre Verhaltensweisen und meinte, Björg sei doch ziemlich autistisch. Das ist natürlich nicht als eine Diagnose aufzufassen, aber es war ein Hinweis. Diagnostiziert wurde übereinstimmend von zwei behandelnden Ärzten eine perinatale (während der Geburt entstandene) Gehirnschädigung, die sich zunächst in Krämpfen äußerte. Außerdem legte Björg eine große Hyperaktivität an den Tag. In der Zwischenzeit hat sie aber erstaunliche Fortschritte gemacht.

Jarþrúður riet mir, mich über Autismus zu informieren. Es würde gute Artikel und Bücher geben, und wenn ich Informationen über die Gründe für manche Verhaltensstörungen - zum Beispiel für Wahrnehmungsstörungen - kennen würde, könnte ich die Schwierigkeiten meiner Tochter besser verstehen. Wir sprachen auch über eine Behandlung, die *Sensorische Integration* genannt wird. Jarþrúður wunderte sich, dass ich ohne Entlastungsmaßnahmen „überlebt" hätte. Ihre Bemerkung kam wirklich von Herzen, und sie sagte, dass die Behinderungen und Störungen, unter denen Autisten leiden, sehr schwere Behinderungen seien.

Seitdem ich mich mit Autismus beschäftige, ist mir aufgefallen, dass *sehr viele mir bekannte Behinderte autistische Züge aufweisen.* Sicherlich würde es einen großen Fortschritt bedeuten, wenn mehr Menschen etwas über Autismus wüssten, und wenn diese Erkenntnisse generell in die Betreuung behinderter Personen mit einfließen würden. Vielleicht sind Autisten die empfindlichsten Menschen. Alles, was man lernt, um ihnen zu helfen, könnte auch vielen anderen zugute kommen.

Wir waren einer Meinung darüber, dass sensible, behinderte Menschen eine Umgebung brauchen, die dazu verhilft, Schwierigkeiten, die sich manchmal wegen ihrer Empfindlichkeit einstellen, nicht zum Tragen kommen zu lassen. Die Bemühungen, solche Umgebungen und Tagesstrukturen zu schaffen, leitet man aus den Menschenrechten her. Der gesunde Menschenverstand sagt einem, dass das vernünftig und im Endeffekt auch sparsam ist.

Jarþrúður hat mir Bücher von Donna Williams und Temple Grandin empfohlen und auch einige Artikel mitgegeben oder nachgeschickt.

Einen dieser Artikel hat eine Amerikanerin, Lisa S. Lewis, geschrieben. Er handelt davon, wie ihr autistischer Sohn und andere autistische Kinder durch eine besondere Ernährungsweise wesentliche Besserungen erfahren haben. Ich las ihn auf dem Rückflug nach Deutschland. (Lisa S. Lewis hat auch zwei interessante Bücher mit dem Titel *Special Diets for Special Kids* geschrieben. Siehe Literaturverzeichnis.)

Wieder im Alltag zu Hause übersetzte ich zwei der Artikel und gab sie Frauen hier in Deutschland zu lesen. Außerdem kopierte ich alle Artikel und schickte sie wieder nach Island zu meinen Geschwistern. Ich finde es gut, ja geradezu existenzwichtig, dass meine Geschwister und auch die Familie hier in Deutschland Bescheid darüber wissen, womit ich mich, ausgelöst durch Björgs Behinderung, beschäftige.

Brief an Jarþrúður - ein Beispiel für Austausch

Später schrieb ich Jarþrúður einen Brief, den ich hier in den Grundzügen wiedergebe. Ich informierte sie über Bücher, die ich gelesen hatte:

Einige sind auf Isländisch, aber die meisten auf Deutsch. Das Buch *Á leið til annarra manna* (Unterwegs zu anderen Menschen) von Trausti Ólafsson handelt von einem Mädchen, von dem man lange Zeit annahm, es sei geistig behindert. Aber es stellte sich heraus, dass es hochbegabt ist. Diese junge Frau ist sehr stark spastisch gelähmt. Als man aber anfing, etwa 1980, mit Computern zu arbeiten, zeigte es sich, dass sie mit Hilfe von Vorrichtungen durch Bewegung des Kopfes auf der Tastatur schreiben konnte. Sie schrieb unter anderem bemerkenswert gute Verse.

In dem Buch *Ich Igelkind* von Katja Rohde (und ihrer Mutter Ulla Rohde) las ich Ähnliches. Katja Rohde ist hochintelligent, autistisch, aber die meisten glaubten, sie sei geistig behindert, bis sie 23 Jahre alt war. Zu dem Zeitpunkt war sie schon längst mehrerer Fremdsprachen mächtig und konnte diese - neben Deutsch - lesen, obwohl sie normalerweise nicht oder kaum sprechen konnte. Sie hat sich diese Sprachen selbst beigebracht. Meiner Meinung nach liegt etwas in dieser Information verborgen, dem man weiter nachgehen sollte. Ich denke, dass das fotografische Gedächtnis, von dem es in vielen dieser Bücher gleichlautende Berichte gibt, etwas damit zu tun hat, wie offen diese Menschen sind, und wie gut sie Kenntnisse intuitiv empfangen können. Wahrscheinlich können sie das oft viel besser als wir, die wir als nichtbehindert gelten.

Hier ein weiteres Beispiel für das, was autistische Kinder können. Die autistische Tochter einer Frau, die ich kenne, schreibt jetzt auf der Schreibmaschine: „Ich kann lesen." Das hatte ihr niemand beigebracht! Als sie mit 18 Jahren anfing, auf der Schreibmaschine zu schreiben, also, *als überhaupt die Kommunikation begann,* war ihre Rechtschreibung einigermaßen richtig. Trotzdem glauben wohl immer noch die meisten, sie sei geistig behindert, weil sie sich nur mühsam verbal ausdrücken kann.

Ich habe auch ein hochinteressantes Buch von zwei amerikanischen Ärzten und Eheleuten, Judyth Reichenberg-Ullman und Robert Ullman, gelesen: *Es geht auch ohne Ritalin* (Originaltitel: *Ritalin Free Kids).* Sie halten eine richtige Ernährung für sehr wichtig, haben aber auch festgestellt, dass das richtig gewählte homöopathische Mittel am allerbesten hilft. Einige der behandelten Kinder waren Autisten.

(Nachtrag: Die Autoren haben mehrere Bücher geschrieben. Als ich den Brief an Jarþrúður schrieb, war ihr Buch *Rage-Free Kids* in deutscher Übersetzung noch nicht erschienen, aber ich las es später. Auf Deutsch heißt es *Richtig wütend - Zorn lösen - Balance finden.* 2006 kam in deutscher Sprache auch ihr Buch *Das verschlossene Kind - Die homöopathische Behandlung von Autismus, Asperger Syndrom und hochbegabten Kindern* heraus, das sie zusammen mit dem Arzt Ian Luepker verfasst haben. Alle diese Bücher stellen für mich lebenswichtige Inhalte dar. Leider las ich ihr letztgenanntes Buch erst, nachdem ich die Texte für das hier vorliegende Buch fast fertiggestellt hatte. Ich wünschte mir, ich hätte es früher gelesen. Das Gleiche kann ich sagen über das Buch *Autismus und die Verbundenheit mit Gott* von William Stillman.)

Das Buch *Tony* von Mary Callahan enthält in der deutschen Übersetzung einen Anhang mit Informationen des deutschen Bundesverbandes „Hilfe für das autistische Kind e.V." (heutiger Name: „**autismus** Deutschland e.V. - Bundesverband zur Förderung von Menschen mit Autismus"). Hieraus lernte ich auch die deutschen Fachwörter kennen.

Als ich die Bücher *Buntschatten und Fledermäuse* von Axel Brauns und *Doran* von Linda Scotson las, fand ich es von Vorteil, dass sie lang und ausführlich schreiben. Dies ist ihre Methode, die Dinge zu schildern. Ihre Bücher lassen sich leicht und schnell lesen. Die ganzen Umstände werden klar dargestellt und gewähren Einblicke in eine spezielle Lebenslage.

Ich war von den Büchern *Doran, Tony* und *Ich Igelkind* sehr berührt, weil ich dies alles selbst so gut kenne. Meine Erfahrung ist in vielerlei Hinsicht die Gleiche wie die von Linda Scotson. Sie konnte sich längere Zeit erst nach Mitternacht schlafen legen, und bei mir war es ebenso. Wir beide haben ganz entscheidende Therapien angewendet, um unserem Kind zu helfen. Später kam die Belohnung. Doran wurde gesund, Björgs Zustand besserte sich erheblich. **Die Cayce-Therapie - und im Zusam-**

menhang damit das Absetzen der Medikamente - hat unsere Familie einfach gerettet.

In all diesen Büchern ist von verschiedenen Behinderungen die Rede, aber trotzdem gibt es viele Übereinstimmungen. Es sollte keine Rolle spielen, ob die Diagnose auf Gehirnschaden, Autismus, Epilepsie oder Hyperaktivität lautet, wichtig ist nur, dass geholfen wird.

Auf Island wurde mir gesagt, dass bei einer frühzeitigen richtigen Diagnose die Wahrscheinlichkeit größer sei, genau die passenden Hilfen geben zu können. Das Wichtigste von allem ist doch, dass alle Familien mit schwierigen Kindern die Hilfe bekommen, die *passt.*

In meinem Brief erwähnte ich noch kurz ein Buch mit dem Titel *Obsession* von dem englischen Arzt Arthur Guirdham. Es wurde einmal auf einem Seminar des englischen Heilervereins „National Federation of Spiritual Healers“ empfohlen. Mit diesem Wort meint der Autor Fixierung auf irgendetwas, so wie man es bei Autisten kennt.

Ich wies Jarþrúður außerdem auf die „Kryon“-Bücher hin (Autor: Lee Carroll). Darin gibt es interessante Informationen über Autismus. Auch empfahl ich ihr den Artikel des Naturheilkundlers Keith R. Smith: „Chronische Umkehrung der Polaritätsverhältnisse bei den besonderen Kindern von heute“ aus dem Buch *Die Indigokinder* von Lee Carroll und Jan Tober. In diesen Büchern wird mehrmals über Ausgleichstherapien berichtet und auf ihre besondere Bedeutung hingewiesen.

Als ich den Brief an Jarþrúður schrieb, hatte ich noch nicht das Buch von Dr. med. Carl H. Delacato *Der unheimliche Fremdling - Das autistische Kind*, das 1974 in Amerika erschienen ist, gelesen. Ich las es bald danach. Dr. Delacato sagt an einer Stelle, dass die vielfachen Formen von Autismen eher *Sensorismen* genannt werden sollten, von denen er annahm, dass sie Störungen der Sinnesorgane oder Sinnesbahnen seien, die *auf Hirnverletzungen zurückzuführen sind.* Das Gehirn arbeite anders, habe eine ungewöhnliche Funktionsweise. Es sei anders vernetzt, würde man heute vielleicht eher sagen. Deswegen würden sich Verhaltensweisen zeigen, die für andere schwer zu verstehen seien: das sogenannte *autistische Verhalten.* Dieses Buch gehört zu den interessantesten Büchern, die ich gelesen habe.

Auch dies ist Behindertenarbeit

Jarþrúður hat meinen Brief gut aufgenommen. Unsere Kommunikation war direkt aus dem Leben gegriffen. Jarþrúður gab mir Informationen und schickte mir Artikel, und ich erwiderte ihre Hilfe. Unser Austausch verdeutlicht eine *lebensnahe* Behindertenarbeit, wie sie sein sollte.

Die sechs Tage auf Island haben mir großen Aufschwung gegeben. Es ist paradox, das zu sagen, denn meine Mutter war gestorben, und wir waren traurig. Andererseits war es ein großer Segen für mich, Jarþrúður kennenzulernen, und dies geschah nur, weil ich auf Island war, um von meiner Mutter Abschied zu nehmen. Auf diese Weise hat mir meine Mutter sehr geholfen, so wie sie es auch immer getan hat.

Vorher fand ich manches ziemlich trist. Die Angehörigenbeiratssitzungen verliefen vorwiegend so, dass der Wohnheimleiter berichtete, wer neu angestellt sei, wer gehe, wie die Gesetze seien, und wie man sich verhalten müsse, um diese zu befolgen. Die Struktur der großen Heime mit vielen Menschen erlaubt bei Zusammenkünften nicht mehr; die Struktur ist im Ganzen kommunikationsfeindlich. Zwar wird über einen finanziellen Zusammenschluss der Eltern geredet, der es ermöglicht, einen Anbau für zwölf ältere und vorgealterte, also mehr pflegebedürftige Personen, an einem unserer Heime zu errichten. Wenn dieser fertiggestellt ist, werden insgesamt 52 Personen in einem Gebäudekomplex wohnen. Aber es gibt irgendwie viel zu wenig Zeit und Raum, um über die Philosophie in der Arbeit mit behinderten Menschen zu reden, darüber, worum sich dies alles dreht. Es geht immer nur hauptsächlich darum, wie das Wohnheim überleben kann. Es ist genauso wie früher. Damals war das zentrale Thema, wie die Tagesstätte (das Heilpädagogische Zentrum) überleben könnte. Es sind Jahrzehnte relativ guter Jahre mit solchen eingeschränkten Aufgaben vergeudet worden, während derer man sich mit den Grundlagen einer guten Behindertenarbeit besser hätte beschäftigen können. Ich habe deswegen manchmal fast den Mut verloren.

Auf Island erlebte ich vollkommen andere Ansätze. Dort wurde darüber geredet, wie wichtig ein Informationsaustausch ist. Man sprach über die Auswirkungen verschiedener Behinderungen und auch darüber, dass manche behinderte Menschen nur *kleine* Wohngemeinschaften vertragen. Es wurde darüber diskutiert, den richtigen Rahmen zu schaffen, das heißt, das Drumherum so zu gestalten, dass Schwierigkeiten vermindert werden.

Hier in Deutschland wird jetzt auch daran gearbeitet, dass sich betroffene Eltern und Angehörige treffen. Aber die Schwierigkeit bleibt, dass es an der Teilnahme mangelt.

Bei der Gemeinde
Bald nach der Heimkunft in Deutschland richtete ich mich nach Hrefnas Rat und sprach mit Frau A. im Gemeindebüro im Dorf über die Möglichkeit, in Ausnahmefällen eine Taxifahrt erstattet zu bekommen. Sie hörte sich aufgeschlossen alles an - ich durfte erzählen. Ihr war bewusst, dass wir, mein Mann und ich, sehr viel für unser Kind getan und auf diese Weise natürlich auch dem Staat viel Geld gespart haben. Es könnte sowieso viel mehr gespart werden, wenn die Kommunen die Behindertenangelegenheiten übernehmen würden. Alles wäre weniger anonym, die Leute wüssten besser, wie es um die Familien in ihrer Umgebung bestellt ist. Auch viel Verwaltung, Porto und Verdruss könnten auf diese Weise gespart werden. Frau A. konnte mir dennoch nicht sagen, ob in solch einem Fall wie dem unseren eine Hilfe für Fahrten zu bekommen sei, aber sie schrieb mir zwei Adressen auf, die eine vom Hauptsitz der Samtgemeinde, die andere vom „Sozialverband Deutschland“.

Ich bekam einen Termin bei Frau B. in der Samtgemeinde.

Sie hörte sich alles an, als ich ihr die Gründe erklärte, warum ich mit Björg nicht mit dem Bus fahren kann. Sie sagte mir, in den skandinavischen Ländern hätte man eher ein „Ein-Tür-System“, das heißt, man gehe am Anfang durch *eine* Tür, und danach werde alles so koordiniert, dass man möglichst die passende Hilfe bekomme. Im deutschen System gebe es so viele Türen, dass es oft schwierig sei, sich zu orientieren.

Ich notierte mir kurz folgende Sätze, diese sagen allerdings viel aus: Da gibt es die „überörtlichen Träger“. Damit ist gemeint: Wir, die Eltern, gehören zwar zur Gemeinde, aber Björg als Behinderte gehört zur Region Hannover. Das Ganze sei „nicht sehr durchlässig“. Das bezieht sich auf das soziale System, und im Klartext heißt das wohl, dass in manchen Notfällen nicht wirklich geholfen werden kann. *„Wenn man stationär untergebracht ist, werden ambulante Hilfen nicht mehr gewährt“*, sagte sie, und sie sprach auch von den „unterschiedlichen Zuständigkeiten“. Das ist sozusagen der Gegensatz zum „Ein-Tür-System“.

Frau B. interessierte sich für das, was ich sagte, und wollte möglichst schnell mit einer Frau im Sozialamt der Region Hannover über mein

Anliegen sprechen, auch wenn sie nicht gleich wusste, wie man da helfen könne. Ich erzählte ihr von dem Behindertenfahrdienst auf Island, das nahm sie gut auf. Außerdem sagte ich ihr, dass wir dem deutschen Staat bestimmt eine sehr hohe Geldsumme gespart haben; auch das nahm sie gut auf. Und warum auch nicht? Natürlich ist das so. Solche Gedanken stellen sich erst ein, wenn man in einem Notfall keine Hilfe bekommen kann, obwohl es vernünftig wäre, Hilfe zu bekommen. Frau B. meinte, ich solle doch mit dem Sozialverband reden, manchmal wüssten sie dort einen Rat.

Beim Sozialverband

Es ist kaum zu glauben, welchen Verlauf mein Gespräch beim Sozialverband nahm. Ich sprach dort etwa eine Woche später mit Frau C.

Nachdem ich Björg am Montag früh zur Förderstufe gebracht hatte, fuhr ich wieder nach Hause, um anzurufen und um einen Termin zu bitten. „Worum geht es?“ Ich sagte, ich würde es erzählen, wenn ich käme, es würde vielleicht etwas länger dauern, vielleicht 45 Minuten, ich könne es nicht kurz erklären. Frau C. sagte, sie könne mir keinen Termin geben, eventuell müsse ich warten, aber ich könne zwischen 9 und 12 Uhr kommen. Ich machte mich auf den Weg und war bald dort. Es arbeiteten zwei Frauen im Zimmer. Erzählen und etwas näher erklären durfte ich von vornherein offensichtlich nicht. Am besten nur Fragen von der anderen Seite mit Ja oder Nein beantworten. Aber wie soll jemand Fragen stellen können, wenn er gar nicht wissen kann, was er fragen muss? Ich versuchte zu erklären, worum es ging, und konnte das schließlich auch durchsetzen, aber es sind bestimmt zehn Minuten vergeudet worden, weil Frau C. nicht zuhören wollte und mich immer nur unterbrach. Einmal sagte sie: „Es gibt Tausende von Eltern, die behinderte Kinder großziehen, Sie sind nicht die Einzige.“ Ein solcher Satz stand in gar keinem Zusammenhang mit dem Grund meines Erscheinens dort. Wegen der Busfahrten kam die Antwort: *„Nein, da können wir nicht helfen.“* Warum sitzt nicht eine Frau im Sozialverband, die sagt: „Ich möchte gerne helfen“? Ich erzählte von dem Fahrdienst für Behinderte auf Island, wurde aber immer wieder unterbrochen: „Wir sind hier in Deutschland, wir sind hier in Deutschland.“ Wollen denn die Leute nicht einmal aufnehmen, wie manche Probleme in anderen Ländern gelöst werden? Es schien ihnen hauptsächlich darum zu gehen, dass ich ihnen zu viel Zeit nahm. Auf einmal hieß es, ich würde mich „aufführen“, andere müssten wegen meines Zeitaufwandes warten (es wartete meines Wissens keiner, die Tür war offen), und *man sei hier nicht zuständig*. Ich stand dann auf, um zu gehen, sagte aber noch sehr ruhig. „Ich habe mich vollkommen korrekt verhalten. Ich habe zuerst von zu Hause aus angerufen und um einen Termin gebeten, und ich habe gesagt, dass ich eventuell eine Dreiviertelstunde benötige, weil ich etwas erklären müsse." Ein Zwischenruf: „Ja, das war es bestimmt!" Aber es war keine Dreiviertelstunde. Wahrscheinlich nur 20 Minuten. Ich konnte schnell erklären, als ich es endlich durfte. Zum Schluss habe ich hinzugefügt: „Ich habe ein Buch geschrieben, darin ist vieles erklärt, haben Sie vielleicht Interesse, es zu lesen?" „Nein, ich lese nichts, ich lese keine Bücher, ich muss arbeiten." Gerechterweise muss ich anfügen: Dies sagte die andere Frau im Zimmer. Bei der „Abfertigung", die ich dort erlebte, hätte ich wütend werden können, aber ich blieb ruhig. Ich erwiderte, immer noch ruhig: „Sie sind nicht sehr freundlich, es ist menschenfeindlich, wie Sie sich verhalten, denn ich brauche Hilfe." Später dachte ich: Musste ich das denn sagen? - aber eigentlich bereue ich es nicht. Dieses Verhalten war nicht freundlich, und es ist tatsächlich menschenfeindlich, gar nicht darauf einzugehen, wenn jemand eine Situation schildert, in der er Hilfe braucht. Frau C. sagte: „Sie sind nicht Mitglied" (Mitglied des Sozialverbandes hätte ich schließlich werden können), „aber hier kann jeder kommen." Und: „Gehen Sie doch zur Caritas oder zum Roten Kreuz." (Damit wäre sie wohl „aus dem Schneider" gewesen, wie mein Schwiegervater gesagt hätte.) Als ich ging, habe ich gehört, wie die beiden Frauen sich herabsetzend über mich äußerten. Ich war sehr niedergeschlagen.

Ein wohltuendes Telefongespräch

Zu Hause angekommen, wollte ich Frau B. anrufen, um ihr für ihre Freundlichkeit zu danken, aber bevor ich dazu kam, klingelte schon das Telefon. Es war Frau B., und sie hatte schon mit der Frau im Sozialamt in Hannover gesprochen. Ich erfuhr, dass man einen Antrag stellen müsse, und dass einem dann eventuell monatlich eine Taxifahrt bewilligt werden könnte. Das ist aber nicht das, was wir brauchen. Wir brauchen nur Hilfen, wenn ich aus irgendeinem Grunde nicht fahren kann, zum Beispiel, wenn es plötzlich viel schneit und es Glatteis gibt. Das könnte im Januar vier Mal sein, aber sonst das ganze Jahr nicht mehr. In diesem Jahr hätte ich zweimal Hilfe gebraucht. Frau B. empfahl mir, mit der Frau im Sozialamt zu sprechen.

Glückwünsche zur rechten Zeit

Dies passierte alles um meinen Geburtstag herum. Ich hatte Geburtstagsgrüße bekommen und Gespräche geführt, die mich Gott sei Dank aufgebaut hatten. Mir wurde mitgeteilt, dass man mein Buch *Sternenkind* mit Interesse gelesen habe, es sei spannend und man lese immer weiter, aber es gäbe auch Tage, an denen man darin nicht lesen könne, weil es so unter die Haut gehe. Das konnte ich selbst nicht wissen, weil unser Leben mit Björg für uns eine Selbstverständlichkeit ist.

Eine Frau aus dem Frauen- und Mütter-Zentrum rief mich an und fragte, ob ich etwas über das soziale System und die Lage der Frauen auf Island erzählen möchte. Ich bat sie, Fragen zusammenzustellen, und aufgrund dieser Fragen rief ich Hrefna an, denn sie kennt sich im sozialen System Islands bestens aus.

Nicht allein gelassen

Als ich mit Hrefna telefonierte, hatte ich die negative Erfahrung mit dem Sozialverband gerade hinter mir, und ich musste ihr einfach davon erzählen. Ich sagte, dass es doch das Preiswerteste sei, auf die Situation in der Familie zu achten und individuell zu helfen. Dieser Gedanke war bei Hrefna nichts Neues. „Man muss *immer individuell* helfen, das ist überhaupt die einzig richtige Hilfe“, sagte sie. Wir sprachen auch darüber, dass die Kommunen die Angelegenheiten übernehmen müssten, denn dadurch könne man viel besser individuell auf die „Fälle“ reagieren. Hrefna war in erster Linie traurig und betroffen über das, was sie hörte, und sie sagte mir zum Abschied, dass ich sie immer anrufen könne, wenn ich irgendwelche Fragen habe, ich sei herzlich willkommen. Sie sagte mir auch, dass ich tüchtig sei. Das konnte ich in dieser Situation gut gebrauchen.

Frauen- und Mütter-Zentrum

Am Tag darauf war das Treffen im Frauen- und Mütter-Zentrum, und das war gut gelungen. Diese Episode kam aber nicht zur Sprache, das Thema war auch ein anderes. Aber die Frauen dort haben mich aufgebaut, einfach durch ihr freundliches Verhalten und einige spontane Sätze. „Sie haben doch sehr viel für Ihr Kind getan, und man könnte viel Geld sparen, wenn man sich damit beschäftigen würde, was Sie getan haben. Wird das überhaupt zur Kenntnis genommen?“, sagte eine Frau, die meine beiden Bücher gelesen hat. Ich fühlte mich auf einer Wellenlänge mit diesen

Frauen, die sich über die sozialen Systeme in verschiedenen Ländern Gedanken machten und sich mehr Humanität auf allen Ebenen wünschten.

Initiative: „Bürger helfen Bürgern"

Meine Schwägerin kam mich besuchen. Sie hat mir immer beigestanden. Sie sagte mir, dass es in ihrer Gegend eine Initiative gäbe: „Bürger helfen Bürgern". Davon wusste ich bis dahin nichts. Vielleicht könnte eine solche Initiative mit Fahrdiensten helfen, man kann es nur hoffen.

Wohlwollen in der Nachbarschaft

Irgendwie schob ich es vor mir her, mich bei der Frau im Sozialamt zu melden, wie mir Frau B. empfohlen hatte. Ich versprach mir nicht viel davon. Es handelte sich um die gleiche Frau, die uns den Brief wegen der Platzgeldtage geschrieben hatte. Ich glaubte nicht, dass man im Sozialamt für einen Antrag auf Hilfe wegen Björgs Beförderung bei Schnee viel Verständnis haben würde.[9] Mir schien eher - dort wie auch woanders – die Ansicht vorzuherrschen, dass wir Björg nicht so oft zu uns holen sollten, *obwohl sie es braucht.* Das Verständnis dafür harrt noch seiner Entwicklung. Mein Eindruck war, dass man auf die Behörden nicht bauen kann, und dass ich diese Sache auf eigene Faust lösen müsse.

Es gibt einen pensionierten Mann in unserem Dorf, der hier in der Nähe wohnt. Ich nahm all meinen Mut zusammen und sprach diesen Mann darauf an, ob er mir im Winter unter Umständen helfen und eine Fahrt mit Björg und mir bei schwierigen Fahrverhältnissen übernehmen könnte. Er hat dies so einmalig gut aufgenommen, dass mir die Tränen in den Augen standen. Er sagte, dass er immer ein Herz für Kinder gehabt habe und mir gerne helfen wolle; dass er volles Verständnis dafür habe, dass ich mich nicht traue, mit Björg bei Schnee zu fahren und sie mit öffentlichen Bussen nicht abholen könne. Wenn es so sei, wie es in diesem Winter war, als ich nur zwei Mal Hilfe gebraucht hätte, sei das überhaupt kein Problem; sein Auto sei gut ausgerüstet, er könne im Schnee fahren, auch seine Frau würde mir helfen, wenn er nicht fahren könne. Ich war sehr erleichtert und froh, dass ich mich aufgerafft hatte, diesen Mann zu fragen. Jetzt kann ich in einem Gefühl von Sicherheit leben, weil ich weiß, dass er

---

[9] Fünf Jahre später, im Jahr 2008, wurde uns vom Sozialamt eine kleine Mobilitätshilfe gewährt, die wir für solche Taxifahrten in Anspruch nehmen können.

mir in dieser Angelegenheit notfalls helfen wird. Es ist einfach ein ganz anderes Gefühl, es sieht jetzt alles anders aus.

Das soziale System braucht Therapie

Nun bin ich wieder dabei, Geschichten zu erzählen, die zeigen, wie manche Situationen alle Therapien unmöglich machen können. Man kann daraus erkennen, was im sozialen System selbst „therapiert“ werden muss. Sonst wirkt sich manches regelrecht krankmachend aus.

Dabei gibt es so viele Therapieerfolge im alternativen Bereich

In letzter Zeit hörte ich wieder einiges über Therapieerfolge. Alternative Therapien können *wirklich* helfen. Die APM nach Penzel kann ich dank der Hilfe der Mitarbeiter, die während der Therapie bei uns sitzen, immer noch einsetzen. Björg genießt diese Therapie sehr, und sie ist einfach „artiger“, wenn ich nicht allein mit ihr bin. Eines Tages habe ich aufhören müssen, Björg die Metamorphose nach Robert St. John und die Cayce-Therapie zu geben, denn Björg musste einigermaßen ruhig sein oder gar schon schlafen, damit ich ihr diese Behandlungen geben konnte. Die Cayce-Therapie machte ich meistens spätabends, weil es zu einer anderen Tageszeit nicht ging. Sie verhalf Björg zu einem guten Schlaf, aber inzwischen kann ich nicht mehr so lange aufbleiben und halte mich deshalb lieber an das, was leichter durchzuführen ist. Außerdem ist es sehr wichtig, dass ich die Kraft habe, auf andere Faktoren zu achten - auf die Ernährung zum Beispiel -, die mithelfen, Björg in einem bestmöglichen Zustand zu halten. Denn dann ist sie „ganz gut“, macht keine Probleme und fühlt sich gut. In dem Sinne kann man auch von Erfolgen sprechen, von guten Erfahrungen.

(P.S.: Die Metamorphose kann ich nun zum Glück wieder einsetzen.)

Bei abweichender Tagesordnung schreien die Wildgänse anders

Neulich holte ich Björg etwas später als gewohnt am Freitag. Ich konnte es nicht anders, und im Nachhinein denke ich, dass es gut war. Denn wir sahen, wie schlecht es für sie ist, wenn die Routine in den zeitlichen Abläufen, an die sie gewöhnt ist, nicht eingehalten wird. Niemand war über mein spätes Kommen informiert, weil ich gehofft hatte, ich würde es schaffen, rechtzeitig dort zu sein. Für Autisten - so lernte ich - ist es von äußerster Wichtigkeit, sich auf Regelmäßigkeit, auf eine genaue Struktur in der Tagesplanung, verlassen zu können. Uns ist schon seit langem klar, dass Björg sich auf feste Strukturen verlassen können muss. Man sah ihr an, dass sie schon „fix und fertig“ war, als ich kam. Unser Spaziergang fiel kürzer aus als sonst. In diesen Tagen hatte Björg Wildgänse schreien gehört, und daraufhin schrie sie auch manchmal wie eine Wildgans. Da sie nun gestresst war, fing sie im Auto und zu Hause wieder an, die Wildgänse zu imitieren. Kleine Schreistöße, Schweigen, dann wieder Schreien. Sie war erschöpft, aber sie wollte nicht ins Bett. Es wurde 22 Uhr, 22.30 Uhr, aber sie stand nur und wackelte, wollte allein sein. Ich habe sie ausnahmsweise mit einem Versprechen gelockt: „Björg willst du mit nach Island fahren? Du darfst nur mitkommen, wenn du brav bist.“ Ich wartete, bis sie endlich kam und sich zu Bett bringen ließ. Sie schlief ein und schlief 13 Stunden. Danach ging es ihr viel besser, und am Sonntag war sie so richtig wohlauf. Am Freitag wäre es nicht möglich gewesen, ihr irgendeine Therapie zu geben. Dies ist ein Punkt, der unbedingt verstanden werden muss. Es muss auch verstanden werden, dass sie die Pausen am Wochenende braucht. Und nicht nur Björg - viele Menschen brauchen solche Pausen. Es ist für mich eine Wohltat, wenn ich Björg diese Pausen ermöglichen kann, aber wiederum sehr schlimm für mich, wenn ich daran gehindert werde.

Vorbeugen ist besser als Heilen

Ich selbst brauche ab und zu eine Pause, um eine Entschlackungskur mit ein wenig Fasten und einer Leberreinigung durchführen zu können. Seitdem Björg im Heim lebt, habe ich keine solche Pause unterbringen können. Ich *muss* Björg abholen, aber ich bin nicht sehr tüchtig im Fasten oder mich bei Entschlackungsmaßnahmen zu disziplinieren; ich kann es nur, wenn ich in Ruhe ausschließlich zu Hause sein kann. Diese Kuren haben mir stets gut getan, sie sind eine wichtige Präventivarbeit für die Gesundheit. Aber jetzt muss ich immer bereitstehen, um Björg hin- und herzufahren, so dass ich mich zu dieser Kur nicht aufraffen kann. Und damit sind wir wieder beim Sparen: Wieviel preiswerter wäre es doch, diese Kur machen zu können. Sachverhalte dieser Art wären ein Argument für individuelle Fahrdienste. Björg würde ausnahmsweise gebracht und abgeholt werden, anstatt dass ich eventuell gesundheitliche Probleme bekomme.

Die andere Wirklichkeit

Björg hat nie die Diagnose Autismus bekommen, aber diese Entwicklungsstörung wurde auch, so weit ich weiß, vor 33 Jahren weder in Deutschland noch auf Island diagnostiziert. Wir haben allerdings selbst herausgefunden, dass Björg autistische Züge hat. Wenn aber jetzt die Konsequenz wäre, dass sie in ein anderes Heim umziehen müsste, weil sie autistisch ist, würde uns dies den Boden unter den Füßen wegziehen. Wir möchten, dass Björg in ihrem Heim bleibt, in dem sie sich schon eingelebt hat und wo die Mitarbeiter sie kennen. Da wir inzwischen auch so viel darüber gelernt haben, worauf zu achten ist, damit sie stabil in einem guten Zustand bleibt, darf diese Entwicklung jetzt nicht gefährdet werden.

Autisten leben am besten in kleineren Wohngemeinschaften oder in eigenen Wohnungen, weil sie so empfindlich sind. Ich weiß, dass manche Heime für Autisten nicht immer klein genug und auch nicht immer passend sind. Neulich sprach ich mit jemandem, dessen Kind in einer eher großen Wohngemeinschaft von Autisten lebt. Er sagte mir, dass die Eltern dieser Gruppe „alle gegeneinander“ seien. Woran liegt das? Ist die Wohngemeinschaft zu groß für mehrere schwierige Personen? Sind diese an und für sich zu kompliziert, oder werden die Schwierigkeiten wegen Mangels an Wissen darüber, was Autisten für ihr Wohlbefinden brauchen, verursacht? Eltern von Behinderten sind unterschiedliche Menschen, und ihre Auffassungen sind nicht immer einheitlich. Allen gemeinsam ist doch, dass sie aufgrund ihrer Erfahrungen viel über ihr Kind wissen; dies darf aber ein vertrauensvolles Miteinander nicht beeinträchtigen.

Eltern von behinderten Kindern finden heraus, was ihre Kinder brauchen.

Mein Mann und ich haben herausgefunden, was sein muss, damit Björg sich gut fühlt. So haben auch Eltern von Autisten und die Autisten selbst, die sich ausdrücken können, herausgefunden, was sein muss, damit sie sich gut fühlen. Es sind große Anstrengungen unternommen worden, diese Erkenntnisse zu veröffentlichen und zu verbreiten, und es stecken viele Wahrheiten in diesen Informationen, seien es unsere eigenen Erkenntnisse, seien es die Erkenntnisse anderer.

Diese Lebenswahrheiten gilt es zu respektieren. Es wäre so eine wunderschöne Gelegenheit, gerade durch diese hochsensiblen Menschen *das* zu lernen, wodurch auch sehr viele andere Menschen wirkliches Wohlbefinden erleben dürften. Statt mit einem betrübten Blick auf die misslichen Seiten unserer heutigen Wirklichkeit zu schauen, würde man lernen auf alles zu achten, was diesen Menschen zu Wohlbefinden verhilft, und würde diese Zusammenhänge verstehen. Damit wäre eine andere Wirklichkeit gefunden, eine viel glücklichere.

(Im Februar und März 2003 geschrieben)

17 Platzgeldtage und Bekleidungsgeld

Noch einmal: Platzgeldtage

Wenn ein Heimbewohner krank wird, kann er ohne finanzielle Einbußen das Heim nur verlassen, wenn die Platzgeldtage dadurch nicht überschritten werden (Kuren und Krankenhausaufenthalte ausgenommen). Das gilt auch dann, wenn die Gefahr besteht, dass er rückfällig wird, zum Beispiel was das Einnässen betrifft. Dabei wäre der Aufenthalt bei pflegefähigen und pflegebereiten Eltern während der Genesung sehr viel vernünftiger und auch preiswerter. Und wie soll ein Mitarbeiter es allein schaffen, mehrere Behinderte zu betreuen, wenn sie krank sind - denn es gibt keine Hilfen, die in solchen Ausnahmesituationen zur Verfügung stehen. *Wie ist das gedacht?!* Warum werden so wenige Mitarbeiter eingestellt und warum wird keine Vertretung bereitgestellt? Wenn die Familien unter solchen Umständen die kranken Behinderten zu sich nach Hause holen und die Platzgeldtage dadurch überschritten werden, ergibt sich für sie ein vollkommen unnötiger Druck, der ihnen nicht gut tut. Man mutet ihnen ein seelisches Dilemma zu, weil sie ihrem Kind nicht helfen dürfen, und bürdet ihnen zusätzlich eine finanzielle Belastung auf.

Die Sichtweise des Sozialamtes scheint zu sein: Das Kind soll im Heim bleiben, da nun einmal für den Platz bezahlt wird.

Neuerdings hörte ich, dass Eltern ihr krankes Kind im Heim pflegen dürfen. Aber das ist doch auch keine Lösung! Und was für ein Aufwand ist das für die Eltern! Den meisten von ihnen dürfte es schwer fallen, ganze Tage von zu Hause wegzubleiben, während sie ihr Kind in der eigenen Wohnung gut pflegen könnten. Es kommt vor, dass kranke Heimbewohner zwischen Elternhaus und Heim hin- und hergefahren werden, um die Überschreitung der Platzgeldtage zu umgehen. Drei Nächte schlafen sie im Elternhaus und eine im Heim und werden dann am nächsten Morgen wieder abgeholt, solange sie krank sind. So etwas machen die Eltern doch *nur,* weil es dieses - in der Elternsprache gesagt - „Platzgeldtagegesetz“ gibt.

Platzgeldtage und unsere Islandfahrten

Als wir im Sommer 2000 nach Island fuhren, war Björg noch keine Heimbewohnerin. In dem Jahr wurde mein Vater 100 Jahre alt, und wir waren an seinem Geburtstag dabei. Wenn man mir damals gesagt hätte, nein, du darfst nicht fahren, Björg überzieht als behinderter Mensch in der Förderstufe ihre erlaubten Ferien, was wäre davon zu halten gewesen? Aber diesen Einwand hat es nicht gegeben, denn damals war Björg noch nicht im Heim. Jetzt waren mittlerweile drei Jahre vergangen, und Björg und ich wollten wieder dorthin.

Meine Schwester rief mich am 27. April an und riet mir, sofort zu buchen, falls ich überhaupt einen Charterflug zum Saisonpreis im Juli bekommen wolle. Normale Flüge sind viel teurer. Außerdem sind Charterflüge in der Sommersaison Nonstop-Flüge, was mit Björg wesentlich einfacher ist als Flüge mit Zwischenlandungen, wie bei Linienflügen üblich.

Am Montag, dem 28. April, rief ich deswegen bei den Fluggesellschaften an. Das war in letzter Minute, ich *musste* buchen, sonst hätten wir keinen Platz mehr bekommen. Es war ein Flug für den 6. Juli.

Björg hatte Ferien vom 6. bis zum 22. Juli. Ich wollte aber gerne sechs bis sieben Wochen auf Island bleiben. Zwei Wochen sind viel zu wenig, wenn man so weit fliegt und die hohen Flugkosten bedenkt. Ich buchte den Rückflug für den 22. August. Wir würden also sechseinhalb Wochen wegbleiben und von der größten Sommerhitze verschont werden, worauf ich mich die ganze Zeit schon freute. Es ist immer schwer für mich, die Sommerhitze hier durchzustehen, weil ich weiß, dass die Sommer auf Island viel heller, klarer, sonnenreicher und kühler sind - also für mein Gefühl wunderschön. Diese Bilder habe ich im Kopf, weil ich von dort stamme. Hier leide ich unter der Hitze und Björg auch.

Ich rief nun unsere „Korrespondenz-Partnerin“ beim Sozialamt, Frau E., an und sagte ihr, ich hätte heute die Flüge buchen müssen, sonst hätten wir vielleicht für diesen Sommer keine mehr bekommen, und wir hätten uns gedacht, sechseinhalb Wochen zu bleiben. Sie wies mich darauf hin, dass wir dann die Platzgeldtage überschreiten würden. Björg sei Sozialhilfeempfängerin, ihr Platz im Heim koste 118, 39 Euro pro Tag, und wir würden für jeden überschrittenen Tag etwa 60 Euro bezahlen müssen. Wir müssten deshalb wegen der Überschreitung einen Antrag stellen; sie (Frau E.) fahre jetzt in Urlaub, und sie werde den Antrag lesen, wenn sie zurückkomme. Dieser werde danach bearbeitet, meistens dauere so etwas sehr lange, eventuell werde die Entscheidung über seine Annahme oder Ablehnung erst getroffen, nachdem wir wieder aus Island zurückgekommen seien. Sie sagte: „Ich habe bis jetzt ein Auge zugedrückt, aber Sie wissen ganz genau, dass Sie die Platzgeldtage nicht überschreiten dürfen.“ Hinzugefügt hat sie, dass sie sonst „Ärger kriegen“ würde. (Ich meinte zu spüren, dass sie selbst doch wohlwollender dachte.) Ich versuchte ihr zu erklären, dass Platzgeldtage sich deshalb angesammelt hätten, weil Björg einige Male wegen Erkrankung bei uns zu Hause gewesen sei. Andererseits sei sie immer sehr erholt aus Island zurückgekommen. Auch ich selbst würde diese Erholung brauchen. Und wie ich sie brauche! Es ist für mich eine Zeit zum Aufleben und Regenerieren. Sie sprach dann davon, dass eigentlich ein Arzt vom Gesundheitsamt in Hannover Björg daraufhin untersuchen müsse, ob diese Reise sinnvoll sei.

Alfred hat keinen Führerschein, und ich traue mich nicht, nach Hannover zu fahren, außer ich hätte die Möglichkeit, dies vorher zu üben. Mit öffentlichen Bussen und Zügen kann ich nicht mehr mit Björg reisen. Wie sollten wir also dahin kommen? Und das vor der Reise! Danach wäre es eher gegangen. Björg ist immer in einem wesentlich besseren Zustand, *nachdem* wir wieder zurück sind.

Ich sagte ihr, dass wir fliegen würden, es gehe gar nicht anders, wir hätten bereits gebucht. Falls ich diese Plätze nicht nehmen würde, würden wir keine mehr bekommen. Sie entgegnete: „Das ist Ihre Entscheidung. Fahren Sie, aber ich kann Ihnen nicht sagen, wie über Ihren Antrag entschieden wird. Es kann sein, dass Sie das Geld werden bezahlen müssen.“ Zum Abschied wünschten wir uns noch gegenseitig einen guten Urlaub.

Inzwischen habe ich erfahren, dass einige Eltern wegen der Überschreitung der Platzgeldtage tatsächlich Geld zahlen mussten, eine Familie wegen eines kranken Kindes und zwölf überschrittener Tage um die 700 Euro!

Als Alfred gegen 20 Uhr nach Hause kam, erzählte ich ihm dies alles und sagte: „Wenn dies ein Gesetz ist, dann muss es doch auch ein anderes Gesetz geben, das höher steht, wahrscheinlich dieser Satz aus dem Grundgesetz: *Die Würde des Menschen ist unantastbar*. Ich werde vor Gericht gehen, wenn der Antrag abgelehnt wird, und wir viel Geld bezahlen sollen. Wir *müssen* das gewinnen. Wir können gar nicht so viel Geld bezahlen. Und ich muss nach Island fahren. Ich habe es so dringend nötig.“ Alfred sagte spontan: „Einverstanden, wir gehen vor Gericht, wenn wir eine Ablehnung bekommen.“ Darin waren wir uns völlig einig.

Nun setzte er sich sofort an den Computer, um diesen Antrag zu schreiben, obwohl er vom langen Tag erschöpft war. Am nächsten Morgen hatte ich die Kraft, Verbesserungsvorschläge aufzuschreiben. Alfred fügte sie ein, und der Brief ging zur Post. Frau E. würde ihn am 30. April noch erhalten, einen Tag bevor sie in Urlaub ging. Wir wussten, dass der Wohnheimleiter im Urlaub war und am nächsten Montag wiederkommen würde. Alfred schrieb auch ihm einen Brief, fügte eine Kopie des Briefes an Frau E. bei und schickte diesen Brief auch schleunigst ab.

Als der Wohnheimleiter am Montag, dem 5. Mai, aus dem Urlaub kam, fand er sowohl einen Brief von Frau E. als auch den Brief von Alfred vor. Frau E. hatte angefragt, ob für Björg eine Reise nach Island mit der Mutter als zum Wohle des Kindes zu betrachten sei. Er erzählte uns dies nur, zeigte den Brief nicht, verletzte also nicht die Schweigepflicht. Er beantwortete diesen Brief schnellstens und schrieb, die Reise sei sehr zum Wohle des Kindes. Ein Argument dafür war unter anderem, dass Björg auf Island viele Verwandte habe, die sie kenne und die sie dann wiedersehen würde. Er schrieb auch, dass Björg in diesem Jahr immer gesund gewesen sei, und wir bis jetzt keine Platzgeldtage überschritten hätten. Über diese schnellen Reaktionen von uns allen konnten wir froh sein, und wir hatten nun das Gefühl, dass alles gut gehen würde.

Mir wurde in dieser Situation sehr gut vor Augen geführt, wie hoffnungslos mitunter alles erscheinen kann. Muss denn Zeit, Geld und Kraft mit solchen Dingen verschleudert werden? Und auf der anderen Seite spricht man vom Sparen!

Die Regelung der Platzgeldtage sollte neu überdacht und etwas erfunden werden, das an ihre Stelle treten sollte.

Bei den Überlegungen des Sozialamtes scheint mir nicht berücksichtigt worden zu sein, wie schrecklich es für mich wäre, wenn ich nicht jedes zweite, dritte oder vierte Jahr für einige Wochen mit Björg nach Island fahren könnte. Ich empfand es als äußerst hart, dass überhaupt die Möglichkeit bestand, uns durch Aufbürdung von Kosten daran hindern zu können. Björg ist durch die Islandfahrten *immer* stabiler, wesentlich stabiler sogar, geworden, und ich selbst könnte nicht leben, nicht froh sein, nicht tüchtig sein, wenn ich nicht die Aussicht hätte, ab und zu nach Island fahren zu können - und Björg mitzunehmen, das ist selbstverständlich. Ich lebe so sparsam wie möglich, um uns ab und zu solche Reisen zu leisten, aber auch, um Nahrungsergänzungsmittel kaufen zu können, die Björg in einem guten Zustand halten. Damit wirke ich absolut im Sinne des Sparens für das Sozialamt. Wir brauchen unser Geld dringend für diese unverzichtbaren Ausgaben, damit wir unser Leben bewältigen können. Dass wir wegen der Bestimmungen über die Platzgeldtage eventuell verpflichtet werden könnten, einige Tausend Euro zu zahlen, macht deutlich, wie zerstörerisch diese Regelung ist. Sie ist ein völlig unvernünftiger Sparversuch.

Was wird gespart und was gewonnen, wenn wir in unserem Durchhaltevermögen, Björg zu helfen, geschwächt und in unserem Wohlbefinden beeinträchtigt werden? Wenn Björg sich in einer positiven Entwicklung befindet, wenn sie monatelang sauber und trocken bleibt, ist das unter anderem meinem Einsatz zu verdanken und der Tatsache, dass ich sie am Wochenende nach Hause hole - was zugleich eine Erleichterung für die Mitarbeiter bedeutet.

Im Heim darf sie jetzt seit längerem wieder mit ihrem Oberbett aus natürlichen Stoffen schlafen, was ihr auch viel bekömmlicher ist, und dies darf sie, *weil sie trocken ist.* Wenn sie wieder anfangen würde einzunässen, würde man ihr wahrscheinlich wieder das Kunststoffbett geben, und sie würde wiederum einnässen, möglicherweise wieder für eine längere Zeit, weil man sie nicht so leicht aus diesem negativen Kreislauf herausholen könnte. Das würde doch auch hohe Summen verschlingen, die tatsächlich umsonst ausgegeben sein würden, **denn Björg kann in einem guten Zustand sein, wenn darauf geachtet wird, was sie braucht.** Ich helfe zu sparen, indem ich Björg nach Hause hole, damit sie sich regenerieren kann.

Genau das Gleiche gilt für unsere Islandreisen. Mit diesen Reisen helfe ich dem deutschen Sozialstaat zu sparen.

Alfred und ich erfuhren, dass die Regelung über die Platzgeldtage in einem Erlass von 1980 festgelegt ist. Wir hatten dieses Schriftstück noch nicht zu Gesicht bekommen. Nachdem wir nun von dessen Inhalt Kenntnis bekommen hatten, lässt sich schwer sagen, was schwerer verständlich für uns war, die Auswirkungen auf unser Leben, die wir erfuhren, *bevor* wir den Erlass selbst lasen oder die Enträtselung der Formulierungen selbst. Ich füge einen Ausschnitt aus diesem Erlass des Sozialministeriums an dieser Stelle bei, dort heißt es schwarz auf weiß:

7 Vorübergehende Abwesenheit

7.1 Bei vorübergehender Abwesenheit des Hilfeempfängers bis zu 3 Tagen wird der volle Pflegesatz weitergezahlt. Für diese Zeit ist bei stationären Einrichtungen Verpflegung anzubieten.

7.2 Bei vorübergehender Abwesenheit von mehr als 3 Tagen wird vom ersten Tage der vollen Abwesenheit an ein Platzgeld gezahlt, wenn der Platz tatsächlich freigehalten wird. Das Platzgeld kann

a) bei schulpflichtigen Kindern für die Dauer der Schulferien

b) bei einem ärztlich verordneten Kur- oder einem Krankenhausaufenthalt wegen einer akuten Erkrankung für dessen Dauer

c) im Übrigen bis zu 6 Wochen jährlich berechnet werden, es sei denn, dass der Kostenträger auf Antrag im Einzelfall einer anderen Regelung zugestimmt hat.

7.3 Das Platzgeld ist der um den Beköstigungssatz verminderte Pflegesatz.

7.4 Bei Einrichtungen zur teilstationären Betreuung wird abweichend von Nrn. 7.1 bis 7.3 der Monatspflegesatz weitergezahlt, wenn die vorübergehende Abwesenheit zwei Wochen innerhalb eines Kalendermonats nicht erreicht. Für jeweils zwei volle Wochen der Abwesenheit wird die Hälfte des Monatspflegesatzes nicht berechnet.

Als Abwesenheit gelten nicht die Zeiten der planmäßigen vorübergehenden Schließung der Einrichtung.[10]

So wie wir diese Situation im Mai 2003 erlebten, konnten wir nur noch einen Sinn darin sehen, diese Bestimmungen abzuschaffen.

Diese Regelung könnte, was ihre Auswirkungen angeht, schlicht unseren Ruin bedeuten. Ich würde seelisch zusammenbrechen, wenn ich

---

[10] In seinem Aufsatz „Der Behinderte und die Platzgeldtage“, den mein Mann geschrieben hat (siehe Anhang B), erläutert er einige der obigen Formulierungen.

nicht nach Island fahren dürfte oder könnte. Aber die Hoffnung besteht ja, dass es ein übergeordnetes Gesetz gibt, oder dass man bei den Platzgeldtagen Ausnahmen macht.

Meine Verwandten auf Island waren sprachlos über solche Bestimmungen. Menschen, die dieses System nicht kennen, können es überhaupt nicht verstehen. Einer sagte: „Ich habe noch nie etwas Verrückteres gehört." Ein anderer: „Hat Deutschland denn nicht auch die Menschenrechtskonvention unterschrieben?" Mehrere sprachen von Freiheitsberaubung. Eine deutsche Freundin sagte: „Es wäre sogar nicht schlecht, wenn ihr vor Gericht gehen würdet, dann käme diese Sache doch endlich auf den Tisch." Aber ich hoffe, dass es dazu nicht kommen muss, wir sind schon alt und haben andere wichtige Dinge zu leisten. Eine andere Deutsche meinte: „Jeder Mensch hat ein Recht auf Urlaub." Ein früherer Kollege meines Mannes, ein Sozialpädagoge, sagte spontan: „Das grenzt an Freiheitsberaubung." Alfred hatte diesen Gedanken ihm gegenüber nicht ausgesprochen, war aber froh darüber, dass ein Kollege genauso dachte wie er, und erzählte es mir gleich, als er nach Hause kam.

Ich komme kurz auf die ausgebuchten Flüge zurück. So wie ich höre, besuchen jährlich doppelt so viele Touristen Island, wie das Land Einwohner hat. Was suchen diese Menschen? Ich glaube, sie suchen Freiheit und Nächstenliebe. Sie spüren, dass diese Liebe in der Atmosphäre des Landes liegt, und genau dies tut ihnen gut.

Kurz bevor wir nach Island flogen, bekamen wir - dank des Briefes, den unser Wohnheimleiter geschrieben hatte - die Erlaubnis vom Sozialamt, die Anzahl der Platzgeldtage zu überschreiten. In dem Brief an uns stand: *„Ausnahmsweise und nur für dieses Jahr"*. Was wäre gewesen, wenn der Wohnheimleiter eventuell nur mit einem Satz geschrieben hätte, dass man auf Island vielleicht nicht die gleichen pädagogischen Prinzipien einhalten würde wie hier? Ich hätte nicht fahren dürfen oder können, das heißt, ich wäre ohne Björg nicht gefahren, und wir hätten den heißen Sommer, der in Deutschland folgte, vielleicht beide nicht gesund überstanden! Man muss sich dies alles erst einmal vorstellen!

Manches lässt sich mit Worten nicht beschreiben. Als ich auf Island mit meinen Schwestern und Björg bei herrlichem Wetter draußen war, fand ich es geradezu wahnwitzig, dass jemand auf den Gedanken kommen kann, es uns nicht erlauben zu wollen, in meinem Heimatland zu sein, oder wenn, dann möglicherweise nur bei Übernahme gewaltiger Kosten. Dass es einem überhaupt einfällt, Menschen solche Schranken aufzuerlegen! Es war hier alles so herrlich, so erholsam, und alle waren so lieb. Die Leute sollten selbst hinfahren, sie würden bestimmt vieles besser verstehen.

Das Bekleidungsgeld

Für die Behinderten in der Werkstatt gibt es ein Bekleidungsgeld von 384 Euro im Jahr, für die Behinderten in den Fördergruppen aber (und Björg ist in einer solchen) nur 282 Euro. Eine Bekleidungsliste wird uns ausgehändigt, worauf Preise für jeden einzelnen Artikel stehen, und wonach man sich zu richten hat. Die niedrigen Preisangaben auf der Liste sind völlig wirklichkeitsfremd. Inzwischen wird geduldet, diese *ein wenig* zu überschreiten, was die Irrationalität etwas abmildert. Schlimmer ist es, dass Eltern nicht mit der Hilfe des Sozialamtes rechnen können, wenn sie etwas kaufen, das den Preis auf der Bekleidungsliste um einen *zu* hohen Differenzbetrag übersteigt, und sie selbst die restliche Summe übernehmen möchten. Aber niemand weiß, um wieviel man überschreiten darf. Bei jedem einzelnen Kleidungsstück soll man sich, wenn es irgend geht, an den vorgegebenen Preis halten. Eine Hose darf 40 Euro kosten, eine Winterjacke 120 Euro. Es ist nicht so gedacht, dass man eine etwas bessere Hose kaufen kann und den Differenzbetrag aus eigener Tasche bezahlt. Man darf auch nicht das Geld, das man spart, wenn man ein Kleidungsstück gar nicht kauft, auf ein anderes Kleidungsstück übertragen, das teurer ist. Das heißt: Man kann eine auf diese Weise ersparte Geldsumme nicht dafür nehmen, eine Jacke aus guter Qualität für den Behinderten zu kaufen, in der er sich wohler fühlt, weil für ihn der Stoff verträglicher ist. Wenn man etwas kauft, das ein wenig teurer ist als erlaubt, kann man versuchen, den Kassenbon einzureichen, und in der Tat wird er zwar oft akzeptiert, aber wenn das Sozialamt die Kosten ablehnt, müssen die Eltern selbst den *ganzen* Betrag zahlen, auch wenn sie wenig Geld haben. Die „Logik“, nach der verfahren wird, scheint zu sein: Wenn einer selbst eine Summe aufbringt - oder diese auslegt und auf Erstattung hofft -, weil er für die „richtige“ Summe kein passendes Kleidungsstück findet, dann bekommt er eventuell die Rechnung nicht anerkannt. Besonders problematisch kann dies bei Schuhen von guter Qualität werden.

Die Einkäufe eines Jahres müssen bis November getätigt sein, und wenn dann nur noch eine Restsumme des Bekleidungsgeldes zur Verfügung steht, zum Beispiel 60 Euro, darf diese nicht um einen Euro überzogen werden. „Es wird nicht mit Plus und Minus gearbeitet", erklärte man uns. (Richtiger wäre zu sagen: nicht mit Plus, denn das ganze Bekleidungsgeld muss man nicht unbedingt aufbrauchen.)

Diese Bestimmungen müssen geändert werden. Die Unsicherheit, ob das Sozialamt die Rechnung annimmt, ist zusätzlich belastend. Eltern, Angehörigen und Betreuern einfach zuzutrauen, dass sie mit dem Bekleidungsgeld umgehen können, und ihnen die Aufteilung und Verwendung zu überlassen, wäre wahrscheinlich die bessere Lösung.

Artikel zu den vorgegebenen Preisen zu finden, kann schwierig sein. Außerdem ist es sehr unrealistisch, dass entweder Mitarbeiter, die allein eine Gruppe betreuen, oder auch Eltern, die auf die 70 oder 80 Jahre zugehen und vielleicht allerlei Beschwerden haben, mehrfach losgehen müssen, um in Kaufhäusern zweimal heruntergesetzte Jacken zu suchen (das habe ich im Winterschlussverkauf 2002 gemacht). Besser wäre es, eine ordentliche Jacke für das Bekleidungsgeld, das noch insgesamt zur Verfügung steht, kaufen zu dürfen, und dafür etwas anderes in diesem Jahr gar nicht zu kaufen. „Logisch, aber nicht für das Sozialamt", meinte eine Gesprächspartnerin.

Unsere Tochter braucht Jacken aus verträglichen Naturstoffen. Sie sind schwer zu bekommen, aber wenn man eine gute Jacke findet, hält sie auch lange, und man hat ein Kleidungsstück, das das Kind verträgt. Dadurch werden Schwierigkeiten und Kosten vermieden. Manchmal schenkt auch ein Verwandter dem Behinderten ein Kleidungsstück; warum kann man nicht das Geld, das dadurch gespart wird, auf ein anderes Kleidungsstück übertragen, worin sich der Behinderte wohlfühlt, auch wenn es teurer ist?

Ich kaufe seit mehreren Jahren ganz bestimmte Hosen mit Gummizug für Björg. Sie braucht ohnehin solche Hosen, damit sie sich auf der Toilette allein helfen kann. Diese Hosen sind ein Markenartikel aus reiner Baumwolle, sie sind nicht so dick wie die meisten Trainingshosen und kosten etwa 13 Euro mehr als Hosen kosten dürfen. Ich kaufe auch seit vielen Jahren lange Ski-Unterhosen aus reiner Baumwolle für Björg (meistens aus einem Katalog). Sie braucht diese Hosen im Winter. Wenn Björg diese Unterhosen trägt, ist es besser für sie, Hosen darüber anzuhaben, die nicht zu dick sind, und eben deshalb kaufe ich gerne die etwas leichteren Baumwollhosen. Unsere Erfahrung ist, dass es ihr mit diesen Hosen gut geht. Björg besitzt auch etwas dickere und etwas billigere Trainingshosen, die sie zum Beispiel im Herbst ohne lange Unterhose trägt, aber die dünneren Hosen mit Unterhose sind im Winter für sie besser geeignet. *Ihr das Richtige anzuziehen, beeinflusst ihren Energiehaushalt positiv.* Mit zu dicken Hosen und dazu noch Unterhosen würde sie auch eher Wunden am Po bekommen. *Björg kann sich nicht allein nach Bedarf umziehen. Sie muss möglichst Kleidung haben, die den ganzen Tag über für sie gut verträglich ist, drinnen wie draußen.* Die Hosen, die ich für sie kaufe, sitzen gut, bleiben lange in Form und halten auch lange. Auf lange Sicht ist es keine Verschwendung, diese Hosen zu kaufen. Außerdem hat Björg zurzeit genug dickere Trainingshosen, ihr wäre gar nicht damit gedient, ihr noch eine solche zu kaufen.

Bis jetzt durften sechs Hosen im Jahr gekauft werden, aber neuerdings wohl nur vier, und diese sollen zwei Jahre halten. Was unsere Tochter betrifft, ist diese Regelung völlig unrealistisch. Wenn nicht darauf geachtet werden kann, dass sie in einem guten Zustand ist, nässt sie öfter ein und braucht drei Hosen am Tag und nicht vier Hosen im Jahr. Hosen, die im Schritt oft nass werden, reißen auch öfter im Schritt. Einlagen (chemiedurchtränkte Kunststoffe) scheinen unserer Tochter überhaupt nicht gut zu bekommen. An und für sich kann sie ganz trocken sein. Sie ist es sogar die meiste Zeit, und sie ist trockener, wenn sie keine Einlagen benutzt. Wenn sie Baumwollunterwäsche trägt und im Winter solche Hosen, wie ich sie geschildert habe, geht es ihr gut.

Das Bekleidungsgeld und die Einkäufe im April und Mai 2003

Nach mehrmaligem Suchen in normalen Geschäften - und auch in Katalogen - hatte ich keine Jacke aus Baumwolle gefunden. Mehrmals wurde mir gesagt: „Baumwolle führen wir nicht“ oder „Baumwolle ist nicht funktional“. Ich suchte auch nach Bustiers aus Baumwolle für Björg, das sind solche, die keine Haken und Ösen haben. Aber davon fand ich auch keine. Man sagte mir, sie würden nicht mehr aus Baumwolle hergestellt, sie hätten sich nicht bewährt, würden die Form verlieren. Um es gleich zu sagen: Menschen, die nur Baumwolle vertragen können, sind entsetzt über solche Ansichten. Ich dachte mir, wenn ein Mitarbeiter auf so eine Suche gegangen wäre - sie war unglaublich zeitaufwendig -, dann hätte er wahrscheinlich geglaubt, dass da nichts zu machen sei, es gäbe nichts mehr aus Baumwolle. Für das Geld, das zur Verfügung steht, wäre einfach etwas gekauft worden, was Björg nicht vertragen kann.

Ich wollte schon selbst für Björg eine Jacke nähen, hörte dann aber von einem Laden, der Naturstoffe führt. Ich fuhr dort hin. Jacken hatten sie nicht, aber die Verkäuferin gab mir die Adresse von einem kleinen Geschäft, das ebenfalls Kleidung aus Naturstoffen führte. Nun marschierte ich los, um in diesem Laden eine Jacke zu suchen, und tatsächlich fand ich dort eine, die ich für Björg kaufte. Seitdem Björg diese Jacke trägt, ist sie *immer* trocken geblieben, also, es stellt sich hier wieder die Frage: Was ist eigentlich teuer, was meint man mit sparen? Es ist doch wirklich viel gespart, wenn eine Person trocken bleibt, wenn ihr Energiefluss so in Ordnung ist, dass ihre Blase hält. Ich musste mich auch bemühen, Baumwollsocken für Björg zu finden. Björg soll für Socken und Unterwäsche von ihrem eigenen Taschengeld von 87,90 Euro im Monat aufkommen, aber weil sie ihren Nonisaft selbst bezahlt, haben wir Eltern bis jetzt all ihre Unterwäsche und Socken bezahlt. Ich kaufe ohnehin vieles für Björg, auch Kleidung, ohne die Rechnung beim Sozialamt überhaupt einzureichen. (Wie schon gesagt, durfte später auch Unterwäsche vom Kleidergeld bezahlt werden.)

Wir erfuhren von Katalogen, die Kleidung aus Naturstoffen führen und bestellten daraus Kleidungsstücke für Björg, darunter eine Jacke für die kältere Jahreszeit.

Ich habe durch diese Sucherei und die Gespräche darüber erfahren, dass es viele Menschen gibt, die *nur* Naturstoffe vertragen. Björg gehört dazu. Was wäre, wenn ich nicht da wäre, um einige notwendige Dinge für Björg zu tun?

Weil Björg in eine Ferienmaßnahme fahren sollte, nahm ich an einem Wochenende viele ihrer Kleidungsstücke mit nach Hause, um zu packen. Das war abgemacht, denn Björg sollte am Montagmorgen vom Werkstattgelände abfahren, und ich würde sie dorthin bringen. Dass ich selbst packte, führte dazu, dass ich mir ihre gesamte Kleidung genauer durchsah als sonst, auch die, die sie nur gelegentlich trägt. Es ist über jeden Zweifel erhaben, dass sich Björgs Kleidung länger in einem ansehnlichen Zustand hielt, während sie hier zu Hause lebte. Ich weiß nicht, warum dies so ist, aber hiermit ist nichts gegen die Mitarbeiter gesagt, denn ich weiß, was sie zu leisten haben. Sie können an den Arbeitsmethoden nichts ändern. Vielleicht werden im Heim schärfere Waschmittel verwendet. Wahrscheinlich könnten die Sachen länger halten, wenn ich alles zum Waschen nach Hause holen würde (manche Eltern tun es), aber das tue ich nicht. Ich wasche das, was am Wochenende hier zu Hause anfällt, und möchte auch

Björgs handgestrickte Wolljacken und ihre Überziehjacken selbst waschen, mehr nicht.

Dann sprangen mir die unten folgenden Sätze in die Augen. Sie entstammen einem Papier, das wir erst kürzlich bekamen. Als ich sie gelesen hatte, wusste ich nicht, was damit beabsichtigt war: Sollten die Sätze, den der sie liest, zum Weinen bringen oder zum Explodieren? Sollten sie ihn krank machen oder ihm seine Fröhlichkeit nehmen? Kann das bei treu pflegenden Personen wirklich beabsichtigt sein?

Schreiben des Landkreises vom 3. Januar 2001

> Bekleidungskosten werden gemäß RdSchr. 3/97 des Niedersächsischen Landesamtes für Zentrale Soziale Aufgaben übernommen, d.h. die Einrichtung wird ermächtigt, innerhalb vorgegebener Grenzen die notwendige Bekleidung eigenverantwortlich zu beschaffen.
>
> *Ich behalte mir vor, Kürzungen vorzunehmen, wenn die Bekleidung in unangemessenem Umfang oder zu unangemessenen Preisen beschafft wurde! Richtpreise sind grundsätzlich als Obergrenze anzusehen!* (Hervorhebung U.S.)
>
> Über die Höhe des zu leistenden Kostenbeitrages erhalten Sie ggf. einen gesonderten Bescheid.
>
> Bitte teilen Sie mir noch die aktuelle Anschrift Ihrer Beihilfestelle mit. Vielen Dank im Voraus.
>
> Ich weise darauf hin, dass Sie gemäß § 60 Sozialgesetzbuch verpflichtet sind, Tatsachen anzugeben und Änderungen in den Verhältnissen, die für die Leistung erheblich sind, unverzüglich mitzuteilen.
>
> Gegen diesen Bescheid kann innerhalb eines Monats nach Bekanntgabe beim Landkreis (...) oder auf Niederschrift (...) Widerspruch eingelegt werden. Mit freundlichen Grüßen. Im Auftrage. (Gez. W.)

Dies las ich, als ich herausgefunden hatte, dass ich vier neue Hosen für Björg von unserem eigenen Geld würde kaufen müssen, weil so viele ihrer relativ neuen Hosen unansehnlich geworden waren. Die Sachen haben bei mir viel länger gehalten, aber trotzdem werden wir Eltern anscheinend als diejenigen eingestuft, die nicht sparen. Aber natürlich sparen auch wir. Wir müssen allerdings auch leben und zurechtkommen.

Ich kümmere mich ständig darum, dass Björgs Kleidung ansehnlich ist. Ich repariere Risse, nähe Knöpfe an, nähe neue Reißverschlüsse ein, bemühe mich ständig, habe mit Schwindel und Betrug nichts, aber auch rein gar nichts im Sinn, aber wenn alle Eltern, und damit auch *ich,* mit diesem Schreiben gemeint sind, fühle ich mich von vornherein als ein potenzieller Sozialhilfeempfänger-Schwindler eingestuft. Mir ist der Gedanke gekommen, ob nicht auf diese Weise Sozialhilfeempfänger produziert werden. Viel zu oft tritt eine Lieblosigkeit in Erscheinung, die Menschen kaputt machen kann. Man glaubt, durch solche Maßnahmen zu sparen, aber es ist in Wirklichkeit Geld-zum-Fenster-hinauswerfen, weil Kausalketten wirksam werden, die ein eben solches Resultat letztendlich hervorrufen. Die Eltern sind mehrheitlich ehrbar und zuverlässig und viele von ihnen erinnern sich an eine Kindheit, in der sie wie die meisten anderen Menschen lebten. Doch wenn sie im Laufe ihres Lebens immer mehr das Gefühl bekommen, dass sie sich sozial auf dem absteigenden Ast befinden, und noch dazu die leidige Erfahrung machen, dass viele in der Gesellschaft sie auch so einschätzen, dann werden sie in ihrer körperlichen Verfassung und Charakterfestigkeit nur geschwächt. Es lohnt sich nicht, den Menschen Lebensumstände zu bereiten, die eine schwierige Lage noch schwieriger macht. Wann will man das einsehen?

Im Schreiben des Landkreises steht, dass man verpflichtet ist, Tatsachen anzugeben. Ich verstand es so, als würde den Eltern Untreue unterstellt. Aber dieser Gedanke, dass man Tatsachen angeben muss, sollte viel weiter gefasst werden. Die Eltern sollten mit ihren Anliegen gehört werden - grundsätzlich und zu jedem Thema. Bücher wie das meine, die einiges erklären und zur Veränderung der Verhältnisse beitragen wollen, sollten auch gelesen werden. „Von nichts kommt nichts“, heißt es, und nur durch Diskussionen können Besserungen herbeigeführt werden. Mit Angst und Kontrolle wird nichts besser, aber mit Liebe und Vertrauen könnte vieles besser werden.

Nun ist es selbstverständlich, dass die Kleidung der Behinderten auch einigermaßen aussehen soll. Als meine Schwestern Björg im letzten Winter abgelegte Jacken schickten, um mir zu helfen, war eine davon ein wenig verfärbt, und eine Mitarbeiterin fragte mich, ob ich vielleicht doch eine andere Jacke hätte. Die Leute würden bei Behinderten viel mehr als bei anderen darauf achten, ob sie ordentlich angezogen seien. Hier zeigt sich nun der Widerspruch. Man soll billige Sachen kaufen, aus schlechten Stoffen, und mit wenig Geld auskommen, und dann soll auch noch alles gut aussehen. Sogar gute Stoffe halten jetzt nicht so lange wie während der Zeit, als ich die Wäsche selbst gewaschen habe. Ich bin schonender mit den Sachen umgegangen. *Ich bin diejenige, die in der ganzen Zeit gespart hat.*

Noch einmal: Vielleicht wäre es besser, die Zuständigkeiten in die Kommunen zu verlegen, damit es nicht so anonym zugeht. Eine Freundin hat mir gesagt, dass einige Menschen im Dorf der Meinung seien, ich hätte einen Orden verdient, weil ich mich so gut um Björg kümmere. Das Sozialamt ist aber viel zu weit entfernt, um etwas davon zu erfahren, was die Leute meinen, die in der Nähe wohnen. Deshalb gehen die „fernen" Ämter wahrscheinlich erst einmal davon aus, dass Sozialhilfeempfänger und ihre Familien grundsätzlich nicht zuverlässig sind. Wenn die wichtigsten Sachen in den Kommunen entschieden würden, könnte man wahrscheinlich viel Geld sparen, weil es leichter einzuschätzen wäre, welche Familien vertrauenswürdig sind. Auf diese Weise könnte auch viel „Verwaltungskram" gespart werden.

(Im Sommer 2003 geschrieben, zum überwiegenden Teil auf Island)

18 Alltag in den Jahren 2003 und 2004

Zuerst eine Übersicht

Gegen Ende des Jahres 1998 war Björg - damals war sie noch nicht im Heim - so schwierig geworden, dass mein Mann und ich übereinkamen, ich sollte einfach mit ihr wegfahren. Wir wollten ausprobieren, wie es sein würde, sie völlig aus ihrem Stress herauszunehmen (aus einer Situation, die *für sie* Stress bedeutete, für andere wäre es vielleicht kein Stress gewesen). Ihre Hose war im Schritt oft nass, sie hatte wunde Halbmonde an den Innenschenkeln, war grantig und hatte Schlafstörungen.

So fuhr ich im Winter 1998/1999 für neun Wochen mit ihr nach Island. Die ersten drei Wochen schlief sie unglaublich viel, 13 bis 15 Stunden am Tag. Danach wurde sie munter, und meine Schwestern halfen mit, ihr Aktivitäten zu ermöglichen. Von da an schlief sie normal, etwa neun bis zehn Stunden, so viel Schlaf scheint sie oft zu brauchen. Sie wurde sauber, trocken, gut gelaunt, schlief gut, alles kam in Ordnung, und sie begann viel mehr zu sprechen.

Im Jahr 2000, dem Jahr als Björg im Herbst ins Heim zog, waren wir für sieben Wochen im Sommer auf Island gewesen. Dieses Mal brauchte Björg nur die ersten zwei Wochen viel Schlaf, dann war sie richtig fit.

Im Sommer 2003 musste Björg nur die ersten zehn Tage auf Island ungewöhnlich viel schlafen. Danach war ihr Schlafbedürfnis normal. Sie hatte aber während der letzten Jahre Nahrungsergänzungsmittel bekommen; diese aufbauenden Stoffe werden sie stabilisiert haben.

Am 22. August 2003 kamen wir aus Island zurück, und sie fing gleich wieder in der Fördergruppe und im Heim an. Sie blieb trocken und war in einem guten Zustand bis Ende Oktober. Von da an nässte sie im Heim manchmal ein und war gestresst.

Wir konnten dann vom 2. bis 4. Dezember 2003 zu Frau Dr. Ciccolo in die Schweiz reisen, um eine Lichtwässertherapie zu erhalten (siehe Anhang A). Danach ging es Björg wieder gut, was mehrere Wochen anhielt, aber kurz vor der zweiten Reise in die Schweiz, am 18. Januar 2004, wurde sie wieder schwieriger. Ihr Befinden und dementsprechend auch ihr Verhalten verbesserten sich aber durch die Pause, die für sie durch die Fahrt entstand.

Ein Tag auf Island - ein Protokoll aus dem Jahr 2003

Meine Schwestern - Valborg ist Sportlehrerin und Þórunn Musiklehrerin - nehmen mir Björg jeden Tag ab, geben ihr zu essen, was sie vertragen kann, gehen mit ihr spazieren und passen auf sie auf. Wenn es Björg nicht so viel besser ginge, würden sie dies gar nicht können. Ich sitze so viel wie möglich am Computer. So viele Stunden am Stück konnte ich in Deutschland einfach nicht an meinen Texten arbeiten, meine Zeit war zu zerstückelt. Ich selbst aber weiß besser als viele andere, worum es geht. Deshalb bin ich es, die über dieses Thema schreiben muss.

Björg ist abends, nachts und vormittags bei mir, aber tagsüber ist sie entweder bei Valborg oder Þórunn. Björg hat viel Freude. Sie ist glücklich. Sie macht bis jetzt nicht die geringsten Probleme. Sie ist völlig trocken, hat keine Verdauungsprobleme und schläft ausgezeichnet. Meine Schwestern sagen, dass sie es nötig hätte, von immer nur zwei oder drei ruhigen Personen umgeben zu sein. Sie haben nämlich bemerkt, dass sie zweimal bei kleinen Feiern etwas unruhig wurde. Es war aber noch nicht zu viel. Björg wurde nicht gestresst, und sie hatte Freude an der Gesellschaft. Dennoch: Sie darf nicht zu oft an Feiern teilnehmen, das wissen mein Mann und ich schon lange aus Erfahrung. Es zeigt sich das Gleiche wie bei unseren früheren Islandbesuchen: Björg kann und weiß viel mehr als man glaubt, wenn sie die Gelegenheit bekommt, richtig zur Ruhe zu kommen. Ich wundere mich und wundere mich wiederum nicht, denn inzwischen weiß ich, wieviel Gespeichertes sie mit sich trägt und weiß. Sie versteht schon viel Isländisch, obwohl ich mit ihr immer Deutsch rede und meine Schwestern meistens auch. Aber wir Schwestern sprechen natürlich Isländisch miteinander.

Björg spricht schon kleine Sätze auf Isländisch und freut sich dabei wie ein Schelm. Sie spricht sie ohne Akzent. Dabei ist sie doch ein „Kind“, das eigentlich der Sprache nicht mächtig ist, sei es nun Deutsch oder Isländisch.

Wie hätte man dies alles herausfinden können, wenn wir wegen der Platzgeldtage nicht in dem benötigten Zeitraum hätten verreisen können?

Wenn man unsere Erfahrungen auf das ganze System überträgt, ist klar zu erkennen, dass die Beachtung einfacher, natürlicher Dinge Erleichterung für die behinderten Menschen und Kostenersparnis für die Einrichtungen und die Gesellschaft bringt.

(Geschrieben am 23. Juli 2003 in Reykjavík)

Die Monate Juli und August 2003 auf Island

Auf Island war Björg in einem einmalig guten Zustand. Sie bekam ganze sieben Wochen lang die Lichtwässer-Basisanwendung. Sie nahm auch Noni ein und abwechselnd Maximol, Revenol und Lecithin von Neways. Wir gaben ihr vegetarisches Essen und etwas Fisch und gingen jeden Tag mit ihr spazieren. Sie hatte immer, mit einer Ausnahme, guten Stuhl, regelmäßig, normal viel und normal weich, es gab kein „Ping-Pong“ von Verstopfung und Durchfall. Sie war ohne Ausnahme sauber und sozusagen immer trocken. Sie schlief jede Nacht gut und war - mit einer Ausnahme – überhaupt nicht grantig. Meine Schwestern Þórunn und Valborg, die Björg oft betreuten und haargenau auf ihre Bedürfnisse achteten, sagten, dass sie es kaum glauben könnten, was ich manchmal schildere. Aber als einmal der Ausnahmezustand mit einer Krise herrschte, sagten meine Schwestern auch: „Es ist unerträglich.“ Und was wäre nun in einer Einrichtung passiert?

Dies alles ist eine sehr empfindliche Gratwanderung.

Die Ausnahme stellte der 27. Juli dar. Es war unser vierter Sonntag auf Island. Meine Schwester Sara wollte an diesem Tag gerne auf Björg aufpassen. Björg und Sara kennen sich auch gut. Ich erklärte Sara, was Björg vertragen würde und was nicht, und sie gab ihr vegetarisches Essen.

In der Nacht darauf war Björg unruhig. Am nächsten Tag war sie schwierig. Alles, was sie abführen konnte, waren kleine harte Kugeln, und sie nässte ständig ein. Ich rief den Heiler an, der uns in letzter Zeit geholfen hatte, und Björgs Zustand besserte sich rasch innerhalb zweier Tage. Ich machte auch APM bei ihr (siehe Anhang A), nach der sie selbst verlangte. Ihre Energien waren unausgeglichen, aber durch die Therapie ging es ihr besser.

Solche Zustände scheinen manchmal aus heiterem Himmel zu kommen, aber sie werden wohl immer eine Ursache haben. Meine Schwester Sara hatte Björg „Obstbrei mit ein wenig Zucker“ gegeben. Möglicherweise reicht so etwas aus, Björg „kippen“ zu lassen, also in einen schlechten Zustand fallen zu lassen. Ich habe geahnt, dass schwierige Tage bevorstünden. Und was tut man dann? Wir haben einen Heiler angerufen, der im Stillen arbeitet und kein Geld für seine Mühen verlangt, und Björg ging es erstaunlich schnell wieder gut.

Sara hat Björg am übernächsten Wochenende wieder bei sich gehabt, gab ihr diesmal gar keinen Zucker, und Björg blieb in einem ausgezeichneten Zustand.

Als Ursache für die Krise kann ich mir aber auch etwas anderes denken. Die Revenoltabletten waren gerade zu Ende gegangen, und ich hatte ihr das kraftvollere Cascading Revenol gegeben. Mir kam nun gleich der Gedanke, ob das zu stark für Björg gewesen sei. Ich habe beobachtet, dass sie von Nahrungsergänzungsmitteln nicht zu viel auf einmal verkraftet. Dies kann ich als Mutter herausfinden und gehe dann den goldenen Mittelweg. Die Familie weiß oft besser als jeder andere, *welches Mittel* das behinderte Kind vertragen kann und *in welcher Dosis* es ihm gut tut.

Auf Island führte ich Gespräche und lernte, wie dort die Behindertenarbeit funktioniert. Es gibt eine sehr aktive Elternarbeit. Die Eltern veranstalten Studientage, Seminare und ähnliche Aktivitäten - und sind glücklich, als Mitwirkende dabeizusein. Mir wurde aber gesagt, dass die Eltern diese Arbeit nicht allein machen könnten, dazu seien sie wegen ihrer behinderten Kinder zu belastet. Fachleute müssten auch dabei sein. Aber ohne die Eltern ginge es wiederum gar nicht, denn *die Fachleute wüssten nicht die gleichen Dinge wie die Eltern. Die Eltern seien auch Experten.*

Es hängt wesentlich von den Strukturen in der Behindertenarbeit ab, wie gut oder weniger gut sich eine sinnvolle Eltern- und Angehörigenarbeit verwirklichen lässt. Dort wo ein Leiter oder eine Leiterin für nur eine kleine Wohngemeinschaft mit vier bis sechs Personen zuständig ist - wie in den nordischen Ländern üblich -, wird automatisch mehr Raum und Atmosphäre für Gespräche geschaffen, als es hier in Deutschland möglich ist. Ich höre so oft den Einwand: „Dies ist auf Deutschland nicht übertragbar“, aber warum sollte es nicht übertragbar sein? Das Helfen fängt mit der richtigen Einstellung an. Man kann einfach froh sein, wenn irgendwo etwas gut funktioniert. In Deutschland ist vieles gut, und auf Island ist keineswegs alles gut. (Diesen Satz kann man natürlich auch umkehren.) Island hat auch mit Schwierigkeiten zu kämpfen. Die Entfernungen sind groß, manche Gegenden sind sehr dünn besiedelt und Lösungen müssen den Verhältnissen angepasst werden, Verhältnissen, die es in Deutschland kaum oder gar nicht gibt. Island hat nicht viel Geld. Es gibt lange Wartezeiten für einen Platz in einer Wohngemeinschaft oder Wohnung. Aber die Zukunftsvisionen stehen fest, und die Menschenrechte sind Grundlage der Arbeit.

Nach Ansicht der Isländer zählt es zu den Menschenrechten, in Wohnungen oder kleineren WGs leben zu dürfen. Ich berichtete, dass wir in Deutschland einen Wohnheimleiter haben, der für insgesamt 85 Personen zuständig sei, die in zwei Heimen und einigen ambulant betreuten Wohnungen leben (inzwischen sind es noch mehr geworden). Die Antwort war ganz sanft: „Das ist unmöglich, das kann keiner." Mein Einwand: „Dies ist aber ein ganz besonderer Mann." „Das ist egal. Vor 40 Jahren war das auch bei uns so. Früher, im Heim Kópavogshæli, hatten wir auch einen Wohnheimleiter für 200 behinderte Personen, auch einen sehr guten Mann, einen ganz besonderen Mann sogar. Aber das ist unmöglich. Das kann keiner." Man war auch der Meinung, dass es für einen Mitarbeiter nicht möglich sei, acht Behinderte zu betreuen. Die Gruppen sollten kleiner sein. Kein Gerede, kein anmaßendes Urteil: Ach, wir sind doch viel besser, wir haben etwas erreicht, sondern sanft und realistisch: „Vor 40 Jahren war dies auch so bei uns. Wir sind immer noch dabei, das viele Unrecht auszulöffeln, das den Eltern damals widerfahren ist. Große Institutionen sind einfach nicht human." Zum Thema, dass ich möglicherweise nicht mit Björg nach Island hätte fahren dürfen oder können, beziehungsweise wegen der Platzgeldtage nicht gefahren wäre, wurde mir gesagt, dass es überholte Gesetze seien, die das verbieten oder behindern. Hier handele es sich um eine Menschenrechtsverletzung. Es müssten Ausschüsse gebildet werden, um herauszufinden, was gebraucht wird, und auf deren Erkenntnissen sollten neue Gesetze geschaffen werden. In Deutschland sollte man sich mit den Gesetzen auseinandersetzen, die in den skandinavischen Ländern gelten.

Auf Island berichtete ich von einem Anbau für zwölf ältere und vorgealterte Behinderte, der zurzeit hier bei uns neben einem Heim für 40 Personen gebaut wird. Dieser Anbau ist privat finanziert und konnte dank der Initiative einiger Eltern gebaut werden. Sie hatten dafür den Erbanteil ihrer Kinder vorzeitig eingesetzt. Viele haben wohl ein finanzielles Risiko auf sich genommen und hoffen, dass es durch die Mieteinnahmen ausgeglichen werden kann. Auf diese Weise wird der Erbanteil der Behinderten vor dem Zugriff des Sozialamtes bewahrt, wenn die Eltern nicht mehr leben. Ich sagte, dass man in Deutschland diese Lösung absolut vorbildlich finde. Auf Island urteilte man schlicht, dass für Bauten der Staat zuständig sei, und dass es nicht vom Vermögen betuchter Eltern abhängig gemacht werden dürfe, ob gebaut wird oder nicht. Außerdem hielt man das Haus für zu groß. Auch ich denke so: Grundsätzlich kann man es nicht als vernünftig erachten, ein Modell zu schaffen, das nur finanziell Bessergestellten offen steht.

Ich verstehe sehr wohl, wie es in Deutschland aussieht, aber auch, wie man auf Island empfindet. Auf Island wurde der Anbau nicht als eine Leistung mit Vorbildcharakter empfunden, wogegen man hier durchaus stolz darauf ist. Beide Ansichten und Gefühle haben ihre Berechtigung – Hauptsache, die Behinderten bekommen ein gutes Zuhause.

Eine Mutter fuhr mich zu der Bücherei des Autistenvereins. Dort gab es interessante Bücher unter anderem auf Isländisch, Englisch, Deutsch, Dänisch, Färöisch und Schwedisch. Den Isländern scheint es wichtig zu sein, sich über Entwicklungen auch im Ausland zu informieren und nach weiteren Lösungsmöglichkeiten für eigene Probleme zu suchen. So erfuhr ich von einem internationalen Treffen in Portugal im November 2003. Aus Island wollte eine ganze Gruppe dabei sein.

Mein wichtigstes „Mitbringsel“ aus meinem Heimatland war mein Selbstwertgefühl. Ich brauchte nur Zeit und Ruhe, um wieder konzentriert arbeiten zu können. Ich machte die Erfahrung, dass ich unter günstigen Bedingungen gut strukturierte Texte verfassen kann. Ich habe erfahren, dass in mir dieses Potenzial steckt.

Ja, und nun komme ich wieder nach Deutschland und kann mich nicht so engagieren, wie ich möchte. Das ist schlimm für mich. Ich wünsche mir von Herzen, ich könnte mehr mitwirken, aber als Mutter habe ich da keine großen Chancen. Auch als Elternvertreterin kann ich nur wenig tun. Von den Angehörigenbeiratssitzungen darf man wegen der Schweigepflicht nichts außerhalb der Sitzungen erzählen. So gestaltet sich ein Gedankenaustausch zum Thema leidbringender Sozialstrukturen schwierig. Natürlich gibt es Lobenswertes, aber vieles könnte reformiert werden, und vor allem: Die Völker sollten aufgeschlossen sein und voneinander lernen.

Mir fällt immer wieder ein Kinderlied ein, das Björg manchmal auf CD hört und mitsingt:

Der Kuckuck und der Esel

Der Kuckuck und der Esel,
die hatten einmal Streit:
Wer wohl am besten sänge
zur schönen Maienzeit.

Der Kuckuck sprach: „Das kann ich“,
und fing gleich an zu schrei'n.
„Ich aber kann es besser“,
fiel gleich der Esel ein.

Das klang so schön und lieblich,
so schön von fern und nah.
Sie sangen alle beide
kuckuck, kuckuck, ia.

Mögen die Menschen im Bereich der Behindertenarbeit ebenfalls jegliches Konkurrenzdenken aufgeben und Gemeinschaftssinn entwickeln!

September 2003

Als ich zurück in Deutschland war, gab es ganz viele Feste, Veranstaltungen und Nachmittagstreffen mit Kaffee und Kuchen: in der Fördergruppe, in der Wohnstätte, in der Werkstatt. Ich war fünf Stunden mit Björg auf dem Werkstattfest, anstrengend für mich, aber ich machte mit. Damals war ich gerade aus Island gekommen, so dass mir ganz eigenartig zumute war. Die Menschen in unserer Behindertenarbeit hier in Deutschland sind alle sehr lieb zu den Behinderten. Das ist natürlich gut. Aber sie reden bei solchen Zusammenkünften über nichts Wichtiges. Über die Kartoffelpuffer vielleicht. Vielleicht leben viele der Menschen, die ich hier treffe, hauptsächlich auf einer Ebene, in der nicht genug über Perspektiven in der Behindertenarbeit nachgedacht und geredet wird. Und das fehlt mir schmerzlich. Hier wird immer nur gesagt: „Deutschland hat kein Geld.“ Aber auf Island, einem finanziell ebenso eingeschränkten Land, beschäftigt man sich erst einmal lösungsorientiert mit diesen Aufgaben. Wenn ein behindertes Kind in einer Einrichtung aufgenommen wird, werden die Eltern gebeten, etwas - und dies „nicht zu kurz“ - über ihr Kind zu schreiben. Es ist richtig spannend, beflügelnd, glücklichmachend, dort mit den Menschen zu diskutieren. Wenn dann

Konzepte gefunden worden sind, versucht man, dafür auch Geld zu beschaffen. Man arbeitet daran, die Bevölkerung wohlwollend zu stimmen und sie für humanitäre Leistungen - auch im finanziellen Sinne - zu gewinnen. *Um die Grundlagen für ein freundliches und kreatives Klima zu schaffen, ist Aufklärungsarbeit nötig.* Es gibt zum Beispiel ab und zu Beilagen in den größten Tageszeitungen, in denen über Behinderungen informiert wird. Das sind oft Berichte von Betroffenen, die aber, ähnlich wie in Behindertenzeitschriften, mit Annoncen oder Werbung nichts zu tun haben. So wird die Bevölkerung integriert, und sie versteht, warum es not tut, in diese Bereiche zu investieren. In Deutschland kann ich aber oft gar nicht über meine Gedanken und Wünsche sprechen, denn nur wenige scheinen zu verstehen, wie ich mir Lösungen denke. Dabei wünsche ich mir nur, dass wir von gut gelungenen Lösungen in den skandinavischen Ländern lernen. Das Problem ist, glaube ich, oft ein völlig falscher Ehrgeiz. Kuckuck und Esel wollen jeder besser singen als der andere. Wie schön wäre es doch, wenn alle zusammenarbeiten würden und keiner der Beste sein möchte und die Völker nur gemeinsam gute Arbeit leisten möchten. Es ist am schönsten, wenn alles ineinander greift, wenn die Menschen miteinander harmonieren und voneinander Konstruktives lernen. Dann geschieht Entwicklung. Und was passiert ohne Entwicklung? Stagnation und Depression.

Im September gab es in unserer Nähe einen *Edgar-Cayce-Kongress*. Ich hatte dort einen Traum, den „Färöertraum". Wir waren gebeten worden, unsere Träume aufzuschreiben, die am nächsten Morgen gedeutet werden sollten. Ich träumte, dass ich mit meiner Schwester Valborg auf den Färöer-Inseln kletterte. Es gab zwei Wege zu klettern: dort, wo wir waren, aber auch hinter einer Trennwand. Gemessen an der Höhe auf unserer Seite war auf halber Höhe auf der anderen Seite ein glatter gepflegter Rasen, und höher kam man dort nicht. Auf diesem Rasen lief ein verzweifelter Deutscher herum. Der Rasen war wie eine Plattform mit einem Sprungbrett. Dort stand nun dieser Mann, traute sich aber nicht zu springen. Ich wollte ihm gerne die Hand reichen, aber inzwischen war nun alles niedriger geworden, und es war so kinderleicht zu springen, dass ich dachte, dass er das auch allein schaffen könnte. Ich rief ihm deshalb zu: „Spring, spring." Und er ist tatsächlich gesprungen! Aber sein Körper war nicht flexibel, er wusste nicht, wie man seine Knie beugt, wenn man auf der Erde landet, und er starb. In dem Moment endete auch der Traum, und ich wusste sogleich, dass dieser Mann das deutsche Sozialsystem symbolisierte.

Ich erklärte der Traumdeuterin, dass ich die Färöer-Inseln wahrscheinlich deswegen geträumt hätte, weil ich durch das Lesen eines Buches den Eindruck hatte, auf den Färöer-Inseln gäbe es den höchsten Standard auf der Welt, was Behindertenarbeit angeht. Sie war auch der Meinung, dass der Mann das deutsche Sozialsystem symbolisiere. Der Traum würde darauf hinweisen, dass sich dieses System auflösen müsse, weil es nicht flexibel genug sei. *Man müsse zur Basis gelangen, um auf die Bedürfnisse der Menschen eingehen zu können.*

Dieser Traum hinterließ in mir ein sehr intensives Bild. **Kein System ist überlebensfähig, wenn es nicht auf individuelle Bedürfnisse reagieren kann.**

Auf den Färöer-Inseln wohnt eine isländische Krankengymnastin, die das Buch *Að hreyfa sig og hjúfra* (Sich bewegen und kuscheln) geschrieben hat. Es geht unter anderem darum, dass manche Kleinkinder nicht genügend Bewegungsmöglichkeiten haben konnten oder haben, und deswegen gibt es bei ihnen nicht die ausreichende Zahl von gut entwickelten Synapsen. Solange die Synapsen nicht gut entwickelt sind, kann zum Beispiel mit Logopädie nicht viel erreicht werden. Die Synapsen entwickeln sich hauptsächlich durch Bewegung. Auf den Färöer-Inseln werden deshalb mit allen Kindern - nicht zuletzt mit behinderten - viele Bewegungsübungen gemacht. Man strebt an, ganz vielen Menschen Kenntnisse darüber zu vermitteln, worauf bei Kleinkindern zu achten sei, damit sie bei Bedarf rechtzeitig eine spezielle Bewegungsbehandlung bekommen. Man bezeichnet diese Übungen als *Sensorische Integration.* Sie sind auch die Voraussetzung dafür, dass manche Behinderung, die sich möglicherweise entwickeln würde, gar nicht erst entsteht. (Ich fuhr später dorthin um zu lernen. Siehe auch Anhang A: Sensorische Integration.) Dr. Gerald Hüther, Professor für Neurobiologie an der Universität Göttingen und Autor mehrerer Bücher, betont, wie wichtig es sei, dass sich die Synapsen gut entwickeln. Dafür müssten Kinder in jeder Hinsicht gute Lebensbedingungen haben, schreibt er.

Ich erzähle noch einen weiteren Traum. Ein Reisebus war unterwegs auf Island, und die Insassen waren alle Deutsche außer mir - aber ich gehörte ja dazu, weil ich mit den anderen aus Deutschland kam. Wir wollten eine Rundfahrt machen. Wir kamen bald an einen Fluss, den wir hätten überqueren müssen, aber der Chauffeur hielt an. Er dachte, dass man den Fluss nicht überqueren könne. Ich sagte, dass man es könne. Daraufhin erhob fast jeder im Bus seine Stimme, und alle sprachen durcheinander all diese Sätze, die ich inzwischen gewohnt bin in der Behindertenarbeit zu hören: „Es ist nicht möglich“, „Das können wir nicht“, und so weiter. Dann kam gerade ein voller Bus mit Isländern auf der anderen Seite des Flusses an. Sie hatten schon die Rundreise, die wir antreten wollten, hinter sich. Der isländische Chauffeur überquerte ohne Zögern den Fluss. Alle in „meinem“ Bus konnten sehen, dass das möglich war. (Auf Island gibt es sehr viele Flüsse, im Allgemeinen mit Brücken, aber im Landesinneren müssen oft kleinere Flüsse ohne Brücken überquert werden.)

Oktober 2003

Am 16. Oktober 2003 wurde der Anbau für ältere und vorgealterte Behinderte mit der Sozialministerin und anderen Gästen eingeweiht. An diesem Tag wären Björg und ich in die Schweiz zur Behandlung geflogen, wenn Frau Dr. Ciccolo nicht hätte absagen müssen. Außerdem waren wir gar nicht zu dieser Feier eingeladen, denn wir waren an der Finanzierung des Neubaus nicht beteiligt. Aber jemand von den Eingeladenen bat Alfred, ihn zu vertreten, und ich durfte mitkommen. Was bekam ich nun auf dieser Feier zu hören?

In den Reden wurde immer wieder der große Vorbildcharakter des Anbaus gelobt. Die Lebenshilfe e.V. und die Behindertenhilfe GmbH hätten große Leistungen vollbracht. Ja, das haben sie auch. Aber ich war gerade aus Island gekommen, hatte von dieser Maßnahme erzählt und hatte gehört, dass dort eine so große Anzahl von Behinderten in einem Heim aus Menschenrechtsgründen gesetzlich verboten gewesen wäre.

Die Sozialministerin sagte in ihrem Vortrag, dass man beabsichtige, den Familienentlastenden Dienst nun „flächendeckend“ auf- und auszubauen. Und mir kamen einige Erinnerungen: Einmal saß ich, ein einziges Elendshäuflein, einem leitenden Angestellten der Behindertenhilfe GmbH gegenüber, der jetzt ebenfalls in einer Rede davon sprach, dass der Familienentlastende Dienst nötig sei. Ich hatte mir damals bei ihm einen Termin besorgt, weil ich mit ihm über Möglichkeiten, die Familien zu entlasten, sprechen wollte. Ich hatte seit Monaten und Jahren niemals genug Schlaf bekommen. Mir wären viele Qualen erspart worden, wenn ich nur ein kleines bisschen Entlastung bekommen hätte. Aber nein, so etwas gab es nicht. So etwas war damals nicht drin. Nicht möglich. Keine

Hilfe, nichts. Aber nun sprachen sowohl die Sozialministerin als auch dieser Mann von Entlastungsmaßnahmen. Eigenartig: Vor einigen Jahren war ich fast ein Unikum, weil ich von der Notwendigkeit familienentlastender Maßnahmen gesprochen hatte. Jetzt werden sie propagiert. Endlich! Als ich 1986 auf einem spirituellen Seminar war - auf solchen Seminaren beschäftigen sich die Teilnehmer eingehend mit *Liebe* - sprach ich auch über Entlastungsmaßnahmen. Da wurde mir gesagt: „Das ist für den Steuerzahler zu teuer." Diese „lieben" Menschen bewiesen mit ihrer Aussage schlicht Herzlosigkeit, denn anscheinend wollten sie eher zulassen, dass einige Menschen schwer leiden, als dass Steuern zum Zwecke der Linderung verwendet werden. Und: *Wo wird gespart, wenn Mütter zusammenbrechen?*

Es sehen dies aber nicht alle so. Im Frühjahr 2003, als ich im Frauen- und Mütter-Zentrum war (siehe Kapitel 16), bemerkte die Frau, die meine Bücher gelesen hatte: „Schlafentzug ist eine Foltermethode." Sie sagte dies mit sehr viel Herz für mich. Ich denke, dort wird in wahrer Liebe gearbeitet.

November 2003

Im November musste ich unsere Tickets umbuchen lassen, weil wir einen neuen Terminvorschlag bei Frau Dr. Ciccolo bekamen. Sie kommt ab und zu aus Italien in die Schweiz. Zu einem der angebotenen Termine gelang es mir tatsächlich, Billigflüge zu bekommen, aber dies erforderte einige Fahrten zum Flughafen.

Auf diesen Bahnfahrten las ich in einem dicken Buch, das ich vom Frauen- und Mütter-Zentrum geliehen bekommen hatte: *Die Rückkehr des Lebens in die Öffentlichkeit.* Es behandelt auf eine besonders menschliche Art das Thema, wie Mütter wieder in den Beruf finden können, nachdem sie wegen der Familie und der Kinder zu Hause geblieben sind. Hier fand ich Denkansätze und Vorgehensweisen, die denen auf Island ähneln. Und auch wenn dies kein spirituelles Buch ist, geht es darin um sehr viel Liebe zu den Mitmenschen. Ich sah die Welt doch mit anderen Augen, nachdem ich dieses Buch gelesen hatte, wurde optimistischer und wusste, dass es in Deutschland viele Menschen gibt, die ähnlich denken wie die Skandinavier.

Im November geschah in meinem Fühlen und Denken eine Aufarbeitung der Jahre, als es außer Björgs Tagesstätte für mich fast keine Entlastung gab. Weil keine Stelle existierte, in der mir Björg auch nachts manchmal abgenommen werden konnte, sehnte ich mich ständig nach genug Schlaf. Ich versuchte diese schmerzhafte Erfahrung umzuwandeln in Dankbarkeit für das, was ich nun inzwischen gelernt hatte. Ich dachte über schmerzerfüllte Erfahrungen anderer nach und über Menschen, die sich um die Leiden anderer kümmern und helfen möchten.

Ich besuchte einige Info-Abende. Eine deutsche Sektion der internationalen Hilfsorganisation „Amnesty International" informierte über Menschenrechte und Menschenrechtsverletzungen und darüber, wie diese Organisation sich einsetzt um zu helfen.

Auf einer anderen Veranstaltung lauschte ich Vorträgen über Cellagon, ein Getränk mit natürlichen Vitalstoffen. Vor einigen Jahren nahmen wir dieses Mittel, aber nicht konsequent. Seit dieser Zeit bekommt Björg aber Cellagon aurum regelmäßig.

Auch hörte ich einen Vortrag von Heilpraktiker Ralf Meyer, der das Buch *Ernährung heißt die Zauberpille* geschrieben hat. Er sagte: „Revenol ist auch gut", nachdem er zuvor das stärkere Cascading Revenol gepriesen hatte. Er sprach darüber, dass die Menschen verschieden sind. Ich weiß schon seit Jahren, dass Björg keine starken Dosen verträgt und fühlte mich bestätigt.

Dezember 2003

Björg und ich fuhren vom 2. bis 4. Dezember in die Schweiz zu Frau Dr. Ciccolo zur Lichtwässertherapie, und dann noch einmal vom 18. bis 20. Januar 2004. Nach dem Behandlungsprogramm sind zwei Behandlungen im Abstand von vier Wochen vorgesehen, öfter braucht man nicht zu kommen.

Wir wollten an einem Dienstag abfahren. Als ich Björg am Freitag davor abholte, erfuhr ich, dass sie die ganze Woche im Heim eingenässt hatte. Sie hatte Verstopfung, die sich über das Wochenende mit einem Durchfall löste. Sie war gerade wieder sauber und trocken geworden, als ich sie am Montag, dem 1. Dezember, zur Förderstufe brachte. Von dort holte ich sie wieder gegen 15 Uhr ab. Weil Björg in den vorangegangenen Wochen meistens trocken gewesen war, war ich nicht ausgerüstet mit Pampers, konnte sie aber in letzter Minute besorgen. Damit und einem plastikbeschichteten Laken fuhren wir los. Als wir einige Jahre zuvor nach Österreich gefahren waren, war Björg so stabil trocken, dass keine Pampers nötig waren. Jetzt auf den Fahrten in die Schweiz nässte sie schließlich auch nicht ein, und alles ging gut. Björg blieb trocken und hatte jeden Morgen einen normalen Stuhl, was die Reise sehr erleichterte. Vor allem am Abreisetag ist es wichtig, dass sie morgens Stuhl hat.

Die Behandlung am 3. Dezember verlief gut. Ich selbst bekam auch die Lichtwässerbehandlung. Frau Dr. Ciccolo ist promovierte Biologin und wissenschaftlich tätig. Sie hat ein Studium der Aurikulomedizin bei dem französischen Arzt Dr. Paul Nogier in Lyon absolviert und eine Behandlungsmethode mit den Lichtwässern auf der Grundlage der Aurikulotherapie entwickelt. Frau Dr. Ciccolo war begeistert von Björg. Sie sei „feinenergetisch" und „hochentwickelt", sagte sie. Dies haben mir auch vorher einige sensitive und hellsichtige Menschen mitgeteilt - wovon ich ihr aber nichts gesagt hatte. Der Preis für die Behandlung beträgt eigentlich 150 Euro, aber für Björgs Behandlung wollte sie nichts nehmen. Frau Dr. Ciccolo sagte mir, dass Hoffnung auf Besserung bestünde. Man könne bei Björg zwar nicht das heilen, was beschädigt sei und was ihre Behinderung ausmache, aber es gebe bei ihr auf den tieferen Ebenen Blockaden, die behindern; diese könnten aufgehoben, und in Björgs Energiefeldern auch einiges ausgeglichen werden. Björgs Zustand könnte sich dann bessern. Auch wenn es jetzt schwierig für mich sei, mit ihr zu reisen, könne sich der Einsatz wirklich lohnen, und alles könne mit ihr leichter werden. Ich habe inzwischen den Eindruck, dass dieser Erfolg sich auch einstellt.

Unsere Gastgeberin in Arbon war eine gebürtige Österreicherin. Sie machte die Betten auf eine traditionelle österreichische Art. Auf das Laken folgt ein weiteres starkes Laken. Darauf wird ein dickes Daunenoberbett gelegt. Über dieses Daunenoberbett wird dann am Kopfende das starke Laken geschlagen und die Person liegt zwischen den Laken. Jetzt machen wir Björgs Bett auch so, im Heim wie bei uns. Das Daunenbett wird dann jedenfalls nicht nass, wenn Björg einnässt. Man kann doch überall etwas dazu lernen! Auch mit dem Pampersproblem bin ich einen Schritt weitergekommen. Ich erfuhr von einer Firma, die „Anziehpampers", sogenannte Pants, für Erwachsene führt. Solche sind kleiner im Umfang als gewöhnliche Pampers und somit für Reisen geeigneter. Ich habe sie jetzt gekauft - unabhängig von der Kostenübernahme durch das Sozialamt oder die Krankenkasse - und hoffe, dass Björg sie nur noch auf Reisen wird benutzen müssen.

Als wir am Donnerstag, dem 4. Dezember, zurückkamen, musste ich Björg wegen der Platzgeldtage sofort wieder ins Heim bringen. Am Telefon kommentierte dies meine Schwester: „Verrückt!“ Am nächsten Tag holte ich sie wieder ab, sie blieb das Wochenende bei uns zu Hause und erholte sich von der Reise.

Nun berichte ich ein wenig davon, womit ich meine Zeit zubringe:

Einmal an einem Montagmorgen, als ich Björg zur Förderstufe brachte, bemerkte ich, dass ihre Sandalen dort fehlten. Sie hat drei Paar Sandalen, ein Paar ist bei uns, ein Paar im Heim und ein Paar in der Fördergruppe. Ich erfuhr, dass sie die ganze Woche davor ohne Sandalen gewesen war. Entweder ist sie auf Socken gegangen oder sie hatte ihre Schuhe an. Beides ist nicht gut. Wenn Björg den ganzen Tag über Schuhe trägt, blockiert das ihren Energiekreislauf, sie kann sich eher erkälten. Dadurch würde sie auch eher einnässen. Auch ist nicht jeder Untergrund dafür geeignet, mit Socken darauf zu gehen. Björgs Sandalen waren im Heim geblieben, das übrigens nicht allzu weit entfernt von der Förderstufe liegt. Die Mitarbeiterin ihrer Gruppe war krank gewesen, und Björg wurde wahrscheinlich in einer anderen Gruppe mitbetreut. Dort hat man wohl nicht gewusst, dass Björg sonst immer mit Schuhen zurück ins Heim fährt, während die Sandalen im Raum der Fördergruppe bleiben. Wir riefen von der Fördergruppe aus gleich im Wohnheim an, aber dort nahm niemand ab. Das bedeutet immer, dass alle Bewohner in der Werkstatt sind und das Haus geschlossen ist. An diesem Tag musste ich wegen des Glatteises ausschließlich mit öffentlichen Verkehrsmitteln fahren. Ich fuhr nach Hause und wartete, war aber wieder im Heim, als die Nachmittagsschicht um 15 Uhr ankam. Ich holte die Sandalen, brachte sie zur Förderstufe und fuhr wieder nach Hause. Von unserem Dorf aus braucht man für diese Fahrten mindestens zweieinhalb Stunden, alles mitgerechnet: Busfahrten, Warten an den Haltestellen und Fußwege. Es war einfach niemand da, der Zeit gehabt hätte, um auf solche Sachen zu achten. Die Mutter ist dann diejenige, die alles retten muss, wenn kein anderer da ist. An diesem Tag hatte ich praktisch für nichts anderes Zeit als für diese Sandalen-Expedition.

Ähnlich erging es mir, als ich die Lichtwässertherapie erklären wollte. Geplant war, dass ich bei einer Versammlung aller Mitarbeiter, eine Stunde nach meiner Therapie bei Björg, die Gelegenheit dazu haben sollte. Ich ging in die Innenstadt, wartete in einem Café, ging zurück und hätte nun die Lichtwässertherapie in fünf Minuten erklären können, und alle wären informiert gewesen. Aber es kam anders. Der Wohnheimleiter war sehr in Eile, hatte noch einen anderen wichtigen Termin. Ich musste nach Hause fahren. Später an diesem Tag kehrte ich wieder zurück, um wenigstens einer Mitarbeiterin diese Therapie zu erläutern. Das alles hat mich viel Zeit gekostet. Dabei braucht eine Mutter ihre Zeit nicht weniger dringend als Mitarbeiter und Fachleute im Behindertenbereich.

Eine Geschichte noch: Unser ältester Sohn und seine Frau hatten Isländer und Islandfreunde eingeladen, darunter auch uns. Während des Treffens, das an einem Samstag stattfand, wollte man im Heim auf Björg aufpassen. Ich hatte an diesem Morgen schon einen Vergesslichkeitsfehler gemacht, weil ich so viel um die Ohren hatte, und Zeit verloren. Mein Mann drängelte: „Wir kommen zu spät, wir kommen zu spät." Ich denke, wenn ich ein Sack gewesen wäre, wäre es nicht möglich gewesen, mehr in diesen Sack hineinzustopfen. Als wir wegfuhren, ließ ich versehentlich alles, was wir mitnehmen wollten - Geld, Weihnachtsgeschenke und anderes - auf der Garagenauffahrt liegen. Nachdem wir Björg ins Heim gebracht hatten, mussten wir also wieder nach Hause fahren. Die Sachen lagen im strömenden Regen noch auf der Auffahrt.

Ich halte es für gefährlich, wenn Menschen so stark im Dauereinsatz sind, wie dies oft bei Müttern Behinderter geschieht. Vermutlich sind zuhauf Schutzengel beteiligt, damit nicht Unfälle passieren bei Menschen wie uns, die praktisch nie eine Pause haben dürfen. Meine Zeit ist einfach mehr als knapp. Solange aber von dem allgemeinen System her keine Pausen eingebaut werden, gibt es kein Entrinnen. Man verliert mehr Zeit, weil einem zu viel abverlangt wird, und alles verschlimmert sich. Dabei kann ich wirklich fit sein und gar nicht vergesslich! Ich kann aber von meinen Erlebnissen auf Behinderte schließen: Wenn für sie der Stress zu groß wird, schalten sie ab, können nicht das bringen, was sie sonst können.

Der Neurobiologe Dr. Gerald Hüther meint dazu: „....unter Druck schaltet das Gehirn zurück auf einfachere, ältere Nutzungsmuster. (...) Wenn einem alles zu viel wird (...), dann schaltet das Frontalgehirn einfach ab...." (Zitat aus „Leben ist Lernen" - Rundbrief 13, 2003).

Noch etwas, das zeigt, dass man Zeit und Geduld braucht. Nebenbei las ich in dem Buch *Ernährung heißt die Zauberpille* von Ralf Meyer. Da Björg so wild auf dieses Buch war, weil darin viele Bilder sind, hielt ich es einige Wochen gut versteckt. Einmal ließ ich es aber herumliegen. Björg ließ es in die Toilette fallen, worin sie gerade einen Durchfallhaufen gemacht hatte.

Weihnachten rückte heran. Björg war während der Ferien bei uns und war die ganze Zeit in einem guten Zustand. Ich habe sehr gut aufgepasst, dass sie nur Essen bekam, das sie vertragen konnte. Vor Weihnachten reinigte ich ihr die Kopfhaut, und während der Weihnachtsferien hatte sie keine Ausscheidungen auf dem Kopf. Als sie wieder eine Woche im Heim und in der Förderstufe gewesen war, hatte sich ein großer Fleck voller Ausscheidungen oben auf ihrem Kopf gebildet. Über Weihnachten war Björgs Verdauung ganz in Ordnung gewesen - aber so schnell kann sich alles ändern!

Januar 2004

Am 18. Januar sind wir nochmals in die Schweiz geflogen.

Die Lichtwässer-Therapeutin Frau Dr. Ciccolo war nach wie vor begeistert von Björg und sah Gutes und Schönes um sie herum. Sie sah auch, dass Björg sehr sensibel ist. Ich sollte eine kurze Behandlungsphase bei Björg durchführen, nachdem wir wieder zu Hause wären. Björg sollte zu drei Zeiten des Tages eine „Intensiv-Lichtwässertherapie" bekommen, darunter von 22 - 23 Uhr und von 24 - 01 Uhr. Frau Dr. Ciccolo sagte, dass zu dieser Zeit psychische Angriffe auf Björg möglich seien. Es gäbe da Blockaden auf den tieferen Ebenen. Das müsse in Ordnung gebracht werden, dann werde sie solche Angriffe nicht mehr erleiden müssen. Diesen Hinweis finde ich interessant, weil Björg Zeiten durchlebt hat, während derer sie einmal um Mitternacht, und auch wieder gegen 2.30 Uhr, plötzlich und sehr erschreckt aufwachte. Ich hatte Frau Dr. Ciccolo nichts darüber erzählt. (Im Kapitel 13 dieses Buches und auch im *Sternenkind* wird Ähnliches beschrieben. Möglicherweise könnte man vielen Menschen, die unter ihrer Sensitivität leiden, mit der Lichtwässertherapie helfen.)

Am Tag unserer Rückreise, am 20. Januar, waren wir erst gegen 18 Uhr zu Hause, weil es mit dem Flug eine Verspätung gab. Eigentlich hätte ich Björg wegen der Platzgeldtage ins Heim bringen müssen, aber sie legte sich ins Bett und schlief ein. Der nächste Tag war ein Mittwoch. An diesem Wochentag geht sie normalerweise nicht in die Förderstufe. Ich brachte sie auch nicht ins Heim, weil sie noch immer Erholung brauchte.

Ihr Zustand war sehr erfreulich, nachdem sie sich ausgeschlafen hatte und zur Ruhe gekommen war. Seit dieser Zeit bis jetzt, Ende März 2004, hat sie kein einziges Mal eingenässt, weder hier noch im Heim, und auch keinen Durchfall gehabt. Die Lichtwässertherapie bekommt sie nun kontinuierlich. Die Mitarbeiter geben ihr gerne die Lichtwässer und sind daran auch interessiert. Frau Dr. Ciccolo ist eine begnadete Therapeutin, die schon Tausenden von Menschen geholfen hat. Wie froh kann ich sein, dass ich die Kraft hatte, Björg in die Schweiz zu bringen!

Was den möglichst sparsamen Verbrauch von Platzgeldtagen angeht, so war es gut, dass die eine Fahrt ins Jahr 2003 fiel, die andere aber 2004 stattfand, wodurch wir besser mit den Platzgeldtagen auskamen.

Zwei Tage, nachdem wir aus der Schweiz gekommen waren, hatte unsere Familie geplant, zur Taufe unserer Enkeltochter nach Kopenhagen zu fahren. Am Mittwoch konnte ich packen, während Björg sich ausruhte, und am Donnerstag früh brachte ich sie zur Förderstufe, fuhr anschließend los und war gegen 19 Uhr in Kopenhagen. Wenn ich einen Zug später gefahren wäre, wäre ich erst kurz vor Mitternacht dort gewesen. Ich schreibe dies nur auf, weil ich so oft das Gefühl habe, dass sich alles, alles danach richten soll, wie irgendwelche Vorschriften einzuhalten sind, wo Björg sich aufzuhalten hat, was mit ihr zu tun ist und so weiter. Wenn hier die Rede von jemandem wäre, der kein behindertes Kind im Heim hätte und sich auf eine Reise wegen der Taufe seines Enkelkindes vorbereitete, wäre es wohl selbstverständlich, dass er packen könnte, *ohne denken zu müssen:* Wie gewinne ich am besten Zeit dazu, und wie kalkuliere ich am besten, damit mein Kind sich ausreichend ausruhen kann und sich gleichzeitig die Zahl beanspruchter Platzgeldtage in Grenzen hält? Aber mit einem behinderten Kind kann es passieren, dass man sich nur nach Vorschriften richten muss, auch wenn dies bedeutet, dass man weder auf ein müdes Kind noch auf sich selbst Rücksicht nehmen kann. Und es kann dazu kommen, dass man eine „Strafe" zahlen muss: 60 Euro pro überschrittenem Platzgeldtag. Warum kann das alles nicht etwas menschlicher gehandhabt werden? Wie gesagt, ich brachte Björg erst am Donnerstag früh zur Förderstufe, kam gegen 19 Uhr ausgeruht in Kopenhagen an und hoffte auf Nachsicht wegen der Platzgeldtage.

Meine verstorbene Mutter war eine Halbdänin. Ihre jüngste Schwester, die in Dänemark lebt, meine Tante, sagte mir, dass die Menschen in Dänemark jetzt wieder zum Glauben finden. Die Kirche, in der unsere Enkeltochter getauft wurde, war auch voll. Sie berichtete mir von seriösen, gut gemachten Sendungen im dänischen Fernsehen über die Reinkarnationstheorie. Sie verstand gut, was mir in Bezug auf Björg am Herzen liegt und meinte, dass ich unbedingt an einer Sendung im dänischen Fernsehen teilnehmen sollte. Es wäre interessant, was ich zu sagen hätte.

Mein erster Gedanke war, dass sich das wohl nicht machen ließe. Aber warum nicht? Wahrscheinlich wäre es doch möglich. Ihr Schwiegersohn, ein Psychologe, tritt oft im Fernsehen auf. Er hat ein Buch geschrieben: *Problembørn i kemiske håndjern* (Problemkinder in chemischen Handschellen). Die Titelseite zeigt ein Bild von einem Jugendlichen in Handschellen, worauf Ritalin und Amphetamin geschrieben steht. Er setzt sich dafür ein, dass Kindern und Jugendlichen weniger häufig Ritalin gegeben wird. Ich habe mich schon länger mit diesem Thema beschäftigt und bin zu der gleichen Ansicht gekommen: Medikamentengaben sind eine Art Käfig. Vielleicht könnte ich wirklich im dänischen Fernsehen etwas zu meinem Thema sagen, wenn ich es unbedingt wollte. Früher war Dänisch meine beste Fremdsprache. Bevor ich jetzt aber alles auf Dänisch sagen könnte, was ich möchte, müsste ich am besten einige Wochen in Dänemark verbringen. Wenn man sich nun vorstellt, dies wäre theoretisch möglich, wie sähe es in der Praxis aus? Wahrscheinlich wäre es zu riskant, Björg für einige Wochen, ohne Verbindung zu uns, in der Wohnstätte zu lassen. Sie würde vielleicht wieder anfangen einzunässen und würde eine so lange Zeit, ohne bei uns zu Hause auftanken zu können, nicht verkraften. Eingebunden in die Strukturen, in denen wir leben, wäre es schwierig, für solch eine längere Reise eine Lösung zu finden.

Im Januar war ich nun doch im Fernsehen, in der „Fliege-Talkshow“. Seitdem ich bei einer Firma ein Buch über Therapien und Gesundheit bestellt hatte, war ich von Werbebriefen überschwemmt worden. Diese Firma scheint meine Adresse an ein riesiges Netzwerk verkauft zu haben, in dem Versandhäuser und medial agierende Menschen sich zusammengeschlossen haben. Ich schrieb einen Brief an die Fliege-Redaktion, worauf ich die Einladung bekam.

Die Sendung ist nicht so gelaufen, wie ich mir das gewünscht hätte. Bei den anderen Gästen ging es mehr um Briefe von betrügerischen Versandhäusern, wogegen *mein* Anliegen dubiose Briefe von medial operierenden Menschen waren, aber das ist in der Sendung völlig untergegangen. Ich hatte auch Briefe von Versandhäusern bekommen, jedoch kaum darauf reagiert. Zum Ausdruck bringen wollte ich, dass medial veranlagte Menschen auf unterschiedlichem Niveau handeln. Es gibt äußerst seriöse Medien - medial begabte Menschen -, aber leider auch unseriöse. Ich habe herausgefunden, dass unseriöse Medien mit bestimmten Versandhäusern eng vernetzt sind (wenn nicht einfach „Medium" und „Unternehmen" ein und dasselbe darstellen). Sie kündigen „Gewinne" an, die es dann nicht gibt, und bieten außerdem Dienste an, die in meinen Augen äußerst fragwürdig sind. Mein Anliegen war zu sagen, dass uns durch *seriöse Medien* ausschlaggebend geholfen worden sei. Björg wäre ohne deren Hilfe ganz gewiss nicht so, wie sie heute ist, und unser Leben wäre schwieriger verlaufen. Ich reagierte einige Male auf Briefe von Vertretern jener Sorte von Medialität, die für geschäftliche Zwecke benutzt wird. Diese Seite medialer Aktivität war mir bis dahin unbekannt, und ich betrachtete mein Kennenlernen dieser Briefflut, gesandt von fragwürdigen Medien, als ein Seminar. Ein Seminar, das ich auch nicht bereue, denn jetzt verstehe ich, warum so viele Menschen jeglicher Medialität gegenüber so skeptisch sind. *Weil ihnen die Unterschiede nicht klar sind, werfen sie alles in einen Topf und lehnen alles ab. Auf diese Weise wird vielen Behinderten und Sensiblen Hilfe vorenthalten.* Dies hatte ich im Sinne zu sagen, hätte es gerne geklärt, aber die Gelegenheit bot sich eben nicht. Unmittelbar vor der Sendung wurde ich gebeten, das nicht anzusprechen, es würde in die Sendung nicht hineinpassen. Ich war dadurch verunsichert und wusste kaum, was ich sagen durfte und was nicht. Da ich nun auf vielen guten Seminaren gewesen bin, zum Beispiel auf Seminaren des Vereins „National Federation of Spiritual Healers", weiß ich, dass manches, was unseriöse Medien anbieten, schlicht gefährlich ist. Der größte Teil der Bevölkerung weiß das aber nicht. Ihm fehlen Informationen zu diesem Thema. Die Menschen können leider nicht durchschauen, was gut und was nicht gut ist. (Das Arthur Findley College in England gibt Auskunft über *gute Medien*, die sorgfältig geprüft worden sind.)

Schon lange vor der Talkshow und kurz nachdem die Briefflut einsetzte, bekam ich eines Nachmittags Fieber, so dass ich mich hinlegen musste. Dabei vernahm ich, dass mein Name durch unzählige Computer geschickt wurde. Es machte immer „Klick", und mein Name war in noch einem anderen Computer drin. Ich sah, dass es eine Vernetzung gab, ein zwielichtiges Medien-Versandhaus-Netzwerk, das weit über Europa hinausreichte. Nach zwei Stunden hatte ich kein Fieber mehr und alles war normal. Diese Wahrnehmung sollte ich in der Sendung sagen dürfen, aber kurz vor der Aufnahme wurde ich angewiesen, auch dies nicht zu sagen.

Während der kältesten Wintermonate, wenn es schneit und die Straßen glatt sind, habe ich Björg einige Male am Montag früh zur Förderstufe mit dem Bus gebracht. Obwohl ich mich vor den Busfahrten fürchte, möchte ich kein Geld für Taxifahrten ausgeben.

Unser Nachbar hat mir zwar angeboten, bei schlechten Witterungsverhältnissen Björg am Freitag abzuholen, aber für die Montagsfahrten möchte ich ihn nicht in Anspruch nehmen, da er in diesem Falle sehr früh aufstehen müsste. Das Risiko einer Busfahrt fällt mir auch am Montag leichter, weil Björg dann in einem besseren Zustand ist als am Freitag.

Ich darf Björg montags nicht zu spät in die Fördergruppe bringen. Sie aber ganz pünktlich zu bringen, wäre nur mit einem Bus möglich, der morgens ganz voll ist. Der Bus einer anderen Linie ist nicht so voll; den habe ich genommen, weil das für mich mit Björg leichter ist, auch wenn wir mit ihm etwas zu spät ankommen.

In diesem Winter hat Björg während der Busfahrten niemanden angreifen wollen, weil nur wenige in diesem späteren Bus saßen und niemand gelesen hat. Aber sie hat geredet, meistens „Markus ist lieb", ohne Angriffston, manchmal ununterbrochen. Ich musste ihr immer antworten. Einmal sagte jemand im Bus: „Sie stört die anderen. Man kann üben, dass sie weniger redet. Andere müssen das auch lernen. Man kann nicht mehr Rücksicht auf sie nehmen als auf andere." Das heißt: Björg soll lernen, nicht zu reden, wenn ihr das gesagt wird. Aber man kann das eben nicht üben! Da verkennt man ihre Behinderung. Das, was man für Björg tun kann, ist, sie in einem guten Zustand zu halten, dann ist alles mit ihr viel einfacher, und sie sollte gar nicht mit Bussen fahren müssen.[11] Man kann sie nicht „abstellen". Wenn sie im Bus schweigen sollte, müsste ich ihr den Mund zukleben.

[11] Inzwischen haben sich zwei Änderungen ergeben. Ich durfte bei schlechten Witterungsverhältnissen Björg am Montag etwas später bringen, und fünf Jahre später bekamen wir, wie schon gesagt, einen Zuschuss für Taxifahrten.

Februar 2004
Das Positive in diesem Monat war, dass ich anfing, mich mit EM zu beschäftigen. Das sind **E**ffektive **M**ikroorganismen. Sie sollen für Mensch und Tier gut sein, aber man weiß noch nicht, ob sie für die Verbesserung aller Arten von Böden gut sind. Ansonsten war es ein Monat der Ernüchterung, der Aufklärung, des Tatsachen-Begreifens, wenn das denn möglich ist! Drei Sätze wurden mir in diesem Monat gesagt. Eine Frau meinte sofort, als sie hörte, dass ich ein behindertes Kind habe: „Das ist negatives Karma." Zuerst konnte ich dazu nichts sagen, später aber erwidern: „Das ist positives Karma." Natürlich ist es positives Karma, ein Kind zu bekommen, das einen sehr fordert und fördert. Aber man kommt nicht umhin, auch manchmal „geschafft" zu sein, weil das Kind anstrengend ist. Jeder Mensch muss essen, trinken, schlafen und ab und zu Entlastungen erhalten, egal ob er gesegnet ist mit „negativem" oder „positivem" Karma - womit es sich wahrscheinlich ganz anders verhält als viele Menschen glauben, denn das, was man als negativ ansieht, braucht nicht unbedingt negativ zu sein. **Menschen mit ihren manchmal schwierigen Erfahrungen helfen doch auch der Gesellschaft, neue Wege zu finden.** Eine andere Frau meinte, ich sei manchmal so ernst: „Haben Sie denn wegen des behinderten Kindes keine Lebensfreude mehr?" Diese Frau scheint von dem ganzen Komplex nicht viel zu verstehen. Gerade mit meinem behinderten Kind habe ich Lebensfreude, aber in manchen Situationen kann ich nicht immer nur lächeln. Durch die Jahre hindurch bin ich jedenfalls oft viel zu müde dazu gewesen.

Merkwürdigerweise sagte meine Mutter immer, sie habe nie ein fröhlicheres Kind gekannt als mich. Tatsächlich wäre ich glücklicher, wenn mir mehr Freiräume blieben, um anderen Menschen in schwierigen Situationen zu helfen, und wenn andere mich unterstützen würden, indem sie sich für die „Philosophie" einsetzten, die ich aus eigener Erfahrung heraus vertrete. Wenn sie verstehen würden, worum es geht, und danach handelten. Gerade dies versuchte ich einer Frau zu erklären, die sich wie die beiden anderen für spirituelle Dinge interessierte und mir darauf entgegnete: „Es genügt doch, wenn Sie das verstehen." Nach meinen Erfahrungen sind diese drei Sätze sehr typisch. Aber zu Müttern von behinderten Kindern, die man gerade erst kennenlernt, sollte man nicht gleich solche Kommentare abgeben. Ich kann diese Haltung von Menschen, die über Liebe und Güte meditieren, kaum verstehen. Im Gegenteil, es müssten viel mehr Menschen einsehen, dass es besser wäre, wenn es mehr allgemeine Unterstützung in einem besser konzipierten System gäbe. Das würde positive Auswirkungen auf alle haben. Und umgekehrt: Es hat negative Auswirkungen auf alle, wenn notwendige soziale Maßnahmen unterlassen werden. Wir sitzen eben alle in einem Boot. Es wäre außerordentlich hilfreich, wenn mehr Menschen Zusammenhänge in der Behindertenproblematik besser verstehen würden.

Am 6., 7. und 8. Februar (Freitag, Samstag und Sonntag) blieb ich ganz lange auf, um Björg endlich ihre Intensiv-Lichtwässertherapie zu geben. Dazu war ich seit dem 20. Januar nicht gekommen. Björg sollte drei Tage hintereinander die Lichtwässer spät am Abend bekommen, zuletzt zwischen 24 und 01 Uhr. Ich habe den Eindruck, dass ihr das merklich geholfen hat, aber es hatte zur Folge, dass ich am Montag im Bett liegen musste, nachdem ich Björg zur Förderstufe gebracht hatte. Ich erlitt eine Art „Zusammenbruch“. Der Mangel an Schlaf, den ich in den früheren Jahren so oft ohne Entlastung ertragen musste, hat bewirkt, dass ich heute Schlafmangel nicht mehr vertragen kann, obwohl ich im Großen und Ganzen fit bin. Aber Björg hilft die Therapie, deshalb musste es sein.

Am 11. Februar gab es einen Gesamtelternabend der Lebenshilfe und der Behindertenhilfe. Über das, was auf diesem Abend gesagt wurde, besteht keine Schweigepflicht.

Ein Mann von der Heimaufsicht hielt einen typischen Versammlungsvortrag. Der Schwerpunkt lag darauf, dass alles zum Wohle der Behinderten zu geschehen habe. Dafür kann man natürlich dankbar sein. Für Menschen aber, die wissen, wie das Leben mit Behinderten in Wirklichkeit ist, gab es da einige Ungereimtheiten. Alles in allem kann ich nur sagen: Es muss anders werden. Manche der präsentierten Ansichten sind sehr realitätsfremd. Und wir, die wir die behinderten Kinder haben, müssen diese Unkenntnisse ausbaden. Der Redner sagte zum Beispiel, dass die Heimaufsicht kontrolliere, ob die gleichen Bilder oder Gemälde drei Jahre lang an den Wänden gehangen haben. Wenn ja, könne das als ein Zeichen gedeutet werden, dass man sich nicht genug um den Behinderten kümmert (!!!). Ich kümmere mich sehr gut um Björg, aber ich konzentriere mich aus Gründen der Priorität mehr auf andere Dinge als ständig die Bilder in ihrem Zimmer zu wechseln. Im Übrigen *hält sich Björg, wie viele Behinderte auch, gerne an das Vertraute.*

Der Redner vertrat die Meinung, dass es schrecklich für die behinderten Menschen sei, oft nach Hause zu ihren Eltern geholt zu werden. Diese Ansicht kann ich aus Erfahrung auf gar keinen Fall teilen. Solche Empfehlungen zu hören, ist schrecklich für mich. Es wäre auch schrecklich für manche Kinder, von ihren Eltern getrennt zu werden. Hierzu braucht man viel mehr Hintergrundinformationen. Ich persönlich brauche Entlastung, aber nur ein anders konzipiertes System könnte mir die Entlastung bieten, die ich - unter Berücksichtigung aller Aspekte - für gut heißen kann. *Wir holen Björg nicht unseretwegen nach Hause, sondern ihretwegen.* Wir wissen, dass es gut für sie ist, wenn wir sie regelmäßig holen, und wie schlimm es werden kann, wenn sie in eine schwierige Phase gerät. Natürlich ist es aber auch für uns besser, wenn es Björg gut geht.

Der Redner sprach auch über eine *Drei-Monats-Sperre,* die vorbildlich sein sollte. Das bedeutet, dass Behinderte, die in ein Heim ziehen, die Eltern drei Monate lang nicht sollen sehen dürfen. Diese Ansicht ist für mich vollkommen erschreckend, weil ich mir gut vorstellen kann, wie sich eine solche Brutalität auf Björg auswirken würde. Er meinte, dass manche Eltern davon begeistert gewesen seien, wieviel ihre Kinder in diesen drei Monaten gelernt hätten. Manche Eltern würden ihren Kindern zu viel abnehmen, zum Beispiel würden sie ihnen das Brot streichen, obwohl sie es selbst könnten. Das mag in manchen Fällen richtig sein, aber nicht in allen. Björg ist das beste Beispiel. Ein Vater widersprach dem Redner sofort und erklärte, dass man hier bei uns mit einer sanften Ablösung vom Elternhaus gute Erfahrungen habe. Ich sagte, dass man differenzieren müsse. Es dürfe nie vergessen werden, dass es Fälle gibt, die eine vollkommen andere Regelung erfordern. Sehr oft hat man das Gefühl: Auf der einen Seite sind die Eltern, auf der anderen Seite diejenigen, die „das Sagen" haben. Die Fachleute wissen leider oft nicht, was das Beste ist; *sie brauchen das Wissen der Eltern.*

Seit diesem Gesamtelternabend berichte ich gerne über eine *umgekehrte Drei-Monats-Sperre.* Damit meine ich einen Aufenthalt von drei Monaten außerhalb der Einrichtung. So war es beispielsweise um die Jahreswende 1998/1999 gewesen: Ich war mit Björg für neun Wochen nach Island geflogen. Wir hatten sie damit aus ihrem Stress herausgeholt, und sie hatte zuerst zwei Wochen geschlafen, danach hatten meine Schwestern für Aktivitäten mit ihr gesorgt, und sie konnte viel mehr allein tun, als wir es von ihr gewohnt waren, weil sie zur Ruhe gekommen war.

Der Wohnheimleiter sprach davon, dass manche Eltern sich immer noch nicht von ihren Kindern trennen könnten. Wenn ich so etwas höre, muss ich an unsere drei Söhne denken, die meinen, dass wir sie vorbildlich losgelassen haben. Was Björg betrifft, ist die Situation einfach eine andere.

Der Wohnheimleiter betonte, dass man immer das Ganze sehen müsse. Er meint damit hauptsächlich die Wohnheime, für die er Leiter ist und den Behindertenbetrieb, für den er zuständig ist. Dankenswerterweise zählt er auch immer die Eltern dazu, was sonst oft unterlassen wird. Im Rahmen der heutigen Auffassungen werden Eltern oft zu wenig beachtet. Man nimmt ihren Beitrag zum Ganzen zu wenig wahr. Für mich aber zählt zu dem Ganzen auch das, *was sich außerhalb dieses Rahmens, den man heute im Blickfeld hat, zuträgt.* Für mein Empfinden als Mutter gehört es zum Ganzen, *das Leben in den Familien* stärker zu berücksichtigen. Die Wünsche und die Ideen der Familien müssten wie selbstverständlich in die Lösungskonzepte der Behindertenarbeit mit einfließen. Auf diesem Gesamtelternabend hatte ich den Eindruck, dass die, die da standen und redeten, völlig unzureichend Durchdachtes äußerten, ohne es jedoch selbst zu wissen, denn präsentiert wurde es als der Weisheit letzter Schluss. In dem am System festgemachten Denken hat man eine „Realität" erschaffen, die mit der eigentlichen Realität nicht übereinstimmt. Immer wieder wird versichert, dass das Wohl des Behinderten absolut vorgehe, aber wenn keine anderen Betrachtungsweisen mit einbezogen werden als solche, über die auf solchen Versammlungen geredet wird, hat man einfach das Wohl mancher Behinderter vergessen. Ich musste an eine Frau denken, die mir schrieb, dass es für sie neu und interessant sei, die Problematik auch aus dem Blickwinkel der Eltern kennenzulernen.

Inzwischen haben Menschen aus dem sozialen Berufsfeld mir gegenüber ganz offen zugegeben, die Probleme bisher nicht aus der Perspektive der Eltern gesehen zu haben. Logischer wäre es schon, wenn sie das tun würden. Wir an der Basis, Mitarbeiter und Eltern, wissen sehr gut, wie sich die Situation für unsere Kinder - und für uns selbst - erleichtern ließe, aber Sozialpolitiker und Entscheidungsträger in sozialen Einrichtungen denken in erster Linie an Finanzen und Rentabilität (das heißt, an das, was *sie* unter „Rentabilität" verstehen). Um die Bedürfnisse der behinderten Menschen und ihrer Familien geht es dabei weniger, denn die Bedürfnisse sollen sich am besten der festgelegten Geldmenge, die für diesen Zweck bereitgestellt wird, anpassen. Letztendlich kann diese Rechnung aber nicht aufgehen, denn Menschen sind Menschen und keine Roboter, und irgendein schwaches Glied in dieser so gedachten Kette wird einmal dem Druck nicht standhalten und zerbrechen.

Jetzt etwas zu Heilmitteln, denn dazu gibt es in Heimen gewisse Vorschriften:

Nur Ärzte dürfen Medikamente verordnen, was bei schulmedizinischer Behandlung schon seine Berechtigung hat, aber zu Medikamenten zählen auch diejenigen, die man allgemein Heilmittel oder Naturheilmittel nennt. Ein Grund für mich, Björg zu uns nach Hause zu holen, ist auch der, ihr Nahrungsergänzungsmittel zu geben. Ich weiß, dass andere Eltern ebenso verfahren. Und ich bin mir ganz sicher, dass wir alle - wirklich wir alle, der deutsche Staat, das soziale System - einen Vorteil davon haben, wenn die Eltern gesundheitsbewusst leben, sich über natürliche Heilmittel informieren und mit natürlichen Heilmethoden, die sich in ihrer Familie bewährt haben, zu helfen wissen. Alle Arzneimittel - schulmedizinische wie auch andere - werden von der Heimaufsicht genauestens kontrolliert, die Tabletten werden gezählt. Warum kann es nicht genauso erlaubt sein, ein natürliches, rezeptfreies Heilmittel, das auch zu Hause gute Dienste leistet, einzunehmen, so wie man zum Beispiel Kamillentee trinkt?[12]

Durch die Heimaufsicht gibt es strenge Auflagen. Aber es nimmt Zeit in Anspruch, Vorschriften gerecht zu werden, und andererseits gibt es eher zu wenig Personal, und dieses Personal hat Dokumentationspflichten zu erfüllen, die oft reichlich Zeit kosten - wo bleibt da der Mensch?

In diesem Monat traf ich mich mit einer deutschen Frau, die nicht zu unserer Lebenshilfe gehört und ein behindertes Kind in Björgs Alter hat. Die Behinderungen unserer Kinder sind in etwa ähnlich. Sie betreut ihr Kind noch zu Hause und fährt damit am besten. Sie meinte, dass in Deutschland zu wenig durch Lernen, Seminare und Austausch von Ideen zustande kommt. Man würde nicht verstehen, dass Arbeit an Entwicklungen auch glücklich macht. Hier würde man oft ohne einen Rechtsanwalt nichts erreichen. Ihre Äußerung klingt hart, und eigentlich kann ich es kaum glauben. Sie hat allerdings schlimme Erfahrungen

---

[12] Einige Jahre später wurden die Bestimmungen, was natürliche, rezeptfreie Heilmittel betrifft, Gott sei Dank etwas gelockert. Da war Björg schon 40 Jahre alt.

machen müssen. Sie bekam vor etlichen Jahren nicht die Hilfe, die sie damals gebraucht hätte. Ihr wurde gesagt (sie hat zwei Kinder): „Geben Sie Ihr Kind in ein Heim, wenn Sie mit ihm nicht fertig werden, Sie haben doch noch ein gesundes Kind." Sie hat geantwortet: „Auch wenn ich hundert Kinder hätte, würde ich mich um mein krankes Kind kümmern." Diese Frau ist Krankenschwester von Beruf. Sie hält auch nichts von der Schweigepflicht, so wie diese gehandhabt wird.

Am 16. Februar gab es eine Elternbeiratssitzung, die für mich ganz schlimm endete. Gemäß den Regeln darf ich aber nichts davon erzählen. In Björgs früherer Tagesstätte hatten wir keine Schweigepflicht, und das funktionierte auch. Ich empfinde inzwischen diese Schweigepflicht als ein riesengroßes Hindernis für die gesamte Entwicklung. Ich kann sie mit meinem Gewissen nicht vereinbaren.

Nach dieser Sitzung fuhr ich sehr unglücklich nach Hause.

Der nächste Tag, der 17., war für mich schwierig. Ein Thema aus dieser Sitzung ist mir sehr nahe gegangen. Ich erwartete gerade drei Besuche. Meine beste Freundin wollte kommen, und unter normalen Umständen hätte ich ihr erzählt, was mir schwer auf der Seele lag. Ich musste ohnehin in die Stadt und wollte mir Klarheit verschaffen. Gegen 17 Uhr klopfte ich an die Tür des Büros im Wohnheim und sagte, ich sei seit der gestrigen Sitzung sehr unglücklich gewesen, hätte nicht schlafen können und erwarte nun drei Besuche. Man möge mir erklären, wie die Schweigepflicht zu verstehen sei, ob ich von dieser Sitzung nichts erzählen dürfe. Nein, nichts, war die Antwort. Ich dürfe sagen, dass ich unglücklich gewesen sei, aber nicht warum. Das unterliege der Schweigepflicht. Jetzt wurde mir einiges klar. Abgründe tun sich auf! Man kann überhaupt nichts machen! Der Wohnheimleiter sagt immer wieder in seinen Vorträgen, dass man mit Problemen zu ihm kommen solle. Ihm werden jedoch offensichtlich zu wenig Zeit und Spielraum gelassen, sich genügend mit den Problemen der Eltern zu beschäftigen, und das liegt am System. Ich halte den Wohnheimleiter für einen sehr guten Heimleiter, aber die Heime sind viel zu groß, und dafür kann er nichts, sondern muss vielmehr in diesem System arbeiten.

Durch die Ereignisse am 16. und 17. Februar bekam ich einen unglaublichen Frust. Ich musste mich praktisch an alles erinnern, womit ich mich wieder hochziehen konnte. Auch mein Name, der Welle (Wasser,

Meer) bedeutet, half mir dabei. Eine Welle bringt so leicht niemand aus ihrer Bahn, dachte ich mir.

Auf meinen Heilerseminaren habe ich gelernt, für Menschen, mit denen man Schwierigkeiten hat, auf folgende Weise zu beten. Man denkt an die Menschen und sagt im Geiste: Gott segne dich, du liebes Menschenkind, im Namen Jesu Christi. Ich versuchte das jetzt, weil ich keinen anderen Rat wusste. Aber ich sah die Elternvertreter alle in einer Kiste sitzen, mit einem Stahlband verschnürt und einem Etikett versehen: Schweigepflicht. Hoffentlich kommt ein Lichtstrahl, der dieses Stahlband zum Schmelzen bringt und die Elternvertreter befreit.

Einmal habe ich gefragt, ob ich trotz der Schweigepflicht einem 90jährigen Arzt im Ruhestand erzählen dürfe, womit ich Probleme habe. Ja, einerseits darf ich es, aber andererseits darf ich nicht erzählen, was auf den Angehörigenbeiratssitzungen besprochen wird. Weder jetzt noch später. Über meine Tochter darf ich zwar reden. Aber alles andere, was mit dem System zusammenhängt, spielt doch auch mit hinein. Wie soll man das trennen? Ich habe damit meine Probleme. Genau hier liegt der Knackpunkt. Hier blockiert die Schweigepflicht eine Weiterentwicklung!

Manchmal habe ich den Eindruck, dass meine Bemühungen so ausgelegt werden, als ob ich nur naiv, ohne Problembewusstsein und ohne zielbewusstes Denken, über mein Kind denken, reden und schreiben würde. Mein wichtigstes Ziel aber ist, dass sich etwas Konstruktives daraus entwickeln möge. Ich erzähle Beispiele, die zum besseren Verständnis der Gesamtsituation beitragen können. Durch Befassen mit Teilbereichen werden keine Probleme gelöst.

In allgemeinen Diskussionen habe ich mehrfach zur Sprache gebracht, dass bei Bedarf Vertretungskräfte da sein müssen. Einmal hat es auch einen Vorfall gegeben, auf den ich mich beziehen konnte: Während einer Grippezeit ist ein Heimbewohner mit der Folge eines Kieferbruchs auf den Boden gefallen. Ich sagte, dass er vielleicht nicht gefallen wäre, wenn der Mitarbeiter nicht allein mit der Gruppe gewesen wäre. Dann kam das Gegenargument, dass man nie wissen könne, wann jemand fällt. Das ist richtig, aber *man kann wissen,* dass mehr Personal gebraucht wird, wenn viele krank sind. *Es ist eine Reserve nötig*, wenn besondere Umstände es erfordern. Dies wurde verneint, und ich stand mit meiner Ansicht allein da. Ich verstehe, wie die Leute denken: Sie können sich nur vorstellen, dass ein Nicht-Angestellter herangezogen wird, der nicht zum

Behindertenbetrieb gehört. Wenn diesem Menschen einmal ein Unglück passiert, während er als Helfer unversichert tätig ist, könnte die Heimleitung Kopf und Kragen riskieren. Dabei kann Hilfe, die über das Übliche hinausgeht, notwendig werden. Auf Island hat man zu der Regelung gefunden, unterstützende Menschen anzustellen, die zu arbeitsintensiven Tageszeiten helfen kommen oder bei Personalengpässen abrufbar sind. Sie erhalten einen Lohn auf der Basis eines eigenen Tarifvertrags, der von dem der regulären Mitarbeiter abweicht. Auf Island betrachtet man eine solche Lösung als das kleinere Übel, wenn es unbezahlbar erscheint, für jede Handreichung genügend Fachpersonal zu haben. Eigentlich hält der Wohnheimleiter immer „seinen Kopf hin", wenn andere Menschen als angestellte Mitarbeiter ehrenamtlich helfen. Muss ein Wohnheimleiter „Unerlaubtes" tun, wenn er nicht anders kann als zuzulassen, dass Eltern bei absolut notwendigen Arbeiten helfen?[13]

Ich musste in dieser Zeit einfach mit jemandem sprechen und habe Hrefna auf Island angerufen. Wahrscheinlich musste ich nur bestätigt bekommen, dass es mehrere Wege gibt, Probleme zu lösen. Ich fragte sie, wie man auf Island mit der Schweigepflicht umgeht. Wenn auf Sitzungen über einzelne Personen geredet wird, darf man das nicht nach außen tragen, sagte sie. Beispiele dürfen benutzt werden, aber man darf keine Namen nennen. Alles aber, was zu Entwicklungsmöglichkeiten für die Arbeit besprochen wird, darf ganz offen gesagt werden. *Sitzungsgespräche über Ideen zur Verbesserung der Arbeit unterliegen überhaupt keiner Schweigepflicht.* Ich fragte sie auch, wie man es machen würde, wenn ganz viele krank wären, sowohl Mitarbeiter als auch Bewohner. Ob man dann Vertretungspersonal hätte, das unter solchen Umständen kommt, um zu helfen. *„Das ist selbstverständlich"*, sagte sie. „Wenn mehr Belastungen anliegen, muss mehr Service sein. Man muss Leute in Bereitschaft haben, die man abrufen kann, wenn es nötig ist."

Was die Heimaufsicht betrifft, sagte sie, dass man auf Island auch eine solche hat, „denn es sind ja leider nicht alle Menschen gut." Aber die Heimaufsicht ist anders konzipiert. Sie ist, wie im Kapitel 6 geschildert, dreigeteilt. Der *Leiter* oder die *Leiterin* einer WG übernimmt in vielen Dingen die Verantwortung als „Aufsicht". Dazu kommt ein *Begleiter*; das

---

[13] Fünf Jahre nachdem ich dieses geschrieben hatte, wurden ehrenamtliche Helfer endlich mitversichert.

ist jemand, der eine ähnliche Funktion hat wie in Deutschland ein Betreuer. Er übernimmt bei Bedarf auch die Verwaltung der Finanzen. Wegen mancher Probleme - und das ist die dritte Instanz der Heimaufsicht - geht man zu *einem unabhängigen Ansprechpartner für Eltern und Angehörige;* zurzeit hat Hrefna diese Stelle inne. Sie leitet dann entsprechende Maßnahmen ein, um die Probleme zu lösen. Gerade dass es einen *unabhängigen* Ansprechpartner gibt, ist sehr wichtig.

Vieles könnte in der Behindertenarbeit besser sein. Eine ganz wichtige Reform wäre es - und dies scheint mir am leichtesten zu realisieren -, die Eltern mit ihren Kompetenzen grundsätzlich aufzuwerten. Nicht wegen ihrer Opferbereitschaft und Hingabe, sondern aufgrund ihrer durch Lebenserfahrung erworbenen Qualifikation, die sie befähigt, fachkundig in eigener Sache und wegweisend in der Behindertenarbeit mitzuwirken.

Nun, wie geht es weiter? Gelegentlich hatte ich angeregt, eine kleine Bücherei zu gründen, Seminare zu halten und irgendwie für Austausch zu sorgen. Auch wenn man mir sagte, es würde nicht funktionieren, habe ich Bücher gekauft und dem Heim als Geschenk übergeben. Es sind unter anderen:

- Ralf Meyer: *Ernährung heißt die Zauberpille*,
- Volker Angres, Claus-Peter Hutter, Lutz Ribbe: *Futter fürs Volk,*
- Hans-Günter Berner: *An vollen Töpfen verhungern,*
- Hans-Ulrich Grimm: *Die Suppe lügt,*
- Peter Jentschura, Josef Lohkämper: *Gesundheit durch Entschlackung,*
- Phillip Day: *Krebs*,
- Phillip Day: *Der Kampf um die Gesundheit,*
- Shigeru Tanaka: *EM-X,*
- Volker Rusch: *Bakterien - Freunde oder Feinde,*
- Markus Breitscheidel: *Abgezockt und totgepflegt*,
- Albert Hesse, Ralf Meyer, Achim Steinrock: *Der Darm ist schuld,*
- John Upledger: *Auf den inneren Arzt hören*,
- Judyth Reichenberg-Ullman, Robert Ullman: *Es geht auch ohne Ritalin,*
- Glenda Green: *Unendliche Liebe – Jesus spricht...* .

Einige der Autoren sind Ärzte und Heilpraktiker. Der Grundstock zu einer kleinen Bücherei ist damit gelegt, und sie ist inzwischen auch erheblich durch andere Bücher erweitert worden.

Am 19. Februar 2004 fuhr ich zu einer Altenpflegemesse nach Hannover. Am meisten fiel mir auf, wieviel Wert auf materielle Dinge gelegt wird. Es gab Betten mit allerlei Hilfsmitteln und fein ausgedachtem Komfort. Außerdem wurde eine Reihe von diversen Maßnahmen präsentiert, die ein Leben mit körperlichen Behinderungen erleichtern. Nur wenige Aussteller hatten etwas auf der geistigen, alternativen oder energetischen Ebene anzubieten, zum Beispiel sanfte Maßnahmen zur Darmreinigung, damit es nicht immer wieder zur Selbstvergiftung kommt. Ich kaufte vier Bücher zum herabgesetzten Messepreis, *Das Handbuch der Elternarbeit* von Fred Bernitzke und Peter Schlegel, *Praxisorientierte Heilerziehungspflege* von Heinrich Greving, Dieter Niehoff und anderen, *Basiswissen Heilpädagogik* von Werner Eitle und *Elementare Pflege* von Rosalies Meier. Diese Bücher werden unter anderem in Fachschulen für Heil- und Erziehungspflege benutzt. Meines Erachtens kann man aber durch die Wissensvermittlung solcher Bücher Behinderten nicht ausreichend helfen, weil einfach einige Dimensionen, die wichtig sind, nicht mit einbezogen werden. Wenn man sich ein Buch wie *Sai Baba spricht über Erziehung* von Stephan von Stepski-Doliwa als einen Farbfilm denkt, wirken die oben genannten Bücher dagegen auf mich wie ein Schwarzweißfilm. Sie berücksichtigen keine spirituellen Perspektiven. Sie erfassen nicht alle Probleme, die man im Leben mit Behinderten und Pflegebedürftigen erfährt. Durch das „Schnuppern" in diesen Büchern habe ich jedoch Denkmuster und Vorstellungen kennengelernt, die mir helfen zu verstehen, wie die Berufsausbildung ist. Was die Eltern- und Angehörigenarbeit angeht, wie sie zum Beispiel in dem Buch *Elternarbeit* angedacht wird, *so ist sie ganz anders, als ich sie mir immer vorgestellt habe.* Die Eltern scheinen nur innerhalb eines Rahmens, der von den Vertretern eines festen Systems gesteckt wird, funktionieren zu sollen. Dem Buch *Elternarbeit* liegt zwar die Elternarbeit in Kindertagesstätten zugrunde, aber genauso ist auch die Elternarbeit in der Behindertenarbeit gedacht, jedenfalls habe ich das so kennengelernt. Obwohl in dem Buch auch viele fortschrittliche Gedanken geäußert werden, ist der Grundtenor doch immer der, dass die Erzieherinnen vorgeben, was zu tun ist, und dass die Eltern sich danach richten.

Ich bin davon ausgegangen, dass die *Elternvertreter* erstens - wenn nötig - als *Vermittler zwischen Eltern, Mitarbeitern und Leitung* gedacht sind (nach der Satzung ist es auch so), und dass sie zweitens wegen ihrer Erfahrungen besonders geeignet sind, an der Verwirklichung guter Ideen mitzuarbeiten und somit etwas zu bewirken. Aber irgendetwas scheint die Elternvertreter - und auch die Eltern allgemein - zu veranlassen, oft einfach nur zu sitzen und zu schweigen. Ich habe den Eindruck, dass sie sich fast als das fünfte Rad am Wagen empfinden, als einflusslos, vor allem wenn sie sich engagieren möchten. In dem Buch *Elternarbeit* las ich, dass es immer besonders schwierig ist, wenn Eltern eine pädagogische Ausbildung haben. Außerdem, dass Erzieherinnen mit Kenntnissen in Gesprächstechnik gewappnet sein müssen, wenn Eltern viel reden. Soll also gekonnt unterbunden werden, wenn Eltern etwas einbringen möchten?! Es scheint schlicht und ergreifend allgemein die Vorstellung zu herrschen, dass Eltern sich von einer Affenliebe zu ihrem Kind leiten lassen. Übertragen auf die Behindertenarbeit heißt das: Den Eltern soll nur wenig Raum gegeben werden, ihre eigenen Ideen mitzuteilen. Wenn sie Eigeninitiative aufbringen, müssen sie gegen den Strom schwimmen. Ich aber habe mir immer vorgestellt, dass Eltern über Mitwirkung und Teilnahme an Seminaren sehr daran beteiligt sein könnten, wie sich die Behindertenarbeit entwickelt, und auch, dass *Elternvertreter* als eine Brücke verstanden werden sollten zwischen den Einrichtungen und den Eltern und Angehörigen.[14]

März 2004

Immer wieder zeigt sich, dass Björg nach einer gewissen Zeit im Heim und in der Förderstufe richtige Pausen braucht. An dem Wochenende 12./14. März 2004 war sie „genervt“ und „gestresst“. Irgendetwas, das sie mir nicht erklären konnte, beschäftigte sie wohl. Sie hatte einen Strich am Körper in der Nähe des Magenmeridians, der seinem Verlauf nicht entsprach. Er war aber, gemessen an dem, wie es manchmal früher war, nur schwach zu sehen. Dies ist immer ein schlechtes Zeichen. An dem Wochenende 19./21. März ereignete sich Folgendes: Ich holte Björg am frühen Freitagnachmittag ab, und wir gingen unterwegs spazieren. Sie

[14] In dem Buch *Das Handbuch der Elternarbeit* steht einiges zu diesem Thema, das hilft, die Anliegen aller Beteiligten zu verstehen. Für Eltern ist es aber oft schwierig, Ideen einzubringen, wenn Fachleute nur Kritik erwarten und auf neue Sichtweisen nicht eingestellt sind. Auf Seite 123 steht: „Es kann auch ein Beschwerdesystem (...) entwickelt werden.“ Ich denke, ein „Beschwerdesystem“ könnte doch zum „Ideen- und Umdenksystem“ verwandelt werden. In dem Buch gibt es auf Seite 142 schon den Begriff „Ideen- und Themen-Sammlung“, wenn auch dort in einem anderen Zusammenhang.

roch stark aus dem Mund, eines der Zeichen einer beginnenden Verdauungsstörung. Ich gab ihr geschrotetes Getreide mit ein wenig Cellagon, obwohl empfohlen wird, es nur morgens zu geben. Sie schlief trotzdem am Abend ein, aber gegen 2.30 Uhr stand sie neben meinem Bett und weckte mich auf. In der Toilette entdeckte ich lauter kleine Kugeln: Etwas von der Verstopfung hatte sich gelöst, wie gut! Es ist auch immer für mich eine große Erleichterung, wenn ich das sehe. Björgs Augen jedoch hatten einen Ausdruck, der zeigte, dass sie sehr gestresst war. Sie schrie laut: „Musik, Musik“, so laut, dass es schlimm gewesen wäre, wenn sie mitten in der Nacht in einem Heim mit 24 Bewohnern so laut geschrien hätte. Ich glaube, wenn das öfter passieren würde, könnte man sie dort gar nicht behalten. Und was wäre dann? Ich legte ihr Musik von Mozart auf, die sie gerne mag. Ich schlief wieder ein, ich weiß nicht, ob sie schlief. Gegen 5.30 Uhr stand sie erneut neben meinem Bett und sagte: „Hat gemacht.“ In der Toilette lag eine große, feste Wurst. Die Verstopfung war nun endgültig gelöst - und alles würde wieder gut werden: Björgs Nerven, Björgs schlechtes Befinden, Björgs Laune. So geschah es auch. Björg schlief noch einmal ein, schlief gut und lange und war danach wie umgewandelt. Die Musik hat sie wohl beruhigt, aber ein Teller mit Getreide und Cellagon war doch ausschlaggebend. Es ist eine richtige Rettung, dies herausgefunden zu haben. Durchfälle hat sie nicht bekommen, seitdem ich ihr dieses gebe.

Ich wurde gebeten, Björg für ein Wochenende im Heim zu lassen, was ich auch tat. Mir ist das an und für sich recht, aber was wird, wenn sie wieder anfängt einzunässen? Und wenn wir erneut teure Daunenbetten kaufen müssen? Und wenn sie die Ausscheidungen auf ihrer Kopfhaut nicht ohne unterstützende Maßnahmen los wird? Seit dieser Zeit bringe ich geschrotetes Getreide - aber keinen Weizen - und Cellagon mit, wenn Björg über das Wochenende im Heim bleibt. Die Mitarbeiter geben ihr dies, und es hilft.

Noch einige Gedanken

In vielerlei Hinsicht ist ein Umdenken in der Behindertenarbeit dringend geboten. Man sollte darauf hören, was die Eltern selbst sagen. Zum Beispiel, dass sie Entlastungen brauchen, um sich einmal ausschlafen zu können. Manche Behinderte sind auch weniger belastbar als andere; auch das muss beachtet werden. Ein Neuanfang ist nötig. Früher sagten viele Leute zu mir: „Gib doch deine Tochter in ein Heim“, und jetzt sagen sie:

„Lass sie dort". Aber früher war es nicht unbedingt leicht, einen Heimplatz zu finden, und heute ist es so, dass man sein Kind einfach nicht die ganze Zeit im Heim lassen kann, ohne ihm Pausen im Elternhaus zu ermöglichen. Und wenn die Leute denken: „Die Lebenshilfe kümmert sich doch darum!", dann ist die Antwort: Die Lebenshilfe leistet viel, aber vielleicht kann sie gegenwärtig nicht mehr leisten, als sie es tut.

Nun wird auch angedacht, dass Menschen, die der Pflegestufe II und III angehören, alle in Pflegeheime kommen sollen. Das wäre furchtbar - doch viele Außenstehende glauben wahrscheinlich, dass „die Lebenshilfe" und „die Politik" so etwas nicht zulassen werden. Dabei fühlen sich viele Familien, oft auch die mit den schwerer Behinderten, mit ihren Problemen allein gelassen. Es wird viel geredet und über alle möglichen Ursachen „nachgedacht", eventuell darüber, dass die Familien unzulänglich seien, aber es wird nicht darüber nachgedacht, was wirklich von Bedeutung ist und was geändert werden müsste. In letzter Zeit aber macht die Lebenshilfe große Anstrengungen, sich mehr um Schwerbehinderte zu kümmern, das muss gerechterweise gesagt werden.

In einem Zeitraum von 36 Jahren bin ich kein einziges Mal ausgefallen. Gottes Segen wünsche ich mir weiterhin. Ohne die Erholungspausen auf Island hätte ich es aber nicht geschafft. Wenn ich auf irgendwelchen Veranstaltungen bin, vermisse ich am meisten ein Verständnis dafür, dass Mütter in meiner Lage Entlastungen und Pausen brauchen. Mütter von behinderten Kindern brauchen Pausen von Anfang an. Nun, nimm dir Pausen, mag jemand denken. Als ich von dem Edgar-Cayce-Kongress zurückkam, hatte Björg wieder einen Klumpen zwischen ihren Schamlippen. Dabei hatte ich sie nur an einem einzigen Wochenende nicht nach Hause holen können. Je besser ich die Mitarbeiter kennenlerne, desto mehr tut es mir leid, eine solche Information geben zu müssen. Die Mitarbeiter sind hervorragende Menschen, aber sie können wegen der großen Arbeitsbelastung nicht mehr leisten, als sie es tun.

Alle Menschen brauchen Zeit, um etwas zu erledigen. Eltern von Behinderten machen vieles zum doppelten und dreifachen Nulltarif. Es ist gut, dass manche Menschen notwendige Arbeiten leisten, aber die Perspektiven, wenn man an die Zukunft denkt, sind erdrückend. Ältere Eltern können nicht ewig im Dienst sein, sie fühlen es deutlich. Das braucht ihnen auch niemand zu sagen, sie wissen es selbst. Das System muss so gebaut sein, dass die Eltern ruhigen Gemütes sterben können, weil sie wissen, dass für ihre Kinder gesorgt ist.

Vor kurzem bekam ich einen Zeitungsartikel über eine neue Kurzzeitentlastungs-Einrichtung für Schwerbehinderte auf Island zugeschickt. Dort wird eine Mutter, Sigríður Kristín, zitiert (eigene Übersetzung): „Wir dürfen am Leben hier teilnehmen, mit den Mitarbeitern zusammen sein, am Kochen teilnehmen (...) oder an etwas anderem - wie wir es wollen. Einige nehmen gerne an vielem teil, andere finden es besser, an wenigem teilzunehmen. Jeder darf hier für sich selbst bestimmen, woran er teilnimmt. Das ist es eben, was so gut ist." Weiter heißt es dort: „Sigríður Kristín freut sich darüber, dass auf die individuelle Situation einer jeden Familie Rücksicht genommen wird, man richte sich nicht nur danach, wie schwer das Kind behindert sei, sondern auch danach, welche Unterstützung die Familie braucht." Wörtlich sagt sie: „Ich wohne zum Beispiel allein mit zwei Jungen und kann um eine Unterstützung bitten, die zu meiner Situation passt. *Ich kann selbst die Dienstleistungen, die ich bekomme, entwerfen und planen. Das ändert alles"* (Hervorhebung U.S.). Hier wird also auf individuelle Bedürfnisse geachtet, und das macht die Menschen zufrieden.

Es ist für mich sehr belastend, damit zu leben, dass uns das Sozialamt wegen der Platzgeldtage Probleme machen kann, wenn ich mit Björg für einige Zeit nach Island fahren möchte. Wenn ich nur alle paar Jahre fahren kann, weil es so teuer ist, und auch wegen der Verbindung zu meinen Verwandten dort etwas länger sein möchte, dann muss der Aufenthalt einige Wochen dauern können. Meine Geschwister sind absolut zuverlässige Menschen, die uns die Islandaufenthalte ermöglicht und uns dadurch gerettet haben. Die Herkunftsfamilie der Mutter oder des Vaters eines behinderten Kindes sollte, auch wenn sie weit weg wohnt, nicht als „anonym" betrachtet, sondern in ihrem Wert real eingeschätzt werden.

Noch etwas finde ich merkwürdig: In manchen Einrichtungen wird nicht gern gesehen, wenn sich Mitarbeiter und Eltern duzen. Vielleicht glaubt man, dass eine zu nahe Bekanntschaft eine gute Zusammenarbeit verhindert. Ich finde aber, dass es eher die Arbeit erleichtern als sie erschweren würde, wenn sich Eltern und Mitarbeiter kennenlernen, sich möglicherweise anfreunden, zusammenarbeiten und sich duzen. Für mich kommt noch hinzu, dass es auf Island üblich ist, sich zu duzen.

Die Menschen lernen oft zu wenig über essenzielle, geistige Dinge. In den Büchern von Alice A. Bailey wird zum Beispiel über Transformationsprozesse gesprochen. Durch diese bleibt nicht immer alles bei einem Menschen unverändert. Eine Zeitlang kann er etwas nicht vertragen, nachher ist er gestärkt aus dieser Phase seines Lebens hervorgegangen und verträgt es nun. Gleiches schildert Yogi Ramacharaka im zweiten Buch seiner Reihe über Yoga-Philosophie, die ich einmal in isländischer Übersetzung gelesen habe. Unter der Überschrift: „Das Gesetz der Gegensätzlichkeit" schreibt er sinngemäß: Auf einer bestimmten Ebene ist etwas eine vollkommene Wahrheit, aber auf einer anderen Ebene ist dies nicht der Fall. Es handelt sich dann nur um einen Teil der Wahrheit, aber nicht um die ganze Wahrheit.

„Unnur, wie liest du Bücher, wie kommst du zum Schreiben?", mag mancher fragen, wenn ich über meinen Mangel an Zeit berichte. Aber Gegenfrage: Soll ich denn überhaupt nichts anderes tun als kochen und saubermachen? Zum Thema Lesen: Das Buch *Autism and Sensing - The Unlost Instinct* habe ich in zwei Tagen durchgelesen. Dieses Buch zu lesen, war mir wichtig, und ich las es zu den besten Zeiten des Tages. Zum Thema Schreiben: Ich arbeite sehr konsequent, es gibt Schreibperioden und es gibt Haushaltsperioden. Wenn Björg am Wochenende bei uns ist, mache ich nur noch Haushalt. Das gefällt ihr nämlich sehr gut, sie genießt es, wenn ich im Haushalt herumwirtschafte. Nach der Schreibperiode wird jetzt eine längere Haushalts- und Alles-andere-erledigen-Periode kommen. Viel Zeit ist nicht vorhanden. Manche rufen an, möchten mich treffen oder einladen und möchten kommen - aber ich möchte dieses Buch zu Ende bringen. Jeder braucht etwas Zeit für sich. Dabei möchte ich mich in der Behindertenarbeit engagieren, und ich möchte, dass die Voraussetzungen dafür geschaffen werden, dass Menschen, die sich engagieren möchten, es auch können.

(Im Laufe des Jahres 2004 geschrieben)

Auf den folgenden Seiten gehe ich näher auf meine *Gedanken und Gefühle* ein, die unweigerlich mit den Erfahrungen verbunden sind, die ich in der Behindertenarbeit gemacht habe.

19 Die Situation der Mutter - überall und nirgends

Mütter schwer behinderter Kinder befinden sich in einer Situation, in der sie notgedrungen viel lernen und viel erfahren; sie haben sich fundierte Kompetenzen durch eine besondere Art von Ausbildung erworben, nämlich in der Betreuung ihres behinderten Kindes. Trotz vorhandener Berufsausbildung können sie aber oft keinen Beruf ausüben und sind „nur“ Hausfrauen. Obwohl sie zu Hause sind, ist es meistens nicht leicht für sie, Seminare oder Fortbildungen zu besuchen. Dabei sollte diesen Müttern durch Entlastungsmaßnahmen ermöglicht werden, Seminare zu besuchen, zum Beispiel über die Rechte, die Familien mit Behinderten zustehen oder auch über Heilmethoden, denn dadurch können sie ihrem Kind besser helfen.

Es ist nicht richtig, das Wissen und Können der Mütter und ihr Interesse an der Behindertenarbeit auf Emotionalität zu reduzieren. Leider wird dies aber oft getan, und Fachleute sind auch nicht frei von dieser Einstellung. Vielleicht denken sie nicht darüber nach, dass eine solche Einschätzung einfach grober Unsinn ist, der nicht sein dürfte, weil er der Behindertenarbeit nur schadet. Heute bemüht man sich zunehmend darum, das, was unter den Begriffen „Integration“ und „Inklusion“ verstanden wird, in Taten umzusetzen. Das ist sehr gut für die Behinderten, aber *ihre Familien* dürfen nicht vergessen werden. Nach meiner Erfahrung leiden Mütter emotional weniger unter der Belastung wegen ihres behinderten Kindes als unter der Ausgrenzung, die sie erleben. Natürlich wissen die Mütter nicht alles, aber sie wären viel glücklicher, wenn sie in einem Boot auf Augenhöhe mit den Fachleuten sitzen würden.

Trotz widriger Umstände habe ich dennoch während der letzten Jahrzehnte an etlichen Seminaren teilgenommen. Viele davon fanden auf spiritueller Grundlage statt. Oft sagte ich gar nicht, dass ich ein schwerbehindertes Kind habe, aber wenn ich es sagte, wurden manchmal Sätze geäußert, die helfen sollten, wie: „Glaube nur an Gott“. Meine Situation würde sich ändern, wenn ich nur genug Gottvertrauen hätte. Ich selbst aber sah viel Positives darin, mein behindertes Kind zu haben, doch alles, was damit zusammenhing, war einfach zu schwierig. Es ging mir um soziale Themen. Wenn auch die Notwendigkeit, etwas zu verändern, bei den Teilnehmern eingesehen wurde, kam doch oft die Mentalität zum Vorschein: „Bitte gerne, aber ohne mich“. Gott hilft zweifellos, aber wir sind doch auch Werkzeuge Gottes. Derjenige, der sein Herz und seinen Verstand benutzt, um eine leidbringende Situation zu ändern, auch wenn es ihn Arbeit kostet, handelt doch erst im richtigen Sinne gottgewollt. Was meine Situation anging, passten die Sprüche, die ich hörte, oft gar nicht dazu. Damit stand ich dann allein. Mir fiel es deshalb schwer, unter Menschen zu gehen. Eigentlich stand es mir auf der Stirn geschrieben, so dass es jeder sehen konnte: Öffne bitte die Augen für meine Welt. Öffne bitte dein Herz für die Themen der schwerer Behinderten und deren Familien, denn die müssen auch im Gefüge der spirituellen Themen wahrgenommen werden. Aber das schien keiner zu bemerken. Mir fehlten geeignete Entlastungen, und es fehlte auf diesen Seminaren ebenso das Interesse an meinem Thema: Spiritualität *und* das soziale System für Familien mit schwer behinderten Kindern.

Ich war überall - und doch nirgends. Es tut weh, ein langjähriges Mitglied der Lebenshilfe zu sein und trotzdem sehen zu müssen, dass man bei der Lebenshilfe nicht offen ist für Hilfen, die vorwiegend durch Erkenntnisse auf der Ebene der Spiritualität zu erreichen sind. Es tut aber genauso weh, in spirituellen Gruppen gewesen zu sein und, wenn ich Informationen über soziale Aspekte von Behinderungen zur Sprache brachte, zu hören, dies gehöre nicht zum Thema. Es scheint so, als hätten alle Gruppen andere Themen. Das Thema „Behinderte“ passt nicht, auch wenn über Liebe und andere geistige Themen gesprochen wird. Darüber bin ich sehr enttäuscht.

Nach meiner Kenntnis ist die Lebenshilfe der einzige Verein in Deutschland, für den es das zentrale Anliegen ist, sich der Behindertenarbeit anzunehmen. Er vertritt die Belange der Behinderten und ihrer Familien mit großem Engagement. Dafür gebührt ihm große Anerkennung, aber wie gesagt, er grenzt wichtige Blickwinkel, wie spirituelle Ansätze, aus. Diese besonderen Ansätze zu integrieren wäre meines Erachtens ein notwendiger Schritt, weil das eine ganzheitliche Sichtweise befördern würde. Es könnte *Vereine für spirituelle und ethische Behindertenhilfe* geben, in denen alle Nöte der Familien, einschließlich spiritueller Themen, wie selbstverständlich ihren Platz hätten.

Die Anthroposophen nehmen sich auch der Behindertenthemen an, aber sie interessieren sich nicht für Sichtweisen außerhalb ihres eigenen

Konzeptes, wie für die Cayce-Therapie oder die APM nach Penzel, um etwas zu nennen. Das ist jedenfalls meine Erfahrung. Außerdem gefiel mir bei den Anthroposophen nicht, dass man die Kinder nur jedes vierte Wochenende nach Hause sollte holen dürfen, wie es zumindest vor einigen Jahren war.

Ich war auf vielen Kursen, Treffen und Veranstaltungen. Ich war bei der Lebenshilfe, bei den Anthroposophen und beim Autistenverein, um über die Rechte von Behinderten zu lernen. Ich war auf APM-Seminaren, auf Seminaren des Vereins „National Federation of Spiritual Healers", auf Jin Shin Jyutsu- und Gerda Boyesen-Kursen, auf Seminaren, um die Metamorphose nach Robert St. John zu erlernen, auf Sunrider- und Neways-Seminaren und beim Edgar Cayce Freundeskreis. Ich versuchte an Yoga teilzunehmen und hörte allerlei gesundheitsfördernde Vorträge, aber mit dem Thema, das mir am meisten am Herzen liegt, scheine ich nie an der richtigen Stelle gewesen zu sein.

Es war auch nicht einfach für mich, mich fit zu halten. Auf der weltlichen Ebene wären die Fitness- und Freude-Betätigungen nach meiner eigenen Wahl Singen und Tanzen gewesen, auch das Singen im Kirchenchor. Aber das ist einfach nicht möglich gewesen. Wenn ich meine Wünsche wenigstens ein bisschen hätte verwirklichen können, wäre ich glücklicher geworden. Und ich glaube, dass es den meisten anderen Müttern behinderter Kinder ebenso ergeht. Sie sind zu eingeschränkt und können ihre Wünsche nicht erfüllen. Das ist ein Verlust an Lebensqualität.

Ich glaube, dass man wesentlich mehr Konstruktivität in allen Lebenslagen aktivieren und mobilisieren könnte, die auch der ganzen Gesellschaft zugute käme, wenn man betroffenen Menschen mehr Unterstützung zuteil werden ließe. Menschen neigen dazu zu resignieren und aufzugeben, wenn die auferlegten Einschränkungen zu groß werden, keinen Sinn mehr erkennen lassen und nicht enden wollen. Es wäre besser, ihnen zu helfen, sich zu entfalten - im *Hier und Jetzt.*

(Vorwiegend im Jahr 2004 geschrieben)

20 Was können wir tun?

Das frage ich mich. Was können wir alle als Gemeinschaft tun, und was kann ich als Einzelne tun? Ich versuchte Erkenntnisse weiterzugeben, indem ich Bücher schrieb. Ich habe mich bemüht, die deutsche Sprache zu erlernen. Ich würde auch gerne lernen zu kürzen, aber wesentliche Inhalte und Fakten kann man nicht weglassen. Mir wird manchmal etwas zu viel Genauigkeit und Ausführlichkeit nachgesagt. Oft kann man aber Behinderten nicht richtig helfen, ohne mit Genauigkeit auf ihre Besonderheiten zu achten. Ich ordne Behinderte ohnehin nicht als „behindert" im üblichen Sinne ein. Viele von ihnen haben Sinne, die bei Nicht-Behinderten nicht so ausgeprägt sind, so dass sich die Frage stellt, wer eigentlich behindert ist. Es muss auf viele Details geachtet und auch eingegangen werden, damit es sensiblen Behinderten gut geht.

Mit Methoden allein ist auch nicht alles getan. Auch von Außenstehenden muss verstanden werden, was der Dreh- und Angelpunkt ist. Oft ist es sehr wichtig, der *ganzen* Familie zu helfen, wichtig, auf ihre sozialen Umstände zu schauen, nicht nur darauf, welche Therapien der Behinderte braucht oder sich mit der Feststellung zu begnügen, dass er ja in eine Einrichtung geht. Manches ist nämlich oft *für die Familien und in den Familien* schwieriger, als die Menschen es glauben. Eine Familie ist oft trotz der Einrichtungen und Dienstleistungen auf mehr Hilfe angewiesen, als es Außenstehende sehen, und sie ist mehr auf sich allein gestellt, als es ihr gut tut.

Ich weiß mit Sicherheit, dass kein Einziger aus unseren Familien (Eltern, Schwiegereltern, Geschwister) hätte fehlen dürfen, damit wir überhaupt durchkommen konnten. Meine Eltern und Geschwister wohnten auf Island, und obwohl sie wegen der Entfernung weniger verfügbar waren, war ihre Hilfe doch oft ausschlaggebend für uns. Spricht das für ein ausreichendes Sozialsystem? Was wird mit Menschen, die niemanden haben? Wenn Menschen niemanden haben, oder wenn sie in Notsituationen die Hilfe entbehren mussten, die sie gebraucht hätten, dann wird das irgendwann einmal unerfreuliche Folgen haben - für alle.

Viele glauben, dass Bücher über Behinderte nur für Betroffene seien. Inzwischen habe ich aber festgestellt, dass mein *Sternenkind*-Buch gar nicht insbesondere für Eltern von Behinderten ist. Ein Teil der Eltern liest wenig, ein anderer interessiert sich nicht so sehr für alternative Therapien. Hoffentlich erweist sich das, was ich schreibe, für die eine oder andere Familie mit einem behinderten Kind als nützlich, aber ich hoffe auch, dass sich *Unterstützungsgruppen* von Nicht-Betroffenen bilden, von Menschen, die einfach unterstützend wirken, weil sie über die Problematik informiert sind.

Was kann ich tun? Zuerst fragte ich mich selbst, reflektierte, überlegte, was ich tun kann. Mir kam der Gedanke, dieses Thema noch etwas auszubauen. Ein Gegenüber im üblichen Sinne anzusprechen: Was können Sie tun?

Wenn ich mich nun an andere wende und ihnen vorschlage, was sie tun könnten, ist es nicht so gemeint, dass sie so furchtbar viel tun müssten, was sie doch neben ihrer eigenen Arbeit nicht leisten können. Oft helfen schon Handreichungen, aber es geht mir doch mehr um die Bereitschaft zu einer Mithilfe oder Vermittlerfunktion in der Informationsarbeit darüber, was not tut.

Beispiele für Handreichungen

Nach der Therapie bei Björg im Heim wollte ich einmal eine Runde mit ihr gehen. Ich wählte gedankenlos einen Weg, den wir früher öfter nahmen, als ich das Auto am Stadtrand parkte. Björg bekam eine typische „Autismus-Blockade“ in ihrem Kopf, wollte nur „zum Auto“, dachte wohl, unser Wagen stehe nun da an der gleichen Stelle wie früher, und wir würden nach Hause fahren. Sie lebt in ihrer eigenen Erlebniswelt. Sie zog mich praktisch zu der früheren Parkstelle, aber ich dachte auch, dass ich ihr zeigen müsse, dass jetzt kein Auto da sei, damit sie es versteht. Sie war nicht zum Umdrehen bereit und wurde so stark und eigenwillig, dass es wahrscheinlich zweier starker Männer bedurft hätte, um mit ihr fertig zu werden. Und das mit Gewalt, was ihr überhaupt nicht gut getan hätte. In dieser Situation kam uns eine Frau zu Hilfe, die mit dem Fahrrad unterwegs war. Sie strahlte Liebe und Geduld aus. Björg schrie, schlug um sich und legte sich auf die Straße. Ich wurde streng und resolut, sagte ihr langsam und deutlich (sie müsste es verstanden haben, wenn sie in so einem Zustand überhaupt fähig ist, etwas aufzunehmen, denn sie wird fast unerreichbar): „Björg es geht so nicht. Du musst aufstehen. Du kannst nicht hier auf der Straße liegen bleiben, das ist gefährlich.“ (Die Straße war und blieb leer!) Erst nach einer Weile war ein Umschwung in ihrem autismustypischen Starrsinn geschehen, sie ließ sich von uns hochziehen und ging mit uns in Richtung Heim. Ich bat die Frau, nur über etwas Belangloses zu reden, damit Björg in der Nähe dieser Stelle nicht wieder in die gleiche Vorstellungs-Bahn zurückfallen würde. Die Frau verstand sofort und redete erst einmal nicht über diesen Vorfall. Björg wurde wieder lieb und ruhig. Wahrscheinlich stand in ihrer Vorstellung das Auto immer noch da, aber jetzt war sie „glücklich auf dem Weg zum Heim", wie schon früher oft, und ab jetzt würde alles gut gehen. Die Frau begleitete uns ganz bis zum Heim.

Ich glaube, dass die meisten Menschen sie als eine einfache Frau eingestuft hätten. Aber sie hat geholfen, als ich es nötig hatte. Sie sagte Sätze wie:

„Ich sehe doch, dass Sie Hilfe brauchen", „Ja, ich verstehe das, ich habe selbst Enkelkinder" und *„Ich habe über Autismus und Behinderungen gelesen. Wir haben aber selber keine Behinderungen in der Familie."* Sie half gerne, obwohl sie selbst einen Termin hatte (sie war verabredet, auf ihr Enkelkind aufzupassen), aber den ließ sie sausen oder kam zu spät. Diese fremde Frau sagte: *„Dies hier ist wichtiger"* und *„Sie schaffen es nicht mehr."*

Sie tauchte für uns wie ein Engel aus dem Nebel auf. Ich finde, dass solche Menschen, die auf ihr Herz hören, herausragen. In meinen Augen sind sie die Würdenträger der Nation.

Sie wusste viel. Sie wusste nur nicht, dass sie mich nicht unbedingt weiter begleiten musste, nachdem Björg sich wieder gefangen hatte. Und dass ich normalerweise alles schaffe. Über solche Zusammenhänge bei Behinderungen müsste es mehr Informationen geben. Das Wissen darüber müsste zur Allgemeinbildung gehören.

Ein weiteres Beispiel, bei dem uns unser Sohn in einer kritischen Situation geholfen hat:

Ich musste mich im Krankenhaus einer Unterleibsoperation unterziehen. Viele Mütter haben ihre behinderten Kinder eine lange Zeit gehoben und getragen - bei manchen musste später ein künstliches Hüftgelenk eingesetzt und/oder die Gebärmutter entfernt werden. Machen sich überhaupt genügend Menschen über solche Familiensituationen Gedanken? Ich glaube, dass ich nicht hätte operiert werden müssen, hätte ich von Anfang an regelmäßige Entlastungen bekommen. Aber ich musste oft auch dann weiterarbeiten, wenn ich mich besser hätte ausruhen sollen, und so konnte sich der Körper nicht regenerieren.

Einem Arzt habe ich erzählt, dass ich den Operationstermin mit der freien Zeit meines Sohnes abstimmen müsse, damit er bei uns sein könne, um uns zu helfen, weil wir eine behinderte Tochter hätten. Der Arzt: „Es geht hier *nur* um medizinische, nicht um ‘lebensorganisatorische Indikationen’.“ Auch einer Ärztin erklärte ich beim Aufnahmegespräch, dass ich wegen meines behinderten Kindes oft ohne Unterlass und Erholung hätte weiterarbeiten müssen, und dass sich wohl deshalb meine Beschwerde entwickelt hätte. Sie meinte: „Es geht *nur* um die medizinische Indikation. Ich kann mir nicht die Lebensgeschichten aller Patienten anhören. Ich würde verrückt davon werden.“ Mir dagegen ging es um gesundheitsschädigende Zusammenhänge, aber sie war nicht an einer ganzheitlichen Sichtweise interessiert, warum auch immer.

Einige Frauenärztinnen wussten, dass ich ein schwerbehindertes Kind habe. Aber sie stellten keine Verbindungen zu den Lücken in unserem Sozialsystem her, zum Beispiel zu fehlenden Entlastungen. Ich denke aber, solche Frauen in wichtigen Positionen könnten sich für bessere Gesetze und auch für Entlastungsmaßnahmen einsetzen. Schön wäre es, wenn Ärzte und Menschen in Heilberufen zu Unterstützungsgruppen gehören würden, weil sie gelernt hätten zu verstehen.

Unser Sohn Steini konnte zehn Tage bei uns bleiben, deshalb wählten wir den Operationstermin so, dass ich gerade aus dem Krankenhaus kam, als Björgs Ferien anfingen. Sie war übrigens total glücklich, im heißen Sommer bei uns zu sein.

Nachdem Steini weg war, brachte ich Björg zweimal für je eine Nacht ins Heim. So kurz nach der Operation fand ich das weder für mich noch für Björg gut, aber ich wollte für dieses Jahr nicht zu viele Platzgeldtage verbrauchen. Andernfalls hätte ich Björg möglicherweise während der Weihnachtsferien für je eine Nacht ins Heim bringen müssen, und das hätte im Winter schwieriger werden können.

Hier noch ein Beispiel über aberwitzige Folgen der Platzgeldtageregelung, sowie über eine Hilfe, die mir angeboten wurde, als jemand von unserem Problem erfuhr:

An einem Freitag holte ich Björg vor einem langen Wochenende ab. Der Montag war also auch ein Feiertag. Eine Mitarbeiterin berichtete mir: „Hier herrscht im Augenblick der Notstand, die Mitarbeiterin H. ist plötzlich krank geworden, mit Fieber, Erbrechen und Durchfall. Sie kann nicht arbeiten, und es scheinen auch andere krank zu werden.“

Auch Björg wurde am Sonntag ein wenig krank. Sie erbrach nicht viel, sie hat eine erstaunliche Gesundheit. Am Montag fühlte ich mich selbst nicht gut, mir war ein wenig übel. Wenn ich nun krank werden würde und Björg dazu, wie sollte ich sie dann am Dienstag hinbringen? Im Voraus konnte ich nicht wissen, ob wir so schnell gesund sein würden. Ich fand es unsagbar verrückt, dass ich - eventuell mit Fieber, Durchfall und Erbrechen - Björg wegen der Platzgeldtage ins Heim bringen müsste, in dem womöglich schon die Hälfte des Personals krank geworden wäre. Und das nur, um nicht zu viele Platzgeldtage in Anspruch zu nehmen.

Es war dann auch wirklich so, dass die Hälfte des Personals krank war. Eine Mitarbeiterin war allein und „sauste durch drei Gruppen“, wie sie später sagte.

Bei uns ging es so aus, dass Björg am Montag wieder gesund war. Ich atmete den ganzen Tag Licht und göttliche Kraft ein, dachte nur positive Gedanken, war gegen 17 Uhr wiederhergestellt und ging mit Björg nach draußen. Diese Geschichte hat also einen positiven, spirituellen Teil. Eine Frau im Dorf erfuhr von unserem Dilemma und sagte spontan: „Lass mich doch wissen, wenn das wieder passiert, ich hole dann die Björg oder bringe sie.“ Das Erfreuliche: Es gibt gute Menschen, die einfach gerne helfen. Der Erlass über die Platzgeldtage muss aber trotzdem geändert werden!

Demokratische Werte und Tabuthemen

Auf einige empfindliche Themen (sexuelle Belästigung, Schulphobie) möchte ich noch zu sprechen kommen, weil sie in der Praxis mit der notwendigen freien Rede zu kollidieren scheinen. Es geht hier um Themen, von denen gesagt wird: Dass nicht sein kann, was nicht sein darf. Mir geht es aber auch um die Aufrechterhaltung demokratischer Werte. Wenn schwierige Themen aus ihrer Tabuzone auftauchen, dann müssen diese Themen in vernünftiger Weise zur Sprache gebracht werden.

In Heimen kann es vorkommen, dass es sexuelle Belästigungen gibt. Wie notwendig wäre es für die Familien, darüber reden zu können. Hier muss auch geholfen werden. Wie schon gesagt, finde ich es unsinnig, wenn wegen der Schweigepflicht weniger geredet wird, als es sein müsste, um zu einem besseren Verständnis für die Zusammenhänge zu kommen. Aber wenn es um sehr heikle Dinge geht, muss damit behutsam umgegangen werden, sonst ist alles Reden keine Hilfe. Es muss schon vor Tratsch geschützt werden. Viele Menschen sind nicht vernünftig genug, um mit empfindlichen Themen umzugehen. Ich habe deswegen volles Verständnis dafür, dass man bei dem gegenwärtigen Bewusstseinsstand vieler Menschen unserer Gesellschaft - und solange man im gegenwärtigen Rahmen arbeitet - eine Schweigepflicht einhalten muss. *Aber trotzdem muss es einen Raum geben, um zu reden und damit auch anderen zu helfen.* Ich bin gegen eine allzu strikte Schweigepflicht, aber andererseits ließen sich heutzutage Heime gar nicht betreiben, wenn nicht auf niveauvolle Verschwiegenheit Wert gelegt würde, denn jeder Mensch, der sein Bestes und Allerbestes tut, wäre dummen, bösen Zungen ausgesetzt, die er auf Dauer nicht aushalten könnte, wenn es irgendwelche Vorkommnisse gäbe, die von Außenstehenden vollkommen falsch interpretiert würden. Dabei liegt das meiste von solch unsinnigem Gerede an dem Rahmen, das heißt an den *Arbeitsbedingungen, die die soziale Wirklichkeit miterschafft,* und überhaupt nicht an den betreuenden Menschen. Wenn alle Menschen vernünftig wären, könnte man auch über heikle Themen sprechen, und das wäre sehr positiv.

Ein anderes heikles Thema ist auch der berechtigte Wunsch der Eltern nach mehr Freiräumen. Menschen bekommen heutzutage normalerweise Urlaub, und ich gönne ihn jedem. Damit wird ja auch anerkannt, dass jemand viel arbeitet und den Urlaub braucht. Eltern von Behinderten haben ebenfalls oft sehr viel Arbeit zu leisten. Man sollte auch auf die Eltern Rücksicht nehmen. Sie brauchen Pausen von der permanenten Arbeit genauso wie andere Menschen - aber auch Pausen von dem Druck, dem sie ausgesetzt sind, weil sie mit ihrem Kind in Abhängigkeitsverhältnissen leben, wie etwa von behördlichen Entscheidungen. Unter Umständen können aber auch Pausen, in denen die Eltern mit ihrem Kind zu Hause sein können, wie ein Urlaub wirken, weil es wie eine Atempause ist, sich eine Zeitlang von Abhängigkeiten befreit zu fühlen. Man ist einfach bei sich selbst. Ein allgemeines Verständnis hierfür würde viel helfen.

Was können wir tun?, so habe ich dieses Kapitel überschrieben. Mein Mann und ich setzten uns einmal für eine junge Mutter ein, um ihr in einer äußerst schwierigen Situation unter die Arme zu greifen, und haben selbst viel daraus gelernt. Ihr Kind hatte eine Schulphobie entwickelt und wollte nicht zur Schule gehen. Wir halfen ihr, einen Brief zu schreiben, den ihr Rechtsanwalt sehr bald bekommen musste, sollte für das Kind nicht alles wesentlich schlimmer werden. Sie selbst war viel zu erschöpft, um gut formulieren zu können. Weil wir bereit gewesen waren zu helfen, musste dieses Kind bald nicht mehr in die Schule gehen, in der es eine so große Angst hatte. Danach sah das Schicksal dieses kleinen Menschen ganz anders aus. Und was wäre sonst gewesen? Das Kind hatte eine Schulphobie, es konnte unter diesen Umständen nicht lernen, auch wenn es gezwungen worden wäre, zur Schule zu gehen.

Die meisten Kinder gehen gern zur Schule, aber in Ausnahmefällen muss es alternative Lösungen geben. Das, was wir mit Björg erlebt haben, ist im Prinzip sehr ähnlich: Ausnahmen von strikten Regeln halfen uns durchzukommen.

Björg ist zeitweilig vollkommen unnötig schwierig gewesen, weil sie sich einem System anpassen musste, das in mancherlei Hinsicht für sie nicht geeignet war. Auch meine Zeit wird mir dadurch geraubt. Ich werde „absorbiert“ dadurch, dass das System so ist, wie es ist. Das müsste nicht so sein. Eltern - auch von nichtbehinderten Kindern - haben ein enormes Potenzial, das einfach durch das System unterdrückt wird. Ich habe immer wieder ausgeglichen, wenn Björg sich in einem schwierigen Zustand befand, und darum bin ich oft nicht zu dem gekommen, was für mich selbst gut gewesen wäre. Das wäre möglich gewesen, wenn es erstens Entlastungen gegeben hätte, und zweitens wenn das System flexibler gewesen wäre, so dass manches von dem, was Björg über sich ergehen lassen musste, ihr besser bekommen wäre.

Natürlich bin ich glücklich, dass ich viel für Björg tun konnte und kann und habe darin weitgehend meinen Lebenssinn gesehen, aber ich bin doch zu absorbiert gewesen, um zum Beispiel einen Computerkursus zu besuchen, in einem Chor zu singen oder an einer Tanzgruppe teilzunehmen. Ich hätte oft gerne mehr Zeit gehabt, um eine Jacke zu stricken oder etwas zu reparieren. Gegenwärtig ist oberste Priorität, dieses Buch zu Ende zu bringen. Zweimal habe ich im Fernstudium die Ausbildung zur Heilpraktikerin angefangen und bin zweimal gescheitert, weil ich keine Zeit fand, die Aufgaben fristgerecht abzuschicken. Ich musste meine Schwerpunkte anders setzen. Ich hatte falsch eingeschätzt, was möglich war. Auf Island konnte ich aber die Erfahrung machen, dass ich vieles schaffte, weil Björg in einem ausgezeichneten Zustand war.

Also, mit ihr zusammen wäre vieles möglich gewesen, wenn man sie die Jahre hindurch öfter in einem guten Zustand hätte halten können.

Wegen all dieser Themen, die so vieles mitenthalten, braucht man Menschen, die unterstützen, indem sie einfach verstehen.

Dennoch vergesse ich nicht, dass die Menschen in den Tagesstätten und im Heim wirklich das für Björg getan haben und noch tun, was in ihren Kräften steht.

21 Und die Entwicklung geht weiter...

Personelle Engpässe

Für Björgs Gruppe gab es zweieinhalb Stellen. Die Frau, die die halbe Stelle innehatte, wurde für das schon beschriebene Heim für alte und vorgealterte Behinderte abgeworben und hörte im August 2004 auf, im Wohnheim zu arbeiten. Ihre Stelle wurde nicht neu besetzt, so dass nur eine Mitarbeiterin und ein Mitarbeiter verblieben. Als die verbliebene Mitarbeiterin etwa um die gleiche Zeit krank wurde, war der Mitarbeiter von August bis Januar allein mit der Gruppe. Mitarbeiter der anderen Gruppen sprangen bei Bedarf ein. Als dieser einzige Mitarbeiter einmal krank wurde, hatten wir praktisch eine „Null-Besetzung“, aber die Mitarbeiter aus den anderen Gruppen halfen natürlich. Wir Eltern scheinen nichts anderes tun zu können als zu beobachten und ein bisschen zu reden. Der Wohnheimleiter und die Mitarbeiter können anscheinend auch nichts anderes tun als unter der Situation zu leiden. Sie wird von oben gesteuert. Die Politiker haben oft nicht die richtige Vorstellung davon, worauf es in Wirklichkeit ankommt. Ich rede jetzt ganz vorsichtig: Ein oder zwei Heimbewohner aus Björgs Gruppe schienen Probleme damit zu bekommen, dass sie nie wussten, was sie erwartete. Immer wieder waren es neue Mitarbeiter, die sich um sie kümmerten. Sie waren äußerst lieb, aber *geistig behinderten Heimbewohnern fällt es schwer, mit Unregelmäßigkeiten umzugehen,* zumal es kaum möglich ist, ihnen die Situation zu erklären. Unter den Eltern wird dann auch darüber gesprochen, und niemand meint das böse. Wir sind alle sehr zufrieden mit den Mitarbeitern und finden, dass sie sehr viel leisten. Es muss nur als ein verzweifeltes Bedürfnis der Eltern verstanden werden, wenn sie etwas loswerden wollen, das ihnen schwer auf dem Herzen liegt. Sie sagen es auch nur anderen Eltern - und das nur ganz bestimmten. Und es wird vernünftig und verständnisvoll geredet. Manche Probleme bekommt man nur irgendwie am Rande mit. Einmal musste jemand drei Schichten hintereinander ableisten. Er war todmüde, aber immer noch nett und freundlich. Eltern wissen ein solches Verhalten zu schätzen.

Erst neulich habe ich erfahren, wie die Nachtbereitschaft in Björgs 24-Personen-Heim eingerichtet ist, das heißt in einem Heim, das, gemessen an manchen anderen, ein Viersternehotel ist. Jemand aus der

Spätschicht, die um 15 Uhr anfängt, macht anschließend die Nachtbereitschaft. Er darf zwischen 24 und 5.30 Uhr schlafen und um 8 Uhr morgens nach Hause fahren. Ich weiß, dass die Mitarbeiter nicht immer schlafen können. Und ich weiß auch, dass man eben nicht um 24 Uhr auf sein Zimmer rennen kann, um einmal ganz schnell fünfeinhalb Stunden zu schlafen - abgesehen davon, dass fünfeinhalb Stunden Schlaf zu wenig sind. Nimmt es da Wunder, dass die Menschen krank werden? Und was ist, wenn die Eltern auch krank werden?

Urlaubstage und Platzgeldtage

Im Jahr 2004 fiel der Heiligabend auf einen Freitag, und die Mitarbeiterin in der Förderstufe der Werkstatt hatte mich gefragt, ob Björg ab Montag, dem 20. Dezember, eventuell Urlaub nehmen könnte, denn sie hätte noch Urlaubstage übrig. Die anderen Eltern (deren Kinder zu Hause wohnten) seien einverstanden, dass diese Woche die Förderstufe schließe; ob das von mir aus auch möglich sei. Ich habe sofort ja gesagt, schließlich wollte ich ihr entgegenkommen, sie sitzt oft allein mit fünf Schwer- und Schwerstbehinderten in der Förderstufe. Diese Abweichung von der Regel wurde im Heim in einem dazu vorgesehenen Buch vermerkt. Es war aber vorauszusehen, dass die bis zum Jahresende noch vorhandenen Platzgeldtage für die Weihnachtsferien nicht ausreichen würden, wenn Björg einige zusätzliche Tage bei uns zu Hause bliebe. Ich würde sie also vor den eigentlichen Weihnachtsferien hinbringen müssen, damit sie zwischendurch im Heim schlafen könnte, wenn wir es uns ersparen wollten, wegen überschrittener Platzgeldtage viel Geld zu bezahlen. Es sind nämlich nur 42 Tage im Jahr erlaubt. Da so wenig Personal im Heim war, wollten wir Björg nicht ganz im Heim lassen. Für mich stand aber außer Frage, dass die liebe Mitarbeiterin der Förderstufe auch ein Recht auf ein paar extra freie Tage hatte.

Nun änderte sich aber alles, denn die Mitarbeiterin in der Förderstufe arbeitete doch die letzte Woche vor Weihnachten. Was im Heim vermerkt worden war, musste wieder geändert werden. Wegen dieser Angelegenheit wurde hin und her telefoniert. Es wurde klargestellt, dass die Mitarbeiterin der Förderstufe dieses Problem mit dem Heim abzusprechen habe, nicht mit mir. Kein normaler Mensch hat für so viel Bürokratie Zeit. Und letztendlich geht die Zeit, um solche bürokratischen Gepflogenheiten zu erlernen und danach zu handeln auf Kosten der Behinderten. Urlaubstage stellen eine andere Kategorie als die Platzgeldtage dar. Urlaubstage sind die Tage, an denen Björg nicht in der Förderstufe der Werkstatt sein muss. Sofern sie aber an den Urlaubstagen bei den Eltern ist, werden diese Tage als Platzgeldtage gezählt, wenn es sich um mehr als drei zusammenhängende Tage handelt. Björg kann 30 Urlaubstage nehmen, aber sie muss sie nicht nehmen. 23 Tage davon hat sie im letzten Sommer in Anspruch genommen und bei uns zu Hause verbracht.

Ich wusste nichts über die Urlaubstage. Die Mitarbeiterin in der Förderstufe wusste nichts über die Platzgeldtage. Einer unserer Söhne ist Sozialpädagoge, eine unserer Schwiegertöchter ist Sozialpädagogin, und eine Bekannte von mir ist ebenfalls Sozialpädagogin. Keiner dieser Menschen wusste etwas über die Platzgeldtage-Regelung.

Kegelabende

Einmal war es in einer Frage zu Unstimmigkeiten zwischen Eltern und Mitarbeitern gekommen. Ich wurde gebeten, als Elternvertreterin zu vermitteln. Wir, einige Eltern in Björgs Gruppe, tauschten uns aus und bemühten uns gemeinsam, das Problem zu lösen. Daraus entwickelten sich regelmäßige Kegelabende. Die gelockerte Atmosphäre beim Kegeln erleichtert uns den Austausch über unsere Probleme. Nun haben wir uns schon einige Male getroffen. Dabei habe ich den Eindruck gewonnen, dass viele Eltern - und nicht nur die Eltern unserer Gruppe - überzeugt sind, dass wir Eltern nichts machen können. Wahrscheinlich haben sie sich zu lange als „nur kleine Leute" empfunden. Diese Vorstellung kann nur langsam abgebaut werden.

Eltern-Arbeitsgemeinschaft auf freiwilliger Basis

Wegen der dünnen Personaldecke wurden wir Eltern und Angehörige gebeten, eine Art AG zu bilden, um etwas für die Behinderten zu tun, was die Mitarbeiter nicht leisten können. Ich habe angefangen, eine körperbehinderte Frau im Alten- und Vorgealtertenheim wöchentlich zu besuchen. Auf ihren eigenen Wunsch lese ich ihr aus der Bibel vor. Ich tue es gern, und es bereitet uns beiden Freude, aber etwas Zeit nimmt es mir doch. Als ich ihr einmal aus der Bergpredigt vorlas „Ihr seid das Licht der Welt" (Matthäus 5,14), wurde mir klar, dass ich einer Lichtarbeiterin gegenüber saß. Sie versteht die Bibel mit dem Herzen. Ich sagte spontan zu ihr: „Du bist das Licht der Welt, weil du einfach da bist und den Wunsch äußerst, Worte der Bibel zu hören." Es ist schwierig, dies zu erklären, aber ich nahm in ihrer Gegenwart eine tiefe Bedeutung des

Wortes „Lichtarbeiter“ wahr, wie auch die der Worte Jesu: „Ihr seid das Licht der Welt“.

Anmerkung: Die Bezeichung „Eltern-AG“ finde ich nicht ganz passend. Was wir tun - Vorlesen, Spazierengehen und Begleitung - könnte auch von anderen Helfern wahrgenommen und *Persönliche Assistenz* genannt werden. Eltern, ob jung oder alt, sind oft zu überlastet, um zusätzliche Arbeiten zu übernehmen. Viel eher sollte eine Eltern-AG *als Gesprächskreis* dem Gedankenaustausch zwischen den Eltern und Angehörigen dienen. (P.S.: Mit dem „Persönlichen Budget“, das später kam, änderte sich einiges insofern, dass manche Behinderte sich jetzt etwas Hilfe kaufen können.)

Bücherwissen und eigene Erfahrung

Nebenbei las ich *Das Handbuch der Elternarbeit* und fand dort einige Sätze, in denen von Eltern die Rede ist, die ein geistig behindertes Kind bekommen haben (Seite 87):

„Abhängig von den finanziellen Möglichkeiten und der Werthaltung der Betroffenen, werden (von den Eltern - Anm. U.S.) Wunderheiler aufgesucht. Veröffentlichungen zu neuen Therapiemöglichkeiten führen zur Kontaktaufnahme mit dem Ziel, die letzte Möglichkeit für eine Heilung zu nutzen. Verzweifelt und Hilfe suchend wenden sich andere an kirchliche oder humanitäre Einrichtungen; sie legen Gelübde ab, beteiligen sich an Wallfahrten oder spenden Geld. Für viele geht diese Phase mit hohen materiellen Einbußen und zahlreichen Enttäuschungen einher.

Die Erzieherinnen sollten in dieser Phase der Verhandlung die Eltern in ihrem blinden Eifer bremsen und das Laufen von Arzt zu Arzt („medical shopping“) kritisch thematisieren und die unrealistischen Erwartungen dämpfen. Gleichwohl kann das Engagement in religiösen und humanitären Organisationen durchaus eine positive Wirkung haben.“

Einige dieser Behauptungen gefallen mir nicht, obwohl ich den letzten Satz an und für sich gutheißen kann.

Mir ist klar, dass sehr viele Menschen, die Fachschulen für Heil- und Erziehungspflege besuchen, die obigen Ausführungen lesen und wahrscheinlich glauben, dass das alles so stimmt. Ich finde es aber unakzeptabel, dass dies ohne zusätzliche andere Informationen so in

Büchern steht! Die Eltern können sich nicht wehren, und wahrscheinlich wissen die meisten nicht, was dort über sie in einem Lehrbuch steht.

Natürlich geben die Eltern manchmal viel Geld aus, in der Hoffnung, ihrem Kind damit helfen zu können. Das stimmt. Human eingestellte Heiler und Therapeuten dürften gern den Eltern finanziell entgegenkommen, wenn sie es können - und einige tun das auch. Ich weiß auch, dass oft auf irgendeine Stelle hingewiesen wird, wo Hilfe zu erwarten sei, aber die Eltern können sich diese Hilfe dann oftmals nicht leisten. Damit soll nicht gesagt sein, dass alternative Therapien unwirksam wären.

Sicher ist, dass unserer Familie durch alternative Therapien *ganz entscheidend* geholfen wurde. Man sollte auf diejenigen hören, die einschätzen können, wie die Situation war, welche Erfolge erreicht wurden und wie die Situation ohne alternative Heilmethoden wäre.

Liebe und Wahrheit

Mich hat es oft traurig gemacht, wie verantwortungslos an manchen Stellen in der Behindertenarbeit mit Liebe und Wahrheit umgegangen wird. Selbstverständlich üben einzelne Menschen diese ethischen Tugenden aus, und viele gemeinsame Bemühungen und Projekte sind damit gesegnet. Aber wenn es um etwas komplexere Zusammenhänge geht, die vielleicht schwerer zu verstehen sind, gibt es auch reichlich Ausnahmen. Liebe und Wahrheit sind aber die Werte, die in der Behindertenarbeit ein besonders hohes Gewicht haben.

Was ist Liebe? Liebe ist, unter anderem, sich um Erkenntnis zu bemühen, wo der Schuh drückt, und dann, wenn diese Erkenntnis da ist, tatkräftige Hilfe zu leisten. Aber daran hapert es oft. Genauso verhält es sich mit der Wahrheit. In der Behindertenarbeit braucht man sehr dringend Wahrheit und Wahrhaftigkeit. Wieviel Verkürzung und Verharmlosung der Wahrheit können Eltern überhaupt vertragen? Die Preise auf der Bekleidungsliste zum Beispiel entsprechen nicht der Wahrheit beziehungsweise der Wirklichkeit. Da dies so offensichtlich ist, kann es leicht als etwas besonders Schlimmes verstanden werden, es ist aber fast das Harmloseste. Viel schlimmer und schwieriger für die Eltern ist, dass oft so gut wie niemand versteht, wie ihre Lage ist, und dass andere glauben, alles sei viel leichter, als es in Wirklichkeit ist. Nehmen wir einmal die *Öffentlichkeitsarbeit*: Dort wird sozusagen auf Glanzpapier geschrieben. Vieles davon hat einen verblendenden Charakter und lässt andere Menschen glauben, alles sei doch recht gut. Dennoch können manche Eltern kaum auf die richtige Hilfe hoffen, weil ihre *wahre* Situation nicht verstanden wird. Schwierig ist es auch für die Eltern, dass sie oft eine völlig andere Realität erleben als das, was ihnen in Reden und Vorträgen als Information über ihre eigene Lebenslage vermittelt wird. Sie hören „Wahrheiten" über eine Situation, die die Redner selbst nicht kennen. Gesünder wäre es, die Wahrheit zu beachten, so wie sie ist. Nehmen wir etwas anderes: Die Familie lebt unter ständigem Druck, die Platzgeldtage einzuhalten, weil das Sozialamt inzwischen sehr streng geworden ist. Ausgleichzahlungen wegen überschrittener Platzgeldtage müssen jetzt gnadenlos von den Eltern oder Angehörigen bezahlt werden. Zwar wird noch viel über Liebe, Respekt und Humanität gesprochen, aber solche Reden bleiben oft leere Worte, wenn das Geld knapp ist. Sehr schlimm, finde ich, ist es, wie oft falsch eingeschätzt wird, wieviel man Menschen mit Arbeit belasten kann. Hier denke ich sowohl an *Mitarbeiter als auch an Eltern.* Es ist auch nicht leicht für die Eltern, das heranzutragen, was sie selbst wissen. Sogenanntes Fachwissen, hauptsächlich in Pädagogik, soll Gültigkeit haben. In der gesamten Behindertenarbeit wird zudem noch viel zu wenig miteinander geredet. Teilweise liegt es daran, dass es so wenig Zeit für Kommunikation gibt, teilweise daran, dass so viele Menschen in diesem Bereich eine Schweigepflicht einhalten müssen. Und lieber als zu riskieren, sie zu brechen, reden sie besser nur über unwichtige Dinge. Aber: Warum all diese Angst, etwas zu sagen und diese Abwehr gegen vernünftiges Mitteilen? Geheimnistuereien und Verniedlichungen scheinen doch in besonderer Weise auf reformbedürftige Punkte im sozialen System hinzuweisen.

Mir liegt die Situation der Familien sehr am Herzen, aber auch die der Mitarbeiter. Ihre Leistungen müssten realistischer gesehen und gewürdigt werden. Ich finde, es ist keine Selbstverständlichkeit, was die Mitarbeiter alles meistern. Es geht nur, weil sie verantwortungsvolle Menschen sind. *Wir brauchen Wahrheit, Solidarität und Liebe.*

Der verleugnete Fels in der Brandung: Bereitschaftsdienst der Mütter

Der Urlaub der Heimbewohner soll ja - wie gesagt - mit dem Heim abgesprochen werden, nicht unbedingt mit der Mutter. Aber wie würde es ohne mich gehen oder ohne jemanden, der das Gleiche tut wie ich, wenn es nötig ist? Björg war das letzte Wochenende vor Weihnachten, am

18./19. Dezember 2004, in einem ausgesprochen schlechten Zustand. Vielleicht hat sie irgendein Weihnachtsgebäck gegessen, das sie nicht vertrug. Es ist schwierig, solche Nahrung von ihr fernzuhalten. Sie setzte sich hier zu Hause nachts im Bett auf und wusste überhaupt nicht, was sie wollte. Schlafen wollte sie auf jeden Fall nicht und wurde mitunter sehr laut. Ich hatte den Eindruck, dass sie hellsichtig etwas sah, das sie ängstigte. Nach einigem Hin und Her wollte sie, dass ich bei ihr bleiben und meine Hände an ihren Körper halten sollte, und dabei schlief sie ein. Am Sonntagmorgen hatte sie reichlich Stuhl, und ihre Menstruation setzte ein. Sie war nun wie umgewandelt, fühlte sich gut, war nicht mehr im Geringsten grantig, und es gab keine Probleme mehr. Es ist unverzichtbar, in solchen Situationen Ausgleichstherapien durchzuführen und auch um Licht und Schutz zu beten. Wenn keine Mutter da ist oder eine andere Person, die zum richtigen Zeitpunkt die richtigen Handgriffe tut, die auch betet und versucht, die Schwingung zu erhöhen, kann die Situation entgleiten. Warum soll denn die Mutter offiziell am besten außen vor sein? Sie - oder ein Mensch, der ähnliche Arbeit macht wie die Mutter - wird nicht weniger als die Mitarbeiter gebraucht, weil in der Behindertenarbeit manches sonst nicht geregelt werden kann.

Fahrt nach Marburg

Im November 2004 war ich wieder auf einer Mitgliederversammlung der Lebenshilfe in Marburg. Zwei Jahre zuvor war ich auch dort. Im Nachhinein kommt es mir so vor, als ob jemand von höheren Ebenen den genauen Überblick gehabt hat, wie sich alles fügen musste, so dass alles so kommen konnte, wie es kam. Damals, im November 2002, hatte ich kurz vor Schluss meinen Platz verlassen, und die Ärztin, die an meinem Tisch saß - ich nenne sie Frau Dr. M. - wollte auf meine Sachen aufpassen. Ich wurde auf dem Gang aufgehalten, weil der Vorsitzende eines Lebenshilfevereins sich dafür interessierte, was ich soeben am Mikrofon gesagt hatte. Er wollte gerne wissen, wie man familienentlastende Dienste auf Island gestaltet, und ich schickte ihm später Josefines Diplomarbeit zu (siehe Kapitel 9). Als ich zurückkam, stand Frau Dr. M. immer noch da. Durch ihr treues Aufpassen waren wir nun „sichtbar“ geworden, weil inzwischen die meisten Menschen aus dem Saal gegangen waren. Das ist der erste *Verknüpfungspunkt* in dem Netz, von dem ich jetzt berichten werde. Ein älterer Herr, der aktiv in der Lebenshilfe mitgewirkt hatte, kam auf uns zu. Er hatte auf Island Behinderteneinrichtungen besucht und wollte mir davon erzählen (am Mikrofon hatte ich gesagt, dass ich aus Island stamme). Später schickte ich auch ihm Josefines Diplomarbeit zu. Als er sie mir mit Lob und Dank zurückschickte, schrieb er dazu, dass wir uns vielleicht bei der Mitgliederversammlung im November 2004 sehen würden. Das bewirkte, dass ich mich zu dieser Versammlung anmeldete, was ich sonst vielleicht nicht getan hätte. Nach der Ablehnung meines Buches *Sternenkind* durch die Lebenshilfe befand ich mich in depressiver Stimmung. Ich musste eine emotionale Hürde überwinden, um wieder zu einer Versammlung nach Marburg zu fahren. Ich wurde ganz schlecht damit fertig, dass die Lebenshilfe einerseits sagte, sie wolle den Behinderten helfen, aber andererseits eine Mutter überging, die mitteilen wollte, was ihrem geistig schwer behinderten Kind sowie auch der ganzen Familie geholfen hatte. Nun hatte ich einen Hinweis bekommen, wie ich meine Resignation neutralisieren konnte, indem ich die Stelle meiner Enttäuschung von 2002 wieder besuchte.

Im November bin ich schließlich mit viel Gottvertrauen dorthin gefahren.

Nächster *Verknüpfungspunkt:* Bevor ich nach Marburg fuhr, wollte ich mir einige Punkte für den Vorstand aufschreiben, vielleicht auch für den Fall, dass ich dort etwas würde sagen können. Weil ich wegen Björg auf einem Treffen gewesen war, war ich in Zeitnot und am späten Abend noch nicht zufrieden mit meinen Texten. Ich ging aber schlafen, weil ich so müde war. Um 1.30 Uhr wurde ich durch irgendetwas regelrecht geweckt. Ich dachte, meine Güte, ich fahre morgen früh und habe allerhöchstens zwei Stunden geschlafen, wird das gut gehen? Aber ich konnte nicht schlafen, mein Geschriebenes war mir noch nicht gut genug. Ich stand auf, setzte mich an den Computer und überarbeitete es, bis der Wecker klingelte. Da war ich gerade fertig und musste mich nun beeilen, um gegen 5.15 Uhr rechtzeitig aus dem Haus zu kommen. Falls ich nicht geweckt worden wäre, wäre das Schriftstück unzulänglich gewesen. Der *Verknüpfungspunkt* hier ist für mich die Fügung, dass ich gut zusammengefasste Gedanken mitbringen konnte.

Der Traum vor der Fahrt: Während der zwei Stunden, als ich schlief, hatte ich folgenden Traum: In einer weitläufigen ländlichen Gegend war ich in der Nähe einer großen langen Schlucht, wie sie in einer natürlichen Landschaft nicht vorkommt. Sie war wie mit dem Lineal gezogen, die Wände auf beiden Seiten gigantisch hoch - vielleicht 100 Meter - und vollkommen senkrecht und glatt. Der Untergrund war eben und führte wie ein schnurgerader Weg zwischen den beiden Wänden entlang. Diese Schlucht war hellgelb. Gelb soll mentale Energie und Intellektualität, aber auch Lebensfreude, Kommunikation und die Verbindung zum Göttlichen symbolisieren. Auf beiden Seiten war eine Leiter an der Wand. Ich war in der Begleitung meiner Schwestern, es waren aber auch viele andere Menschen dabei. Wir kamen aus den nordischen Ländern, die im Traum ein Kollektiv bildeten, das sich auf der einen Seite der Schlucht befand, und wollten nach Deutschland, das auf der anderen Seite lag. Wir kletterten nun einer nach dem anderen nach unten in die Schlucht. Als die Menschen alle unten waren, wollten sie an der Leiter auf der anderen Seite wieder nach oben klettern. Einige hatten damit schon begonnen, darunter auch ich, als wir entdeckten, dass die Leiter nicht ganz nach oben reichte. Sie war nur bis zur Hälfte von unten her fertiggebaut. Oberhalb der Hälfte hatte die Leiter noch einige schlecht befestigte Stufen, die nach links und rechts rutschten und so glitschig waren, dass es gefährlich war, auf ihnen zu klettern, aber im obersten Viertel gab es gar keine Stufen mehr. Sie waren noch nicht gebaut worden. Es war unmöglich, ganz nach oben zu gelangen. Ich kletterte so hoch, wie ich konnte, musste aber einsehen, dass kein Mensch ganz nach oben kommen konnte, bevor die Stufen fertig gebaut sein würden.

Ich wusste im Traum, dass ich nach Marburg fahren wollte, und es kam mir so vor, als ob ich dort nicht das erreichen würde, was ich mir erhofft hatte. Und erhofft hatte ich mir natürlich, die Gelegenheit zu bekommen, etwas von meinen Anliegen zur Sprache zu bringen. Ich deutete den Traum so, dass Deutschland einfach so lange den Anschluss an die Entwicklung in den nordischen Ländern nicht bekommen kann, bis da ein noch fehlendes Stück eingesetzt wird, das diesen Anschluss erst ermöglicht. Wahrscheinlich handelt es sich hier um ein „Stück Bewusstsein“. Die Lebenshilfe wurde 1958 gegründet, und jetzt haben wir 2004, das sind 46 Jahre. Geteilt durch drei (durch die drei Teile der Leiter, die fertig oder halbfertig waren) ergibt das 15,3 Jahre. Wenn die Leiter zu ¾ fertig ist, fehlen noch 15 Jahre, bis man unser soziales System mit jenem der nordischen Länder vergleichen kann. Exakt kann ich diesen Traum nicht deuten. Es war aber begonnen worden, an den Stufen im letzten Viertel zu arbeiten, was so gedeutet werden kann, dass es nicht ganz so lange dauert, bis der Anschluss geschafft ist. Vielleicht kann die

Entwicklung in der Behindertenarbeit auch rascher vorangehen, wenn sich das Bewusstsein schneller ändert.

Dieser Traum war ein *Verknüpfungspunkt,* der sehr zu meinem Verständnis beitrug.

Auf der Mitgliederversammlung: Der erste Vorsitzende erklärte, die Lebenshilfe habe Kontakte zu den Anthroposophen und zur Caritas (katholischer Wohlfahrtsverband), wolle aber doch nicht näher mit ihnen verknüpft sein, weil sie überkonfessionell bleiben möchte. Ich musste denken: Was meint er damit? Glaubt die Lebenshilfe, dass ein Buch wie mein *Sternenkind* ihren Ruf als überkonfessioneller oder neutraler Verein schädigen würde? Auf der anderen Seite soll *alles* für die Behinderten getan werden. Ist es dann nicht auch erlaubt, über *alles* zu reden, was ihnen helfen kann? Ich bin zwar evangelisch-lutherisch, aber ich bin in keiner Sekte, ich glaube nur an Gott. Das tun viele, und das wird respektiert.

In einigen Reden wurde angeregt, die Eltern sollten die Politiker über ihre Situation informieren. Es hätte mich traurig stimmen können, das zu hören, angesichts meiner Bemühungen, Schilderungen zusammenzustellen, die dann abgelehnt wurden, aber ich war dank des Traumes sehr ausgeglichen. Ich hatte nicht allzu viel erwartet. Jetzt wusste ich, wie es abläuft, und auch, dass Reden und Handeln oft auseinanderklaffen. In einem kleinen Heft der Lebenshilfe *Gemeinsam kommen wir weiter* steht: „Wir in der Lebenshilfe sind solidarisch mit behinderten Menschen und ihren Familien überall auf der Welt.“ Ist man solidarisch mit mir?, fragte ich mich.

In der Arbeitsgruppe „Persönliches Budget“ stellte sich heraus, dass in Island und Deutschland zwar der gleiche Begriff „Persönliches Budget“ benutzt wird, dass man aber in Deutschland doch etwas anderes damit meint als auf Island. In Deutschland wird es bei weitem komplizierter gemacht, mit dem Persönlichen Budget umzugehen. Für die leichter Behinderten kann sich diese Reform vorteilhaft auswirken, aber die schwerer Behinderten brauchen einen „Persönliches-Budget-Assistenten“, und das bringt dann wiederum extra Mühen und auch extra Kosten mit sich. Ich schlug Studienreisen in die nordischen Länder vor. Das wurde gut aufgenommen. Unsere Diskussionsleiterin meinte jedoch beiläufig, man hätte sich wahrscheinlich nicht nach Vorbildern in den nordischen

Ländern umgeschaut, als man die vorläufigen Gesetze und Gesetzesentwürfe machte. Warum tut man das eigentlich nicht?

Frau Dr. M., die ich in Marburg wiedertraf, hatte inzwischen mein *Sternenkind* und auch Josefines Diplomarbeit gelesen und äußerte sich darüber sehr positiv, was mich glücklich machte. Sie erzählte mir von einem Büchlein „*Unser Kind ist ein Geschenk*", das die Lebenshilfe auf Türkisch und Deutsch herausgegeben hat, und auch davon, dass sie einen türkischen Familienvater getroffen habe, der einen behinderten Sohn hat und von der Existenz der Lebenshilfe bis dahin nichts wusste. Sie konnte ihn darüber informieren. Während sie das sagte, bekam ich einen kalten Strom von oben nach unten durch meinen ganzen Körper. Einmal bekam ich so einen Strom, als ich bei einer mir bekannten isländischen Heilerin war, und fragte sie, was das sei. „Das ist ein Lichtstrahl, der durch dich hindurch geschickt wird. Das bedeutet manchmal eine positive Antwort, aber auch manchmal, dass du auf etwas sehr aufmerksam werden sollst", hatte sie gesagt. In diesem Augenblick dort in Marburg wusste ich: Es gibt ein feines Informations-Netz der Engel, ein weißes Netz, und dazu gehören Menschen, die selbst oft gar nicht wissen, wieviel Gutes sie bewirken. Frau Dr. M. ist eine von diesen Menschen. Dieser Gedanke kam mir mit unglaublicher Klarheit. Frau Dr. M. war da, und es hat mir sehr geholfen. Frau Dr. M. war da, und nun wird einer türkischen Familie geholfen. Ich wusste in diesem Moment, dass das so ist, und das ist etwas Wunderschönes und Hoffnungsvolles.

Eine Frau aus dem Vorstand der Lebenshilfe las meine Aufzeichnungen aus der Nacht zuvor. Sie war mit mir über die Platzgeldtage einer Meinung, auch wenn sie auf Anhieb keine Lösung sehen konnte. Ich habe an diesem Abend gespürt, dass Veränderungen ihre Zeit brauchen. Vielleicht kann man so schnell nichts ändern. Mir fällt es schwer, etwas aufzugeben, und ich habe lange gehofft, in der Behindertenarbeit Gutes bewirken zu können. Aber vielleicht ist die Zeit noch nicht reif. Ich hatte doch gesehen, dass „die Stufen der Leiter" noch nicht fertig waren. Bis die fertig sind, wird es bei den gegenwärtigen Unzulänglichkeiten bleiben. Bald habe ich alles getan, was ich kann. In zehn Jahren werde ich 79 Jahre alt, dann kann ich möglicherweise nicht mehr den Beitrag leisten, den ich gern geleistet hätte. Meine Hoffnung, etwas für die Lebenshilfe zu tun, hat sich oft nicht erfüllt, und einmal muss ich mit meinen Bemühungen aufhören, so weh es auch tut.

Während der ganzen Versammlung war ich sonst nicht dazu gekommen, das anzusprechen, was mir am Herzen lag. Als ich weggehen musste, um meinen Zug zu erreichen, hatte man den vorletzten Punkt „Verschiedenes" noch nicht angefangen, obwohl dem Programm nach die Tagung schon zu Ende sein sollte. Es war gerade ein „Sozialpolitisches Grundsatzreferat" gehalten worden, und einige Männer standen am Mikrofon Schlange, um sich zu diesem vorgegebenen Thema zu äußern. Wenn ich gewartet hätte, um etwas zu sagen, hätte ich dort gestanden, als mein Zug wegfuhr. Außerdem hätten meine Themen nicht hineingepasst, die Menschen waren zudem im Aufbruch und schon müde. Eines hätte ich doch gerne sagen wollen, und es hätte nur einige Sekunden gedauert. In den Reden wurde manchmal geäußert: „Sie (die Behinderten) sind lernfähig." Ja, das sind sie auch. Aber auf die Gegenseitigkeit wurde nicht aufmerksam gemacht. Ich hätte sagen wollen: **„Sie sind unsere Lehrmeister."** Und wenn mir noch eine Sekunde erlaubt worden wäre: **„Sind wir denn lernfähig?"** Mir brannte es auf der Zunge. Aber dafür gab es keine Lücke, keinen Platz. Die Strukturen bei solchen Versammlungen müssten geändert werden. Es ist ein Potenzial vorhanden - im Publikum, bei den Eltern -, das wurde auf dieser Versammlung auch gesagt. Es müsste mehr Raum für das gegeben werden, was unter dem Punkt „Verschiedenes" geäußert wird. Dieser Tagesordnungspunkt müsste in die Mitte des ersten Tages eingebaut werden und am zweiten Tag wieder. Auf dieser Mitgliederversammlung zum Beispiel hätte man darauf hinweisen können, dass sich nicht alles ausdiskutieren ließe, aber es wäre möglich gewesen, Themen anzusprechen, die die etwa 450 anwesenden Menschen hätten hören und aufgreifen können.

In dem Buch *Das Handbuch der Elternarbeit* kann man übrigens auf Seite 164 kritische Sätze darüber lesen, wie der klassische Elternabend meistens vonstattengeht: „Die Themen und der Ablauf sind häufig so stark strukturiert und geplant, dass kaum Spielraum für spontane Wünsche und Anliegen der Eltern bleibt." Oh, wie wahr! Auf Mitgliederversammlungen verhält es sich damit ganz ähnlich: Für die Teilnehmer gibt es oft wenig Raum, außerhalb der Tagesordnung eigene Anliegen und Ideen einzubringen.

Weil ich gut vorbereitet war, hätte ich auf dieser Veranstaltung ohne jegliche Nervösität sprechen können. Ich wusste, was ich sagen wollte. Ich hätte jedes Thema, das hineingepasst hätte, kurz vortragen können. Aber in den festgelegten Ablauf dieser Tagesordnung hätte es nicht gepasst. Trotzdem handelt es sich um ganz existenzielle Dinge für uns. Ja*, die Menschen sollen sich mitteilen, sie sollen etwas über ihre Situation sagen und ihre Lebensumstände schildern - aber wegen dieser Strukturen, die eine Kommunikation erschweren, ist es kaum möglich.* Man gewinnt daher leider den Eindruck: Die Erfahrungen von uns Müttern und Eltern werden nicht genügend geschätzt. Dadurch, dass diese Gelegenheit fehlt, werden auch Initiativen gedrosselt. Das ist paradox! Die Absichtserklärungen der Lebenshilfe lauten anders, und deshalb ist dieses Verfahren eigentlich nicht im Sinne dieses Vereins.

Im Zug auf der Heimfahrt las ich das Kapitel „Der Katalysator für Wunder“ in *Der Neuanfang,* Kryon-Band VII (von Lee Carroll), noch einmal durch. Ich dachte: Ich möchte etwas bei mir ändern. Ich möchte offen sein für die Intuition und die Weisheit des Kindes. Natürlich hatte ich das vorher oft gedacht, aber vielleicht gab es jetzt einen unbewussten Anstoß. „In der Lebenshilfe sind zurzeit noch einige Türen zu, gibt es noch ‘ungebaute Stufen’, und du ärgerst dich darüber“, sagte ich mir. „Unnur, öffne deine eigenen Türen und halte sie auch offen. Und lerne wählen, welche Tür du offen hältst.“ Mir kam so viel Schönes und Gutes in den Sinn, all die schönen Dinge, die die Welt enthält. Mir wurde klar, wieviel ich mir verschlossen gehalten hatte, weil ich so unglücklich und traurig darüber gewesen war, dass ich auf meinen Wunsch, in der Behindertenarbeit stärker mitzuwirken, keine Resonanz bekam. Mir wurde bewusst, dass ich kaum noch Klavier spiele und nur noch selten singe, es sei denn für und mit Björg. Einiges von den schönen Dingen des Lebens war bei mir untergegangen. Ich wollte mich ändern. Ich wollte lernen, meine Türen zu öffnen. Die liebe Ärztin, Frau Dr. M., war mir ein Vorbild. Ihre Türen waren offen. Bei ihr konnten die Engel es einbringen, dass zum Beispiel jetzt einer türkischen Familie geholfen wird.

Unmittelbar nach der Fahrt: Zu Hause angekommen, war einer unserer Söhne gekommen, um uns zu helfen, im Keller auf- und auszuräumen, so dass ich dort mit anpacken musste. Ich war sehr müde, als wir fertig waren. Jetzt denke ich, in der Nacht zum 12. war ich nicht nur deshalb wach geworden, um meine Notizen für den Vorstand zu verbessern, sondern auch, um zwei Nächte später in eine besonders tiefe Erholung zu kommen. Ich schlief in der Nacht zum 14. November 14 Stunden lang, lag aber länger im Bett. Ich war allein im Zimmer, und Björg war im Heim. Wenn sie zu Hause gewesen wäre, hätte ich nicht ungestört 15 Stunden liegen können. Allein zu sein, war sicherlich eine Voraussetzung, um das erleben zu können, was ich erlebte.

Ich hatte einen Traum: Ich war sehr lange auf Reisen gewesen und hatte meine Aufgaben so weit erfüllt, dass ich nun nach Hause zurückkehren konnte. Ich hatte ein Haus, das zwar nicht mein Eigentum war, für das ich aber die ganzen Jahre meine Miete bezahlt hatte, so dass es mir zustand, dort wieder einzuziehen. Dieses Haus ähnelte meinem frühesten Elternhaus. Die ganze Zeit hatte eine ältere Frau, die eine große weiße Schürze trug, das Haus für mich gehütet. Ich kenne diese Frau, es ist eine Hebamme. Zum Eingang des Hauses führte eine Treppe, und obwohl diese vor vielen, vielen Jahren handwerklich gebaut worden war, war sie noch vollkommen heil und solide. In diesem Traum wusste ich sehr gut, was ich neulich von „den Leitern in der Schlucht“ geträumt hatte und wusste auch, dass diese Treppe in Ordnung war. Man hatte mich erwartet und angefangen, alles Überflüssige aus dem Haus auszuräumen. Das waren hauptsächlich leere Verpackungen von Obst, wie Apfel- und Orangenkisten. Sie waren auf der Seite des Hauses, die zur Straße wies, so hoch gestapelt, dass man das Haus nicht sehen konnte. Das Haus war von außen her gesehen unauffällig, aber innen ein Heiligtum. Hier würden im ganzen Haus Heilungen stattfinden. Ob auf dem Flur, in der Küche, im Wohnzimmer, im Bad, ja im WC - alles war gleichermaßen von Heilkraft durchdrungen. Meine Schwestern waren alle mitgekommen und auch andere Menschen, meist Frauen, und sie sagten, sie würden die Kisten wegräumen, ich brauche mich darum nicht zu kümmern. Aber ich bat sie, noch zu warten, ich müsse mich erst einmal einrichten, von Neuem einleben, zur Ruhe kommen. Denn sobald dieses Haus von den Menschen gesehen würde, würden sie alle in Strömen kommen. Das war der Traum.

Ich wachte auf und lag etwa eine Stunde mitten in der Nacht wach - und als ich später einschlief, träumte ich nichts mehr. Ich hatte das Gefühl, wach zu sein und dabei irgendwie eine Ebene zu erreichen, wo sehr viel Licht war und ein hohes Niveau. Ich sah vielleicht nichts, anders ausgedrückt, sah nur, dass alles sehr hell und licht war, es war keine visuelle Wahrnehmung von Bildern, sondern eher eine Wahrnehmung des Begreifens, Verstehens. Kurz: Es war eine Wahrnehmung des weißen

Netzes oder Netzwerkes. Ich wusste plötzlich ein Wort, das zu den ganzen Fügungen der letzten Tage passte: *Verknüpfungspunkt.* Und die Menschen, die die Arbeit durch dieses Netz ermöglichen, sind irgendwie Verknüpfungs-Zentralen oder Verknüpfungs-Körper. Als ich am nächsten Tag meinem Mann hiervon erzählte und ihm auch dafür dankte, dass er mich überhaupt nicht gestört hatte, sagte ich ihm, ich sei in eine sehr tiefe Ebene gekommen. Ich sei irgendwo gewesen, wo man normalerweise gar nicht hinkommt. Aber „tief" ist nicht das richtige Wort. Ich bin eher in eine hohe Ebene gekommen, in eine Ebene, wo ein sehr hohes Niveau herrschte. Man könnte sagen, der Himmel war voller Erkenntnisblitze, und ich verstand sehr, sehr viel - alles auf einmal. Ich verstand, wie dieses Netz funktioniert. Und nun möchte ich mich gerne so entwickeln, dass auch ich zu den Mitarbeitern dieses Netzwerkes gehöre. Die Bezeichnung: *„Feines Informations-Netz der Engel"* leuchtete als zutreffend klar in mir auf. Die Chakren in meinen Handflächen öffneten sich. Ich hatte Sätze gestochen scharf im Kopf. Meine Punkte, die ich auf der Mitgliederversammlung hatte sagen wollen, kamen mir so deutlich ins Bewusstsein, als seien sie von einem sinnverstärkenden Computer abgerufen worden. Aber das war nur ein Teil von dem, was mir sonnenklar war. Mein Bewusstsein war klarer als sonst. Am nächsten Tag musste ich sehr über dieses Erlebnis staunen.

Diese Ebene können wir gewöhnlichen Menschen wahrscheinlich nur selten besuchen. Aber sie ist da. Sie ist wirklich da, auch wenn wir im Alltag nicht viel davon merken. An diesem Tag fing ich nach langer Zeit wieder an, Klavier zu spielen. Und ich nahm mir vor, es öfter zu tun, mich überhaupt öfter Dingen zu widmen, die ich schön finde.

In mir selbst fand ohnehin seit geraumer Zeit eine Veränderung statt. In den siebziger, achtziger und neunziger Jahren hatte ich mich intensiv für spirituelle Dinge interessiert. Ich hatte viele Bücher gelesen, war auf Seminaren gewesen und hatte mich bemüht, den göttlichen Ebenen näher zu kommen. Im Sein zu sein, wie man heute sagt. Diese meine innere Welt wurde aber in der Behindertenarbeit wenig verstanden, und ich hatte während der letzten Jahre mein Interesse für die sozialen, weltlichen Themen mehr nach außen treten lassen. Oder besser: Ich sprach mit den Menschen, die in der Behindertenarbeit tätig sind, einfach nicht über meine innere Welt der Spiritualität. Nun war ich es aber unendlich leid geworden, so zu leben. Es hatte sich um eine Phase gehandelt, und nun war sie zu Ende gegangen. In mir erwachte eine Sehnsucht nach mehr Spiritualität, sie stieg auf wie eine neue Welle, es war mir, als sei ich in einem Wellental gewesen. Ich wollte ein spiritueller Mensch sein „ljóst og leynt“. Das ist Isländisch und bedeutet, sowohl „ganz offen“ als auch „verborgen im Inneren“. Die Spiritualität ist Wirklichkeit.

Ich wünschte mir einen Neuanfang.

Herzlichen Dank liebe Björg, für alles, was wir durch dich gelernt haben, und für alles, was du in Gang gesetzt hast.

Herzlichen Dank liebe Mitarbeiter, für alles, was ihr für die behinderten Menschen tut.

Teil II

22 Schwerpunktthemen kurz gefasst

Die Platzgeldtage – Sinn oder Unsinn?

Als ich Menschen auf Island von den Platzgeldtagen - das ist eine bestimmte Anzahl erlaubter Abwesenheitstage vom Heim - erzählte, konnten sie die Bestimmungen nur schwer verstehen. Auf Island ist die Behindertenarbeit anders strukturiert.

Die Behinderten leben in Wohngemeinschaften in geeigneten Einfamilienhäusern oder in eigenen Wohnungen. Aus Menschenrechtsgründen ist es seit 1992 gesetzlich verboten, dass mehr als sechs Personen in einer WG leben. Die Zahl wird derzeit auf fünf reduziert. Besonders sensible Menschen wohnen nur zu viert zusammen in einer WG. In vielen Fällen hat ein Verein, der der Lebenshilfe ähnelt, die Häuser bauen lassen und ist der Eigentümer. Alle behinderten Menschen bekommen ihre eigene „Rente bei Funktionseinschränkungen“, ein „Persönliches Budget“, das sich aber ein wenig vom deutschen „Persönlichen Budget“ unterscheidet, weil es nicht so kompliziert ist. Von dieser Rente bezahlen sie ihren Teil der Miete für dieses Haus. Die Miete variiert je nach der Größe der kleinen Wohnung oder des Zimmers. Unsere Tochter Björg würde, entsprechend der Größe ihres Zimmers im Wohnheim, eine Miete von rund 155.- Euro im Monat zahlen. Diese Miete müssen die Bewohner immer bezahlen, auch wenn sie gelegentlich verreisen und ihren Platz behalten wollen. Aber die Eltern haben die freie Wahl, sie zu sich nach Hause zu holen, zum Beispiel wenn sie krank sind, ohne für überschrittene Platzgeldtage bezahlen zu müssen.

Wie sieht es hingegen bei uns aus?

Erstes Beispiel: Bei unseren seltenen Urlaubsreisen nach Island muss vieles aufeinander abgestimmt werden: In erster Linie brauchen wir die obligatorische Erlaubnis vom Sozialamt zum Überschreiten der Platzgeldtage. Vielleicht würde uns ohne diese Erlaubnis eine Reise von sieben, acht Wochen so viel Geld kosten (etwa 2000 Euro), wobei die teuren Reisekosten noch dazu kämen, dass wir gar nicht fahren könnten. Abgestimmt werden muss auch dies: Eine Buchung von Nonstop-Flügen zu Saisonpreisen, die lange im Voraus erfolgen muss, wie auch Absprachen mit meinen Schwestern, damit sie uns auf Island helfen können.

Wir haben den besten Wohnheimleiter und die besten Mitarbeiter der Welt. Unsere Probleme haben mit den Menschen nichts zu tun, sondern sind systembedingt. Im Jahr 2003 machten wir das erste Mal wegen einer Islandreise die Bekanntschaft mit den Bestimmungen über die Platzgeldtage, weil unsere Tochter inzwischen im Heim lebte. Ich hatte buchen müssen, bevor die Erlaubnis vom Sozialamt da war, und diese schien zuerst ungewiss. Dann schrieb der Wohnheimleiter einen Brief, und wir bekamen die Erlaubnis. Freunde und Bekannte, sowohl in Deutschland als auch auf Island, äußerten spontan alle den gleichen Gedanken, als sie von unserer Erfahrung hörten: „Ist das nicht Freiheitsberaubung?“, „Das verstößt doch gegen das Grundgesetz.“ Nach Island nicht fahren zu können wäre für mich ein gravierender Einschnitt in meinem Leben. Zudem erholt sich Björg dort immer.

Zweites Beispiel: Es geht eine Grippewelle um. Auf dem Papier sind Mitarbeiter da, die sich um kranke Heimbewohner kümmern, aber in Wirklichkeit sind sie auch krank. Zu Hause sind pflegefähige und pflegebereite Eltern vorhanden. Die Platzgeldtage sind verbraucht, wenn man sich noch welche für Weihnachten aufheben will. Aber nur bis zu drei Tage Abwesenheit an einem Stück sind erlaubt, ohne dass sie in die Zählung der Platzgeldtage eingehen. Also machen die Eltern Folgendes: Sie holen ihr Kind für drei Tage nach Hause, bringen es für eine Nacht zurück, damit seine Abwesenheit nicht notiert wird, und holen es dann wieder nach Hause. Wenn sie nicht so verfahren würden, müssten sie für jeden überschrittenen Tag bezahlen. Denn das Sozialamt stellt im Falle überschrittener Tage die Zahlungen ein, und als Folge davon bekäme das Heim nicht so viel Geld, wie es braucht, um bestehen zu können.

Drittes Beispiel: Ich bin zweimal mit unserer Tochter zur Therapie in die Schweiz geflogen. Um die Platzgeldtage nicht zu überschreiten, brachte ich sie das erste Mal an einem Donnerstagabend, gleich nach unserer Rückkehr, ins Heim, holte sie aber am Freitag wieder ab, damit sie sich nach der Reise bei uns zu Hause ausruhen konnte. Bei der zweiten Reise gab es eine Verspätung auf dem Flughafen, und wir kamen erst gegen Abend nach Hause. Björg war müde, legte sich ins Bett und schlief ein. Ich habe gedacht, egal was es kostet, ich reiße das Kind nicht aus dem Bett und bringe es ins Heim. Ich weiß nicht, was andere gemacht hätten, wir haben unser Kind schlafen lassen.

Was noch wichtig ist

Für Dinge, die die Behinderten und ihre Familien brauchen, muss Geld bereitgestellt werden. Und um herauszufinden, was gebraucht wird, muss hingehört werden, wenn beispielsweise Eltern über Details reden. Die Bevölkerung und die Eltern von leichter Behinderten wissen oft nicht, womit Eltern von schwerer Behinderten es zu tun haben.

- Man muss auf *alle* hören. Man darf Details, von denen nur Eltern berichten können, nicht auslassen. Die Behindertenarbeit muss auch aus dem Blickwinkel der Familie gesehen werden. *Das Elternhaus ist bei der Behindertenarbeit mitzuzählen.*
- Lösungen müssen *individuell* sein. Das wird das Preiswerteste und auch das Effektivste sein.
- Ernährung: Wenn von seelischen Problemen Behinderter gesprochen wird, müssten gleichzeitig Details über Ernährungsfragen erörtert werden. Sehr viele Behinderte vertragen keine industriell aufbereitete Nahrung, keinen Zucker, kein Natriumchlorid (Kochsalz), kein Auszugsmehl und kein kohlensäurehaltiges Wasser. Mit Dankbarkeit stelle ich fest, dass sich Mitarbeiter für dieses Thema interessieren und sich nach den gewonnenen Erkenntnissen richten. Es müssten dies aber *alle* wissen: die Großküchen der Einrichtungen, das Elternhaus, die Politiker und die gesamte Bevölkerung.
- „Finanzierbar“ und „nicht finanzierbar“, was heißt das? Es ist sehr kostspielig, Dinge, die der Vorbeugung dienen, nicht zu finanzieren. Das schlägt zurück.
- Die Bevölkerung muss in die Probleme eingeweiht werden, zum Beispiel könnten Tageszeitungen in Beilagen über die verschiedenen Behinderungen informieren. Diese Informationen müssten in neutraler Weise über die Schwierigkeiten im Alltag aufklären, mit Berichten von Betroffenen und gerne auch mit Bildern und visualisierender Grafik, die die Bedürfnisse rund um die Familien zeigen. Solche Beilagen dürfen keinen Werbecharakter haben und die Wohlfahrtsverbände dürfen nicht konkurrierend „Wir sind die Besten!“ auf sich aufmerksam machen.
- Die Gefühle der Behinderten sind zu respektieren. Gefühle sind ihre große Stärke. Um Reformen durchzubringen, müssen Eltern

auch persönlich berichten dürfen, ohne dass sie schief angesehen werden. Hier ein persönliches Beispiel: Eines Abends wurden wir benachrichtigt, dass unsere Tochter im Heim erkrankt sei, und wenn wir möchten, dürften wir sie zu uns holen. Wir vereinbarten, dass sie noch die Nacht dort schlafen sollte. Am nächsten Morgen wurde sie von jemandem gebracht, der die Strecke ohnehin fuhr. Etwa 8.30 Uhr traf sie bei uns ein und Folgendes geschah: Sie rannte durch das Haus und in den Garten, hüpfte dort und kreiste mit den Armen, krank und behindert wie sie war, und fing an zu singen. Sie war außerordentlich froh und erleichtert. Mein Mann und ich werden es nie vergessen. Dann kam sie herein und legte sich ins Bett. Ich finde, derjenige muss ein Herz aus Stein haben, der behinderten Kindern, ganz gleich ob jüngeren oder älteren, kraft Gesetzes verwehren möchte, in einem intakten Elternhaus zu sein, wenn sie krank sind.

Erweiterte Fahrdienste bei besonderem Bedarf

Als ich auf Island war, habe ich erfahren, wie dort Fahrdienste organisiert werden, die über das Übliche hinausgehen: Gruppen, die es schwerer haben als andere, von einem Ort zum anderen zu gelangen, Blinde zum Beispiel, können für den Preis einer Busfahrkarte mit einem Taxi befördert werden. Sie zeigen den Behindertenausweis, und der Taxifahrer holt sich die Differenz der Kosten vom Sozialamt. Normalerweise werden diese Menschen mit den Bussen der Einrichtungen befördert, aber wenn das einmal nicht möglich ist - vielleicht gab es eine Feier, so dass der Schulbus weg ist, und das Auto der Eltern ist in der Werkstatt - dann besteht diese Möglichkeit. Die Menschen, die berechtigt sind, von diesem Dienst Gebrauch zu machen, sollen es nicht teurer haben als andere Teile der Bevölkerung, wenn sie irgendwo hinfahren müssen. Man sagte mir, dass uns ganz sicherlich mit unserem Kind ein solcher Dienst zustehen würde. Björg hat zwar den Schwerbehindertenausweis, womit sie auf gewissen Strecken frei fahren kann, aber andererseits kann es wegen der Art ihrer Behinderung unter Umständen fast unmöglich sein, mit ihr in öffentlichen Verkehrsmitteln zu reisen.

Sie ist oft das liebste Kind, das keine Probleme macht, aber Folgendes kann passieren und ist auch schon passiert: Es lag Schnee, und die Straßen waren glatt, und ich holte sie mit dem Bus nach Hause, weil ich bei Glätte nicht mit dem Auto unterwegs sein möchte. Sie konnte an diesem Tag die

Menschen, die um sie herum im Bus waren, vielleicht auch das Knistern der Zeitungen, nicht vertragen und begann, Schreistöße von sich zu geben. Der Busfahrer, ein sensibler Typ, hielt an und sagte, er bekomme so einen Schreck, wenn sie so schreie, dass er nicht fahren könne. Ich sagte ihm, dass die Situation auch für mich schwierig sei. Er fuhr uns dennoch weiter. Als wir aussteigen wollten, legte sich Björg auf den Boden des Busses und kratzte mich an der Oberlippe, so dass ich stark blutete, während ich sie aus dem Bus zog. Niemand half mir. Ich habe in unserer Einrichtung gefragt, ob ich für Fahrten in solchen Situationen Hilfe bekommen könne. Nein, das sei leider nicht möglich, es stehe keine solche Hilfe zur Verfügung. Ich müsse ein Taxi nehmen. Obwohl manchmal ein Bus da sei, könne man sich darauf nicht verlassen. Zwar gibt es die Möglichkeit, beim Sozialamt einen Zuschuss zu den Kosten für eine Fahrt im Monat zwischen Heim und Elternhaus zu beantragen, aber das ist nicht die passende Hilfe für uns. Wir brauchen nur Hilfe, wenn es schneit und wenn es glatt ist. Dies war im letzten Winter dreimal der Fall, alles im selben Monat. Hier stellt sich auch die Frage: Wie sollen engagierte und herzensgute Mitarbeiter der Einrichtungen es verkraften, Eltern in Not eine solche Antwort geben zu müssen? Dieses System ist auch ihnen gegenüber ungerecht. (Nachtrag: Wir bekamen später eine kleine Mobilitätshilfe.)

Der Familienentlastende Dienst (als ein Teil der „Offenen Hilfen“)
Wenn davon die Rede ist, dass alles zum Wohle der Behinderten zu geschehen habe, muss auch in den Familienentlastenden Dienst (FeD) investiert werden. Es geht nicht an zu sagen, Entlastungen lassen sich nicht finanzieren, der Staat habe kein Geld.

Ich habe mich seit 1977 mit dem Familienentlastenden Dienst beschäftigt, sowohl ideell als auch praktisch. Von Dr. Walter Thimm, einem ehemaligen Professor an der Universität in Oldenburg, der sich für die Lebenshilfe und den Familienentlastenden Dienst stark eingesetzt hat, habe ich auch ein Buch gelesen: *Quantitativer und qualitativer Ausbau ambulanter Familienentlastender Dienste (FED) – Abschlußbericht* (Schriftenreihe des Bundesministeriums für Gesundheit, Band 80).

Dr. Thimm und seine Co-Autoren schreiben, dass sich die ursprüngliche Idee der Lebenshilfe von diesem Dienst leider nicht habe verwirklichen lassen.

Beim Lesen des Buches fiel mir am meisten auf, wie kompliziert manches gemacht wird. Es gibt *mehrere Quellen der Finanzierung*, um die oft hart gekämpft werden muss, und oft war es so, dass niemand wusste, ob es noch Finanzmittel für das nächste Jahr geben würde. Die Leiter und die Leiterinnen sind überlastet und überfordert, wie in dem Buch mehrfach betont wird. Sie organisieren, führen Gespräche, leisten oft Dienste in den Familien und kümmern sich um finanzielle Mittel und Abrechnungen.

In diesem Buch wird viel analysiert, aber ich, die ich nun meine eigenen Erfahrungen habe, schrieb manchmal an den Rand: Es fehlt doch einfach nur Schlaf. Als Mütter zu Wort kamen, kam auch prompt dieser wichtige Punkt zur Sprache. Eine Mutter wird zitiert (Seite 316): „Ich muß einfach schlafen. Wenn ich genug schlafen kann, dann bin ich viel fitter, dann ertrag ich die Belastung besser. Solange mich mein Kind nicht schlafen läßt, nützt das alles nichts. Sie können mich von einer Therapie in die andere schicken, solange X mich nachts aufweckt, da bringt das nichts.“

Das isländische Entlastungssystem

Dieses beruht auf einer einfachen, dreigegliederten Struktur, ist gesetzlich installiert, größtenteils vom Staat finanziert und so normal wie sonst das Schulsystem. Nach meiner Kenntnis gestaltet sich dieser Dienst in den skandinavischen Ländern ähnlich.

Dazu gehören:

- **Einrichtungen zur Kurzzeitentlastung.** In dafür geeigneten Einfamilienhäusern werden je nach dem Hilfebedarf der Behinderten und der Kapazität der Einrichtung fünf bis sieben behinderte Personen bei gleichzeitigem Aufenthalt betreut, mehr aber nicht. Solche Entlastungen außer Haus bringen Pausen für die Mütter, so dass sie nachts ohne ihr Kind durchschlafen können.
- **Unterstützungsfamilien,** die jeweils ein behindertes Kind für eine gewisse Zeit aufnehmen. Die Unterstützungsfamilien betreuen eher jüngere Kinder. In weniger besiedelten Gegenden betreuen sie aber auch Behinderte jeden Alters. Für Familien mit größeren Kindern ist die Kurzzeitentlastung in den dafür bestimmten Einrichtungen beliebter.
- **Die Persönliche Assistenz.** Sie ist ähnlich wie der Familienentlastende Dienst in Deutschland. Die Hilfskraft, die die Persönliche Assistenz wahrnimmt - oft Jugendliche -, kommt auch

in die Einrichtungen zur Kurzzeitentlastung, um mit dem Behinderten, den sie betreut, etwas zu unternehmen.

In Deutschland wird fantastische Arbeit geleistet, aber man muss hier differenzieren. Die Mitarbeiter in den Einrichtungen leisten Großartiges, aber sie müssten es nicht so schwer haben, wenn die Strukturen einfacher wären. Mir scheint, dass es in dem Familienentlastenden Dienst sehr viel Hoffen und Bangen gibt: Geht es nun weiter oder geht es nicht weiter, was macht die Politik? Oft muss auch eine einzelne Person auf vielen Gebieten vieles bewältigen, was bei einer einfacheren Struktur leichter wäre.

23 Anregung für die Gesetzgebung, für Sozialarbeiter, Betroffene und ihre Angehörigen

Genauso wie der Gesetzgeber nicht alles über das Leben mit Behinderten weiß, kann ich nicht alles über die Gesetze wissen. Meine Ideen und Vorschläge zur Gesetzgebung und -änderung beruhen auf unseren Erfahrungen mit Björg.

Geistig Behinderte brauchen *ein anderes Gesetz* als Sozialhilfeempfänger.

Das ganze System müsste - Schritt für Schritt - vereinfacht werden.

Entlastungen, wie beispielsweise durch den „Familienentlastenden Dienst" (FeD), müssten gesetzlich installiert werden; der FeD müsste finanziell abgesichert sein.

Man sollte gut darauf hören, was die Eltern sagen. Sie sollten bei der Arbeit an der Gesetzgebung mit einbezogen werden; hierzu brauchen sie aber auch Entlastungen.

Wenn Transportprobleme vorhanden sind oder auftreten, sollten die Eltern selbstverständlich Hilfe beim Transport erhalten.

Die Platzgeldtageregelung ist wahrscheinlich vollkommen überflüssig. Die Miete für den Platz in einer Wohnstätte könnte mit einer „Rente bei Funktionseinschränkungen" (Budget/ Pension/ Direct Payments) bezahlt werden.

Die Bekleidungsliste muss der Realität angepasst werden.

Den Eltern/ Mitarbeitern/ Betreuern sollte erlaubt sein, *die Kosten für einen Artikel* (wie etwa für eine Hose, die nur 40 Euro kosten darf) auf ein anderes Kleidungsstück (etwa auf eine Jacke, die 120 Euro kosten darf) *zu übertragen,* um dafür eine Jacke für 160 Euro kaufen zu können.

Eltern sollte auch erlaubt sein, etwas zu den festgelegten Preisen auf der Bekleidungsliste dazuzugeben, ohne dass der dafür vorgesehene Betrag vom Sozialamt für diesen Artikel wegfällt.

Es könnte von Vorteil sein, wenn vorwiegend die Kommunen für Behindertenangelegenheiten zuständig wären, weil dann die Zuständigkeit vor Ort wäre (siehe auch „Ideensammlung für eine Konzeption der Behindertenarbeit").

Man sollte Eltern Infos mit den wichtigsten Gesetzesbestimmungen geben, mit „Übersetzungen" in eine einfache Sprache, damit sie diese verstehen können.

Der Zugriff des Sozialamtes auf das Eigentum der Eltern nach deren Tod (oder dem Tod eines Elternteils), der sich so auswirken würde, dass es nicht mehr möglich ist, die Lebensqualität des Behinderten sowie noch lebender Geschwister aufrechtzuerhalten, müsste fallengelassen werden.

Mütter, die ihre Berufstätigkeit aufgegeben haben, um ihr behindertes Kind pflegen zu können, müssen eine angemessene Rente bekommen (siehe Beispiel aus Dänemark, Kapitel 9).

Fixierungen müssen gesetzlich verboten werden.

Kenntnisse aus erster Hand und auch Ideen zu einer konstruktiven Behindertenarbeit sollten die Grundlage für Gesetze sein. Das heißt, kompetente Arbeitsgruppen sollten *vor einer Gesetzgebung* herausgefunden haben, was notwendig ist, und danach sollten Gesetze formuliert werden. Eltern müssten dabei mit einbezogen werden.

Rechte und Pflichten von Betroffenen und ihren Angehörigen sollten gründlich veranschaulicht und diskutiert werden.

Ideensammlung für eine Konzeption der Behindertenarbeit

Vielfältige Öffentlichkeitsarbeiten mit Informationsbroschüren, Internetauftritten, Zeitschriften und Zeitungen leisten gute Dienste, aber ergänzend dazu sollten der Öffentlichkeit mehr Berichte von den Familien selbst in den allgemeinen Tageszeitungen zugänglich gemacht werden.

Die Öffentlichkeitsarbeit muss wahrheitsgetreu bleiben, und deshalb ist es wichtig, dass gleichermaßen über Positives und Lobenswertes informiert wird, wie über die Not, die in manchen Familien herrscht.

In erster Linie sollte auf die Bedürfnisse der einzelnen Menschen eingegangen und dafür Geld zur Verfügung gestellt werden. Das dürfte eine realistische Sparmaßnahme sein. Es sollte nicht darum gehen, diese Bedürfnisse der zur Verfügung gestellten Geldmenge anzupassen, was letzten Endes auch wahrscheinlich viel teurer kommt.

Es muss das größere Interesse sein, Familien in Not zu helfen, und nicht ein Konkurrenzkampf von „Unternehmen“, wer der „Bessere“ oder der „Billigere“ sei.

Über die Schweigepflicht sollte es klare Bestimmungen geben. Zwar dürfen ohne Erlaubnis keine Namen und Orte genannt werden, aber *es muss über Tatsachen in der fachlichen Entwicklung wie auch über Vorkommnisse im privaten Bereich berichtet und gesprochen werden.*

Schweigepflicht darf die Möglichkeit zur Hilfe nicht unterdrücken. In gewissen Fällen müsste eine Entbindung von der Schweigepflicht selbstverständlich und ein Austausch zum Schutze Wehrloser möglich sein. Wichtig ist, dass alle diejenigen, die eine Schweigepflicht unterschreiben müssen, darüber lernen, was damit bezweckt ist und wie sie damit umgehen sollen. Ein rigides Verständnis von Schweigepflicht kann verhindern, dass Menschen in Not wirkungsvoll geholfen wird.

Es könnte zu Problemlösungen beitragen, unter Mitwirkung von Eltern *unabhängige* Berater einzustellen oder *unabhängige* Beratungsstellen einzurichten. Eventuell wäre dies eine Aufgabe für ausgebildete Mediatoren.

Es sollte darüber informiert werden, dass es zwischen gesunden Kindern und leichter Behinderten - zum Beispiel zwischen gesunden Kindern und solchen mit Down Syndrom - oft weniger Unterschiede gibt als zwischen leichter Behinderten und schwerer Behinderten, zum Beispiel zwischen Kindern mit Down Syndrom und solchen mit Gehirnschäden.

Die Art von Betreuung, die gebraucht wird, ist unterschiedlich. Schwerbehinderte brauchen mehr an Pflegebetreuung, Leichtbehinderte oft mehr an Kommunikation.

Für Schwerbehinderte sind kleine Wohngemeinschaften und Wohnungen genauso wichtig - wenn nicht noch viel notwendiger - wie für Leichtbehinderte, weil die Erstgenannten oft sehr empfindlich sind und größere Gruppen nicht vertragen.

Wohngruppen sind als ein familienähnliches Wohnen in Gemeinschaft zu betrachten, aber sie sind keine Ursprungsfamilie und sollten damit nicht gleichgesetzt werden.

Wohngemeinschaften und Wohnungen sollten nicht allzu weit vom Elternhaus entfernt sein.

Die Eltern sollten ohne rigide Einschränkungen ihr Kind nach Hause holen dürfen.

Wenn eine Familie ein geistig behindertes Kind hat, scheint es in der Umgebung immer Personen zu geben, die mitbestimmen wollen und von sich glauben, vieles besser zu wissen. Demgegenüber ist zu sagen, dass eine Familie in vielerlei Hinsicht selbst am besten herausfinden kann, was zu tun ist, wenn sie nur die Ruhe dazu bekommt.

Bei zuverlässigen Menschen sollten Kontrollen so weit wie möglich abgebaut werden. Stattdessen werden Seminare und Diskussionen gebraucht, um Eltern, Mitarbeiter und andere Angehörige einander näherzubringen und auf dem Gebiet der Behindertenarbeit zu schulen.

Es sollten überhaupt mehr Kleinseminare, Informationsangebote und Vorlesungsangebote - auch mit Eltern als Referenten - organisiert werden. Auf diese Weise könnten Eltern ihre Angelegenheiten zur Sprache bringen, und ein Forum wäre geschaffen, um viele Lebensbereiche zu thematisieren.

Durch die Veranstaltung von Info-Abenden würden Anonymität, und damit auch Kontrollen, abgebaut und gesellschaftliche Solidarität gefördert werden. Deshalb sind Treffen zu diesem Zweck in der Behindertenarbeit hochzuschätzen, aber sie müssen so gestaltet sein, dass die Eltern auch kommen.

Es sollte mehr Gewicht auf Philosophie, Lebensweisheiten und liebevolle Einstellung (auf das Gute, Schöne, Wahre) gelegt werden und weniger auf Verwaltung.

Zur Bürokratie

Die Platzgeldtage sollten abgeschafft werden, *auch* um die Bürokratie zu verringern.

Die Beträge auf der Bekleidungsliste sollten nicht so festgelegt sein, wie sie es jetzt sind, sondern flexibel gehandhabt werden.

Alles sollte grundsätzlich vereinfacht werden.

Sinnvolle Wege müssen gefunden werden, um Verwaltungskosten zu vermindern.

Entlastungen und Freiräume sind dringend unbürokratisch einzubauen.

Amtssprache muss in Umgangssprache übersetzt werden, um Sprachbarrieren abzubauen.

Abhängigkeitsverhältnisse sollten eine fruchtbare Teamarbeit nicht verhindern.

Die Struktur sollte so geändert werden, dass es zum Beispiel statt der größeren Wohnstätten kleinere Wohngemeinschaften mit *je einer Leitung* gibt. Die Leitung sollte nicht mit Verwaltung und Schreibtischarbeiten überfordert werden, sondern auch Zeit haben, sich mit den behinderten Menschen zu beschäftigen.

Mitarbeiter, die Bewohner in ambulant betreuten Wohnungen betreuen, sollten nur eine kleinere Anzahl von Menschen zu betreuen haben und dadurch mehr Zeit für das Miteinander gewinnen.

Zur Heilpädagogik

Zu dem, was wir einmal gelernt haben, kann neues Wissen hinzugekommen sein. So kann es neue Erkenntnisse geben, von denen man noch nichts gehört hat, die während der Ausbildung unbekannt waren und auf deren Grundlage sich neue Heilverfahren entwickeln lassen. *Es ist zu einseitig,* sich bei Behinderten in erster Linie *nur nach pädagogischen Leitlinien zu richten,* so wichtig diese auch sind. Verschiedene Denkansätze und Fachgebiete *anderer Disziplinen* müssen einbezogen werden.

Um manche behinderte Menschen zu verstehen, ist Pädagogik allein unzulänglich. Menschen, die nur Pädagogik oder Heilpädagogik studiert haben und glauben, dass das ausreiche, bringen nicht immer alle Voraussetzungen trotz ihrer Qualifikation mit.

Man sollte die spirituelle Seite des Kindes genauso beachten wie die körperliche.

Mitarbeiter sollten grundsätzlich nicht überlastet sein, ihre Entlohnung sollte gut sein.

Bei Krankheit oder sonstigen Ausfällen muss eine Vertretung leicht abrufbar sein.

Diagnosen sind keine Etiketten, die einen behinderten Menschen ein für allemal kennzeichnen und festschreiben, wie er behandelt werden muss. Die Vielfalt der Behinderungen erfordert Differenzierungen und auch Offenheit für neue Sichtweisen.

Praktische Hilfen

Allgemeines:

Eltern, Mitarbeiter und Ärzte sollten für und mit dem behinderten Kind zu Gott beten und Heilmeditationen durchführen. Hellfühlige Kinder merken Gedanken und Gefühle sehr gut. Ein Betreuer sollte sich und das Kind mit liebevollen Gedanken umgeben, das schützt ihn selbst und das Kind.

Man sollte dem Kind mit respektvollen Gedanken begegnen und ruhig annehmen, dass es mehr versteht, als wir glauben.

Man sollte aufschreiben und sich daran erinnern, zu wie viel mehr das Kind in der Lage war zu sagen und zu erkennen, *wenn es sich in entspannter und ruhiger Atmosphäre befand.*

Man sollte einen geordneten Tagesablauf einhalten, so dass das Kind weiß, was es zu erwarten hat.

Man sollte das behinderte Kind möglichst frühzeitig auf Veränderungen vorbereiten.

Man sollte keine laute und aggressive Beatmusik spielen oder nur selten.

Bei Erkrankungen sollte man natürliche Heilmittel (wie Olivenblatt-Extrakt, kolloidales Silber, Grapefruitkern-Extrakt und homöopathische Mittel) statt Antibiotika in Betracht ziehen.

Das Kind sollte gebadet werden, weil das Baden ausgleichend wirkt. Schon ein kurzes Bad zeigt eine Wirkung, und es muss nicht unbedingt viel Wasser in der Wanne sein.

Man sollte dafür sorgen, dass das Kind durch Aufenthalt und Bewegung in frischer Luft genug Sauerstoff bekommt. Es sollte auch bei offenem Fenster schlafen. Außerdem sollte das Kind nicht gestresst sein, damit es tief und ruhig atmen kann.

Folgende Therapien können eine gute Hilfe sein:
Sämtliche Ausgleichstherapien, manchmal auch Polaritätstherapien genannt,
die Cayce-Therapie,
Jin Shin Jyutsu,
die Biodynamische Massage nach Gerda Boyesen,
die Neue Homöopathie nach Erich Körbler,
Osteopathie,
die Cranio-Sacral-Therapie,
die Sensorische Integration,
und viele andere.

Ernährung - und anderes, was das Befinden beeinflusst:

Auf die Ernährung ist sorgfältig zu achten. Jeder Fall ist individuell, aber trotzdem gibt es Gemeinsamkeiten.

Ein sehr einfacher und gesunder Speiseplan mit naturbelassenen Nahrungsmitteln sollte eingehalten werden.

Nahrung mit Zusatzstoffen wie Konservierungsmitteln und Farbstoffen sollte nicht gegessen werden.

Zucker sollte völlig weggelassen werden.

Honig oder Stevia können Zucker ersetzen, aber auf keinen Fall sind Süßstoffe zu verwenden, da sie sehr gesundheitsgefährdend sein können.

Man sollte grundsätzlich *hochwertiges Salz* mit all den Elementen, die für uns essenziell sind, benutzen. Salz ist von sehr unterschiedlicher Qualität. Gewöhnliches raffiniertes Speisesalz (NaCl) ist denaturiertes, ungesundes Salz.

Möglicherweise muss man das Brot für das Kind selbst backen, unter Verzicht auf gewöhnliches Speisesalz, dafür mit hochwertigem Salz, und auch nicht mit gewöhnlichem Backpulver, sondern eventuell mit Weinsteinbackpulver.

Man sollte herausfinden, was das Kind nicht verträgt, zum Beispiel durch die Neue Homöopathie nach Körbler oder durch einen Unverträglichkeitstest.

Solange etwas nicht vertragen wird, sollte es vermieden werden. Weißes Mehl wird oft nicht vertragen; Vollkornweizen, Dinkel und Roggen hingegen werden meistens vertragen.

In manchen Fällen werden Milchprodukte nicht vertragen. (In dem Buch *Tony* von Mary Callahan wird dieses Problem sehr anschaulich geschildert.)

Nur kohlensäure*freies* Wasser sollte getrunken werden.

Es sollten keine Limonaden und Säfte mit Zucker oder chemischen Zusatzstoffen getrunken werden.

Die Ernährung lässt sich durch Nahrungsergänzungsmittel aufwerten. Noni ist als Enzym- und Verdauungsschlüssel oft eine gute Hilfe. Cellagon aurum gewährt eine Grundversorgung mit essenziellen Nahrungsbestandteilen.

Fermentierte Nahrung, und auch fermentierte Getränke, wie Sauerkrautsaft und Brottrunk, helfen, die Verdauung zu erleichtern. Fermentiert wird zum Beispiel durch Milchsäure-Mikroorganismen und durch Effektive Mikroorganismen (EM).

Auf basisches Milieu im Körper ist zu achten.

Saures Milieu ist oft ernährungsbedingt, aber auch seelische Verstimmung wie Ärger und Missmut kann saures Milieu verursachen. Menschen, die Behinderte betreuen, müssen verständnisvoll sein und versuchen, solchen Verstimmungen, den eigenen wie denen der Betreuten, entgegenzuwirken.

Man sollte auf Feiern und Familientreffen nicht allzu streng sein. Wenn das Kind in einem guten Zustand ist, kann es auch ausnahmsweise ein wenig von nur halbwegs verträglicher Nahrung essen. Kinder leiden darunter, wenn sie nie das essen dürfen, was andere haben. Wenn es einem Kind gut geht, verträgt es Nahrung, die es bei Stress nicht vertragen würde. Bei Feiern kann man die Nahrung ähnlich wie die der anderen aussehen lassen, auch wenn sie aus anderen Bestandteilen besteht; das Kind braucht es nicht zu merken. Aber wenn es erste Anzeichen dafür gibt, zum Beispiel durch einen typischen Körpergeruch („Stressgeruch“), dass die Nahrung - und/oder der Stress - nicht vertragen wurden, dann sollte man sich sofort nach strengeren Regeln richten. So kann eine Krise vermieden werden.

Wenn die Kopfhaut nicht rein ist, kann das an unverträglicher Nahrung liegen. Mit Ölen lässt sich unreine Kopfhaut gut reinigen.

Sofern abends Aufgedrehtheit vorliegt, könnte eine kleine Prise Salz auf der Zunge (hochwertiges Natursalz mit allen Elementen, die dazu gehören, aber kein industriell raffiniertes Speisesalz) - nach einem Schluck Wasser zuvor - beim Einschlafen helfen.

Mit dem Kopf nach Norden zu schlafen, könnte einen besseren Schlaf fördern.

Elektrosmog, ungünstige Schwingungen und Schadstoffe in Pflegemitteln:

Es ist hilfreich, sich über Elektrosmog zu informieren und diesen zu vermeiden oder zu vermindern.

Hilfreich kann es auch sein, sich über geopathische Störungen zu informieren, und diese gegebenenfalls feststellen und beseitigen zu lassen.

Ein Netzfreischalter verhilft zu besserem Nachtschlaf, weil er Belastung durch Elektrosmog verhindert. Der Strom in den Schlafräumen kann auch während der Nacht von Hand ausgeschaltet werden.

Hilfreich könnte es auch sein, tachyonisierte Platten gegenüber dem Schaltkasten mit den Sicherungen anzubringen (sie neutralisieren elektrische und elektromagnetische Felder, die für den Körper störend sind), oder auch einen Entstörungs-Code nach der Neuen Homöopathie nach Körbler zu verwenden.

Nur Betten aus Holz sollten benutzt werden, keine Metallbetten, weil diese schlecht für den Energiehaushalt sind.

Häuser sollten möglichst so gebaut werden, dass sie dem biologischen Gleichgewicht Rechnung tragen, zum Beispiel anthroposophische Richtlinien beachten.

Das Kind sollte nicht zu viel fernsehen, und man sollte auswählen, was es zu sehen bekommt.

Man sollte Haarshampoo ohne Schadstoffe benutzen. Manche Menschen empfehlen sogar, nur Wasser zu benutzen.

Die verwendete Zahnpasta sollte ohne Schadstoffe sein, gut ist beispielsweise die EM Zahnpasta.

Eine gute basische Seife hilft den Poren sich zu öffnen.

Sensible Menschen sollten Kleidung aus Naturstoffen tragen, weil sie Kleidung aus Kunststoffen oft nicht vertragen.

Sensible Menschen sollten keine Eier von Hühnern aus Legebatterien essen und keine Produkte mit solchen Eiern, wie zum Beispiel Eis. Dies gilt zwar für alle Menschen, aber mehr noch für sensible Behinderte. Die Schwingung gequälter Tiere ist sehr negativ. Alle Tiere sollten artgerecht gehalten werden.

Zur Sensibilität

Informationen über Wahrnehmungsstörungen, wie es diese zum Beispiel in der Literatur über Autisten gibt, sollten Beachtung finden. Wahrnehmungsstörungen können aber auch Menschen haben, die keine Autisten sind.

Auch sollte berücksichtigt werden, dass manche Menschen ein peripheres Sehen haben.

Eine erhöhte Sensibilität sollte immer in Betracht gezogen und respektiert werden. Auf eine erhöhte Sensitivität sollte man ebenfalls sein Augenmerk richten. Zur Sensitivität (Hellwissen) gehören Hellsichtigkeit, Hellhörigkeit, Hellfühligkeit und intuitive Vorahnung.

Auch sollte man daran denken, dass manche behinderte Menschen Gedanken „lesen" und Gefühle wahrnehmen können, wie Gleichgültigkeit. Darüber können sie wütend werden, ohne erklären zu können, warum.

Man sollte in Liebe bei dem Kind sein, wenn es große Angst bekommt, vielleicht ist es hellsichtig und sieht etwas, das es nicht einordnen kann.

Berichte, wie der „Bericht eines Vaters“ (im Kapitel 13 dieses Buches), sollten in Kreisen mit sensiblen Behinderten bekannt sein.

Themen, wie sie beispielsweise Donna Williams und Temple Grandin in ihren Büchern behandeln, sollten überall dort bekannt sein, wo man sich mit Behinderten beschäftigt.

(Im Sommer 2003 auf Island geschrieben)

Nachtrag: Das Buch *Autismus und die Verbundenheit mit Gott* von William Stillman ist auch sehr zu empfehlen, um Menschen mit erhöhter Sensitivität besser verstehen zu können. Es erschien 2006 in Amerika, 2009 in Deutschland.

Eine Wunschblume (Lebenshilfeblume)

Unvollständige Skizze über die Zusammenarbeit und Wechselwirkung verschiedener Personen und Bereiche.

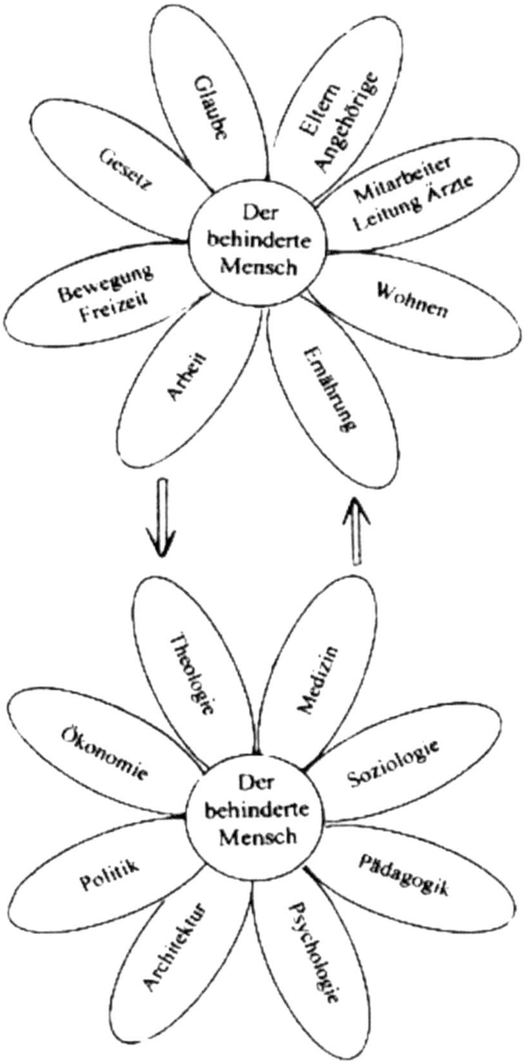

Eltern:	Eltern, Angehörige und Familien als Wurzel. Sie stehen in Verbindung und in Kommunikation zu den Inhalten der anderen Blütenblätter.
Mitarbeiter:	Mitarbeiter, Leitung, Ärzte, Personen, die auch Heilmeditationen für und mit den Behinderten durchführen.
Wohnen:	Wohnstätte, Schule, Tagesstätte, Ferienmaßnahmen, Kurzzeitentlastungshäuser, Unterstützungsfamilien, kleine individuelle Wohneinheiten, naturnah mit Gemüse- und Blumengärten.
Ernährung:	Vollwertige, individuell-differenzierte Ernährung.
Arbeit:	Sinnvolle Beschäftigung unter geeigneten Bedingungen.
Bewegung:	Freizeit, Spaziergänge in frischer Luft im Freien, Lachen, Singen, Musik.
Gesetz:	Eine Gesetzgebung, die sich nach den Bedürfnissen der Menschen ausrichtet und daher menschlich und effektiv ist.
Glaube:	Gottverbundenheit, Vertrauen.

* * *

Medizin:	Heilkunde für die Einheit von Körper, Geist und Seele, vor allem Präventivmedizin, volles Spektrum der Naturheilkunde und der traditionellen Medizin.
Soziologie:	Eine Soziologie, die auf der Gleichheit aller Kinder Gottes basiert.
Pädagogik:	Eine Pädagogik als die Schatzsuche nach dem einmaligen Potenzial in jedem Menschen.
Psychologie:	Eine Psychologie, die Körper, Geist und Seele umfasst.
Architektur:	Eine Wohnkultur, die dem ganzen Menschen und seinem Wohlbefinden dient.
Politik:	Die Politik muss in einer Hilfeleistung münden, die den Bedürfnissen der Behinderten entspricht.
Ökonomie:	Eine Wirtschaft, die dem Menschen und der Natur dient.
Theologie:	Ein theologisches Menschenbild, das jeden Menschen als ein Gotteskind auffasst, eine Ökologie des Herzens.

Schlussbemerkung: Alles ist in der Entwicklung begriffen und ein Wort hat von Zeit zu Zeit und von Mensch zu Mensch eine andere Bedeutung, eine engere oder eine weitere.

Anhang

Anhang A:

Einsetzbare Therapien und Hilfen - in Ergänzung zu Kapitel 11

Die Cayce-Therapie

Die Cayce-Therapie, wie ich sie nenne, beinhaltet sehr vieles. Ich habe bei Björg in den Jahren 1980 - 1990 hauptsächlich zwei Geräte angewendet, den *Impedanzapparat* und das *Nasszellengerät*. Nach zwölf Behandlungstagen gab es jeweils eine Unterbrechung von vier Tagen. Diese Therapie hat uns in unserer damaligen Lage gerettet und vor dem Zusammenbruch bewahrt, wie ich seitdem schon oft mitgeteilt habe. Deshalb fühle ich mich in der Verantwortung, hiervon zu berichten.

Ich bin überzeugt, dass die gleiche Therapie - oder eine, die auf den gleichen Prinzipien beruht - vielen anderen Menschen, auch schwerbehinderten Kindern, helfen könnte. Vor allem, wenn man frühzeitig damit anfängt. Es ist eine energieausgleichende, aber auch eine aufbauende Therapie.

Durch einen Artikel in einer isländischen Zeitschrift im Jahr 1965 erfuhr ich über die Arbeit des amerikanischen Mediums Edgar Cayce. Als das Buch *Der schlafende Prophet* von Jess Stearn zeitgleich in isländischer und deutscher Übersetzung 1969 herauskam, las ich es in beiden Sprachen. Hierdurch wurde praktisch das Fundament gelegt, mit dem wir Björg so gut helfen konnten. Später las ich *Das große Edgar-Cayce-Gesundheitsbuch* von Harold J. Reilly und Ruth Hagy Brod, sowie *Edgar Cayce* von Thomas Sugrue. Weltweit sind zahlreiche Bücher über Edgar Cayce erschienen.

Edgar Cayce wurde am 18. März 1877 in den USA geboren und ist am 3. Januar 1945 gestorben. Er arbeitete als Fotograf, war Sonntagsschullehrer, las oft in der Bibel und wurde ein weltbekanntes Medium. Er half unzähligen Menschen dadurch, dass er im Trancezustand *Gesundheitsreadings* sowie auch sogenannte *Lebensreadings* gab. In den oben genannten Büchern wird gut erklärt, was damit gemeint ist.

1978 wurde ich Mitglied des amerikanischen Vereins *Association for Research and Enlightenment,* der sich um Cayces Arbeit gebildet hatte, was mich berechtigte, „Files“ geliehen zu bekommen. Sie waren nicht verkäuflich. Mit „Files“ sind die Niederschriften von Readings (Lesungen) gemeint, das heißt von dem, was Cayce auf medialem Wege übermittelte. Seit 1995 bin ich Mitglied des Edgar Cayce Freundeskreises in Deutschland, der auch Kongresse und Seminare veranstaltet.

1978 und 1979 las ich 19 Files, die ich mir aus Amerika schicken ließ. Die meisten handelten von Nervenkrankheiten, wie Epilepsie, Gehirnschäden bei Kindern, Multiple Sklerose und der Parkinson-Krankheit, aber darunter waren auch die beiden Files, worin man komprimiert über die Behandlung mit den Geräten nachlesen kann. Diese Geräte habe ich aus Amerika erhalten, und bei den Behandlungen bei Björg habe ich mich nach den Anleitungen in den Files genauestens gerichtet.

Als ich die Therapie mit den Geräten anfing, war ich sehr erschöpft, aber durch diese Behandlungen fing Björg endlich an, regelmäßig zu schlafen, wodurch ich dann ausreichend Schlaf bekam. Außerdem wurde sie durch diese Therapie aufgebaut. (In meinem Buch *Björg* habe ich geschildert, wie ich damals vorging.)

In letzter Zeit (2005 und 2006) habe ich wieder Files geliehen bekommen, die ich jetzt durchlese, insgesamt 33, davon neun über Epilepsie. Es ist faszinierend, diese Files zu lesen. Viele Menschen - auch schwer kranke - wurden durch die Anwendung von Empfehlungen in den Readings völlig geheilt. Ich konnte durch das neuerliche Lesen der Files sogar feststellen, dass ich eine von denjenigen bin, die als pflegende Person eine außergewöhnliche Ausdauer gezeigt hat. Bei einem der Fälle steht, dass man bei der extremen Unruhe des kranken Kindes die empfohlene Therapie nicht durchführen konnte. Mir gelang es aber, bei Björg die Therapie anzuwenden, und im Nachhinein sehe ich, dass es wohl fast abenteuerlich war, dass ich es doch schaffte.

Uns hat nicht nur die Therapie mit den Geräten geholfen, sondern auch viele Ratschläge, die wir sowohl den Büchern als auch den Files entnommen haben. So hatte Björg zum Beispiel einmal (1977) insgesamt 14 Warzen an ihren Fingern. Ich wurde von der Tagesstätte aus gebeten, etwas zu unternehmen, um diese Warzen zum Verschwinden zu bringen. Ich richtete mich nach Cayces Rat, rührte Rizinusöl und Natriumbikarbonat zu gleichen Teilen zusammen und trug dies einige Male auf Björgs Warzen auf. Innerhalb kürzester Zeit waren sie alle verschwunden. Björg hat nie wieder Warzen bekommen. Ebenso habe ich nach Cayce-Ratschlägen Björgs Rücken massiert, was sicherlich enorm zu ihrem Wohlbefinden beigetragen hat.

Im Folgenden zitiere ich aus den oben genannten Büchern.

Aus *Edgar Cayce* von Thomas Sugrue:

Seite 8 f: „Dreiundvierzig Jahre lang stellte Edgar Cayce medizinische Diagnosen durch Hellsehen. Er hinterließ stenographische Niederschriften von 30 000 dieser Diagnosen für die Association for Research and Enlightenment, Inc., zusammen mit Hunderten von vollständigen Krankengeschichten mit schriftlich beeidigten Erklärungen der Patienten und Berichten der behandelnden Ärzte. (...)

Edgar Cayce machte von seiner Fähigkeit nur Gebrauch, um medizinischen Rat für Kranke, geistige Hilfe für Menschen in seelischer Not oder Berufsberatung zu geben, wenn ausdrücklich darum gebeten worden war. Er demonstrierte seine Kräfte nie öffentlich, er stand nie auf einem Podium, er strebte nie nach Publizität (...). Oft war seine wirtschaftliche Lage recht prekär, und selbst in den besten Zeiten erlaubte sie ihm nicht mehr als ein bescheidenes, gesichertes Leben."

Seite 286: „Die Anwendung zweier besonderer Apparate war viele Jahre lang in Readings empfohlen worden. Das eine Gerät, ein Impedanz- oder Scheinwiderstandsapparat, wurde so an den Patienten angeschlossen, daß dessen körpereigener elektrischer Strom durch das Gerät floß, das als Transformator wirkte und den Strom - nun mit regelmäßiger Frequenz - wieder in den Körper zurückschickte. In Fällen, in denen die Zirkulation geschwächt war, bedeutete dies eine Beschleunigung; war die Zirkulation zu stark, wurde sie gedämpft und verlangsamt. Dieses Verfahren wurde bei Kreislaufbeschwerden und nervösen Störungen oft angewendet."

Aus *Das große Edgar-Cayce-Gesundheitsbuch* von Harold J. Reilly und Ruth Hagy Brod. Sie äußern auf Seite 59:

„daß die Naßzellenbatterie einen sehr schwachen elektrischen Strom erzeugte, der nicht zu spüren, aber sehr wohl zu messen war. Er wurde durch eine Lösung geleitet, etwa Goldchlorid, Silbernitrat, Atomidin oder Kampfer, je nachdem, wie es der einzelne Fall erforderte, ..."

Aus *Der schlafende Prophet* von Jess Stearn, Seite 192:

„Die Flüssigkeitszelle war eine schwache Batterie, bestehend aus zwei Polen; das Kabel eines Pols wurde in die Goldchlorid-Lösung gehängt und dann am Körper befestigt. Die Readings deuteten an, daß die Schwingung des Goldes in der Lösung dem Körper elektrisch übermittelt werde und die (erforderliche) Wirkung auf die Drüsen hätte. Die Schwingung wirkte nicht unmittelbar, sondern versetzte andere Elemente (vielleicht das bereits in inaktiver Form im Körper vorhandene Gold) in die Lage, aktiv zu werden und die gewünschte Wirkung zu erzielen.“

Viele Ärzte haben die Cayce-Readings studiert und manche darüber *sehr interessante* Artikel geschrieben, die in den Files abgedruckt sind. Edgar Cayce wie auch seine Sekretärin Gladys Davis schrieben Briefe mit oft langen Erklärungen, um den Patienten zu helfen, die Ratschläge richtig zu befolgen.

Ich habe leider die Erfahrung gemacht, dass Menschen, die in der Behindertenarbeit tätig sind, auch Ärzte, die hochinteressanten Informationen, die in den Files stehen, aus dem einzigen Grund ablehnen, weil sie durch ein Medium zur Verfügung gestellt wurden.

Osteopathie

Osteopathie gehörte in den allermeisten Fällen zu der Cayce-Therapie dazu, und man durfte meistens erst mit den Geräten arbeiten, nachdem einige osteopathische Korrekturen an der Wirbelsäule vorgenommen worden waren. Dies, weil eventuell vorhandene Blockaden und Energiestauungen sich verstärken könnten, wenn durch die Anwendung der Geräte energetische Ströme aktiviert werden, diese aber noch nicht richtig durch die Wirbelsäule fließen können.

Ich fand über Osteopathie weder etwas im Pschyrembel noch im Knaur Universal Lexikon. In einem älteren Gesundheitslexikon wurde Osteopathie als ein zusammenfassender Begriff für verschiedene Knochenkrankheiten definiert.

1979 erwarb ich *Osteopathy - Comparative Concepts - A.T. Still and Edgar Cayce* von J. Gail Cayce, das ich mit großem Interesse las. Hier handelt es sich um die Art von Osteopathie, wie Cayce sie angewendet wissen wollte. 1984 bekam ich das *Lehrbuch der osteopathischen Technik an Wirbelsäule und Becken* von Dr. Alan Stoddard, woran ich mich zusätzlich habe orientieren können, und 2004 erwarb ich das Buch von Dr. Gerhard Breier *Die sanfte Heilmethode Osteopathie,* woraus ich Folgendes aus dem Inhaltsverzeichnis zusammengefasst wiedergebe:

Alles soll fließen. Aus den USA kommend, hat sich die Osteopathie zu einem anerkannten Heilverfahren mit ganzheitlichem Ansatz entwickelt. **Technik und Therapie.** Mit seinen Händen und einer Vielzahl von Techniken bringt der Osteopath die Kraft- und Bewegungsachsen des Körpers sanft wieder ins rechte Lot. **Die Grundregel - alles wirkt zusammen.** Osteopathie erfordert viel Wissen und Erfahrung, da Ursache und Schmerz im Körper oft weit auseinander liegen können.

Was ist Osteopathie?

Zusammenfassung nach einem Informationsblatt und einem Gespräch mit der Therapeutin Claudia Lyke.

Andrew Taylor Still (1828 - 1917) ist der Begründer und Namensgeber der Osteopathie. Der Name Osteopathie bedeutet „Leiden der Knochen", beziehungsweise „Krankheit der Knochen", und ist somit etwas irreführend, denn die Osteopathie beschäftigt sich nicht mit einem (isolierten)

Körperteil oder System (der Knochen), sondern mit dem Zusammen- und Wechselspiel aller Körpersysteme und -strukturen.

Dr. Still studierte Medizin an der Universität von Kansas City und stieß während seiner Tätigkeit als Arzt immer wieder an die Grenzen der damaligen Medizin.

Zunehmend unzufrieden entwickelte Still über Jahre eine Therapie, welche auf der Grundlage der körpereigenen Heilungsmöglichkeiten beruhte und nur den Einsatz der Hände erforderte.

Die osteopathische Philosophie beruht auf folgenden Grundsätzen:

1. Der Mensch ist eine Einheit von Körper, Geist und Seele.
2. Der Körper verfügt über Selbstheilungs- und Selbstregulationskräfte sowie Gesunderhaltungssysteme.
3. Der Körper besteht aus Gewebestrukturen, deren Form und Funktion untrennbar miteinander verbunden sind.

Wie arbeitet der Osteopath?

Der Osteopath spürt Blockaden, Bewegungsverluste, Fehlspannungen und in den Gewebestrukturen Reflexpunkte der Osteopathie auf und beseitigt diese durch gezielte Gewebemobilisationen, Manipulationen und Reflexpunktbehandlungen. Er beschränkt sich dabei nicht auf das Skelettsystem, sondern bezieht sämtliche Gewebe, wie innere Organe, Faszien, Gefäß- und Nervenstrukturen, Lymphbahnen, Schädelsuturen und das craniosacrale System in die Therapie mit ein.

Das Prinzip der uneingeschränkten freien Beweglichkeit der einzelnen Gewebe und des freien Flusses aller Körperflüssigkeiten, insbesondere des lymphatischen Systems, nimmt im osteopathischen Konzept eine entscheidende Position ein. So haben Osteopathen den craniosacralen Rhythmus[15] der cerebrospinalen Flüssigkeit (Hirnwasser) und den viszeralen Rhythmus der inneren Organe entdeckt. Diese Körperrhythmen werden in der Diagnostik und Therapie innerhalb des craniosacralen und viszeralen Konzeptes verwendet. Kontaktadresse: claudia.lyke@t-online.de

[15] Der Cranio-Sacrale Rhythmus wurde von Dr. William G. Sutherland und Dr. John E. Upledger (beide USA) entdeckt und entwickelte sich aus der Cranial Osteopathy zur Cranio-Sacral-Therapie, die nicht von Still stammt. Erst damit zusammen wurde die Osteopathie zu einem vollständigen Behandlungskonzept: physisch und psychisch. Siehe nächste Seite über die Cranio-Sacral-Therapie (Anm. U.S.).

Die Cranio-Sacral-Therapie

Eigene Zusammenfassung nach einem Informationsblatt.

Die Cranio-Sacral-Therapie ist ein Teilbereich der Osteopathie. Es ist eine sehr sanfte und tiefgreifende Therapie, die zur Beurteilung des Cranio-Sacralen Systems dient, den Menschen in seiner Ganzheit erfasst und oft Selbstheilung einleitet.

Die Cranio-Sacral-Therapie betrachtet Körper, Geist und Seele als miteinander verbunden und in Wechselbeziehung zueinander stehend. So ist sie sowohl eine manuelle Therapie, das heißt korrigierend auf der körperlichen Ebene, als auch energetische und emotionale Ausgleichs- und Lösungsarbeit.

Der Name „Cranio-Sacral" bezieht sich auf die Hirn- und Rückenmarksflüssigkeit (Liquor), welche zwischen dem Schädel (Cranium) und dem Kreuzbein (Sacrum) zirkuliert. Sie umfließt, nährt und schützt das Hirn- und das Rückenmark. Durch die fortwährende Produktion und Absorption des Liquors entsteht der Cranio-Sacrale Rhythmus, eine feine, sich wellenartig öffnende und schließende Bewegung, die sich von den Knochen des Schädels, Gesichts und Mundes bis zu den Knochen des Beckens erstreckt und am ganzen Körper zu spüren ist.

Der Cranio-Sacral-Therapeut kann Spannungsungleichgewicht und Blockaden im Körper erspüren, und er versucht, mit feinen, gezielten Techniken an Schädelknochen, Wirbeln, Membranen und Bindegewebe, diese zu lösen. Diese sanfte manuelle Behandlungsmethode unterstützt auf einfache Weise die körpereigenen Kräfte.

Es folgen Zitate aus dem Buch *Spontanheilung* von Dr. med. Andrew Weil.

Seite 62 (über Dr. Fulford, einen amerikanischen Arzt): „Es gelang ihm immer wieder, mit seiner kranialen Therapie den Intelligenzquotienten bei lernbehinderten Kindern zu erhöhen. Er war damit sogar so erfolgreich, daß eine bundesstaatliche Klinik für zurückbliebene Kinder in Louisiana ihn jedes Jahr einige Wochen anforderte, um mit den Patienten zu arbeiten."

Seite 63: „Außerdem war er der Auffassung, daß alle Neugeborenen prophylaktisch behandelt werden sollten, da, wie er sagte, 'so viele Krankheiten im späteren Leben nur die langfristigen Konsequenzen einer traumatischen Geburt sind. In den ersten vierundzwanzig Stunden sind die

Knochen noch wie Pudding, so daß sie ganz mühelos wieder so eingerichtet werden können, wie sie sein sollten'."

In den USA, Großbritannien und Frankreich ist die Cranio-Sacral-Therapie ein anerkannter medizinischer Fachbereich, in Deutschland wird sie immer häufiger von Ärzten, Physiotherapeuten und Heilpraktikern praktiziert.

AKUPUNKT-MASSAGE nach Penzel®

Was sind Krankheit, Schmerz und Organbeschwerden aus energetischer Sicht? Gehen Sie der Krankheit auf den Grund. Dr. Voll formulierte sehr treffend: „Schmerz ist der Schrei des Gewebes nach flutender Energie“. Willy Penzel ergänzte diesen Ausspruch mit seinen Worten: „Krankheit ist Energiefluss-Störung“.

Was versteht man unter dem Energiefluss? Hierzu ein paar einfache Erklärungen zu einem Sachverhalt, der wissenschaftlich noch nicht genau geklärt ist, der bei den Chinesen aber schon seit ca. 5000 Jahren als bekannt vorausgesetzt wird.

Jeder Organismus hat ein gewisses Energiepotential, das ihm mit der ersten Zellteilung im Mutterleib mitgegeben wird. Diese Lebensenergie wird aufrecht erhalten durch die tägliche Nahrung, die wir aufnehmen, und durch Luft und Licht. Damit die Energie im Körper auch zirkulieren kann, benötigt sie ein Bahnsystem, die Meridiane. 6 Yin- und 6 Yang-Meridiane auf jeder Körperseite bilden den Energiekreislauf. Die Yin-Meridiane verlaufen von der Fußsohle über die Beininnenseite zur Brust und von der Schulter vorne zu der Handinnenfläche. Die Yang-Meridiane beginnen an den Fingerspitzen, ziehen über die Außenseite des Armes zum Kopf und von hier über den Rücken und die Beine von hinten zum Fuß.

Der Verlauf der Meridiane ist erst in unserer Zeit messtechnisch nachgewiesen worden. Artikel über Studien der Meridianforschung gab es z.B. in „Die neue Ärztliche“ vom 07.11.1985, in „Raum und Zeit“ 35/88 und in der „DZA“ (Deutsche Zeitschrift für Akupunktur) 2/1992. Bei letztgenannter Studie wurde ein Radionucleid in Akupunkturpunkte gespritzt und die Ausbreitung der Substanz aufgezeichnet.

Ferner wurde der Meridiannachweis über Bio-Photonen von Prof. Dr. Fritz-Albert Popp erbracht (2004), nachzulesen unter
www.med.biophotonik.de

Jeder Organismus bekommt bei seiner Zeugung seine individuelle Lebensenergie mit auf den Weg. Beim Gesunden zirkuliert diese Energie gleichmäßig und harmonisch entlang der oben beschriebenen Meridiane und der gesamte Körper und seine Organsysteme werden optimal energetisch versorgt. Bei einer Erkrankung ist zunächst der harmonische Energiefluss gestaut, wodurch sich einerseits eine Energiefülle und andererseits ein Energiemangel aufbauen kann. Beide Erscheinungsformen sind unphysiologisch und können im Körper Schmerzen und unterschiedliche Krankheitssymptome verursachen.

In der Betrachtungsweise der fernöstlichen Therapieverfahren und der AKUPUNKT-MASSAGE nach Penzel ist jede Erkrankung Ausdruck einer Energiefluss-Störung. Somit ist die Grundlage der Behandlung, zunächst die Störung im Verlauf der Meridiane zu beseitigen, um dem Körper eine Regulation seines gesamten Energiekreislaufsystems zu ermöglichen.

Bei der Behandlung mit APM nach Penzel wird zuerst das Meridiansystem mit sanften tonisierenden Reizen therapiert. Der Körper reagiert spontan mit einer Energieverlagerung. Dadurch wird einerseits die Eigenregulation aktiviert und andererseits können sich Schlackenstoffe lösen, die als Störfelder anzusehen sind. Der Organismus ist stets bestrebt, seine eigene innere Ordnung aufrecht zu erhalten, sofern er dazu in der Lage ist, und nicht durch Fremdsteuerung daran gehindert wird. Die APM nach Penzel unterstützt den Körper, eine Neuordnung vorzunehmen. Erste Anzeichen einer positiven Reizbeantwortung ist die vermehrte Ausscheidung. Kurzfristig auftretende Schmerzen sind wichtige Hinweise des Körpers, wo eine primäre Störung zu suchen ist.

Mit den Maßnahmen der APM nach Penzel werden zusätzlich zur Meridianmassage auch die möglichen Krankheitsursachen, die Störungen im Energiefluss hervorrufen können, behandelt. Ohne chiropraktische Grifftechniken werden hierbei Wirbelsäulen- und Gelenkblockierung gelöst und Narbenstörfelder vermindert. Zu keiner Zeit wird die Haut des Patienten mit Akupunkturnadeln verletzt. Stets steht die sanfte Streichmassage im Vordergrund der ganzheitlichen Therapie, um sowohl die Krankheitssymptomatik als auch die Ursache zu beeinflussen.

Aus energetischer Sicht lassen sich viele funktionelle Beschwerden kurieren, doch leider sind auch der APM nach Penzel Grenzen gesetzt. Der Organismus kann sich nur selbst helfen, wenn kein Gewebe zerstört ist. *Gestörte* Körper- und Organsysteme lassen sich energetisch regulieren und neu ordnen, *zerstörte* Strukturen kann man mit der APM nach Penzel leider nicht erneuern! Da es allerdings schwer zu erkennen ist, was gestört und was zerstört ist, raten wir dem Patienten auf jeden Fall zu einer Behandlungsserie mit APM nach Penzel. Schon häufig konnte geholfen werden, auch wenn die Diagnose lautete: „Damit müssen Sie eben leben“.

Internationaler Therapeutenverband AKUPUNKT-MASSAGE nach Penzel e.V.
www.apm-penzel.de
info@apm-penzel.de

Ingrid Krause

Die Lichtwässertherapie

Zitate aus zwei ins Deutsche übersetzten Büchern von Frau Dr. Enza Maria Ciccolo, sowie aus einem Buch von Gudrun Dalla Via. Diese Zitate informieren darüber, worum es sich bei der Lichtwässertherapie handelt.

Aus: *Lichtwasser - Wasser der heilenden Liebe* von Dr. E. M. Ciccolo, Cover-Rückseite:

„Das Leben des Menschen besteht in einer Wechselbeziehung, einem ständigen gegenseitigen Austausch seiner Energien und jenen des ganzen Universums, der Erde und des Kosmos. Das Wasser als Urmatrix jeder Lebensform dient dem Informationsaustausch zwischen Himmel und Erde. An vielen Orten auf der Welt, wo sich das Licht der Erkenntnis als Lichtwasser manifestiert, entspringt das Wasser ganz natürlich und geht mit den sieben Frequenzen des Lichts in Resonanz. Es stellt für den Menschen ein wertvolles therapeutisches Mittel für sich selbst und seine Umwelt dar.

Das Buch vermittelt einen tiefen Einblick in die großen Zusammenhänge und Geheimnisse des Lebens und die Bedeutung des Wassers. Über die Regenerationsfähigkeit der Lichtwässer wird unser angeborenes Gedächtnis für die Zusammenhänge in der Natur aktiviert. Diese Erinnerungen wiederzufinden ist im Grunde das Geheimnis, das über die Lichtwässer offenbart wird und uns erlaubt, all jene Informationen aufzunehmen, welche die notwendige Ordnung schaffen und Voraussetzung für körperliche, seelische und geistige Heilung sind.“

Aus: *Die Energie der Lichtwässer* von Dr. E. M. Ciccolo, Cover-Rückseite:

„Das Buch vermittelt neue Erkenntnisse aus der Beobachtung und dem Studium der biologischen Rhythmen, der Schwingungen, Energien und Lichtfrequenzen jedes lebenden Organismus. Das uralte Wissen über die klassischen Elemente, die Gesetze der Ordnung, Harmonie und Resonanz wird mit den neuesten wissenschaftlichen Erkenntnissen der Forschung in den Bereichen der Biophysik, der Quanten- und Schwingungsphysik, der Genetik und der Kosmologie in Verbindung gebracht.“

Aus: *Lichtwässer und ihre Heilkräfte* von Gudrun Dalla Via, Seite 112:

„Homöopathische Mittel beruhen ähnlich wie die Lichtwässer auf einem Energieprinzip. Allerdings ist zumindest nach dem aktuellen Stand der

Forschung anzunehmen, dass der molekulare Spin der beiden Mittel entgegengesetzt ist. Das Prinzip der Homöopathie besteht in der Verdünnung von Materie zu Energie, während im Lichtwasser der Vorgang genau umgekehrt ist. Deshalb ist es ratsam, Lichtwässer und Homöopathika nicht gleichzeitig einzunehmen, sondern wenn überhaupt, dann zu verschiedenen Zeitpunkten.“

Homöopathie

Zusammenfassung mit Hilfe eines Informationsbüchleins der Deutschen Homöopathischen Union (DHU), des Buches „Vibrational Medicine“ von dem amerikanischen Arzt Richard Gerber, des Buches „Homöopathie“ von Heilpraktiker Sven Sommer und eines Gespräches mit der Heilpraktikerin Sieglinde Beu-Hoffmann.

Die Bezeichnung Homöopathie stammt von ihrem Begründer, dem deutschen Arzt Dr. Samuel Hahnemann (1755 - 1843). Dieses Wort stammt aus dem Griechischen und wäre mit „ähnlich dem Leiden“ (griech. homoios = ähnlich, pathos = Leiden) zu übersetzen. In der Homöopathie wird eine Krankheit mit einem solchen Arzneimittel behandelt, das am gesunden Menschen ähnliche Erscheinungen - das heißt ähnliche Symptome, ein „ähnliches Leiden“ also - hervorruft wie diese Krankheit.

Dieser Ähnlichkeitsatz ist zum Fundament der Homöopathie geworden. Hahnemann fasste ihn in lateinischer Kürze wie folgt zusammen: Similia similibus curentur, zu deutsch: Ähnliches werde durch Ähnliches geheilt.

Hahnemanns Idee der Ähnlichkeit war eine mehr zufällige Entdeckung, die er, im Widerstreit mit der Medizin seiner Zeit, in jahrelangem, einsamem Ringen bis zur endgültigen Gewissheit seines neuen Weges verfolgte. Die Entwicklung seiner Forschung begann mit dem in die Geschichte eingegangenen Chinarindenversuch, den er, durch anderweitige Studien angeregt, an sich selbst vornahm. Nach wiederholten Prüfungen kam er zu dem Ergebnis, dass die Chinarinde als Heilmittel gegen das Wechselfieber (Malaria) selbst eine Art von Fieber erzeugte, das dem des Wechselfiebers ähnlich zu sein schien und dieses auslöschte.

Hahnemann, seine Mitarbeiter und seine Nachfolger machten mit den verschiedensten pflanzlichen, tierischen und mineralischen Substanzen bei sich selbst und bei gesunden Testpersonen weitere Versuche und zeichneten alles, was sie im Laufe der Jahre entdeckten, mit großer Sorgfalt auf. „Die Homöopathie baut somit auf einem streng wissenschaftlichen System auf, das auf dem Ähnlichkeitsprinzip als Hypothese beruht, durch die Arzneimittelprüfungen am Gesunden geprüft und durch die Anwendung am Kranken bestätigt wurde. Tierversuche sind bei homöopathischen Mitteln überflüssig“ (zitiert aus dem Buch von Heilpraktiker Sven Sommer, Seite 6).

In der Homöopathie gibt es über tausend Wirkstoffe aus Pflanzen, Mineralien und der Tierwelt. Die Heilwirkung, zum Beispiel einer Pflanze, die zu einem homöopathischen Mittel potenziert wird, beruht auf einer Schwingung, die zu dem Fall, der behandelt werden soll, genau *passt.* Hat man gemäß dem Ähnlichkeitsprinzip das richtige Mittel gewählt und in Wasser oder als Globuli verabreicht, dann überschreibt beziehungsweise löscht es die „kranke Schwingung“ und führt so zur Genesung. Dr. Gerber drückt es so aus, dass es diese neutralisiere. Es ist ein Zugang geschaffen worden zu den blockierten oder geschwächten Ordnungskräften. Der Schlüssel passt ins Schloss.

Die Homöopathie geht davon aus, dass die Symptome nicht die zu bekämpfende Krankheit sind. Sie sind Zeichen der Auseinandersetzung, Störungszeichen, Reaktionen auf Störungsursachen, die auf selbsttätige, aktive Regulierungsvorgänge im Organismus hindeuten. Homöopathie hat also nichts mit der Unterdrückung einzelner Symptome zu tun, nichts mit Betäubung, Vertreiben von Symptomen, auch nichts mit künstlicher Normalisierung und Gegensteuerung durch meist nur vorübergehend wirkende, starke Medikamente, sondern sie sucht nach dem Grund der Erkrankung im leiblichen und seelischen Gesamtkomplex Mensch.

Zur weiteren Erläuterung der Homöopathie zwei Zitate aus dem Buch *Es geht auch ohne Ritalin* von den Ärzten Judyth Reichenberg-Ullman und Robert Ullman:

Seite 181: „In unserer Praxis behandeln wir viele Kinder (homöopathisch Anm. U.S.), die eine Anzahl von Problemen mit Konzentration, Informationsverarbeitung und -speicherung, Sprachbehinderungen und -verzögerungen sowie anderen Kommunikationsstörungen aufzeigen. Eine wachsende Anzahl von Eltern sucht nach Alternativtherapien für ihre autistischen Kinder. Diese Kinder haben Autismus, Aspergersyndrom und andere tiefgreifende Entwicklungsstörungen. Zu uns kommen auch Kinder mit ungewöhnlichen genetischen Störungen wie z.B. Downsyndrom, Fragiles X Syndrom, Praeder-Willi-Syndrom und anderen.“

Seite 189: „Zwei Jahre nach der ersten Behandlung waren die Beschwerden bei weitem nicht so extrem wie früher. *Helium* hatte Tyler (ein damals 12jähriges autistisches Kind - Anm. U.S.) deutlich geholfen. (...) Meistens machen wir die Erfahrung, daß ein einziges Mittel, hin und wieder wiederholt, am besten wirkt. Tyler profitierte jedoch von drei Mitteln: *Helium, Sulphur* und in letzter Zeit *Helleborus* (schwarze Nieswurz). *Helleborus* hat ihm im sozialen Bereich noch weiter geholfen. Zur Zeit schätzt seine Mutter seine Gesamtverbesserung seit Beginn der Behandlung auf 75 bis 80 Prozent."

Schlussbemerkung: Man sollte die Lichtwässertherapie und eine homöopathische Behandlung nicht zur gleichen Zeit vornehmen. Dagegen ergänzen sich die Lichtwässertherapie und die Neue Homöopathie nach Erich Körbler ausgezeichnet.

Die Neue Homöopathie nach Erich Körbler®

Der Lebensenergie-Berater Gerhard Beuke beschreibt die Neue Homöopathie nach Körbler wie folgt.

Die Neue Homöopathie ist eine ganzheitliche energetische Selbstheilungsmethode. Sie wurde von dem österreichischen Elektrotechniker und Lebensenergieforscher Erich Körbler († 1994) entwickelt und kann auch als Informationsmedizin bezeichnet werden. Wie auch bei der Akupunktur dient als Grundlage die Erkenntnis, dass der Mensch von einem feinstofflichen elektromagnetischen Feld durchdrungen ist, welches die Lebensvorgänge steuert und in welchem Lebensenergien (Chi) und Informationen als Schwingungen pulsieren. Körbler entdeckte, dass geometrische Formen in der Lage sind, als Antennen mit dem kosmischen Hintergrundfeld in Resonanz zu treten, Frequenzen und Energien zu empfangen und in den Körper zu leiten. Dort vorhandene Energieblockaden können auf diese Weise aufgelöst und der Körper wieder in Harmonie gebracht werden. Dieses kann sehr gezielt geschehen, da Körbler eine Methode fand, den Grad der energetischen Blockaden zu messen, um dann genau abgestimmte Antennen verwenden zu können. Faszinierend ist, dass wegen der Feinheit und der hohen Schwingungen bei diesen Vorgängen die Antennen nicht aus Draht bestehen müssen, sondern es genügt, sie mit einem Stift zu malen! So kann das energetische System in Ausgleich gebracht werden, welches spektakuläre Heilwirkungen nach sich ziehen kann. Unter Einbeziehung der wissenschaftlichen Erkenntnisse von Professor Emoto (Wasserforschung) kann diese Methode auch im psychischen Bereich angewendet und dort alte Traumata entdeckt und aufgelöst werden. Sehr erfolgreich wird die Neue Homöopathie bei der Beseitigung von Allergien, Narben, Zahnstörfeldern sowie Belastungen durch Erdstrahlen und Elektrosmog eingesetzt. Diese Methode gibt dem Menschen die Möglichkeit, ohne Medikamente und ohne Nebenwirkungen seine Selbstheilungskräfte zu aktivieren, um die körperliche und emotionale Gesundheit wiederherzustellen.

Gerhard Beuke
Kontaktadresse: g.beuke@web.de
www.gerhard-beuke.de

Die Metamorphose nach Robert St. John – Die pränatale Therapie

Zusammenfassung mit Hilfe der Bücher von Robert St. John und Informationen aus dem Internet, sowie eigener Lernergebnisse auf Seminaren. Inzwischen können sich neuere Erkenntnisse entwickelt haben.

Der Brite Robert St. John (1914 - 1996) arbeitete viele Jahre als ein erfolgreicher und sensibler Hilfegebender der Metamorphose in seiner Heilpraxis in London. Er bekam Einsichten in die Wirkungsweise dieser außerordentlichen Hilfe zu jedes Menschen Wohl und entwickelte die „Technik", sie zu geben. Diese Hilfe soll am besten weder „Therapie" noch „Heilmethode" genannt werden, denn sie erweist sich als viel mehr, eben als *Metamorphose,* als Änderung, die von vielen Nöten befreit. Das Erlernen ist nicht schwer, und helfen kann jeder gewissenhafte Mensch, auch ohne professionellen Hintergrund, aber das Hilfegeben muss sorgfältig ausgeübt werden.

Es wird von einer energiegeladenen Linie an Füßen, Händen, Ohren und Kopf ausgegangen. Sie repräsentiert als energetisches Protokoll die Zeit des Lebensverlaufes während der 40 Wochen im Mutterleib. Wenn entlang dieser Linien von einer anderen Person eine leichte Massage gegeben wird, dann ergibt sich für den Hilfenehmenden, ganz gleich welchen Alters, die Möglichkeit, sich von Blockaden zu befreien. Diese Blockaden stauen Lebensenergie, und jene zu entfernen, ist praktisch wie etwas aus dem Weg zu räumen, das hinderlich ist, sei es in der körperlichen oder geistig-seelischen Entwicklung oder in den Lebensumständen in der sozialen Umwelt. Unter „Blockaden" sind hier auch Schreck, Schock und Traumata aus vorgeburtlicher Zeit zu verstehen.

In den ersten sieben Wochen im Mutterleib bildet man seinen Körper aus. Wenn die Entwicklung ungestört ablaufen konnte, ist der Körper in Form und Funktion optimal ausgeprägt. Danach entwickelt der Mensch seinen Charakter. In der Zeit bis zur Geburt entwickelt er das Soziale, sein Geben- und Nehmenkönnen, die Dynamik der Interaktion mit der gesamten, auch menschlichen, Umwelt, sprich: sein Schicksal. Die energiegeladene Linie, über die man arbeitet, repräsentiert diese Zeitabläufe.

Robert St. John sagte, dass Kinder auf die Metamorphose besonders gut ansprechen. Und er hatte auch bei zappeligen Kindern Erfolg.

Jin Shin Jyutsu®

Eigene Zusammenfassung aus einem Informationsblatt, das mir eine Volkshochschullehrerin für Jin Shin Jyutsu und Reflexzonenmassage zur Verfügung gestellt hat.

Jin Shin Jyutsu ist eine alte japanische Heilkunst und ist als Vorläufer der Akupunktur anzusehen. Im Gegensatz dazu wird es jedoch ohne Hilfsmittel - nur mit den Händen - ausgeführt. Mit Hilfe beider Hände, die bestimmte Punkte des Körpers berühren, können Spannungszustände gelöst und körpereigene Energien und Abwehrkräfte gefördert werden. JSJ wendet jeder Mensch unbewusst an. In Kursen wird dieses Urwissen durch Übungen bewusst gemacht. JSJ ist leicht erlernbar und eine sehr wirkungsvolle Methode zur Wiederherstellung des natürlichen Energieflusses, was für unsere Gesundheit von elementarer Bedeutung ist.

Die Behandlung mit Jin Shin Jyutsu ist sehr einfach. Keine Massage, kein Pressen, keine Anstrengung - ganz einfach die Finger oder die ganze Hand auf die „Energiesicherheitsschlösser" (Schlüsselzonen) legen. Dadurch können die eigenen Selbstheilungskräfte das Energiesystem wieder in die alten, ursprünglichen Bahnen bringen und die Harmonie in den Biorhythmen wiederherstellen. Behandelt wird durch die Kleidung hindurch.

Ähnlich wie die Meridiane der Akupunktur gibt es auch bei Jin Shin Jyutsu Energieleitbahnen, die „Strömungen" genannt werden. Es gibt drei übergeordnete wichtige Harmonieströme. Einer davon ist der Hauptzentralstrom, unsere Lebensquelle. Er harmonisiert 144 000 Funktionen, entgiftet und beseitigt Krankheitserreger. Durch sechs einfache Handpositionen können wir den Hauptzentralstrom harmonisieren.

Außerdem gibt es 12 Organströme und verschiedene Spezialströme. Diese Ströme können durch das „Öffnen" einer spezifischen Sequenz der 26 Energiesicherheitsschlösser harmonisiert und aktiviert werden.

Biodynamische Massagen

Zusammenstellung von Informationen der Heilpraktikerin Ursula Böhm (mit fünfjähriger Ausbildung in biodynamischer Körperpsychotherapie nach Gerda Boyesen bei Mona-Lisa und Ebba Boyesen. Weiterbildung in Hypnotherapie, Traumatherapie, Systemischer Familientherapie u.a. Arbeit in freier Praxis).

Gerda Boyesen, norwegische Psychologin und Physiotherapeutin, entwickelte die Biodynamische Körperpsychotherapie und die Biodynamischen Massagen. Sie entdeckte die Psychoperistaltik und gründete das Gerda Boyesen Institut in London.

Unter Biodynamik versteht Gerda Boyesen die Lebensenergie, die uns körperlich, gefühlsmäßig, intellektuell und spirituell lebendig hält.

Die Biodynamische Massage hilft, die Selbstregulation des Körpers zu gewährleisten. Durch die Stimulation der Psychoperistaltik, der körperlichen und seelischen Verdauung, kommt die Lebensenergie wieder zum Fließen.

Körperorientierte Psychotherapie

In Stress-Situationen reagiert der Körper mit Spannungen, die er über Jahre speichert. Diese Verspannungen und Blockaden können durch Bewusstmachen aufgelöst werden. Das ist die Leistung der körperorientierten Psychotherapie. Sie verbindet Psychoanalyse und Körperarbeit, um Zusammenhänge zwischen mentalen, emotionalen und körperlichen Bedingungen bewusst zu machen und in einem Heilungsprozess zu lösen. Das Ziel ist, Widerstände und ihre Schutzfunktion zu erkennen, alte Abwehrhaltungen und die darin festgehaltenen Energien zu lösen und neue Verhaltensweisen auszuprobieren. Es können Verspannungen gelöst, energiearme Körperteile wieder belebt, psychische Belastungen aufgearbeitet und psychosomatische Störungen geheilt werden. Durch die Arbeit wird das Körperbewusstsein gestärkt, Selbstakzeptanz und Empathie für den Anderen gefördert. Biodynamische Körperpsychotherapie bedeutet, einen Menschen auf seinem Weg zur Heilung zu begleiten, nicht zu führen.

Die Methoden der Körperorientierten Psychotherapie sind das analytische Gespräch, biodynamische Massagen, Regressionsarbeit, Arbeit mit inneren Bildern und Atemarbeit.

Kontakt: www.ursulaboehm.de

Klangschalenmassage nach Peter Hess®

Grundlage der folgenden Zusammenstellung ist das Buch „Klangschalen für Gesundheit und innere Harmonie" von Peter Hess, das Heft 3/2003 „Klang-Massage-Therapie - Klang und Klangmassage in der Behindertenarbeit", sowie ein Gespräch mit der Heilpraktikerin und Reikilehrerin Brigitte Salzmann-Tilgen aus Burgdorf.

Klangschalenmassage ist eine sanfte und äußerst wirkungsvolle Entspannungsmethode. „Eine Klangschalenmassage sollte man erleben. Es ist unmöglich, dieses Erlebnis in Worte zu fassen", sagt die Heilpraktikerin. Es heißt, dass der Ton der Klangschale die Seele zum Schwingen bringt. Es ist vergleichbar mit einem Stein, der ins Wasser fällt. Hier breiten sich konzentrische Wellen aus, die das Wasser in Bewegung setzen. Da unser Körper zu 80% aus Wasser besteht, wird durch das Anschlagen der Klangschalen, die auf verschiedene Bereiche des Körpers gesetzt werden, jede Zelle unseres Körpers in wohltuende Schwingungen versetzt. Der Klang löst Verspannungen und Blockaden auf, aktiviert die Selbstheilungskräfte und setzt schöpferische Energien frei. Menschen mit Hörschädigung können den Klang ebenso erfahren wie hörende Menschen. Sie erspüren mit allen Sinnen die Klänge, die wie Wellen durch ihren Körper fluten und ihnen Wohlbefinden verleihen können. Viele geistig Behinderte bejahen die Klangmassage sehr. Sie können sich oft verbal nicht so gut ausdrücken, aber sie sagen: „war schön", „angenehm"; einer wünscht sich „die Schalen, die helfen, dass mein Rücken nicht weh tut."

„Für Menschen mit geistiger und mehrfacher Behinderung ist der Körper von enormer Wichtigkeit, da sie sich die Umwelt meist über ihren Körper erfahrbar machen. Durch die Arbeit mit den Klangschalen können u.a. Impulse zur Verbesserung der Körper-Wahrnehmung angeboten werden" (zitiert aus Heft 3/2003, siehe oben).

Die Einsatzbereiche der Klangmassage sind vielfältig, zum Beispiel bei jeglicher Art chronischer körperlicher wie seelischer Spannungszustände, bei Nervosität, Hektik, Herzrhythmusstörungen, Stress, Gelenkbeschwerden, Kopfschmerzen, Bauch- und Unterleibsbeschwerden, Konzentrations- und Schlafstörungen, Wechseljahrproblemen - und nicht zu vergessen bei der Arbeit mit geistig und körperlich behinderten Menschen.

Sensorische Integration

Ein Zitat aus dem Buch *Sensorische Integration* von Waltraut und Winfried Doering.

Seite 7: „Die Sensorische Integration umfaßt alle Bereiche der Wahrnehmung und der Bewegung und ist daher eine notwendige Grundlage der menschlichen Existenz. Ohne das Zusammenführen, das Ordnen und Sortieren der vielfältigen uns erreichenden Reizinformationen wären wir in unserer Welt kaum lebensfähig. Schon kleinere Störungen, die durch Streß, Krankheit oder andere Ursachen hervorgerufen werden, können uns Menschen zeitweise aus dem Gleichgewicht bringen. Größere und vor allem langanhaltende Störungen in der Verarbeitung von Wahrnehmungsprozessen führen oft zu Beeinträchtigungen, die es verhindern, den täglichen Anforderungen in erwarteter Weise gerecht zu werden."

Zitate aus dem Buch *Bausteine der kindlichen Entwicklung* von A. Jean Ayres.

Ausgabe von 2002, Seite 322:

„Sensorische Integrationsbehandlung: Eine Behandlung, die die Stimulation von Sinnesorganen und die Auslösung von Anpassungsreaktionen entsprechend den neurologischen Bedürfnissen des betroffenen Kindes vermittelt. Diese Therapie umfaßt gewöhnlich Ganzkörperbewegungen, welche eine Stimulation des Gleichgewichtssystems *(vestibuläres* System), der Eigenwahrnehmung (*propriozeptives* System) und des Tastsinns *(taktiles* System) umfassen. Diese Therapie enthält gewöhnlich keine Aktivitäten, die an einem Schreibtisch durchgeführt werden wie Sprachtraining, Leseunterricht oder Übung bestimmter geistiger oder motorischer Fertigkeiten. Das Ziel der Therapie ist die Verbesserung des Ablaufs der Hirnverarbeitungsprozesse und der sinnvollen Ordnung von Empfindungen."

Seite 232: **„Störung der sensorischen Integration:** Eine Unregelmäßigkeit oder auch Störung der Hirnfunktion, die die Verarbeitung und Integration sinnlicher Reizeinwirkungen erschwert. Störungen der sensorischen Integration sind die Grundlage für viele, wenn auch nicht alle Lernstörungen."

Die *Methoden* der Sensorischen Integration beinhalten eine Vielfalt von Übungen, die jeweils den Bedürfnissen und Möglichkeiten des einzelnen Kindes angepasst sind.

Inzwischen habe ich (U.S.) eine Art Studienreise zu den Färöer-Inseln gemacht. Ich habe einem Vortrag zugehört, den die Krankengymnastin Þóra Þóroddsdóttir, die Autorin des Buches *Að hreyfa sig og hjúfra* (Sich bewegen und kuscheln) gehalten hat. Þóra arbeitet nicht mehr als Krankengymnastin, sondern unterrichtet und hält Vorträge, die viele Ärzte und Menschen in Pflegeberufen besuchen. Ich sah dort alte DVD-Filme, worauf behinderte Kinder vor über zwanzig Jahren Übungen machten, die zu den Methoden der Sensorischen Integration gehören. Die Kinder waren sehr glücklich und motiviert, und das Schöne ist, viele von ihnen haben ihre Behinderung von damals völlig überwunden. Die Übungen wurden sehr konsequent gemacht, und inzwischen sind deutliche Beweise erbracht worden, wie sehr diese Übungen helfen.

Probiotics

Der nachfolgende Artikel wurde von dem EM (Effektive Mikroorganismen)-Berater Alfred Klatt verfasst.

Genauso wie bei Medikamenten, die über den Magen-Darm-Trakt aufgenommen werden, kann auch unsere tägliche Nahrung stoffwechselmodifizierende, regulatorische, immunmodulierende oder auch sonstige gewünschte Heilwirkungen für unseren Körper haben. Es ist also berechtigt, wenn wir „frische" Nahrung als gesund und, wie die Amerikaner, die „schnelle Küche" als „Junkfood" (übersetzt: Müllessen) bezeichnen. Unser Instinkt für Nahrung, die unserer Gesundheit zuträglich oder abträglich ist, ist angeboren. Inzwischen ist eine alte Erkenntnis auch wissenschaftlich immer deutlicher nachvollzogen worden: Der Darm ist das Tor des Körpers zur Außenwelt und folglich die wichtigste Drehscheibe für unsere Gesundheit. Er ist mit vielen wichtigen Funktionen für den Körper ausgestattet. Außer der so wichtigen Aufnahme der richtigen Nahrungsbestandteile für den Stoffwechsel und den Körperaufbau ist dort auch der größte Teil unseres Immunsystems angesiedelt. Im Darmbereich befindet sich nach neueren Erkenntnissen auch das größte autonome Nervengeflecht, auch Bauchhirn genannt, das für unser Wohlbefinden und den Lebensantrieb so wichtig ist und das durch die Qualität der Nahrung direkt beeinflusst wird.

Diese Erkenntnisse lassen einen für unsere Gesundheit bedeutenden Schluss zu: *Wir können mit unserer Nahrungsaufnahme unseren Gesundheitszustand steuern und beeinflussen.* Zumindest können wir Voraussetzungen für eine stabile Grundgesundheit schaffen, das heißt auf einfache Weise wirkliche Gesundheitsvorsorge betreiben. Dies wäre auch eine Lösung für das Problem steigender Krankenkosten. Die Frage ist jedoch, in welche Ernährungsrichtung wir uns angesichts der unendlich vielen Diäten und Ernährungsempfehlungen orientieren sollen? Eines sollte klar sein: Die modernen Fertigprodukte mit teilweise über 200 künstlichen Zusatzstoffen pro Nahrungsmittel sind in der Tat sehr problematisch. Aus vielen Studien wissen wir, dass frische, biologisch erzeugte Nahrungsmittel unserem Körper zuträglich sind. Es ist auch bekannt, dass ausreichend Mineralien und Vitamine wichtig sind, aber kann der Körper diese in Form von Auszugsstoffen auch wirklich aufnehmen?

Hilfreich ist an dieser Stelle ein Blick zurück in die Menschheitsgeschichte. Unsere Vorfahren haben viele Nahrungsmittel gegessen, die aus Mikroorganismen bestanden oder von Mikroorganismen umgesetzt und angereichert waren, und sie konnten offenbar nur so ihr wirklich entbehrungsreiches Leben führen. Als Beispiel sollen die ägyptischen Pyramidenbauer erwähnt werden, die laut Inschriften das Recht auf täglich 3 Liter Bierhefe hatten. Natürlich hatte das Bier bei weitem nicht den heute gewünschten hohen Alkoholgehalt. Man war vielmehr auf die vielfältig kräftigende und gesundheitsfördernde frische Bierhefe aus.

Auch moderne wissenschaftliche Untersuchungen belegen erstaunliche, gesundheitsfördernde Wirkungen der Hefe, weshalb sie auch in der Tierzucht eingesetzt wird. Allerdings wird Bierhefe trotz der großen Vorteile unverständlicherweise für die menschliche Ernährung kaum empfohlen.

Wir finden aber auch andere wertvolle, mit Mikroorganismen hergestellte Nahrungsmittel in unserer Vergangenheit, zum Beispiel die legendäre vergorene Stutenmilch (Kumys) der Hunnen, wertvolle Moste, Essige, Sauerkraut und den lebensverlängernden Ziegenkefir.

Seit den 30er Jahren werden diese Nahrungsmittel unter dem Begriff „Probiotics“ zusammengefasst. Man sollte sich aber inzwischen in Acht nehmen vor weniger wertvollen „vermarkteten“ Produkten.

Warum können nun diese Probiotics solche positiven Wirkungen erzeugen? Als Beispiel sei angeführt: Jemand, dessen Körper Eisenmangel aufweist, wird keine Nägel oder Eisenspäne zu sich nehmen, weil der Körper sie nicht verwerten kann. Mikroorganismen nehmen jedoch alle Mineralien und Spurenelemente, die auch wir benötigen, aus ihrer jeweiligen Umgebung auf und stellen sie uns dann im Darm in lebenden Verbindungen zur Verfügung. So werden sie dort von unseren Körperzellen leicht aufgenommen. Alle menschlichen Kunstprodukte können dies niemals so effektiv bereitstellen wie die Mikroorganismen, mit denen unsere Körperzellen verwandt sind und die in unzähliger Anzahl und Vielfalt unseren Darm besiedeln. Dabei produzieren sie auch viele weitere wichtige Vitamine und Proteine, die unser Körper in verwertbarer Form so dringend benötigt.

Fügt man unsere erste Erkenntnis: „Der Darm ist die wichtigste Drehscheibe für unsere Gesundheit“ und die zweite Erkenntnis: „Mikroorganismenprodukte (Probiotics) liefern wertvolle Stoffe in gut verwertbarer Form“ zusammen, ergibt sich mit den Probiotics ein wohl unschlagbares Konzept, zumindest für unsere Gesundheitsvorsorge, Stabilität und unser Wohlbefinden.

Aber gibt es diese Probiotics auch in einer an unsere heutige Zeit der Fertigprodukte angepassten Form und trotzdem in guter Qualität? Dieses Problem ist heute noch nicht optimal gelöst. Man muss sich schon aktiv selbst darum kümmern, einschlägige Literatur lesen und Erfahrungen von Gleichinteressierten aufnehmen, dann gelingt eine solche Vorsorge auf recht einfache Weise mit erstaunlichen Ergebnissen.

Seit ca. 1985 ist eine sehr interessante neue Mikroorganismenmischung „EM“ (Effektive Mikroorganismen) von Prof. Teruo Higa zu den oben genannten Probiotics hinzugekommen. EM lässt sich unterstützend für viele Lebensprozesse einsetzen. Es ist wichtig, dass vorteilhafte Mikroorganismen ständig im Darm in einer Mehrzahl vorhanden sind. Dann können sich die unvorteilhaften nicht durchsetzen. Mit beispielsweise einer täglichen minimalen Einnahme von effektiven Mikroorganismen (EM) wäre dies zu erreichen.

Sie können gerne Kontakt mit mir aufnehmen, wenn Sie weitere Fragen klären oder sich über dieses Thema austauschen wollen. Auf jeden Fall müssen Sie sich mit diesen Probiotics selbst auseinandersetzen, die kleinen Portionen von Wahrheiten in der Literatur aufspüren und sie immer wieder ausprobieren. Sie werden die Erfahrung machen, dass unglaublich viele körperliche Probleme damit lösbar sind.

Alfred Klatt
Tel. 05144 – 972275
Kontaktadresse: alfred.klatt @web.de

Anhang B:

Der Behinderte und die Platzgeldtage

Prof. Dr. Alfred Rohloff

Zuerst eine Vorbemerkung: Ich spreche im Folgenden nicht als einer, der von seiner beruflichen Qualifikation her mit dem Sozialrecht vertraut wäre, sondern als ein Betroffener, der seit 39 Jahren zusammen mit seiner isländischen Frau ein geistig behindertes Kind (Grad der Behinderung: 100%, Pflegestufe III) betreut.

Erörtert werden sollen hier im Folgenden drei Thesen: 1. Ich halte den Erlaß über die Pflegesatzgestaltung und die Platzgeldtage nicht mit unserem Grundgesetz für vereinbar. 2. Er ist auch nicht vereinbar mit der durchaus richtigen Philosophie des „persönlichen Budgets". 3. Ich halte ihn auch für rechtlich nicht vertretbar oder gar für rechtswidrig.

Um diese Thesen aber diskutieren zu können, muß vorab die gegenwärtige, auch rechtliche, Situation näher beschrieben werden. Dabei stößt man, sofern der Behinderte, wie unsere Tochter, sich in einer Wohnstätte befindet, auf ein schwieriges - auch rechtlich für Eltern kaum zu durchschauendes - *Dreiecksverhältnis* von *Sozialamt*[16] *(Leistungsträger), Wohnstätte des Behinderten (Leistungserbringer),* wie auch dem *Behinderten selbst (dem Leistungsberechtigten),* bzw. *seinem Betreuer.* Man spricht dabei auch von einem „klassische(n) Leistungsdreieck".[17] Ich bin der Meinung, daß durch das Leistungsdreieck eine Reihe rechtlicher Absurditäten und Unlauterkeiten kaschiert werden.

In diesem Dreiecksverhältnis gibt es *eine erste Zweierbeziehung* zwischen dem Behinderten (bzw. seinem Betreuer) und dem Sozialamt. Innerhalb dieser Beziehung wird der Behinderte durch Fachleute (z.B. durch Ärzte) und durch das Sozialamt als bedürftig und damit als *Leistungsberechtigter* eingestuft.

---

[16] Um die Sache nicht noch stärker zu komplizieren, habe ich hier weitere Leistungsträger, wie Pflegekassen oder öffentliche Kassen – sofern ein Elternteil Beamter ist – beiseite gelassen.

[17] Bundesministerium für Arbeit und Soziales, Das trägerübergreifende Persönliche Budget, O.J.,S.30

Da gibt es dann eine *zweite Zweierbeziehung* zwischen dem *Behinderten,* (bzw. seinen Eltern oder seinem rechtlichen Vertreter) und der *Behinderteneinrichtung,* dem *Wohnheim.* Diese Beziehung ist derzeit meist durch einen Vertrag geregelt, in welchem der *Betreuer*, der in der Regel ein Angehöriger ist, als *Vertragspartner* gegenüber dem *Träger des Wohnheims* in Erscheinung tritt. Darin erklärt er sich durch seine Unterschrift bereit, das *tägliche* Entgelt zu zahlen. Dies liegt für unsere Tochter, die sich in der Hilfebedarfsgruppe 4 befindet, gegenwärtig bei 94,76 Euro täglich, monatlich mithin bei 2.882,60 Euro. Eigentlich dürfte der Betreuer (meist ein Elternteil) einen solchen Vertrag gar nicht unterschreiben, denn er hat in der Regel gar nicht das Geld, um diesen Vertrag erfüllen zu können. *Ich halte deshalb solche Verträge, die zu ihrer Erfüllung noch etwas anderes voraussetzen, das außerhalb der beiden Vertragspartner liegt – nämlich insofern außerhalb, als nur der Leistungsträger, das Sozialamt, dafür aufkommen kann – für rechtlich unlauter oder gar für rechtswidrig.* Denn der Betreuer (meist ein Elternteil) wird zu einem Vertrag gezwungen - ohne Vertrag keine Aufnahme in der Wohnstätte -, *dessen Erfüllung außerhalb seiner finanziellen Möglichkeiten liegt.* Erfüllen kann er den Vertrag nur, wenn ihm das Sozialamt diesen Betrag als Hilfe, meist als Eingliederungshilfe, gewährt. Man muß hier darum schon in Zweifel ziehen, ob es rechtlich in Ordnung ist, solch eine *rechtliche Bindung* des Angehörigen, bzw. des Betreuers, in einem solchen Vertrag zu verlangen, wenn dieser gar nicht das Geld dazu besitzt.

Aber da gibt es noch eine *dritte Zweierbeziehung in diesem sogenannten Leistungsdreieck:* Das Sozialamt gewährt diese *Hilfe gar nicht direkt dem Behinderten, sondern zahlt sie an die Behinderteneinrichtung, die das Wohnheim unterhält.* Somit tritt hier eine dritte Zweierbeziehung, die zwischen dem Sozialamt und der Behinderteneinrichtung, in Erscheinung.

Damit soll zunächst einmal in Umrissen dieses eigentümliche „Leistungsdreieck" von Sozialamt (Leistungsträger), Behindertem als dem Leistungsberechtigten (bzw. dem Betreuer) und der Wohnstätte (Leistungserbringer) beschrieben sein.

In diese dritte Zweierbeziehung greift nun der Erlaß des Sozialministers über die „Pflegesatzgestaltung" und über die „Platzgeldtage" ein („Vereinbarung über die Pflegesatzgestaltung in freigemeinnützigen, sozialen Einrichtungen in Niedersachsen – Nds. MBl. Nr. 45/1980,

S.1135ff"[18]), aber so, daß *die Sphäre des Behinderten, die ja eigentlich außerhalb dieser dritten Zweierbeziehung liegt,* davon mit betroffen wird.

Dort wird nun auch gesagt, worum es sich bei dem „Platzgeld" handeln soll: „Das Platzgeld ist der um den Beköstigungssatz verminderte Pflegesatz" (Ziff.7.3). Damit soll gesagt sein, daß das Sozialamt dem Träger des Wohnheims den Zuschuß kürzt für die Tage an denen der Behinderte nicht im Heim ist. Es tut dies allerdings nicht für jeden Abwesenheitstag, sondern es zahlt den vollen Betrag, solange die Abwesenheit nicht drei zusammenhängende Tage überschreitet (Ziff.7.1), aber: „Bei vorübergehender Abwesenheit von mehr als 3 Tagen wird vom ersten Tage der vollen Abwesenheit an ein Platzgeld gezahlt, wenn der Platz tatsächlich freigehalten wird" (Ziff.7.2). Der Erlaß sieht nun weiter vor, daß diese „Platzgeldtage" - sofern sie eine Dauer von vier und mehr Tagen einnehmen - jährlich addiert werden. Kommt dabei eine Summe von mehr als sechs Wochen im Jahr heraus, so *wird das Heim für diese darüber hinausgehenden Tage auch nicht mehr mit dem gekürzten Tagessatz,* eben dem „Platzgeld", unterstützt. Platzgeldtage sind somit die gemäß diesem Erlaß errechnete Anzahl von Tagen, für die das Wohnheim nur mit dem geringeren Platzgeld abgefunden wird.[19] „Das Platzgeld kann ... im übrigen bis zu 6 Wochen jährlich berechnet werden" (7.2c). Das bedeutet aber, daß *bei einer Abwesenheit von mehr als sechs Wochen,* das Heim, *insofern es für diese Zeit gar keine Unterstützung durch das Sozialamt erhält,* auf seinen Vertrag mit dem rechtlichen Vertreter (d.h. in der Regel mit den Eltern) – anders gesagt: auf die zweite Zweierbeziehung des beschriebenen Dreiecksverhältnisses – zurück verwiesen ist. Das Heim wendet sich damit, aufgrund des geschlossenen Vertrages, an den Vertragspartner. Woher soll aber der Vertragspartner des Wohnheims, der Behinderte oder sein Betreuer, das Geld her nehmen?

Gäbe es nicht dieses rechtlich mehr als bedenkliche Leistungsdreieck, dann bliebe diese Regelung über die Platzgeldtage ohne jede Auswirkung auf den Behinderten, bzw. auf die Eltern (oder den Betreuer). Was hätten sie damit zu schaffen, wo doch dieses Verhältnis sie gar nicht tangiert, wo doch ihr Kind, bzw. *der Behinderte, durch einen Bescheid des Sozialamtes*

---

[18] Die hier enthaltene Regelung ist mit denselben Bestimmungen auch in der „Vereinbarung zur Fortführung der Inhalte und Regelungen der mit Wirkung vom 01.01.2002 abgeschlossenen Verträge" vorhanden (§16).

[19] Nach unseren Erfahrungen haben es nicht nur Eltern, sondern auch Mitarbeiter schwer, mit Nomenklatur und Bestimmungen dieses Erlasses zurechtzukommen.

ein für allemal als Leistungsberechtigter anerkannt ist. Durch dieses Leistungsdreieck aber wird de facto diese Anerkennung durch das Sozialamt aufgehoben oder in Teilen rückgängig gemacht! Dies bedeutet alles andere als eine Rechtssicherheit.

Insofern wirkt sich nun dieses *Dreiecksverhältnis* in der Weise aus, daß das Heim, bzw. der soziale Träger, an die Eltern herantreten und – aufgrund des oben beschriebenen Vertrages zwischen Heim und Eltern (bzw. Betreuer), der bei der Aufnahme des Behinderten im Heim geschlossen wurde – die Begleichung der vom Sozialamt nicht geleisteten Pflegekosten verlangen kann. *Damit wird aber das Verhältnis zwischen dem Sozialamt und dem Behinderten, das ja aufgrund des positiven Förderungsbescheides des Sozialamtes als abgeschlossen, bzw. als geregelt betrachtet werden sollte, in rechtlich unerlaubter Weise storniert und wieder geöffnet.* Die Folge ist eine neu entstehende *Rechtsunsicherheit* bei den Eltern, bzw. den Betreuern der Behinderten, die es aber aufgrund der abgeschlossenen Zweierbeziehung zwischen dem Sozialamt und dem Behinderten nicht geben dürfte, denn: *Der Behinderte - und darin zeigt sich die Rechtswidrigkeit des Verfahrens - verliert ja seine besondere Eigenschaft, die Behinderung, und damit seine Hilfsbedürftigkeit, aufgrund derer ihm das Sozialamt eine Eingliederungshilfe gewährt hat, nicht durch sein Fernbleiben von der Wohnstätte.* Darum halte ich diese Regelung auch für rechtswidrig.

Sie widerspricht zudem auch dem neuen Ansatz des „persönlichen Budgets“, denn „Persönliche Budgets sind dem Grundsatz nach Geldleistungen, die dem Konto der leistungsberechtigten Menschen monatlich gutgeschrieben werden“ (Rothenburg,9)[20]. Dem „persönlichen Budget“ liegt mithin der Gedanke zugrunde, *daß der Behinderte zunächst als der Besitzer der ihm zukommenden Hilfen anzusehen sei,* um „*in eigener Verantwortung ein möglichst selbstbestimmtes Leben“* (vgl. § 17 Abs.2 Satz 1 SGB IX) führen zu können. In der Broschüre des Bundesministeriums für Arbeit und Soziales über „das trägerübergreifende Budget“ wird ausdrücklich davon gesprochen, daß „mit der Leistungsform des Persönlichen Budgets ... das klassische Leistungsdreieck zwischen Leistungsträger, Leistungsempfänger und Leistungserbringer aufgelöst“ (S.30) werden soll. Hier aber - durch die Regelung der Platzgeldtage –

[20] Eva-Maria Rothenburg: *Das Persönliche Budget – Eine Einführung in Grundlagen, Verfahren und Leistungserbringung,* Weinheim/München, 2009.

besteht dieses Dreiecksverhältnis mit seinen rechtlichen Fragwürdigkeiten unvermindert fort. Nun sind wohl die meisten der geistig Behinderten – wie auch unsere Tochter – nicht in der Lage, das „persönliche Budget“ in Anspruch zu nehmen. Dies auch deshalb, weil ihre Eltern oder Betreuer – nach Jahren größter Belastung – sich nicht in der Lage sehen, die Lasten einer „Budgetassistenz“ (Rothenburg, 117ff) auf sich zu nehmen. Aber: Sollen deshalb die angezeigten rechtlichen Mißverhältnisse, die durch den Erlaß über die Platzgeldtage gegeben sind, weiterhin bestehen bleiben?

Die mit dieser neuen Regelung des „persönlichen Budgets“ verbundene Problematik, daß *viele Behinderte selbst, wie auch ihre Betreuer, nicht in der Lage sind,* das persönliche Budget eigenverantwortlich zu führen, darf hier aber außer Betracht bleiben. Es soll vielmehr nur darauf hingewiesen werden, daß *die Regelung der Platzgeldtage schon dem allgemeinen Grundgedanken des persönlichen Budgets widerspricht, indem die geleistete Hilfe erst gar nicht als der persönliche Besitz (Budget) des Behinderten aufgefaßt wird.* Würde sie als solcher aufgefaßt, dann dürfte das Sozialamt nicht tun, was es tut: Es behält sich vor, die Zahlung des Tagessatzes für das Heim zeitlich zu beschränken, wodurch das Heim wiederum gezwungen wird, an den Behinderten oder seine Eltern heranzutreten, um das ausgefallene Pflegegeld einzufordern.

Hier noch zwei Thesen gegen den Einwand, der oft von Seiten der Leistungsträger eingebracht wird: es handele sich bei den Bestimmungen über die Platzgeldtage um ökonomische Gründe, denn durch das „Vorhalten der Plätze“ entstünden eben Kosten. Das rechtfertigt meiner Meinung nach zwar die Reduzierung der Zahlung vom vollen Pflegesatz auf das Platzgeld, *nicht aber die gänzliche Einstellung der Zahlung.* Dazu zwei Thesen, eine ökonomische und eine rechtliche: 1. Das Vorhalten von Wohnplätzen kann niemals teurer sein als das Nutzen von Wohnplätzen, jedenfalls nicht nach Adam Riese. 2. Das Berücksichtigen ökonomischer Gründe darf niemals zu rechtlich fragwürdigen Ausgestaltungen führen.

Die mit dieser Regelung ausgelöste Unsicherheit, die auch eine *Rechtsunsicherheit* ist, zeigt sich dann insbesondere in einem prospektiven und spekulativen Berechnen der jährlichen Platzgeldtage durch die Eltern im Voraus: „Komme ich nun mit den Abwesenheitstagen im Jahr über die sechs Wochen hinaus (was dann große Kosten verursachen würde) oder nicht?“ Eine weitere *praktische Folge* und negative Auswirkung dieser Regelung zeigt sich auch in dem mehr als fragwürdigen Verhalten der

Eltern, ihre Kinder, sofern sie zu Hause krank werden, nach drei Tagen in krankem Zustand für eine Nacht ins Heim zu bringen, um so die Zählung und Addition der Abwesenheitstage zu unterbrechen.

Kann so etwas im Ernst vom Gesetzgeber gewollt sein? Ich glaube nicht. Aber ungewollt ausgelöst wird eine solche Haltung der Eltern durch diese mehr als fragwürdige Regelung eben doch! Denn wie sollen die Eltern sich verhalten, wenn sie finanzielle Belastungen fürchten müssen, denen sie nicht gewachsen sind?

Eine weitere Folge dieser fragwürdigen Regelung zeigt sich auch in der *Einschränkung der Bewegungsfreiheit des Behinderten:* Zwar dürfen Eltern (oder Betreuer) Behinderte zu einer Ferienfahrt einladen und mit sich nehmen. Aber wenn sie dabei die für jedes Jahr zur Verfügung stehenden Platzgeldtage von sechs Wochen überschreiten[21] - und Ferientage, Feiertage, wie auch mögliche Krankheitstage zu Hause müssen im voraus kalkuliert und eingerechnet werden -, hätten sie zusätzliche hohe Kosten durch die Begleichung der Pflegekosten zu bestreiten. Es entsteht dann für die Eltern die widersinnige und groteske Situation, *daß sie für ihre guten Taten dem Behinderten gegenüber* – denn sie geben ja auf einer solchen Reise Geld für ihn aus – *auch noch finanziell bestraft werden.*

Für die Behinderten aber tritt hier eine Einschränkung der Bewegungsfreiheit dann in Erscheinung, wenn Eltern oder Betreuer wegen der zu erwartenden finanziellen Bestrafung eine solche Fahrt erst gar nicht unternehmen. Ich halte diese Regelung darum auch nicht für vereinbar mit dem Grundgesetz, weil der Behinderte in seinen Möglichkeiten beschnitten wird, „die freie Entfaltung seiner Persönlichkeit“ (Art.2,1GG) zu realisieren. Ich vermag nicht zu beurteilen, ob die gegenwärtig gültige Regelung durch den Erlaß sinnvoll erscheinen kann für *andere* hilfsbedürftige Personengruppen, *aber im Falle der Behinderten, die ohne Schuld in ihre Lage gelangt sind, sollte auch schon der bloße Anschein vermieden werden, man wollte durch diese Regelung sie in ihren Entfaltungsmöglichkeiten einschränken.* Mir scheint an dieser Stelle auch deutlich zu werden, daß man in jedem Falle für Behinderte eine andere Regelung, am besten ein eigenes *Behindertengesetz,* haben sollte.

---

[21] Nicht unerwähnt gelassen werden soll hier die Tatsache, daß das Sozialamt in Ausnahmefällen auch eine Überschreitung der Platzgeldtage genehmigen kann. Aber bei diesem Problemaufriß geht es mir nicht um den Aufweis menschlichen Verhaltens, sondern um das Aufzeigen einer rechtlich fragwürdigen Struktur.

Man kommt nicht umhin, sich die Frage zu stellen, ob es sich bei dieser Regelung mit den Platzgeldtagen schlicht um eine Maßnahme der Disziplinierung der Behinderten, der Eltern oder der Betreuer handelt. Denn es muß ja erlaubt sein, die Frage zu stellen: *Welches Geld verliert denn der Leistungsträger, wenn ein Behinderter sich nicht in der Wohnstätte aufhält und statt dessen von anderen betreut und verpflegt wird?* Doch wohl gar keines! Ein Konflikt aber, der wegen der Begrenzung des Pflegesatzes zwischen Sozialamt (Leistungsträger) und Wohnstätte (Leistungserbringer) entstehen kann, sollte ein Problem sein, in das der Behinderte, *wegen des Fortbestandes seiner Hilfsbedürftigkeit*, gar nicht involviert ist, denn er hat ja nicht irgendwelche Gelder, die ihm zustehen würden, bei seinem Fernbleiben mitgenommen oder veruntreut. Die Reduzierung der Pflegekosten durch das Sozialamt im Falle einer Abwesenheit über sechs Wochen hinaus sollte auf das Verhältnis von Wohnstätte und Behindertem keinen Einfluß nehmen. Daß dies dennoch geschieht, zeugt nur von der rechtlichen Fragwürdigkeit jenes Leistungsdreiecks, das ich oben beschrieben habe.

Literaturverzeichnis

Aus Büchern bezog ich viel Hilfe und möchte einige weiterempfehlen.

Abrams, Karl J./ Ludwig, Hans: ADHD Aufmerksamkeitsstörung und Hyperaktivität, 2000 AV-Publication, A-7100 Neusiedl am See, 2004

Alix, Jean-Claude: *Es geht um Ihren Darm,* Spurburgverlag, Baunach, 2006 (In diesem Buch wird auch Autismus angesprochen.)

Aly, Monika/ Aly, Götz/ Tumler, Morlind: *Kopfkorrektur,* Rotbuch Verlag, Berlin, 1991

Angres, Volker/ Hutter, Claus-Peter/ Ribbe, Lutz: *Futter fürs Volk*, Knaur, München, 2002

Ashworth, David: *Tanz mit dem Teufel – Das Dunkle in der Lichtarbeit,* Ryvellus bei Neue Erde, Saarbrücken, 2004 (In diesem Buch wird auf Gefahren hingewiesen, die entstehen können, wenn Menschen sich öffnen und zu früh anfangen, sich Reikiheilungen zu widmen, bevor sie genügend Reife dazu haben.)

Augustoni, Daniel: *Craniosacral Selbstbehandlung,* Kösel Verlag, München, 2005

Axline, Virginia M.: *Dibs – Ein kleiner Junge befreit sich aus seinem seelischen Gefängnis,* Knaur Taschenbuch, München, 2005

Ayres, A. Jean: *Lernstörungen,* Springer Verlag, Berlin, Heidelberg, New York, 1979

Ayres, A. Jean: *Bausteine der kindlichen Entwicklung,* Springer Verlag, Berlin Heidelberg, New York, Tokyo, 1984

Bailey, Alice A.: *Esoterisches Heilen,* Lucis Verlag, Genf, 1973

Barron, Judy/ Barron, Sean: *Hört mich denn niemand?,* Goldmann Verlag, München, 1992

Batmanghelidj, Faridun: *Wasser – die gesunde Lösung,* VAK Verlag, Kirchzarten, 2010

Bergter, Kurt: *Gesundheit als Aufgabe,* Agentur Pegasus, Zella-Mehlis, 2003

Berner, Hans-Günter: *An vollen Töpfen verhungern,* H.-G. Berner, D-24161 Altenholz, o.J.

Berner, Hans-Günter: *Blackout Passé,* Promedico-Verlag, Hamburg, 2001 (In diesem Buch geht es um Nährstoffe, die für das Gehirn wichtig sind.)

Bernitzke, Fred/ Schlegel, Peter: *Das Handbuch der Elternarbeit,* Bildungsverlag Eins, Troisdorf, 2004

Bessen, Barbara (gechannelt): *Kryon – Neue Botschaften des Lichts,* Smaragd Verlag, Woldert, 2004

Bessen, Barbara (gechannelt): *Saint Germain spricht,* Band 1 und 2, ch. falk-verlag, Seeon, 2009 - 2010
Beyer, Ina: *„Unser Kind ist ein Geschenk“,* Bundesvereinigung Lebenshilfe, o.J.
Bischof, Marco: *Biophotonen – Das Licht in unseren Zellen,* Zweitausendeins, Frankfurt am Main, 2002
Boyesen, Gerda: *Über den Körper die Seele heilen,* Kösel Verlag, München, 1987
Brauns, Axel: *Buntschatten und Fledermäuse – Leben in einer anderen Welt,* Hoffmann und Campe Verlag, Hamburg, 2002
Breier, Gerhard: *Die sanfte Heilmethode Osteopathie,* Südwest Verlag, München, 2000
Breitscheidel, Markus: *Abgezockt und totgepflegt,* Econ Verlag GmbH, Berlin, 2005
Brinkley, Dannion: *Das Geheimnis des Lichts,* Knaur Taschenbuch, München, 2010
Brown, Rosemary: *Kompositionen aus dem Jenseits,* Goldmann Verlag, München, 1982
Brümmer, Heike, u.a.: *Die Rückkehr des Lebens in die Öffentlichkeit,* Hermann Luchterhand Verlag, Neuwied, Berlin, 2000
Burmeister, Mary: *Jin Shin Jyutsu Ist,* Gebrüder Molberg GmbH, Bonn, 1990
Callahan, Mary: *Tony,* Bastei-Lübbe, Bergisch Gladbach, 1991
Carroll, Lee/ Tober, Jan: *Die Indigokinder,* Koha-Verlag, Burgrain, 2001
Cayce, J. Gail: *Osteopathy – Comparative Concepts – A.T. Still and Edgar Cayce,* Edgar Cayce Foundation, USA, 1973 (ist seit 2013 auch auf Deutsch erhältlich)
Ciccolo, Enza Maria: *Lichtwasser – Wasser der heilenden Liebe,* AT Verlag, Baden, München, 2004
Ciccolo, Enza Maria: *Die Energie der Lichtwässer,* AT, Baden, München, 2002
Clark, Hulda R.: *Heilung ist möglich,* Droemersche Verlagsanstalt, München, 1997
Dalla Via, Gudrun: *Lichtwässer und ihre Heilkräfte,* AT Verlag, Aarau, 2002
D'Ambrosio, Richard: *Der stumme Mund,* Knaur Taschenbuch, München, 1981
Day, Phillip: *Krebs,* Credence Publications, England, 2001
Day, Phillip: *Der Kampf um die Gesundheit,* Credence Publications, England, 2001
Delacato, Carl H.: *Der unheimliche Fremdling – Das autistische Kind,*

Hyberon Verlag, Freiburg in Br., 1985
Doering, Waltraut/ Doering, Winfried (Hrsg): *Sensorische Integration,* Dortmund, borgmann publisching, 1999
Dong, Paul/ Raffill, Thomas: *Indigo-Schulen,* KOHA-Verlag, Burgrain, 2001
Eitle, Werner: *Basiswissen Heilpädagogik,* Bildungsverlag Eins, Troisdorf, 2003
Emoto, Masaru: *Wasserkristalle,* KOHA-Verlag, Burgrain, 2001
Enders, Norbert: *Homöopathischer Hausschatz,* Haug Verlag, Heidelberg, 1993
Feild, Reshad: *Die Alchemie des Herzens – Spiritualität im Alltag,* Aurum in J. Kamphausen Verlag, Bielefeld, 2004
Fettweis, Yvonne C. von/ Townsend Warneck, Robert: *Ein Leben dem spirituellen Heilen gewidmet,* The Christian Science Publishing Society, Boston, USA, 2003
Finzel, Susanne/ Reinke, Cornelius: *Ernährung verstehen,* Pro Gesundheit, Hamburg, 2007
Fischer, Jürgen: *Der Engel-Energie-Akkumulator nach Wilhelm Reich,* Omega-Verlag, Düsseldorf, 1997 (Der Akkumulator war vor allem für eine Übergangszeit wichtig, sagt man. Weil sich die Schwingung der Erde zunehmend erhöht, wird man diesen Akku in einigen Jahren wahrscheinlich nicht mehr brauchen.)
Gerber, Richard: *Vibrational Medicine,* Bear & Company, Santa Fe, USA, 1996
Gerland, Gunilla: *Ein richtiger Mensch sein,* Verlag Freies Geistesleben, Stuttgart, 1998
Goldsmith, Joel S.: *Der Donner der Stille,* Heinrich Schwab Verlag, Schopfheim, 1970
Grandin, Temple: *Durch die gläserne Tür,* dtv, München, 1994
Grandin, Temple: *„Ich bin die Anthropologin auf dem Mars“,* Knaur, München, 1997
Green, Glenda: *Unendliche Liebe – Jesus spricht....,* KOHA-Verlag, Burgrain, 2002
Green, Glenda: *Liebe und Bewusstsein,* KOHA-Verlag, Burgrain, 2003
Greving, Heinrich/ Niehoff, Dieter: *Praxisorientierte Heilerziehungspflege,* Bildungsverlag Eins, Troisdorf, 2002
Grimm, Hans-Ulrich: *Die Suppe lügt,* Knaur, München, 1999
Hammes, Ernst: *EM und der Kreislauf des Lebens,* Verlag Eifelkrone, Neroth, 2006
Hayden, Torey L.: *Bo und die anderen,* Droemersche Verlagsanstalt, München, o.J.

Hehenkamp, Carolina: *Kinder einer neuen Zeit,* Schirner Verlag, Darmstadt, 2001
Heimes, Dietmar: *Bioresonanz nach Paul Schmidt,* Spurburgverlag Baunach, 2006
Helmke Hausen, Monika: *Die Lichtkräfte in unserer Nahrung,* Bauer Verlag, Freiburg 2001
Hendel, Barbara/ Ferreira, Peter: *Wasser & Salz,* INA Verlags GmbH, Herrsching, 2002
Herman, Ronna: *Auf Schwingen des Lichts... – Erzengel Michael spricht,* Ventla Verlag, Gütersloh, 1999
Hess, Peter: *Klangschalen für Gesundheit und innere Harmonie,* Ludwig Verlag, München, 1999
Higa, Teruo: *Eine Revolution zur Rettung der Erde,* OLV, Xanten, 2003
Holey, Jan Udo: *Die Kinder des neuen Jahrtausends,* AMA DEUS Verlag, Fichtenau, 2001
Holey, Johannes: *Bis zum Jahr 2010,* AMA DEUS Verlag, Fichtenau, 2001
Hüther, Gerald/ Bonney, Helmut: *Neues vom Zappelphilipp,* Patmos Verlag, Mannheim, 2009
Jasmuheen: *Sanfte Wege zur Lichtnahrung,* KOHA-Verlag, Burgrain, 2004
Jasmuheen u.a.: *Der Lichtnahrungs-Prozeß – Erfahrungsberichte,* KOHA-Verlag Burgrain, 1998
Jentschura, Peter/ Lohkämper, Josef: *Gesundheit durch Entschlackung* Verlag Peter Jentschura, Münster, 2001
Karagulla, Shafica: *Breakthrough to Creativity,* DeVorss & Co., Santa Monica, USA, 1967
Karstädt, Uwe: *Die 7 Revolutionen der Medizin,* Titan-Verlag, München, 2004
Karstädt, Uwe: *entgiften statt vergiften,* Tas Distribution Ltd., London, 2007 (Der Autor erklärt auch Zusammenhänge zwischen Autismus und Ernährung.)
Keman: *Wege ins Licht,* Licht-Quell-Verlag, Regensburg, 1998
Kenyon, Tom: *Aufbruch ins höhere Bewusstsein,* AMRA-Verlag, Hanau, 2009
Kinslow, Frank: *Quantenheilung,* VAK Verlag, Kirchzarten bei Freiburg, 2009
Klein, Benjamin: *Kennst Du Deinen Engel?,* Regiatrex-Verlag, Ravensburg, 1989
Köhler, Bodo: *Biophysikalische Informations-Therapie – Einführung in die Quantenmedizin,* Gustav Fischer Verlag, Ulm, Jena, Stuttgart, Lübeck, 1997
Kryon, Band I, *Das Zeiten-Ende,* Ostergaard Verlag, Sprockhövel, 1998

(Botschaften von Kryon, empfangen und geschrieben von Lee Carroll. Im Ostergaard Verlag sind seitdem mehrere Bände erschienen, darunter auch *Der Neuanfang.* In diesen Büchern ist an einigen Stellen von Autismus die Rede.)

Kuhnert, Kirsten: *Das Geschenk der Delphine,* Heyne Verlag, München, 2001

Kunz, Dora: *Die verborgenen Quellen der Heilung,* Aquamarin Verlag, Grafing, 1987

Lasch, Eli: *Das Licht kam über mich – Mein Weg vom Schulmediziner zum Geistheiler,* Hans-Nietsch-Verlag, Freiburg, 1998

Laszlo, Ervin: HOLOS – *Die Welt der neuen Wissenschaften,* Verlag Via Nova, Petersberg, 2002

Lebedewa, Tamara: *Reinigung,* Verlag Driediger, Hagen, 2006

Leonhardt, Claus-Peter: *Noni - Die Frucht des Indischen Maulbeerbaums,* Mosaik bei Goldmann Verlag, München, 2000

Lewis, Lisa: *Special Diets for Special Kids,* Band 1 und 2, Future Horizons, Texas, USA, o.J. (Für Familien mit Autisten sind diese Bücher sehr zu empfehlen.)

MacCracken, Mary: *Lovey,* Droemersche Verlagsanstalt, München, o.J.

Manning, Jeane: *Energie – Bessere Alternativen für eine saubere Umwelt,* Omega-Verlag, Aachen, 2002

McTaggart, Lynne: *Das Nullpunkt-Feld,* Goldmann, München, 2007

Meier, Rosalies: *Elementare Pflege,* Bildungsverlag Eins, Troisdorf, 1996

Meyer, Axel: *Das Lexikon der gesunden Ernährung,* Goldmann, München, 2002

Meyer, Ralf: *Ernährung heißt die Zauberpille,* R. Meyer, Rodalben-Neuhof, o.J.

Meyer, Ralf: *Zauberpille 3 – Die Wahrheit über Krebs und Alterserkrankungen – eine neue Dimension der Medizin,* R. Meyer, Rodalben-Neuhof, o.J.

Mohnert, Hermann: *Zink – Das Spurenelement zur Entgiftung des Körpers und Stärkung des Immunsystems,* Heyne Verlag, München, 1999

Mutter Meera – Antworten, Balduinstein, 1994

Mutter Meera – Antworten, Teil II, Balduinstein, 1997

Park, Clara C.: *Eine Seele lernt leben,* Droemersche Verlagsanstalt, München, o.J.

Pearl, Eric: *The Reconnection – Heile andere – Heile Dich Selbst,* Ostergaard Verlag Überlingen, 2004

Pedersen, Knud Erik: *Problembørn i kemiske håndjern,* Kopenhagen, 1984

Peeters, Theo: *Autisme,* Videnscenter for Autisme, Virum, Dänemark, 2002 (Ein Buch in dänischer Übersetzung; es ist auch in Englisch erhältlich. Der Autor ist ein Belgier, der mehrere Bücher über Autismus geschrieben hat. Er gründete im Jahr 1980 das Ausbildungszentrum - „Opleidingscentrum" - in Antwerpen für Fachleute, die mit autistischen Personen arbeiten.)

Penzel, Willy, unter Mitarbeit von Olbert,W.: *AKUPUNKT-MASSAGE nach Penzel,* Band 1 - 3, Eigenverlag, Heyen, 1983

Pies, Josef: *Immun mit kolloidalem Silber,* VAK Verlag, Kirchzarten bei Freiburg, 2002

Pies, Josef: *Olivenblatt-Extrakt,* VAK Verlag, Kirchzarten bei Freiburg, 2005

Popp, Fritz-A.: *Biologie des Lichts,* Verlag Paul Parey, Berlin und Hamburg, 1984

Poturzyn, Maria J. Krück von: *Aufbruch der Kinder 1924,* Edition Bingenheim, Wuppertal, 1986

raum&zeit spezial 3 – Das Lebenswerk Erich Körblers, Ehlers Verlag, Sauerlach, 1999

Reichenberg-Ullman, Judyth/ Ullman, Robert: *Es geht auch ohne Ritalin,* Michaels Verlag, Peiting, 2002

Reichenberg-Ullman, Judyth/ Ullman, Robert: *Richtig wütend – Zorn lösen – Balance finden,* Michaels Verlag, Peiting, 2003

Reichenberg-Ullman, Judyth/ Ullman, Robert/ Luepker, Ian: *Das verschlossene Kind – Die homöopathische Behandlung von Autismus, Asperger Syndrom und hochbegabten Kindern,* Narayana Verlag, Kandern, 2006

Reilly, Harold J./ Brod, Ruth H.: *Das große Edgar-Cayce-Gesundheitsbuch,* Bauer Verlag, Freiburg in Breisgau, 1977

Reinecke, Ingrid/ Thorbrietz, Petra: *Lügen, Lobbies, Lebensmittel,* Rowohlt Taschenbuch Verlag, 1998

Robbins, John: *Ernährung für ein neues Jahrtausend,* Hans-Nietsch-Verlag, Freiburg, 1995

Rohde, Katja: *Ich Igelkind,* nymphenburger Verlag, München, 1999

Rothenburg, Eva-Maria: *Das persönliche Budget,* Juventa Verlag, München, 2009

Rusch, Volker: *Bakterien - Freunde oder Feinde,* Urania Verlag, Berlin, 1999

Sachs, Oliver: *Migräne,* Rowohlt Taschenbuch Verlag, Hamburg, 2004

Schindele, Robert: *Schindele's Mineralien,* Ennsthaler Verlag, A-4402 Steyr, 2001

Schlieske, Ingrid: *Japanisches Heilströmen,* BIO Ritter GmbH Verlag, Tutzing, 2003
Schmitz, Marlies: *Kati lernt hören,* Marhold Verlag, Berlin, 1987 (jetzt Spieß Verlag)
Schneider, Gunther W.: *Biotop Mensch (Liebe deine Darmbakterien),* Eigenverlag, Schweinfurth, 2011,
Schulze-Brockamp, Vera: *Eine neue Wahrheit aus der jenseitigen Welt,* Frieling-Verlag, Berlin, 2010
Scotson, Linda: *Doran – Ein gehirngeschädigtes Kind wird mit ungewöhnlichen Methoden geheilt,* Knaur, München, 1987
Servan-Schreiber, David: *Die Neue Medizin der Emotionen,* Goldmann, München 2006
Sigurðardóttir, Unnur: *Björg,* radix - Verlag, Hannover, 1993
Sigurðardóttir, Unnur: *Mein Weg mit dem Sternenkind,* Amun Verlag Schleusingen, 2002 (Restexemplare von *Björg* und *Sternenkind* sind noch bei mir erhältlich.)
Sommer, Sven: *Homöopathie – Alltagsbeschwerden selbst behandeln,* Weltbild Verlag, Augsburg, 2011
Sonnenschmidt, Rosina/ Knauss, Harald: *Die Sinne verfeinern – Vom verantwortlichen Umgang mit erweiterten Wahrnehmungen,* VAK Verlag, Kirchzarten, 2005
Stearn, Jess: *Der schlafende Prophet,* Ramon F. Keller Verlag, Genf, 1969
Steinbach, Ingo: *Die Klangtherapie,* Verlag Bruno Martin, Südergellersen, 1994
Stepski-Doliwa, Stephan von: *Sai Baba spricht über Erziehung,* Govinda Sai Verlag, Weil, 2003
Stillman, William: *Autismus und die Verbundenheit mit Gott,* AMRA-Verlag, Hanau, 2009
St. John, Robert: *Metamorphose – Die pränatale Therapie,* Synthesis Verlag, Essen, 1984
St. John, Robert: *Pränatal-Therapie und das behinderte Kind,* Sannyas Verlag, Meinhard-Schwebda, 1983
Stoddard, Alan: *Lehrbuch der osteopathischen Technik,* Hippokrates Verlag, Stuttgart, 1978
Suche nach Gott I, Edgar Cayce Readings® 1945, Nachdruck in Deutschland, Synergia, Darmstadt, 2006
Suche nach Gott II, Edgar Cayce Readings® 1945, Nachdruck in Deutschland, Synergia, Darmstadt, 2006 (Eine Gruppe von Menschen stellte sich der Aufgabe, die grundlegenden Prinzipien der seelischen Entwicklung, die durch die Cayce-Readings vermittelt wurden, an andere weiterzugeben.)

Sugrue, Thomas: *Edgar Cayce,* Knaur, München, 1981
Tanaka, Shigeru: *EM-X*, Organischer Landbau Verlag (OLV), Xanten, 2001
Thimm, Walter u.a.: *Quantitativer und qualitativer Ausbau ambulanter Familienentlastender Dienste (FED) – Abschlußbericht*, Schriftenreihe des Bundesministeriums für Gesundheit, Nomos Verlagsgesellschaft, Baden-Baden 1980
Thomas, Frank: *Wasser* (Artikelserie), Sabine Hinz Verlag, Stuttgart, 2001/2002
Todd, Lorna: *Geistige Helfer,* Grasmück Verlag, Altenstadt, 2003
Upledger, John: *Auf den inneren Arzt hören – Eine Einführung in die Craniosacral-Arbeit,* Ullstein Taschenbuch, Berlin, 2007
Weber, Erika/ Bülow, Iris (Hrsg): *Mit Autismus muss gerechnet werden,* BOD, Norderstedt, 2009
Weil, Andrew: *Spontanheilung,* Bertelsmann Verlag GmbH, München, 1995
Welser, Maria von: *Zurück zur Zuversicht,* Bastei Lübbe, Bergisch Gladbach, 2003
Williams, Donna: *Ich könnte verschwinden, wenn du mich berührst,* Hoffmann und Campe Verlag, Hamburg, 1993
Williams, Donna: *Wenn du mich liebst, bleibst du mir fern,* Knaur, München, 1996
Williams, Donna: *Autism – An Inside-Out Approach,* Jessica Kingsley Publishers, London und Philadelphia, 2000
Williams, Donna: *Autism and Sensing – The Unlost Instinct,* Jessica Kingsley Publishers, London und Philadelphia, 2001
Wing, Lorna: *Das autistische Kind,* Otto Maier Verlag, Ravensburg, 1980
Wolff, Hellmut: *Morgendämmerung der neuen Zeit,* Via Nova, Petersberg, 1994
Wuttke-Laube, Theresia: *Heilung der familiären Blutlinie,* Ostergaard Verlag, Überlingen, 2001
Zöller, Dietmar: *Ich gebe nicht auf,* dtv, München, 1992

Bücher auf Isländisch

Bjarnason, Dóra: *Undir huliðshjálmi* (Unter einer unsichtbaren Schutzkappe), Mál og menning, Reykjavík, Island, 1996
Magnúsdóttir, Guðný Þ.: *Miðilsstörf og vitnisburðir* (Mediale Arbeit und Zeugnisse), Skjaldborg, Reykjavík, Island, 1992 (ein Buch über Þórunn Maggý)
Michaelsdóttir, Jónína: *Mér leggst eitthvað til* (Ich werde immer Hilfe bekommen), Island, 1990 (ein Buch über anthroposophische Behindertenarbeit auf Island)

Ólafsson, Trausti: Á leið til annarra manna (Unterwegs zu anderen Menschen), Iðunn, Reykjavík, Island, 1982

Þóroddsdóttir, Þóra: *Að hreyfa sig og hjúfra* (Sich bewegen und kuscheln), ásútgáfan, Akureyri, Island, 2001 (ein Buch über vorbildliche Behindertenarbeit auf den Färöer-Inseln. Ausführlich und klar wird dargestellt, wie sich die Synapsen erst durch Bewegung richtig gut entwickeln können)

Yogi Ramacharaka: *Yoga-heimsspeki* (Yoga-Philosophie), Vasaútgáfan, Island, 1987 (übersetzt aus dem Englischen)